Sanna Pohlmann

Der Übergang am Ende der Grundschulzeit

Zur Formation der Übergangsempfehlung
aus der Sicht der Lehrkräfte

Waxmann 2009
Münster / New York / München / Berlin

Bibliografische Informationen der Deutschen Nationalbibliothek
Die Deutsche Nationalbibliothek verzeichnet diese Publikation in
der Deutschen Nationalbibliografie; detaillierte bibliografische
Daten sind im Internet über http://dnb.d-nb.de abrufbar.

Die vorliegende Arbeit wurde von der Otto-Friedrich-Universität Bamberg
als Dissertation angenommen.

Empirische Erziehungswissenschaft, Band 17
ISSN 1862-2127
ISBN 978-3-8309-2230-8

© Waxmann Verlag GmbH, 2009
Postfach 8603, 48046 Münster

www.waxmann.com
info@waxmann.com

Umschlaggestaltung: Pleßmann Kommunikationsdesign, Ascheberg
Druck: Hubert & Co., Göttingen
Gedruckt auf alterungsbeständigem Papier, DIN 6738

Alle Rechte vorbehalten
Printed in Germany

Zusammenfassung

Der Übergang von der Primar- in die Sekundarstufe gilt als entscheidende Weichenstellung im deutschen Schulsystem. Die Lehrkräfte müssen am Ende der vierten Jahrgangsstufe eine Übergangsempfehlung aussprechen und damit eine möglichst verlässliche Prognose über den weiteren Schulerfolg der Schüler treffen. Eine Aufarbeitung des Forschungsstandes zu Lehrerempfehlungen zeigt, dass seit den 1960er Jahren Studien vorliegen, welche die Einflussfaktoren auf die Empfehlung mit standardisierten Methoden durchleuchten und die Relevanz leistungsferner Kriterien sowie die damit verbundene Benachteiligung von Kindern unterer sozialer Schichten nachweisen (vgl. z.B. Preuß 1970; Wiese 1982; Ditton 1992, 2004; Lehmann, Peek & Gänsfuß 1997).

Unklar bleiben allerdings die dem Handeln der Lehrkräfte zugrunde liegenden Überzeugungsmuster und Beweggründe bzw. die Frage, inwieweit diese den Prozess der Entscheidungsfindung und die Formation der Empfehlung leiten. In der vorliegenden Untersuchung werden über ein hypothesengenerierendes Verfahren typische Entscheidungsprozesse, die auf der Grundlage subjektiver Entscheidungs- und Bewertungsgesichtspunkte verlaufen, sichtbar gemacht.

Die Datenbasis stützt sich auf 38 leitfadengestützte Experteninterviews, die mit Lehrkräften der vierten Klasse aus Bayern und Hessen zu zwei Zeitpunkten durchgeführt wurden. Die Interviews wurden zunächst computergestützt inhaltsanalytisch ausgewertet und vergleichend analysiert (vgl. Mayring 2003). Im Anschluss daran wurden in einem vierstufigen Konstruktionsprozess Typen gebildet, um die rekonstruierten Sinnzusammenhänge zu gruppieren, analysieren und interpretieren (vgl. Kelle & Kluge 1999). Es konnten verschiedene Vorgehensweisen der Lehrkräfte bei der Formation ihrer Empfehlung aufgedeckt werden (z.B. unterschiedliche Gewichtung der Empfehlungskriterien, flexibles vs. restriktives Empfehlungsverhalten), wobei auch handlungsleitende Kognitionen von Bedeutung sind. Außerdem wurde in der Analyse und Interpretation der Daten die Relevanz selbstbezogener Kognitionen und Emotionen sowie wahrgenommener Kosten- und Nutzenaspekte für die Herausbildung der Empfehlung deutlich. Auch die Einstellung der Lehrkräfte zu den rechtlichen Vorgaben beeinflusst das Vorgehen der Entscheidungsfindung.

Abschließend wurden die für die Empfehlungsformation relevanten Entscheidungsaspekte in ein Modell nach den Grundannahmen der Wert-Erwartungs-Theorie überführt, wobei auch Personmerkmale, innere Prozesse und emotionale Bedingungen der Lehrer berücksichtigt wurden. Die Diskussion der Befunde mündet in eine Reihe von Hypothesen, die eine Grundlage für weitere quantitativ angelegte Untersuchungen bilden.

Summary

The transition from primary to secondary school education is a crucial decision in the German school system. At the end of the fourth school year German teachers have to give a transitional recommendation, this requires a reliable prediction about the future success of their students. Research carried out since the 1960's suggest that children from lower social classes are often at a disadvantage (see, e.g., Preuss 1970; Wiese 1982; Ditton 1992, 2004, Lehmann, Peek & Gänsfuß 1997). However the teachers' underlying beliefs and motives, as well as the influence of those on the recommendation remain unclear.

The present study uses qualitative methods to visualise typical decision-making processes on the basis of subjective decision-relevant aspects. The data is based on 38 interviews, which have been arranged at two points in time, with teachers from Bavaria and Hesse. First the content of these interviews is computer-assisted, and comparatively analysed (see Mayring 2003). Subsequently, types were formed in a four-staged construction process (see Kelle & Kluge 1999).

Different approaches to the formation of the recommendation were discovered (for example, different weighting of criteria, flexible vs. restrictive recommendation behaviour). Also the relevance of self-related cognition and emotion as well as perceived costs and benefits turned out to be relevant for the recommendation. Similarly the attitude of teachers towards legal requirements influenced the process of decision-making. Finally, the decision-relevant aspects were converted into a model according to the basic assumptions of the value-expectations theory; Individual characteristics, internal processes and emotional conditions of teachers were taken into account. The discussion of the results leads to a series of hypotheses that form the basis for further quantitative studies.

Danksagung

An erster Stelle danke ich meiner Doktormutter Prof. Dr. Gabriele Faust, die für meine Fragen immer ein offenes Ohr hatte und durch vielfältige Anregungen und konstruktive Gespräche erheblich zum Gelingen der Dissertation beigetragen hat.

Bei Prof. Dr. Annette Scheunpflug möchte ich mich für die Übernahme der Zweitbetreuung sowie für die jahrelange motivierende Begleitung und Unterstützung meines Promotionsvorhabens bedanken. Ihr regelmäßig stattfindendes Doktorandenkolloquium auf der Burg Rieneck und der Austausch mit den anderen Doktoranden haben ebenfalls die Entstehung und Weiterentwicklung meiner Arbeit in hohem Maße beeinflusst. An dieser Stelle sei deshalb allen Rieneck-Teilnehmerinnen und Teilnehmern der letzten Jahre für die vielen Anregungen und Ermutigungen während intensiver Gesprächsrunden und langer Diskussionsabende gedankt.

Außerdem danke ich allen Kolleginnen und Kollegen im Projekt BiKS, die durch ihre Ratschläge und Rückmeldungen zum Gelingen dieser Arbeit beigetragen haben.

Zuletzt möchte ich auch allen lieben Menschen in meinem privaten Umfeld für ihre Geduld und Unterstützung danken.

Inhalt

Vorwort		11
1	Einleitung	13
1.1	Vorüberlegungen	13
1.2	Einbettung der Untersuchung in BiKS	18
1.3	Methodische Verortung	19
1.4	Aufbau der Arbeit	20
2	Forschungskontext	22
2.1	Soziale Disparitäten beim Übergang von der Primar- in die Sekundarstufe	22
2.2	Rechtliche Regelungen zum Übergang	27
3	Forschungsstand	31
3.1	Untersuchungen zum Übergang am Ende der Primarstufe	31
3.1.1	Zum Spannungsverhältnis zwischen Übergangsempfehlungen und elterlichen Bildungsaspirationen	32
3.1.2	Die Lehrerempfehlung als Untersuchungsgegenstand	36
3.1.3	Prognostische Qualität der Empfehlung	40
3.2	Handlungsentscheidungen: Der Übergang als Handlungsproblem	42
3.2.1	Handlungstheoretische Grundlagen	43
3.2.2	Wert-Erwartungs-Modelle	45
3.2.3	Wert-Erwartungs-Modelle in der Lehrerkognitionsforschung	47
3.2.4	Überlegungen zu einem Entscheidungsmodell auf Grundlage der Wert-Erwartungs-Theorie	52
3.3	Grundannahmen der Lehrerkognitionsforschung	53
3.3.1	Lehrerhandeln als spezifisches Handeln	55
3.3.2	Professionelles Wissen als Grundlage des Handelns	57
3.3.3	Subjektive Theorien von Lehrkräften	62
3.3.4	Handlungsleitende Kognitionen	66
3.4	Beurteilen und Beraten als Handlungsproblem von Lehrkräften	74
4	Fragestellung der Arbeit	77
5	Methodologische Überlegungen	83
5.1	Anlage und Durchführung der Interviews	84
5.2	Beschreibung der Stichprobe	88
5.3	Thematik und Aufbau der Interviewleitfäden	90
5.4	Auswertung der Interviews	92
5.4.1	Qualitative Inhaltsanalyse	93
5.4.2	Typenbildung	95

6	Ergebnisse	97
6.1	Die komparative Analyse	97
6.1.1	Aufbereitung der Daten und Kategorienbildung	97
6.1.2	Ergebnisse der komparativen Analyse: Die Formation der Übergangsempfehlung und relevante Einflussgrößen	105
6.1.2.1	Empfehlungskriterien	105
6.1.2.2	Empfehlungsverhalten gegenüber den Eltern	116
6.1.2.3	Handlungsleitende Kognitionen	121
6.1.2.4	Selbstbezogene Kognitionen und Emotionen	132
6.1.2.5	Wahrgenommene Kosten- und Nutzenaspekte	138
6.1.2.6	Einstellung der Lehrkräfte zu den Übergangsregelungen in Bayern und Hessen	141
6.1.3	Zusammenfassung der komparativen Analyse	143
6.2	Die typologische Analyse	147
6.2.1	Gruppierung der Einzelfälle, Analyse der empirischen Regelmäßigkeiten und Typisierung	147
6.2.2	Ergebnisse der typologischen Analyse: Lehrertypen unterschiedlichen Empfehlungsverhaltens	151
6.2.2.1	Der resigniert-konfliktmeidende Typ	152
6.2.2.2	Der kritisch-konfliktoffene Typ	156
6.2.2.3	Der zugewandt-kooperative Typ	162
6.2.2.4	Der formal-distanzierte Typ	170
6.2.3	Gemeinsamkeiten und Differenzen zwischen den Typen	179
6.2.4	Zusammenfassung der typologischen Analyse	184
6.3	Entwicklung eines Modells zur Formation der Übergangsempfehlung	185
6.3.1	Ausgangspunkt der Überlegungen	185
6.3.2	Entscheidungsmodell für eine Übergangsempfehlung	186
7	Gesamtzusammenfassung und Diskussion der Ergebnisse	192
8	Ausblick	206
9	Verzeichnisse	212
9.1	Literaturverzeichnis	212
9.2	Tabellenverzeichnis	230
9.3	Abbildungsverzeichnis	230
Anhang: Interviewleitfäden		231

Vorwort

Bei der Entscheidung über den weiteren Bildungsverlauf am Ende der Grundschule tragen die Lehrerempfehlungen zwar – verglichen mit den Präferenzen und Entscheidungen der Eltern – zu größerer Leistungsgerechtigkeit bei, aber auch sie bevorzugen die Kinder aus bildungsnahen Familien, so dass bekanntermaßen leistungsmäßig *und* sozial selegierte Gruppen in die differenziellen Lernmilieus der Sekundarstufe I eintreten. Die Arbeit von Sanna Pohlmann untersucht qualitativ den Beitrag der Lehrkräfte zur Übergangsempfehlung aus deren Sicht und klärt die Ziele, Entscheidungskriterien und Strategien der Lehrkräfte im Zeitverlauf detailliert auf. Damit wird nicht nur eine Forschungslücke geschlossen, sondern es erschließen sich auch die pädagogischen Motive der Lehrkräfte, z.B. ihre Berücksichtigung elterlicher Hilfe, die an der Reproduktion der ungleichen Bildungschancen mitwirken. Zugleich stellt sich heraus, wie verschieden Lehrerinnen und Lehrer mit ihrer Aufgabe umgehen. Mag bildungspolitisch und administrativ periodisch wiederkehrend über die Verteilung des Entscheidungsrechts zwischen Elternhaus und Schule gestritten werden – der reale Einfluss der Familien wird auf der Klassenebene ausgehandelt. Aufgrund der notwendigen pädagogischen Freiheit der Lehrkräfte könnten vermutlich selbst präzisierte Entscheidungskriterien, diagnostische Fortbildungen und angesichts des beschriebenen Drucks durchaus erwägenswerte therapeutische Angebote diese grundlegende Chancenungerechtigkeit beim Übergang in die Sekundarstufe I nicht aufheben. Dies sollten alle die berücksichtigen (müssen), die für die letztliche Entscheidung durch die Schule plädieren.

Diese erste im Rahmen der von der Deutschen Forschungsgemeinschaft geförderten Bamberger Forschergruppe in der empirischen Bildungsforschung „BiKS" („Bildungsprozesse, Kompetenzerwerb und Selektionsentscheidungen im Vor- und Grundschulalter") abgeschlossene Dissertation argumentiert grundsätzlich interdisziplinär und verbindet pädagogische, bildungssoziologische und psychologische Fragestellungen und Theoriebezüge. Trotzdem ist es der Autorin erfreulicherweise gelungen, einen zum Lesen einladenden Text zu verfassen.

Bamberg, im Juli 2009
Prof. Dr. Gabriele Faust

1 Einleitung

1.1 Vorüberlegungen

Bis heute wird mit der frühen Verteilung auf unterschiedliche weiterführende Schulformen am Ende der vierten Grundschulklasse eine der bedeutendsten Entscheidungen über individuelle Bildungsverläufe in Deutschland im Alter von zehn bis elf Jahren getroffen (vgl. Baumert, Trautwein & Artelt 2003, S. 261). Besondere Relevanz nimmt bei dieser weitreichenden Entscheidung die soziale Selektivität des deutschen Schulsystems ein, die durch internationale Schulleistungsvergleiche, wie beispielsweise durch PISA (Programme for International Student Assessment) oder IGLU (Internationale Grundschul-Lese-Untersuchung), bestätigt wurde (vgl. z.B. Deutsches PISA-Konsortium 2001; Bos u.a. 2003). Kinder aus Familien der oberen Dienstklasse haben bei IGLU beispielsweise eine 2,68-fache Chance auf eine Gymnasialempfehlung gegenüber Kindern aus Facharbeiterfamilien (vgl. Bos u.a. 2004, S. 213).

Lehmann, Peek und Gänsfuß (1997) konnten in der Lernausgangslagenuntersuchung an Hamburger Schulen (LAU 5) zeigen, dass die Grundschulempfehlungen sachfremden Einflüssen unterliegen und je nach Bildungsnähe des Elternhauses unterschiedliche Anforderungen an die Kinder gestellt werden, um eine Gymnasialempfehlung zu erhalten. Die Vermutung liegt nahe, dass Grundschullehrer[1] in ihren Übergangsempfehlungen neben den Fachleistungen auch andere prognoserelevante Merkmale berücksichtigen, die wiederum mit der sozialen Herkunft kovariieren (vgl. Baumert, Watermann & Schümer 2003). Da laut einem Beschluss der Kultusministerkonferenz (KMK 2006) in fast allen Bundesländern bei der Empfehlung das gesamte Lern- und Leistungsverhalten der Kinder berücksichtigt werden soll, kann davon ausgegangen werden, dass auch Faktoren eine Rolle spielen, die Auswirkungen auf die schulische Leistungsfähigkeit haben, wie z.B. das Arbeitsverhalten, die Selbstständigkeit oder die Einschätzung häuslicher Unterstützung. In diesem Kontext ist nicht auszuschließen, dass Subjektive Theorien der Lehrkräfte über das Zustandekommen von Schulerfolg die soziale Disparität noch weiter verschärfen (vgl. Speck-Hamdan 2003, S. 297; Gomolla & Radtke 2002). Dies lässt sich jedoch als rationaler Mechanismus im Rahmen der gegebenen strukturellen Bedingungen und weniger als gezielte Diskriminierung durch die Lehrkräfte erklären. Diese scheinen in ihren Empfehlungen die größeren Ressourcen der Eltern der oberen Schichten zu antizipieren, um den Schulerfolg absichern zu können. Ob-

---

1 Aus Gründen der besseren Lesbarkeit wird in der vorliegenden Arbeit nicht zwischen Lehrerinnen und Lehrern sowie Schülerinnen und Schülern differenziert. Stattdessen wird das generische Maskulinum sowie der Begriff „Lehrkraft" verwendet.

wohl die fachlichen Leistungen bzw. die Noten die Übergangsempfehlungen der Lehrkräfte wesentlich stärker als die Aspirationen der Eltern beeinflussen, darf nicht übersehen werden, dass die Empfehlungen trotzdem zugunsten der status- und bildungshöheren Gruppen ausfallen (vgl. Ditton, Krüsken & Schauenberg 2005, S. 298).

Vor diesem Hintergrund kann die frühe Aufteilung der Schüler im gegliederten Schulsystem als zentrale Gelenkstelle für die Reproduktion sozialer Ungleichheit angesehen werden. Die Feststellung Schelskys (1957, S. 17), die Schule sei „zur ersten und damit zentralen Dirigierungsstelle für die künftige soziale Sicherheit, für den künftigen sozialen Rang und für das Ausmaß künftiger Konsummöglichkeiten" geworden, ist noch immer nicht überholt (vgl. Baumert & Schümer 2001). Nach wie vor gehört die frühe Verteilung von Schülern auf verschiedene Bildungsgänge zu den zentralen bildungspolitischen Streitthemen der Bundesrepublik Deutschland (vgl. Bartnitzky 1999). Verteidiger des dreigliedrigen Schulsystems betonen, dass die schulartspezifische, gezielte Förderung nach Begabung eine pädagogisch sinnvolle Strategie darstellt und verweisen auf das Recht begabter Kinder auf eine auf sie zugeschnittene schulische Umwelt. Darüber hinaus heben sie die mögliche Überforderung schwächerer Schüler in heterogenen Lerngruppen sowie die weitgehende Stabilität der Schulleistungen bereits am Ende der Grundschule hervor (vgl. Heller 1999). Kritiker dagegen befürworten ein längeres gemeinsames Lernen, um alle Kinder zu fördern und eine soziale Integration zu gewährleisten. Durch die Verteilung der Schüler auf verschiedene Schulformen z.B. erst nach Klasse sechs sollen Erfahrungen mit unterschiedlichen Anforderungen ermöglicht und die Entscheidung prognostisch sicherer gemacht werden. Dies soll dazu beitragen, sozialen Ungleichheiten entgegen zu wirken (vgl. Faust 2005, S. 292f.; Heyer, Sack & Preuss-Lausitz 2003).

Die Gliederung in unterschiedliche Schulformen in Verbindung mit einer vierjährigen Grundschulzeit ist bis heute ein besonderes, strukturelles Merkmal der Mittelstufe des Schulwesens in Deutschland und eine Besonderheit, die Deutschland mit anderen deutschsprachigen Ländern wie Österreich und dem Schweizer Kanton Waadt teilt. Auch andere europäische Länder kennen die Differenzierung in Schulformen. Allerdings dauert die gemeinsame Grundbildung länger und die Aufteilung erfolgt erst in höheren Klassenstufen, wie z.B. in Belgien, Luxemburg, den Niederlanden und der tschechischen Republik, wo dies in der siebten, achten oder neunten Jahrgangsstufe der Fall ist (vgl. Baumert, Trautwein & Artelt 2003, S. 261; Schmitt 2001). Die äußere Differenzierung von Schulkindern auf verschiedene Schulformen hat ihren Ursprung im 19. Jahrhundert (vgl. Bos u.a. 2004, S. 192): Während das Gymnasium als „höheres" Schulwesen aus den Latein- und Gelehrtenschulen hervorging, war die Volksschule als „niederes" Schulwesen in der Regel auf eine achtjährige Schulzeit und eine geringe Anzahl von Unterrichtsfächern be-

Einleitung 15

schränkt. Das „mittlere" Schulwesen der Real- oder höheren Bürgerschule nahm konzeptuell eine Mittelstellung zwischen beiden ein und sollte eine Bildung vermitteln, die sich an den wachsenden Bedürfnissen von Industrie und Handel orientierte. Bis 1919 war die Grundschule teils dem niederen und teils dem höheren Schulwesen zugeordnet. Zum einen gehörte sie dem Elementar- bzw. Volksschulwesen an, zum anderen fungierte sie als Vorschule höherer Lehranstalten (vgl. Götz & Sandfuchs 2005, S. 14). Da der Besuch von öffentlichen und privaten Vorschulen sowie der Privatunterricht mit hohen Kosten verbunden waren, war eine höhere Schulbildung den Kindern aus hohen sozialen und gesellschaftlichen Schichten vorbehalten. Die Grundschule als undifferenzierte Elementarschule für alle schulpflichtigen Kinder wurde 1920 eingeführt. Während in der Zeit vor der Weimarer Verfassung die Schulorganisation die ständische Prägung der Gesellschaft mit ihren Bildungsbegrenzungen nach sozialer und regionaler Herkunft, nach Konfession und Geschlechtern widerspiegelte, sollte mit dem für alle Kinder verpflichtenden Grundschulbesuch eine egalitäre Ausgangslage für die Zuweisung zu weiterführenden Schulen geschaffen werden. Die mit dem Übergang verbundene Selektion in die weiterführenden Schulen hatte nicht mehr nach dem sozioökonomischen Status oder der Religionszugehörigkeit der Eltern zu erfolgen, sondern allein nach der Leistungsfähigkeit des Schülers, nach seiner „Anlage und Neigung" (Nave 1980, S. 166). Für die Dauer der Grundschule, die in den zeitgenössischen Debatten umstritten war und es bis in die Gegenwart hinein bleibt (vgl. Riege 1995), war eine Mindestzeit von vier Jahren vorgesehen. Die ihr zugewiesene Doppelfunktion bestand darin, allen Kindern gleichermaßen eine grundlegende Bildung zu vermitteln und zugleich die Voraussetzungen für die weiterführenden Schulen zu schaffen. Diese Aufgabe, die auch das Spannungsverhältnis von Fördern und Auslesen sowie die gesamte Übergangsproblematik betrifft, bleibt der Grundschule als erster Schulstufe als „Dauerproblem" bis heute erhalten (vgl. Götz & Sandfuchs 2005, S. 18).

Am Ende des Sekundarbereichs in Deutschland können heute drei unterschiedliche Bildungsabschlüsse (einfacher oder qualifizierter Hauptschulabschluss, mittlerer Abschluss, Abitur) erworben werden. Die Schulstruktur der 16 Bundesländer weist deutliche Unterschiede auf und ist zwei- bis sechsgliedrig (vgl. Avenarius u.a. 2003, S. 55ff.; Faust 2005). In der Mehrheit der Bundesländer erfolgt der Übergang von der Grundschule in die Sekundarstufe nach Klasse vier, in Berlin und Brandenburg nach einer sechsjährigen Grundschulzeit. Neben den drei klassischen Schulformen Haupt-, Realschule und Gymnasium können die Kinder in elf Bundesländern auch auf eine integrierte Gesamtschule wechseln.[2] Vor allem in den

---

2   Bei dem Übergang auf eine integrierte Gesamtschule wird noch keine Vorentscheidung über den Schulabschluss getroffen, da nach einem mittleren Abschluss auch die Möglichkeit eines Abiturs offen gehalten wird.

neuen Bundesländern werden neben dem Gymnasium teilintegrierte Schulformen – Sekundarschule, Mittelschule oder Regelschule genannt – mit den Bildungsgängen der Haupt- und Realschule angeboten (vgl. Bellenberg & Klemm 2005, S. 35). Je nach zur Verfügung stehenden Schulformen variiert der Verlauf des Übergangs in die Sekundarstufe. In der Regel müssen die Lehrer am Ende der vierten Jahrgangsstufe eine Übergangsempfehlung aussprechen und damit eine möglichst verlässliche Prognose über den weiteren Schulerfolg der Schüler treffen. Dabei müssen sie innerhalb eines Rahmens struktureller Bedingungen handeln, die durch das Schulsystem des jeweiligen Bundeslandes vorgegeben sind. Klare Richtlinien, an denen sie sich orientieren können, um ihre Entscheidung abzusichern, gibt es jedoch nicht. Die Hinweise der KMK sind sehr allgemein und stellen kaum konkrete Hilfen dar:

> „Für die Entscheidung über die Aufnahme eines Kindes in eine weiterführende Schule sind die für eine erfolgreiche Bildungsarbeit unentbehrlichen Kenntnisse und Fertigkeiten festzustellen; es sind aber auch Eignung, Neigung und Wille des Kindes zu geistiger Arbeit insgesamt zu werten" (KMK 2006, S. 5).

Zugleich wird darauf hingewiesen, dass die Lehrkräfte die größeren Ressourcen der oberen Schichten nicht in ihre Überlegungen einbeziehen, sondern „ohne Rücksicht auf Stand und Vermögen der Eltern" den Bildungsweg empfehlen sollen, welcher der „Bildungsfähigkeit" des Kindes entspricht (ebd. 2006, S. 5). Anhaltspunkte dafür, welche Aspekte bei dem Verfahren genau zu berücksichtigen sind, werden nicht angeführt. Auch sind keine Aussagen zum Beurteilungsmaßstab zu finden, die der Entscheidung zugrunde gelegt werden sollen. Dies ist jedoch insofern relevant, als sich je nach Bezugsnorm unterschiedliche Konsequenzen für die Empfehlung ergeben können. Während bei einer sozialen Vergleichsnorm Schüler etwa annähernd normalverteilt auf die weiterführenden Schulen wechseln könnten, wäre es bei einer kriterialen Norm vorstellbar, dass gesamte Schulklassen eine Gymnasialempfehlung erhalten, sofern die Leistungen aller Schüler den Empfehlungskriterien entsprechen. Die Übergangsentscheidung auf Grundlage einer individuellen Bezugsnorm zu treffen würde bedeuten, dass Schüler mit gleichen Leistungen unterschiedliche Empfehlungen erhalten könnten, je nachdem, ob sich diese im Vergleich zu ihren früheren Leistungen gebessert haben, gleich geblieben oder abgefallen sind (vgl. Ditton 2004, S. 262). Schwierig gestaltet sich auch die Evaluation und Optimierung der Übergangsempfehlung. Nur selten bestehen Kooperationen oder Kontakte zwischen abgebenden Grundschulen und aufnehmenden weiterführenden Schulen, so dass die Lehrkräfte häufig nur per Zufall etwas über den weiteren Bildungsweg ihrer Schüler erfahren. Da die KMK die Kriterien, die im Einzelnen anzulegen sind, nicht expliziert, sind die Lehrkräfte gezwungen, ihre Empfehlungen vor dem Hintergrund subjektiver Leistungsnormen zu treffen (vgl. Maier 2007, S. 39). Damit ist nicht nur von Interesse, welche Kriterien sie bei ihrer Empfehlung berücksichtigen, sondern auch, welche Zielsetzung und Strategie sie beim Prozess ihrer Entscheidungsfindung verfolgen.

In Ergänzung zu bisherigen empirischen Untersuchungen, die den Einfluss leistungsferner Kriterien auf die Übergangsempfehlung sowie eine Benachteiligung von Kindern unterer Sozialschichten nachweisen konnten (vgl. z.b. Preuß 1970; Steinkamp 1967; Ditton 1992; Lehmann, Peek & Gänsfuß 1997), rücken in dieser qualitativ-inhaltsanalytischen Studie die für die Genese der Übergangsempfehlung relevanten Subjektiven Theorien der Lehrkräfte in den Fokus. Durch eine zweimalige leitfadengestützte Lehrerbefragung sollen der Urteilsprozess im Rahmen des Übergangsgeschehens analysiert und die dem Handeln der Lehrer zugrunde liegenden Beweggründe und Motive aufgedeckt werden. Das Forschungs- bzw. Erkenntnisinteresse besteht darin, die Herausbildung der Übergangsempfehlung nachzuvollziehen und die damit verbundenen Entscheidungsmaximen, Erfahrungen und Faustregeln, Sichtweisen und Weltbilder, wie sie sich aus der alltäglichen Handlungsroutine der Schule herauskristallisieren, aufzudecken. Es geht darum, das „praxisgesättigte Expertenwissen" (Meuser & Nagel 2003, S. 481) der Lehrer zu erfassen. Über ein hypothesengenerierendes Verfahren werden typische Entscheidungsprozesse, die auf der Grundlage subjektiver Entscheidungs- und Bewertungsgesichtspunkte verlaufen, sichtbar gemacht. Damit wird ein Beitrag zur empirischen Bildungsforschung geleistet.

Um das Handeln und die damit verbundenen Subjektiven Theorien der Lehrer im Übergangsprozess genauer analysieren zu können, werden Ansätze aus der Lehrerkognitionsforschung aufgegriffen, nach denen Lehrkräfte zielgerichtet und rational auf einer professionellen Wissensbasis handeln (vgl. Bromme 1992, 1997; Hofer 1986). Zur Systematisierung der relevanten Entscheidungsgrößen, die den Abwägungsprozessen zugrunde liegen, werden Wert-Erwartungs-Modelle als theoretischer Hintergrund herangezogen. In der empirischen Bildungsforschung werden zur Erklärung von Bildungsentscheidungen häufig soziologische Wert-Erwartungs-Modelle bzw. Rational-Choice-Ansätze verwendet (vgl. Erikson & Jonsson 1996; Breen & Goldthorpe 1997; Esser 1999). Werterwartungstheoretische Modelle sind allerdings nicht nur in der Soziologie, sondern auch in der Psychologie entwickelt worden (vgl. Atkinson 1957; Eccles u.a. 1983). Während soziologische Ansätze stärker von einem rationalen Entscheidungsverhalten ausgehen, bei dem Bildungsentscheidungen in Abhängigkeit von antizipierten Erträgen, der Erfolgswahrscheinlichkeit und den Kosten getroffen werden, messen psychologische Ansätze in höherem Maße Personmerkmalen, inneren Prozessen sowie emotionalen Bedingungen der handelnden Personen eine Bedeutung bei (vgl. Maaz u.a. 2006). Auch im Rahmen der Lehrerkognitionsforschung sind Modelle entstanden, die den Grundannahmen werterwartungstheoretischer Ansätze folgen und die Verknüpfung von Zielen, Handlungsentwürfen und Bewertungen modellieren (vgl. Hofer & Dobrick 1981; Hofer 1986; Kraak 1987, 1988).

Um die mit der Empfehlungsformation verbundenen Überzeugungen und Einstellungen identifizieren und die Entscheidungsstrategie der Lehrer detailliert betrachten zu können, kommt in der vorliegenden Arbeit folgenden übergeordneten Fragestellungen eine zentrale Bedeutung zu:

1. Welche Subjektiven Theorien liegen der Formation der Lehrerempfehlung zugrunde?
2. Welche handlungsleitenden Kognitionen der Lehrkräfte lassen sich im Entscheidungsprozess identifizieren?
3. Inwieweit kann durch die Integration von für den Entscheidungsprozess relevanten Parametern ein Modell auf der Grundlage der Wert-Erwartungs-Theorie entwickelt werden, das Erklärungskraft für die Übergangsentscheidung der Lehrkräfte besitzt?

Da die vorliegende Untersuchung in das interdisziplinäre Forschungsprojekt BiKS integriert ist, wird im Folgenden kurz auf die Anlage der Studie eingegangen. Außerdem wird in diesem einleitenden Teil die qualitative Untersuchung der vorliegenden Arbeit methodisch verortet und ein Überblick über den Aufbau der Arbeit gegeben.

1.2   Einbettung der Untersuchung in BiKS

Diese Untersuchung ist in die interdisziplinäre Forschergruppe BiKS („Bildungsprozesse, Kompetenzentwicklung und Selektionsentscheidungen im Vor- und Grundschulalter") eingebettet, die seit 2005 an der Universität Bamberg durchgeführt wird.[3] Das BiKS-Projekt besteht aus zwei parallel durchgeführten Längsschnittstudien. Während der Längsschnitt BiKS-3-8 mit dem Eintritt in den Kindergarten beginnt und bis in die zweite Grundschulklasse fortgeführt wird, werden im Längsschnitt BiKS-8-12 Schüler von der dritten Grundschulklasse bis zur sechsten Klassenstufe begleitet. In diesem Längsschnitt, in dem auch die vorliegende Untersuchung zu verorten ist, wird die Genese der Übergangsentscheidungen von der Grundschule in die Schulen des Sekundarbereichs in Abhängigkeit vom Kompetenzstand der Kinder sowie von strukturellen und einstellungsbezogenen Einflüssen analysiert. Die BiKS-Studie wird in den Bundesländern Bayern und Hessen

---

3   Die vorliegende Arbeit ist im grundschulpädagogischen Teilprojekt 6 (Leitung: Prof. Dr. Gabriele Faust; FA 650) entstanden. Wir danken den an der Studie teilnehmenden Schülern und Lehrkräften für ihre Teilnahme und allen im Rahmen der Datenerhebungen eingesetzten Studierenden für ihre engagierte Mitarbeit.

Einleitung 19

durchgeführt, die sich deutlich in ihren Einschulungs- und Übergangsregelungen unterscheiden (vgl. Kurz, Kratzmann & von Maurice 2007). Im Längsschnitt BiKS-8-12 wurden neben standardisierten Eltern- und Lehrerbefragungen auch offene leitfadengestützte Eltern- und Lehrerinterviews mit einer Substichprobe zu Beginn und am Ende der vierten Klasse im Schuljahr 2006/2007 durchgeführt. Im Zentrum der hier berichteten Teilstudie steht die qualitative Analyse der Lehrerbefragung mit der Zielsetzung, das subjektive Empfehlungsverhalten und die damit verbundenen Einstellungen und Orientierungen aufzudecken.

1.3 Methodische Verortung

Der Fokus dieser leitfadengestützten Interviewstudie liegt auf der detaillierten Erfassung von subjektiven Bewertungs- und Entscheidungsaspekten. Das Ziel besteht darin, vertiefte Kenntnisse über die Herausbildung der Schullaufbahnempfehlung auf Seiten der Lehrkräfte zu erhalten und auf diese Weise Prinzipien und Prozesse der Entscheidungsfindung aufzudecken. Indem die subjektive Ebene der Interpretation durch die Akteure in einer konkreten Situation einbezogen wird, folgt das Vorgehen dieser Arbeit auf inhaltlich-theoretischer Ebene der soziologischen Theorie des Symbolischen Interaktionismus, das der grundlagentheoretischen Position des interpretativen Paradigmas zugeordnet werden kann (vgl. Wilson 1973; Lamnek 2005). Da die befragten Lehrkräfte die Entscheidungsstrukturen bzw. Handlungsweisen ihrer Berufsgruppe repräsentieren und zu professionellen Wissensbeständen und zu Erfahrungen in ihrer Berufsrolle befragt werden, können sie als „FunktionsträgerInnen innerhalb eines organisatorischen oder institutionellen Kontextes" (Meuser & Nagel 1991, S. 444) aufgefasst werden. Die Lehrkräfte werden über ihre Befragtenrolle zu Experten, so dass das *Experteninterview* nach Meuser und Nagel (1991) als methodische Zugangsform gewählt wurde.

Die Auswertung von Experteninterviews orientiert sich anders als bei der einzelfallinteressierten Interpretation an inhaltlich zusammengehörigen thematischen Einheiten, an Passagen, die über die Texte verstreut sind. Es geht darum, Problembereiche zu identifizieren, die den einzelnen Fragen des Leitfadens zugeordnet werden können. Die computergestützte, inhaltsanalytische Vorgehensweise mit einem Kategoriensystem folgt dem Auswertungsverfahren nach Mayring (2003). Im Anschluss an die Fallzusammenfassung sowie die inhaltliche und skalierende Strukturierung der Interviews werden die Fälle vergleichend kontrastiert. Dies ermöglicht einen Überblick über Ähnlichkeiten und Unterschiede im Datenmaterial.

Die darauf folgende Typenbildung orientiert sich am vierstufigen systematischen Konstruktionsprozess nach Kelle und Kluge (1999), welcher der Gruppierung, Analyse und Interpretation der rekonstruierten Sinnzusammenhänge dient. Bei der Auswertung der Interviews ist es unverzichtbar, dass das Vorgehen den

Standards qualitativer Sozialforschung folgt, um die notwendige „intersubjektive Nachvollziehbarkeit" (Lamnek 2005, S. 495) zu gewährleisten (vgl. Flick 2005; Steinke 1999). Es ist sicher zu stellen, dass die Entwicklung der Kategorien, die Codierung und Interpretation der Daten nicht dem subjektiven Belieben des Wissenschaftlers ausgesetzt ist. Deshalb wird besonderer Wert auf die Intercoderreliabilität gelegt, einem spezifisch inhaltsanalytischen Gütekriterium, welches die Durchführung der gesamten Analyse durch mehrere Personen bezeichnet. Dabei wird nicht nur darauf geachtet, dass die Kategorien auf das Material zuverlässig angewendet (Codierung), sondern auch die Kategorien selbst verlässlich konstruiert werden (vgl. Krippendorff 1980).

1.4 Aufbau der Arbeit

Die vorliegende Arbeit ist folgendermaßen aufgebaut: Das *zweite Kapitel* beinhaltet einen theoretischen Teil, mit dem in den thematischen Kontext eingeführt wird. Da der immer wieder nachgewiesene enge Zusammenhang zwischen dem Besuch der weiterführenden Schulen und der sozialen Herkunft darauf hinweist, dass sich die sozialen Disparitäten zu einem großen Teil bereits aus der Wahl der Schulform nach der Grundschule ergeben, wird zunächst auf die soziale Auslese des Schulsystems eingegangen. Eine strukturelle Bedingung des Übergangs stellen die formalrechtlichen Vorgaben der Bundesländer dar. Diese werden im Folgenden knapp dargestellt, wobei insbesondere auf die Situation in Bayern und Hessen eingegangen wird.

Im Anschluss daran folgt in *Kapitel drei* eine umfassende Aufarbeitung des Forschungsstandes, wobei zunächst empirische Untersuchungen zum Übergang dargestellt werden, die das Bildungsverhalten bzw. die Aspirationen der Eltern in Abhängigkeit von ihrer sozialen Position thematisieren. Im anschließenden Kapitel rücken Studien zur Lehrerempfehlung und deren Einflussfaktoren in den Blick, die den Übergang nach der Grundschule sowie Aspekte der Leistungsbewertung und Leistungsentwicklung behandeln. Aufgrund des hohen Stellenwertes des Übergangs von der Grundschule zu den weiterführenden Schulen wird auch die Prognosequalität immer wieder diskutiert. Daher gibt das folgende Kapitel einen knappen Überblick über zentrale Befunde zu diesem Thema. Die vorliegende Arbeit zielt darauf, die Formation der Übergangsempfehlung und die zugrunde liegenden Entscheidungsstrategien bzw. Subjektiven Theorien der Lehrkräfte aufzudecken. Nach einem kurzen Einblick in allgemeine Grundlagen des Handelns wird daher der Bezug zu soziologischen Wert-Erwartungs-Modellen bzw. Rational-Choice-Ansätzen hergestellt. Dabei wird auf die parallele Entwicklung von Wert-Erwartungs-Modellen in der Psychologie hingewiesen und die Möglichkeit einer Verknüpfung soziologischer und psychologischer Traditionen als Chance aufgefasst, individuelle

Einleitung 21

Variablen bei Bildungsentscheidungen stärker zu berücksichtigen. Im Anschluss daran stehen Ansätze der Lehrerkognitionsforschung im Vordergrund. Es wird auf das Handlungsmodell von Hofer und Dobrick (1981) eingegangen und das kognitionspsychologische Konstrukt der Subjektiven Theorien herangezogen (vgl. Groeben u.a. 1988). In der vorliegenden Arbeit werden Lehrkräfte als zielgerichtet Handelnde verstanden, die sich auf der Grundlage ihres beruflichen Expertenwissens aus mehreren Handlungsalternativen für eine entscheiden. Dies impliziert eine nähere Betrachtung des professionellen Wissens als Grundlage des Handelns sowie einen Überblick über die handlungsleitenden Kognitionen von Lehrkräften. Schließlich wird das für die Übergangsempfehlung relevante Aufgabengebiet „Beraten und Beurteilen" von Lehrkräften als Handlungsproblem herausgearbeitet.

In *Kapitel vier* werden die Befunde des theoretischen Teils zusammengefasst und daraus ableitend die Fragestellungen der vorliegenden Untersuchung formuliert. In den methodologischen Überlegungen des *fünften Kapitels* richtet sich der Blick auf die Anlage und Durchführung der Interviews sowie auf die Auswertungsverfahren der qualitativen Inhaltsanalyse nach Mayring (2003) und der empirisch begründeten Typenbildung (vgl. Kelle & Kluge 1999). Daneben werden Stichprobenziehung sowie Themenbereiche der Leitfäden erläutert.

In *Kapitel sechs* werden die Befunde der empirischen Untersuchung dargestellt. Im Rahmen der komparativen Analyse wird zunächst detailliert auf die Kategorienbildung eingegangen, bevor die für die Genese der Empfehlung bedeutsamen Aspekte aufgezeigt werden. Daran anschließend werden das Vorgehen der Typenbildung sowie die Konstruktion des Merkmalsraums beschrieben. Vor dem Hintergrund der Zielsetzung, eine maximale Homogenität der Fälle innerhalb eines Typus und eine maximale Heterogenität zwischen den Typen zu erreichen, werden vier verschiedene Typen unterschiedlichen Empfehlungsverhaltens konstruiert und charakterisiert. Eine Gegenüberstellung dieser Typen ermöglicht einen Überblick über Gemeinsamkeiten und Differenzen zwischen den Gruppen. Der Ergebnisteil endet mit der Darstellung eines auf der Wert-Erwartungs-Theorie basierenden Modells, das die analysierten Entscheidungsgrößen zusammenfassend systematisiert.

Im *siebten Kapitel* werden die zentralen Ergebnisse der empirischen Analyse, die zur Erweiterung des Forschungsfeldes anregen, zusammengefasst und diskutiert. Außerdem werden Hypothesen formuliert, die Perspektiven für weiterführende Fragestellungen bieten und im Rahmen standardisierter Untersuchungen überprüft werden können. Die Arbeit endet mit einem Ausblick, in dem die zentralen Befunde dieser Untersuchung reflektiert und praxisbezogene Implikationen thematisiert werden. Außerdem wird auf den weiteren Forschungsbedarf hingewiesen.

2 Forschungskontext

Im vorliegenden Kapitel steht die mit dem Übergang am Ende der Grundschulzeit verbundene soziale Selektivität des deutschen Schulsystems im Vordergrund (vgl. Kap. 2.1). Es werden ausgewählte Studien angesprochen, die den engen Zusammenhang zwischen sozialer Herkunft und der Wahl der weiterführenden Schulen belegen und den Übergang als zentrale Weichenstellung im Bildungssystem identifizieren (vgl. z.B. Deutsches PISA-Konsortium 2001, 2002; Bos u.a. 2003; Lehmann, Peek & Gänsfuß 1997). Im Anschluss daran rücken Theorien in den Fokus, die die Benachteiligung von Kindern unterer Sozialschichten erklären und den Zusammenhang zwischen dem Bildungsniveau der Eltern und ihren Bildungsaspirationen auch unabhängig von den Leistungen ihrer Kinder aufzeigen können (vgl. z.B. Bourdieu 1973; Boudon 1974). Schließlich wird auf die formal-rechtlichen Vorgaben der Bundesländer als strukturelle Bedingung des Übergangs eingegangen, die entweder der Schule oder den Eltern größere Entscheidungsbefugnisse zugestehen (vgl. Kap. 2.2). Da sich die empirische Untersuchung der vorliegenden Arbeit auf Bayern und Hessen beschränkt, wird insbesondere die Situation in diesen Bundesländern dargestellt.

2.1 Soziale Disparitäten beim Übergang von der Primar- in die Sekundarstufe

Trotz der Bemühungen um eine größere Durchlässigkeit und Offenheit im Bildungswesen kann der Übergang von der Grundschule in die weiterführenden Schulen als entscheidende Weichenstellung im deutschen Bildungssystem gelten (vgl. Blossfeld 1988). Aufstiege in höhere Schulformen sowie das Nachholen von Abschlüssen sind schwierig und spätere Korrekturen der Schullaufbahn gelingen eher den Angehörigen höherer sozialer Schichten (vgl. Henz 1997a, 1997b). Des Öfteren wurde der entscheidende Stellenwert der Übergangsentscheidung bestätigt, wie beispielsweise durch die Befunde der Längsschnittstudie „Bildungsverläufe im Jugendalter" (BIJU) (vgl. z.B. Baumert & Köller 1998; Baumert, Köller & Schnabel 2000) oder durch verschiedene Analysen der PISA-Daten (vgl. z.B. Deutsches PISA-Konsortium 2001, 2002, 2003). Je nach Wahl des Bildungswegs verläuft auch die Kompetenzentwicklung in den Schulformen sehr unterschiedlich – selbst bei Konstanthaltung der kognitiven, motivationalen und sozialen Eingangsvoraussetzungen. Auf dem Gymnasium zeigen sich die stärksten Leistungszuwächse, gefolgt von der Realschule, dann der Gesamtschule und schließlich der Hauptschule (vgl. Baumert & Köller 1998, S. 16; Köller & Baumert 2001). Baumert und Köller (1998) sowie Baumert, Köller und Schnabel (2000) konnten nachweisen, dass Merkmale der sozialen Herkunft nach Kontrolle des Vorwissens und der kognitiven

Grundfähigkeiten praktisch keinen Einfluss auf die Leistungsentwicklung von der siebten bis zur zehnten Jahrgangsstufe hatten. Dies weist darauf hin, dass der Einfluss der sozialen Herkunft auf die Leistungsentwicklung innerhalb von Schulformen verglichen mit ihrer Bedeutung bei der Übergangsentscheidung in der Regel überschätzt wird (vgl. Baumert & Köller 1998; Baumert & Schümer 2001).

Vergleicht man den Zusammenhang zwischen dem sozialen Status und dem Leseverständnis, wie er in den PISA- und in den IGLU-Studien belegt wurde, so zeigt sich in der Grundschule ein schwächerer Zusammenhang.[4] Dies deutet darauf hin, dass es in der Grundschule noch gelingt, die sozialen Disparitäten vergleichsweise gering zu halten, während sie sich im Verlauf der Sekundarstufe deutlich verstärken und zuspitzen. Die Zunahme der sozialen Disparitäten in der Sekundarstufe kann als ein sich beschleunigendes Auseinanderdriften der Leistungen in den weiterführenden Schulen interpretiert werden (vgl. Schwippert, Bos & Lankes 2003, S. 298). Dies ist deshalb der Fall, weil sich die Schulformen durch eine unterschiedliche Schülerschaft auszeichnen, unterschiedliche Profile zugrunde legen und verschiedene Ziele verfolgen. Insofern können Schulformen als „unterschiedliche Entwicklungsmilieus" angesehen werden (Baumert & Köller 1998, S. 16; vgl. Ditton 2004; Baumert & Schümer 2001).

Aus IGLU (vgl. Bos u.a. 2003, 2004) und der Untersuchung zur Lernausgangslage (vgl. Lehmann, Peek & Gänsfuß 1997) ist bekannt, dass Merkmale der sozialen Herkunft von erheblicher Bedeutung für Bildungsverläufe und den Übergang in die weiterführenden Schulen sind (vgl. Becker & Lauterbach 2004). In IGLU zeigten sich zwischen den für die Hauptschule, die Realschule und das Gymnasium empfohlenen Kindern sowohl in der Lese- als auch in der mathematischen Kompetenz breite Überlappungen. Es ließen sich große Mittelwertunterschiede in den getesteten Kompetenzen bei gleicher Laufbahnempfehlung und große Bereiche gleicher Kompetenz bei unterschiedlicher Laufbahnempfehlung feststellen. Die nicht trennscharfen Zusammenhänge zwischen den in IGLU ermittelten Kompetenzen der Schüler und den voraussichtlichen Übergangsempfehlungen weisen darauf hin, dass die Schulleistungen und die Leistungsfähigkeit der Kinder nicht die ausschließlich maßgeblichen Faktoren sind (vgl. Bos u.a. 2003, 2004).

Die enge Verknüpfung von sozialer Herkunft und Schulerfolg wurde von der empirischen Bildungsforschung seit Mitte des 20. Jahrhunderts immer wieder belegt und von den internationalen Leistungsstudien lediglich verstärkt ins öffentliche Bewusstsein gerufen. Die Thematisierung sozialer Disparitäten der Bildungsbetei-

---

4   Um Tests und Testergebnisse miteinander vergleichen zu können, sollten die Tests den gleichen theoretischen Hintergrund haben, nach den gleichen Kriterien konstruiert und ausgewertet werden und die gleichen Messeigenschaften haben. Da dies in den PISA- und in den IGLU-Studien nur eingeschränkt der Fall ist, sollten die Vergleiche mit großer Vorsicht interpretiert werden (vgl. Bos u.a. 2007, S. 148ff.).

ligung als sozial- und bildungspolitisches Problem war ein Verdienst der Bildungsreform, die in den 1960er Jahren einsetzte. Bereits Kemmler (1967) machte in ihrer Untersuchung darauf aufmerksam, dass die schulische Selektion schon vor dem vierten Grundschuljahr einsetzt und die Unterschiede zwischen den Kindern im Verlauf der weiteren Schulzeit nicht ausgeglichen, sondern verstärkt werden.

Obwohl von der Bildungsexpansion alle Sozialschichten in ähnlicher Weise profitierten, veränderte sich die Struktur der Ungleichheit nicht durchschlagend. Es stiegen zwar die Chancen, einen höheren Bildungsabschluss zu erreichen, das Verhältnis der schichtspezifischen Bildungschancen blieb jedoch weitgehend stabil (vgl. Ditton 1992; Baumert, Watermann & Schümer 2003). Auf die hohe Stabilität des Grundmusters sozialstruktureller Disparitäten der Bildungsbeteiligung weisen auch internationale Vergleichsstudien hin (vgl. Blossfeld & Shavit 1993). Trotzdem lässt sich für einzelne Länder bei einer Analyse längerer Entwicklungszeiträume eine Lockerung dieses Zusammenhangs nachweisen. Auch für Deutschland konnte eine Reduktion des Zusammenhangs von Merkmalen der sozialen Herkunft und der Bildungsbeteiligung gezeigt werden. Einen Überblick über die Entwicklung der sozialen Disparitäten der Bildungsbeteiligung von Jugendlichen im allgemein bildenden Schulwesen vermittelt eine von Schimpl-Neimanns (2000) vorgelegte Reanalyse von Mikrozensus- und Volkszählungsdaten. Die Ergebnisse belegen, dass sich die These unverändert fortbestehender sozialer Ungleichheiten in der Bildungsbenachteiligung nicht aufrechterhalten lässt. Obwohl sich das Grundmuster sozialer Disparitäten als sehr stabil erwiesen hat, konnten für bestimmte Segmente der Sozialstruktur Verminderungen der sozialen Ungleichheit nachgewiesen werden. Während der sozial diskriminierende Effekt von der Entscheidungsalternative zwischen Haupt- und Realschulbesuch zurückgegangen ist, blieben die sozialen Disparitäten des Gymnasialbesuchs weitgehend bestehen. Vergleicht man einen Gymnasialbesuch mit einem Realschulabschluss, deuten sich in Abhängigkeit vom Bildungsniveau der Eltern sogar zunehmende Ungleichheiten an (vgl. Baumert, Watermann & Schümer 2003, S. 48). Demnach ist der Zugang zum Gymnasium die eigentliche kritische Selektionsschwelle, während der Besuch einer Realschule sozial offener geworden ist. Insofern stellt die Realschule die „Aufstiegsschule" für die unteren Sozialgruppen dar (vgl. Ditton, Krüsken & Schauenberg 2005, S. 287; Schimpl-Neimanns 2000; Müller & Haun 1994).

Aufgrund der erwiesenen Stabilität der Grundstruktur sozialer Disparitäten liegt es nahe, die Institution Schule selbst als Ursache der Ungleichheit zu identifizieren. Welche Kriterien Lehrkräfte bei der Herausbildung der Übergangsempfehlung heranziehen und welche Beweggründe und Motive ihrem Handeln im Übergangsgeschehen zugrunde liegen, wird in der vorliegenden Arbeit anhand des empirischen Materials analysiert.

Es gibt zwei unterschiedliche Theorien, mit denen sich der Zusammenhang zwischen dem Bildungsniveau der Eltern und ihrer Bildungsaspirationen auch unabhängig von den Leistungen ihrer Kinder erklären lässt (vgl. Mahr-George 1999, S. 51): die *Reproduktionstheorie* und die *Theorie der rationalen Wahl*. Bourdieu (1973) als prominenter Vertreter der *Theorie der kulturellen Reproduktion* definiert zur Analyse sozialer Ungleichheiten die soziale Position nicht nur durch ökonomisches, sondern auch durch kulturelles Kapital. Seine Gedanken entwickelt er in Anlehnung an die Bildungsökonomie, die ökonomische Vorstellungen von Kapital erweitert hat und von Humankapital spricht, wenn es um die von Individuen erworbenen Fähigkeiten und Fertigkeiten geht, die diesen Erwerbsmöglichkeiten bieten (vgl. Baumert, Watermann & Schümer 2003, S. 54). Das kulturelle Kapital bezeichnet alle kulturellen Ressourcen, welche die Handlungsmöglichkeiten von Personen erweitern und die sozioökonomische Stellung verbessern können. Die Ungleichheit der bildungssystembezogenen Leistungen von Kindern verschiedener sozialer Klassen erklärt Bourdieu über das kulturelle Kapital.[5] Im Rahmen der familiären Sozialisation eignet man sich dieses an und bekommt es von Personen mit kulturellem Kapital übertragen. Dies sind insbesondere die Eltern, die einen ihrer sozialen Schicht entsprechenden Habitus weitergeben, so dass vor allem in der familiären Sozialisation kulturelles Kapital intergenerationell tradiert wird. Dies geschieht, indem sie ihr kulturelles Kapital einsetzen, welches auf diese Weise von der Familie auf die Schule übertragen und in Diplome oder Abschlüsse umgewandelt wird. Dabei sind die Entscheidungen für unterschiedliche Bildungsgänge nicht primär Ausdruck eines rationalen Kalküls, sondern fallen unbewusst auf der Grundlage eines Klassenhabitus und eines unterschiedlich entwickelten „Anlagesinns" für die Investitionen in das Bildungssystem (vgl. Georg 2006, S. 7). Ebenfalls unter Rückgriff auf das Konzept des Humankapitals schlägt Coleman (1988) vor, auch soziale Beziehungen als Kapital zu begreifen, da sie Handlungen ermöglichen oder erleichtern können, die im Interesse der handelnden Personen liegen und zur Bildung von Humankapital beitragen können. In struktureller Hinsicht gehört zum sozialen Kapital die Verfügbarkeit sozialer Netzwerke innerhalb der Familie, d.h. die Anwesenheit und Präsenz der Familienmitglieder. Der funktionale Aspekt des sozialen Kapitals betrifft Stil und Intensität der Kommunikation innerhalb und außerhalb der Familie (vgl. Baumert & Schümer 2001, S. 331). Nach Bourdieu und Coleman sind kulturelles und soziales Kapital in ökonomisches Kapital konvertierbar.

---

5 Bourdieu unterscheidet zwischen inkorporiertem, objektiviertem und institutionalisiertem kulturellem Kapital. Inkorporiertes kulturelles Kapital bezieht sich auf Fähigkeiten und Wissen, was durch familiäre Sozialisation, Schule und Ausbildung erworben wird. Objektiviertes kulturelles Kapital ist eng mit ökonomischem Kapital verbunden (z.B. Bücher), während institutionalisiertes Kapital die erworbenen Bildungszertifikate bezeichnet (z.B. Abitur, Diplom).

Diese kulturellen und sozialen Ressourcen können jedoch nur dort gebildet werden, wo die entsprechenden ökonomischen Zugangsvoraussetzungen gegeben sind (vgl. Baumert, Watermann & Schümer 2003, S. 55).

Hinz und Groß (2006) prüften, inwiefern das kulturelle Kapital einen eigenständigen Erklärungsfaktor für die Übergangsempfehlung darstellt und konnten zeigen, dass es vor allem für die Entscheidung zwischen Realschul- und Gymnasialempfehlung bedeutsam ist:

> „Das kulturelle Kapital im Elternhaus entscheidet zwischen den Schulempfehlungen ‚Mitte' und ‚Oben', die Wahrscheinlichkeit für eine Empfehlung für die niedrigste Bildungsstufe ist am wenigsten vom Vorhandensein (oder Nicht-Vorhandensein) kulturellen Kapitals berührt" (Hinz & Groß 2006, S. 210).

Meijnen (1991) ging der Frage nach, ob Kinder mit einer hohen Ausstattung an kulturellem Kapital Vorteile in der Schule haben. Er konnte zeigen, dass Kinder höherer sozialer Schichten mit entsprechendem kulturellem Kapital bereits mit Vorteilen in die Schule kommen und mehr vom Unterricht profitieren. Die mit kulturellen Ressourcen ausgestatteten Kinder lernen den Schulstoff leichter als Kinder ohne kulturelle Ressourcen, wodurch Vorteile in der Schule entstehen. Außerdem sind Kinder aus privilegierten Schichten besser mit den unausgesprochenen Regeln und Bedingungen des Schulsystems vertraut. Vermutlich werden soziale Unterschiede in der Schule nicht abgebaut, sondern verstärkt, weil die für das Lernen notwendigen Qualifikationen vorausgesetzt und nicht in der Schule erworben werden. Dementsprechend gelingt es diesen Kindern eher, ihren Startvorsprung in einen immer größer werdenden Leistungsvorsprung umzusetzen (vgl. Ditton 2004).

Boudon (1974) hat in seinem *mikrosoziologischen Ansatz* zur Wahl von Bildungswegen die Bildungsentscheidung selbst als Forschungsgegenstand in den Vordergrund gerückt. Dabei handelt es sich um ein Modell zur Analyse von Bildungsungleichheiten, mit dem der Zusammenhang von sozialer Herkunft und Bildungsungleichheit spezifiziert werden kann. Boudons Ansatz misst der Unterscheidung zwischen *primärem* und *sekundärem Effekt* eine zentrale Bedeutung bei. Diese Unterscheidung ist zur Untersuchung von Übergängen im Bildungssystem und bezüglich der Frage nach Chancenungleichheiten von hoher Relevanz. Während es sich bei *primären Disparitäten* um Ungleichheiten aufgrund unterschiedlicher Kompetenzentwicklung während der Grundschulzeit handelt, die sich in den erreichten Schulleistungen zeigen, beziehen sich *sekundäre Disparitäten* auf soziale Ungleichheiten, die bei gleichen Kompetenzen aus einem je nach sozialer Lage der Familie unterschiedlichen Entscheidungsverhalten resultieren. Von besonderer Bedeutung sind der intergenerationelle Statuserhalt, der sich je nach Sozialschicht unterschiedlich auswirkt, die schichtspezifischen Erfolgserwartungen und die sozialschichtabhängigen Kosten-Nutzen-Relationen von Bildungsentscheidungen. Da bei Familien unterer Sozialschichten die Messlatte des Statuserhalts niedriger liegt, sind Entscheidungen für weiterführende Bildungsgänge häufig – zumindest subjektiv – riskanter und gemessen an den verfügbaren Ressourcen mit höheren Kosten behaftet. Familien höherer Sozialschichten verfügen zur Förderung des Schulerfolgs ihrer Kinder über vielfältigere Handlungsmöglichkeiten und können daher riskantere Spekulationen in der Wahl des weiteren Bildungswegs wagen als niedrigere Sozialschichten (vgl. Baumert, Watermann & Schümer 2003, S. 49; Ditton 2004). Da für weiterführende Schullaufbahnen direkte und indirekte Kosten entstehen, setzen sich nach Boudon (1974) ungleiche ökonomische Ressourcenausstattungen von Familien in ungleiche Bildungschancen der Kinder um. Während BOUDON bei direkten Kosten die Investitionen in Schulbücher oder ein optimales Lernumfeld betont, versteht er unter indirekten Kosten beispielsweise den Verzicht auf Erwerbseinkommen durch die Aufnahme eines Hochschulstudiums oder die Kinderbetreuung. Das Modell von Boudon folgt den Grundannahmen der *Wert-Erwartungs-Theorie* bzw. des *Rational-Choice-Ansatzes*. Die grundlegende Annahme der Wert-Erwartungs-Theorie besteht darin, dass Individuen bei der Entscheidungsfindung kalkulieren, welche Erträge aus dem Besuch eines bestimmten Bildungsganges resultieren und welche Kosten damit verbunden sind. Aus verschiedenen Entscheidungsalternativen wird diejenige ausgewählt, die den höchsten Nutzen verspricht. In der vorliegenden Arbeit wird auf der Basis werterwartungstheoretischer Annahmen ein Modell entwickelt, das die der Empfehlungsformation der Lehrkräfte zugrunde liegenden Entscheidungsaspekte angemessen systematisiert (vgl. Kap. 6.3.2). Das qualitative Vorgehen bietet dabei die Chance, das Modell nicht als „leere Hülle" (Ditton 2007a, S. 13) stehen zu lassen, sondern die einzelnen Komponenten der Entscheidung inhaltlich zu spezifizieren. Eine strukturelle Rahmenbedingung stellen dabei die Rechtsgrundlagen der Bundesländer zum Übergangsverfahren dar, die im folgenden Abschnitt thematisiert werden.

2.2 Rechtliche Regelungen zum Übergang

Bis auf Brandenburg und Berlin gehen in allen Bundesländern die Kinder nach Beendigung der vierten Klasse in unterschiedliche Schulformen der Sekundarstufe I. Von den Grundschullehrern wird erwartet, dass sie eine für die Kinder optimale weiterführende Schule empfehlen. Die Schullaufbahnempfehlung – so ein Beschluss der KMK aus den 1970er Jahren – soll neben den Leistungen in Bezug auf die fachlichen Inhalte der Lehrpläne auch für den Schulerfolg wichtige allgemeine Fähigkeiten berücksichtigen. Auf KMK-Ebene besteht Einigkeit darüber, dass „Kenntnisse und Fertigkeiten", aber auch die „Eignung", „Neigung" und der „Wille des Kindes zu geistiger Arbeit insgesamt" zu berücksichtigen sind (KMK 2006, S. 5). Inwieweit die Eltern bei der Entscheidung über die Wahl der weiterführenden Schulen beteiligt werden, wird weitestgehend offen gehalten. Es wird lediglich darauf hingewiesen, dass das Recht der Eltern „beachtet werden" müsse. Die konkreten formal-rechtlichen Regelungen des Übergangs auf die weiterführenden Schulen sind je nach Bundesland unterschiedlich.

Unabhängig davon, ob der Elternwille gilt oder die Empfehlung der Lehrkräfte bindend ist, müssen Lehrkräfte in allen Bundesländern nach den Kriterien von Eignung und Leistung eine Schullaufbahnempfehlung aussprechen (vgl. Avenarius & Jeand'Heur 1992). In einigen Bundesländern, wie in Hessen oder Schleswig Holstein, können Eltern selbst die endgültige Entscheidung über die Schulwahl treffen, so dass das Kind auch entgegen der Grundschulempfehlung an der gewählten weiterführenden Schule aufgenommen werden kann. In anderen Bundesländern, wie in Bayern oder Baden-Württemberg, ist bei einem Dissens und in Zweifelsfällen eine erweiterte Beratung der Eltern und Probeunterricht bzw. ein Aufnahmeverfahren vorgesehen (vgl. Speck-Hamdan 2003; Faust 2005). Die folgende Tabelle gibt einen Überblick über die Entscheidungsstrukturen für die Wahl der weiterführenden Schulen der Sekundarstufe im Schuljahr 2006/2007.

Tab. 1: Entscheidungsstrukturen für die Wahl der Sekundarschulformen

Entscheidungsträger	Bundesländer
Schule (Ende Klasse 4)[6]	Baden-Württemberg, Bayern, Nordrhein-Westfalen, Saarland, Sachsen, Sachsen-Anhalt, Thüringen
Eltern (Ende Klasse 4)	Hessen, Mecklenburg-Vorpommern, Niedersachsen, Rheinland-Pfalz, Schleswig-Holstein
keine Entscheidung	Berlin[7], Brandenburg: 6-jährige Grundschule; Bremen, Hamburg: Orientierungs- bzw. Beobachtungsstufe

Quelle: Bos u.a. (2007, S. 272)

Die Stichprobe der vorliegenden Untersuchung ist auf Bayern und Hessen beschränkt. In beiden Bundesländern erfolgt der Übergang nach der vierten Klassenstufe auf eine Haupt- oder Realschule bzw. ein Gymnasium, wobei es je nach Verfügbarkeit des Schulangebots in Hessen darüber hinaus möglich ist, eine integrierte Gesamtschule zu wählen. Die Einschätzung des Kindes und die damit verbundene Empfehlung für eine bestimmte Schulart dienen in *Hessen* der Beratung und Unterstützung der Eltern bei der Entscheidung. Nach umfassender Information und individueller Beratung durch die Lehrkräfte haben sie das letzte Wort bei der Entscheidung und können entgegen der Lehrerempfehlung ihre Schulformwünsche realisieren. Die Klassenkonferenz nimmt unter dem Vorsitz des Schulleiters dazu schriftlich Stellung:

---

6   In manchen Ländern haben die Eltern unabhängig von der Empfehlung der Schule die Möglichkeit, ihr Kind auf einer Gesamtschule anzumelden.
7   In Berlin gibt es einige Gymnasien, die die Kinder bereits ab der fünften Jahrgangsstufe besuchen können.

Forschungskontext

„Wird dabei dem Wunsch der Eltern widersprochen, so ist ihnen eine erneute Beratung anzubieten. Halten die Eltern ihre Entscheidung aufrecht, so erfolgt die Aufnahme in den gewählten Bildungsgang" (Hessisches Kultusministerium 2005: HSchG, §77, Abs. 3).

Den Lehrkräften bleibt die Möglichkeit, ein Gegengutachten zu verfassen und gegen die Entscheidung der Eltern Widerspruch einzulegen. Dies kann bei ausbleibendem Erfolg an der weiterführenden Schule zu einer „Querversetzung"[8] des Kindes führen. Bei der Wahl einer schulformübergreifenden (integrierten) Gesamtschule ist auf Antrag der Eltern ebenfalls eine Empfehlung auszusprechen (Ebd. 2005, §77, Abs. 4). In Bayern dagegen hat die Lehrerempfehlung eine bindende Funktion. Die Entscheidung hängt letztlich vom Notendurchschnitt der Fächer Deutsch und Mathematik ab, wobei auch das Fach Heimat- und Sachunterricht eine eingeschränkte Bedeutung hat. Auf Antrag der Erziehungsberechtigten erhalten die Schüler der „öffentlichen, staatlich anerkannten Volksschulen" in der vierten Klasse ein Übertrittszeugnis, das die Noten des Zwischenzeugnisses („Jahresfortgangsnoten") und die Gesamtdurchschnittsnote aus den Fächern Deutsch, Mathematik und Heimat- und Sachunterricht der Jahrgangsstufe vier enthält. Darüber hinaus umfasst dieses Zeugnis ein pädagogisches Wortgutachten, das die Anlagen, Neigungen und Fähigkeiten eines Schülers beschreibt sowie eine zusammenfassende Beurteilung einschließt (vgl. Bayerisches Staatsministerium für Unterricht und Kultus 2008: VSO, §29, Abs. 3, 4). Sowohl der Übergang auf eine Realschule als auch der Wechsel in ein Gymnasium ist an bestimmte Leistungsvoraussetzungen gebunden, die in der nachfolgenden Tabelle aufgeführt sind.

Tab. 2: Rechtliche Vorgaben zum Übergang in Bayern und Hessen

Bayern	Hessen
- Die Eignung für das Gymnasium ist gegeben, wenn die Gesamtdurchschnittsnote mind. bei 2,33 liegt; beträgt der Notendurchschnitt aus Deutsch und Mathe nicht mind. 2,0, wird eine bedingte Eignung festgestellt. - Die Eignung für die Realschule liegt vor, wenn Gesamtdurchschnittsnote mind. 2,33 beträgt; wird als Gesamtdurchschnittsnote 2,66 erreicht, liegt eine bedingte Eignung vor. - Schüler, die gemäß dem Übertrittszeugnis nicht geeignet sind, deren Eltern aber den Übertritt wünschen, nehmen am Probeunterricht der Schule, an der sie angemeldet wurden, teil. Ab der Note 2,66 muss z.B. jeder Schüler, der ein Gymnasium besuchen möchte, an einem dreitägigen Probeunterricht teilnehmen. Für den Besuch am Probeunterricht gibt es keine Noten-Untergrenze.	„Die Wahl des Bildungsganges nach dem Besuch der Grundschule ist Sache der Eltern." - Die Eignung ist gegeben, wenn die bisherige Lernentwicklung, Leistungsstand und Arbeitshaltung eine erfolgreiche Teilnahme am Unterricht des gewählten Bildungsgangs erwarten lassen. - Es gibt die Möglichkeit der Querversetzung.

Quelle: Bayerisches Staatsministerium für Unterricht und Kultus (2008): VSO, §29; Hessisches Kultusministerium (2005): HSchG, §77; vgl. auch KMK (2006)

---

8   „Querversetzung" meint bei ausbleibendem Erfolg in der weiterführenden Schule die Möglichkeit der Versetzung aus der Jahrgangsstufe fünf der gewählten Schule in die Schulform, für die eine Eignungsempfehlung durch die Grundschule ausgesprochen wurde.

Der Probeunterricht in Bayern wird in den Fächern Deutsch und Mathematik durchgeführt und gilt als bestanden, wenn der Schüler in einem Prüfungsfach mindestens eine Drei und in dem anderen Fach mindestens die Note vier erreicht hat. Für die Durchführung, Korrektur und Bewertung der schriftlichen Prüfungsaufgaben ist ein Aufnahmeausschuss verantwortlich, der sich aus Lehrern der aufnehmenden Schule zusammensetzt. Bei einer erfolglos abgelegten Prüfung kann sich der Schüler erst wieder im folgenden Schuljahr dem Übertrittsverfahren stellen.

3 Forschungsstand

Dieses Kapitel beginnt mit der Darstellung von Untersuchungen zum Übergang am Ende der Grundschulzeit (vgl. Kap. 3.1). Zunächst stehen Studien im Fokus, die das Bildungsverhalten der Eltern in Abhängigkeit von ihrer sozialen Position thematisieren, bevor Untersuchungen zur Lehrerempfehlung in den Blick rücken und zentrale Befunde zur Prognosequalität der Empfehlung vorgestellt werden. Daran anschließend wird der Übergang als Handlungsproblem der Lehrkräfte thematisiert, wobei auf Wert-Erwartungs-Modelle eingegangen wird (vgl. Kap. 3.2). Danach richtet sich der Blick auf Grundannahmen der Lehrerkognitionsforschung (vgl. Kap. 3.3). Im letzten Abschnitt dieses Kapitels steht das für die Übergangsempfehlung relevante Aufgabengebiet „Beurteilen und Beraten" im Zentrum, wobei der diagnostischen Kompetenz als einer speziellen Form der Expertise von Lehrkräften eine besondere Bedeutung zukommt (vgl. Kap. 3.4).

3.1 Untersuchungen zum Übergang am Ende der Primarstufe

Der Schwerpunkt der vorliegenden Untersuchung liegt auf der Rolle der Lehrkräfte im Übergangsgeschehen und deren Empfehlungsverhalten. Eine theoretische Aufarbeitung des Forschungsstandes zum Übergang am Ende der Grundschule ohne die Thematisierung der elterlichen Bildungsaspirationen und deren Realisierung im Übergangsprozess ist jedoch unvollständig. Die Eltern genießen ein primäres Erziehungsrecht (Art. 6, Abs. 2 GG), das auch ihr Recht auf die freie Wahl zwischen den Bildungswegen nach der Grundschule einschließt (vgl. Avenarius & Jeand' Heur 1992). Dieses elterliche Bestimmungsrecht trifft jedoch auf gewisse Einschränkungen, da dem Staat auf dem Gebiet des Schulwesens hoheitliche Gestaltungsrechte eingeräumt werden (Art. 7, Abs. 1 GG). Insofern steht die staatliche Schulaufsicht in einem „latenten Kollisionsverhältnis zum elterlichen Erziehungsprimat, das insbesondere bei Fragen der angestrebten bzw. verweigerten Schullaufbahn offen ausbricht" (Avenarius & Jeand'Heur 1992, S. 17). Elterliche Bildungsaspirationen beeinflussen nicht nur den Übergangsprozess und damit die Herausbildung der Lehrerempfehlung, sondern spielen auch bei der Umsetzung der Empfehlung in eine Schulanmeldung eine Rolle (vgl. Ditton 2007b). Aufgrund der Bedeutung der elterlichen Bildungsaspirationen im Übergangsgeschehen wird im folgenden Abschnitt auf Befunde eingegangen, welche die Schullaufbahnpräferenzen der Eltern thematisieren.

3.1.1 Zum Spannungsverhältnis zwischen Übergangsempfehlungen und elterlichen Bildungsaspirationen

In den letzten Jahren sind elterliche Erwartungshaltungen an die Schulabschlüsse ihrer Kinder deutlich gestiegen. Gaben 1979 nur ungefähr 37% der in einer Studie befragten Eltern an, dass sie das Erreichen des Abiturs für ihre Kinder für wünschenswert hielten, waren es 1987 bereits 52% (vgl. Hurrelmann 1994, S. 130; Rolff u.a. 1988, S. 15f.). Ende der 90er Jahre ergab eine Befragung von Eltern in Hessen, dass für weit über 90% der befragten Eltern ein Realschulabschluss zur Mindestnorm geworden ist und lediglich 3% der Eltern einen Hauptschulabschluss für ihr Kind anstreben, während 51% der befragten Eltern sich wünschen, dass ihr Kind Abitur macht (vgl. Büchner & Koch 2002, S. 237). Es lässt sich damit eine Zweigliedrigkeit des Schullaufbahndenkens bei den Elternwünschen ausmachen, das im Gegensatz zu den von den Grundschulen ausgesprochenen Empfehlungen für drei weiterführende Schulformen steht: Am Ende der Grundschulzeit erhalten in Bayern ungefähr 30% der Kinder eines Jahrgangs eine Gymnasialempfehlung, 25% eine Realschul- und 45% eine Hauptschulempfehlung. In Hessen dagegen wird für ca. 34% der Schüler eine Gymnasialempfehlung ausgesprochen, für 35% eine Realschulempfehlung und für 18% eine Hauptschulempfehlung. Besonders in diesen beiden Bundesländern, die vor allem bei der Hauptschulempfehlung vom bundesdeutschen Durchschnitt abweichen, unterscheiden sich die Anteile der Viertklässler, die für die weiterführenden Schularten empfohlen werden, erheblich (vgl. Bos u.a. 2004, S. 194).

Die Ergebnisse aus IGLU 2001 und 2006 weisen sowohl bei den Lehrkräften als auch bei den Eltern bundesweit einen Rückgang der Hauptschulpräferenzen und ein Ansteigen der Gymnasialpräferenzen nach. Während im Schuljahr 2006/2007 rund 10% aller Schüler der allgemeinbildenden Schulen in Deutschland eine Hauptschule besuchten, waren im Schuljahr 2001/2002 noch 24,4% Hauptschüler zu verzeichnen, was einen Rückgang um insgesamt 14,4% in den letzten fünf Jahren bedeutet (vgl. Arnold u.a. 2007, S. 275; vgl. Rösner 2007). Da mit dem Übergang am Ende der Grundschulzeit und der Wahl der weiterführenden Schule Vorentscheidungen über schulische Qualifikationen und Lebenschancen verknüpft sind, besteht auf Seiten der Eltern ein deutliches Interesse daran, ihre Kinder eine anspruchsvolle Schullaufbahn durchlaufen zu lassen, um ihnen im gesellschaftlichen Wettbewerb zu einer möglichst hohen beruflichen Stellung zu verhelfen und ihre Chancen nicht schon im Vorfeld einzuschränken. Entsprechend hoch sind die Aspirationen der Eltern, die vielfach nicht mit den Empfehlungen der Lehrkräfte übereinstimmen. Eltern wählen seltener eine niedrigere Schulform, als die von den Lehrern empfohlene und präferieren häufiger als die Lehrkräfte eine anspruchsvollere Schulform. Vor allem Eltern mit hohem Bildungsniveau streben stärker nach einer gymnasialen Schullaufbahn und einem höheren beruflichen Abschluss für ihre Kinder als Eltern mit niedriger oder mittlerer Bildung (vgl. z.B. Ditton 1987, 2004, 2007b; Pettinger 1985). Ein Hauptschulabschluss kommt fast ausschließlich für Eltern und Kinder niedriger sozialer Schichten in Frage (vgl. Merkens & Wessel 2002; Büchner 2003).

Paulus und Blossfeld (2007) konnten im Rahmen der BiKS-Studie-8-12 zeigen, dass sich nur ein kleiner Rest der Eltern die Hauptschule wünscht und diese Schulform von der großen Mehrheit aller Eltern als ungeliebte Restschule identifiziert wird (vgl. Paulus & Blossfeld 2007, S. 499). Darüber hinaus weisen ihre Befunde darauf hin, dass untere soziale Schichten im Vergleich zu höheren Statusgruppen speziell bei unsicherem Schulerfolg eine größere Vorsicht zeigen, ihre Kinder auf eine höhere Schulform zu schicken. Besonders bei Schülern im mittleren Leistungsbereich konnten sie bei Eltern unterer sozialer Schichten eine deutlichere Zurückhaltung als bei Mittelschicht- und Oberschicht-Eltern nachweisen, ihre Kinder auf anspruchsvollere Schulen zu senden.

Ein Vergleich der Ergebnisse aus IGLU 2001 und 2006 zeigt insgesamt einen Rückgang der Übereinstimmung zwischen Lehrer- und Elternpräferenz. Die Präferenzen der Eltern für höhere Schulformen haben zugenommen und die Abweichungen nach unten sind seltener geworden, während die hohen Übereinstimmungen für eine gymnasiale Laufbahn in etwa gleich geblieben sind (vgl. Arnold u.a. 2007). In der folgenden Tabelle wird das Ausmaß der Übereinstimmungen zwischen den Präferenzen der Lehrkräfte und den Eltern dargestellt.

Tab. 3: Ausmaß der Übereinstimmung der Schullaufbahnpräferenzen von Lehrkräften und Eltern (in Zeilenprozenten)[9]

		Schullaufbahnpräferenz der Eltern								
		Hauptschule		Realschule		Gymnasium		Integrierte Schule		Total
		2001	2006	2001	2006	2001	2006	2001	2006	2001	2006
Schullaufbahnpräferenz der Lehrkräfte	HS	74,7%	62,2%	16,1%	20,5%	1,4%	2,9%	7,9%	14,3%	100,1%	99,9%
	RS	10,1%	1,9%	66,0%	58,6%	14,5%	22,5%	9,3%	17,0%	99,9%	100%
	GY	0,2%	0,2%	7,1%	5,3%	90,7%	92,8%	2,0%	1,7%	100%	100%
	n	1022	834	1356	1573	1924	2851	275	567	4577	5825

Quelle: Bos u.a. (2003, S. 132); Arnold u.a. (2007, S. 278)

Bei einer Gymnasialempfehlung durch die Lehrkraft haben 92,8% (2001: 90,7%) der Eltern dieselbe Präferenz. Demgegenüber bevorzugen nur wenige Eltern bei einer Gymnasialpräferenz durch die Schule eine andere Schulform: 5,3% (2001: 7,1%) ziehen die Realschule vor, 1,7% eine integrierte Schule bzw. Klasse (2001:

---

9 Abweichungen von 100% basieren auf Rundungsfehlern.

2,0%) und 0,2% (2001: 0,2%) die Hauptschule. Spricht die Schule eine Empfehlung für die Realschule aus, folgen 58,6% (2001: 66%) der Eltern dieser Empfehlung. 22,5% (2001: 14,5%) der Eltern dagegen favorisieren in diesem Fall eine gymnasiale Schullaufbahn, 1,9% (2001: 10,1%) ziehen die Hauptschule und 17% (2001: 9,3%) eine integrierte Schule bzw. Klasse vor. Eine Hauptschullaufbahn wird in 62,2% (2001: 74,7%) der Fälle übereinstimmend verfolgt. Ungefähr die Hälfte der Eltern, die eine abweichende Präferenz äußern, wünschen sich für ihr Kind die Realschule (20,5%, 2001: 16,1%), ungefähr ein Drittel der Eltern favorisiert eine integrierte Schule bzw. Klasse (14,3%, 2001: 7,9%) und 2,9% (2001: 1,4%) der Eltern streben nach einer gymnasialen Schullaufbahn.

Der Frage, inwieweit Eltern- und Lehrerpräferenz übereinstimmen und wie sich dies im Zeitverlauf von Klasse drei an ändert, gingen Ditton und Krüsken (2006) nach. Während am Ende der dritten Klasse die Bildungsaspirationen der Eltern und die voraussichtlichen Übergangsempfehlungen der Lehrkräfte weit auseinander liegen und in 50% der Fälle die Lehrkraft vermutlich nicht die gewünschte Übergangsempfehlung für die Realschule bzw. das Gymnasium erteilen wird, korrigieren die Lehrkräfte bis zum Ende der vierten Klasse ihre Empfehlungen sowohl nach oben als auch nach unten, so dass bei den Schulanmeldungen noch 15% der Eltern von den Empfehlungen der Lehrkräfte abweichen. Diese Abweichungen erfolgen fast ausschließlich nach „oben" (vgl. Ditton & Krüsken 2006, S. 368). Die Eltern, die eine höhere Anmeldung trotz Hauptschulempfehlung riskieren, machen bei der oberen Schicht 26%, bei der mittleren 15% und bei der unteren Schicht 9% aus. Bei gegebener Realschulempfehlung wagt die obere Schichtgruppe eine Anmeldung beim Gymnasium zu 35%, die mittlere zu 21% und die untere zu 17%. Gymnasialempfehlungen werden in der oberen Schicht zu 96%, in der mittleren Schicht zu 92% und in der unteren Schicht zu 81% realisiert. Dabei hat die Elterngruppe der höchsten Schicht gegenüber der unteren Schicht eine signifikant größere Chance, ihr Kind auf einer höheren Schulform als der empfohlenen anzumelden bzw. eine Gymnasialempfehlung tatsächlich zu realisieren (vgl. Ditton & Krüsken 2006, S. 365; Ditton 2004, S. 269; Merkens & Wessel 2002, S. 189ff.). Für Abweichungen von den Empfehlungen der Lehrkräfte ist der soziale Hintergrund des Schülers von besonderer Bedeutung, die schulischen Leistungen dagegen spielen in diesem Zusammenhang eine weitaus geringere Rolle. Aus Sicht der Eltern gilt ein mittlerer Schulabschluss als Mindestnorm, wobei die beruflichen Chancen eines Hauptschulabschlusses nahezu übereinstimmend über die Elterngruppen hinweg als unzureichend eingeschätzt werden (vgl. Ditton & Krüsken 2006, S. 367).

Die über bestehende Leistungsunterschiede hinaus feststellbaren herkunftsspezifischen Differenzen im Bildungsverhalten führen zu einer unterschiedlichen Nutzung der Bildungsangebote in Abhängigkeit von der sozialen Herkunft der Familie. Dieser „sekundäre Herkunftseffekt" (Boudon 1974) wurde auch in anderen Untersuchungen bestätigt (vgl. z.B. Ditton 1989, 1992; Büchner 2003). Während Eltern unterer Schichten eher der Lehrerempfehlung folgen, sind es meist die Angehörigen höherer Schichten, die sich über die Grundschulempfehlung hinwegsetzen und sich entgegen der Empfehlung für eine höhere Schulform entscheiden (vgl. Ditton 1989, 2004, 2007b; Merkens & Wessel 2002; Harazd 2007). Daneben nehmen die verschiedenen Sozialschichten das Grundschulgutachten bei vergleichbaren Schulleistungen in unterschiedlicher Weise wahr. Es konnte gezeigt werden, dass häufiger Eltern von Arbeiterkindern als Eltern von Nicht-Arbeiterkindern den Besuch eines Gymnasiums oder einer Realschule nicht wählen, wenn sie eine entsprechende Empfehlung besitzen (vgl. Fauser & Schreiber 1987).

Als Ursachen für den sekundären Herkunftseffekt lassen sich in der Bildungsforschung verschiedene Erklärungen finden. Eltern mit niedrigem sozialem Status sind häufig unsicher bei der Wahl eines weiteren Bildungswegs und weisen eine gewisse Distanz zu höherer Bildung auf (vgl. Kob 1963). Dass Arbeitereltern anspruchsvollere Schulformen überwiegend als fremd, kompliziert, theoretisch und schwierig wahrnehmen, konnte Hitpass (1965) zeigen. In diesem Kontext kann von einer gewissen Informationsdistanz der unteren Statusgruppen gesprochen werden, die bei diesen Eltern dazu führen kann, sich gegen den „unbekannten" Bildungsweg zu entscheiden (vgl. Grimm 1966). Insbesondere für Eltern, die eine un- und angelernte Tätigkeit ausüben, hat sich die fehlende Ausbildung nicht bewährt, so dass sie eine geringe Bildungsmotivation zeigen (vgl. Ebd. 1966). Daher werden gute Schulleistungen nicht in demselben Maße in höhere Schulabschlüsse umgesetzt wie bei Kindern höherer und mittlerer Schichten (vgl. Büchner 2003).

Aktuellere Untersuchungen ziehen häufig Wert-Erwartungs-Modelle bzw. Rational-Choice-Ansätze heran, um die Bildungsentscheidung der Eltern zu erklären (vgl. Ditton 2007a; Schauenberg 2007). Danach ist für die Familien in einer niedrigen sozialen Position die Entscheidung für eine anspruchsvollere Schullaufbahn mit höheren Kosten, d.h. mit einem größeren Verzicht an Zeit und Gütern verbunden. Neben den subjektiven Einschätzungen zu Kosten und Nutzen, die sozialspezifisch unterschiedlich ausgeprägt sind, spielt bei der Entscheidung für eine höhere Schulform bei den Eltern insbesondere die angenommene subjektive Erfolgserwartung, den Abschluss einer Schulform zu erreichen, eine Rolle. Selbst bei gleichen Noten ist die Erfolgszuversicht bei den oberen sozialen Gruppen ausgeprägter (vgl. Ditton 2007c). Dies kann in Verbindung damit gesehen werden, dass die Ferne bzw. Nähe und Vertrautheit mit den unterschiedlichen Schulformen selbst nach Sozialschicht unterschiedlich ausgeprägt ist. Eltern höherer sozialer Schichten haben meist selbst eine hohe Schulbildung abgeschlossen, messen dieser einen hohen Wert bei und können einschätzen, was das Kind in der anspruchsvollen Schulform erwartet. Außerdem verfügen Familien hoher sozialer Gruppen über die bei mangelndem Schulerfolg notwendigen Ressourcen, wie die Finanzierung von Nachhilfe oder Unterstützung bei den Hausaufgaben. Darüber hinaus möchten diese Eltern durch den Bildungsabschluss ihrer Kinder den sozialen Status ihrer Familie erhalten. Dies impliziert, dass Kinder zumindest den Bildungsabschluss erreichen sollen, den ihre Eltern bzw. ein Elternteil der Familie erreicht hat (vgl. Becker 2004; Esser 1999; Ditton 2004, 2007a). Selbst wenn der eigene Status nicht durch Bildung, sondern über ökonomisches oder soziales Kapital erreicht wurde, gilt mit steigendem sozialem Status in fast allen Fällen ein höherer Bildungsabschluss als Mindestnorm (vgl. Ditton 2007c, S. 89).

3.1.2 Die Lehrerempfehlung als Untersuchungsgegenstand

Die durch die Lehrkräfte erteilte Übergangsempfehlung ist ein wichtiges Kriterium für die Wahl der weiterführenden Schulform. Denn selbst wenn die Verantwortung über den weiteren Bildungsweg letztlich bei den Eltern liegt, richten sie sich mehrheitlich nach der Lehrerempfehlung (vgl. Bos u.a. 2003, 2004). Aus bildungspolitischer und pädagogischer Perspektive ist problematisch, dass bei der Übergangsempfehlung ergänzend zu den Schulleistungen und lernbegleitenden Emotionen (u.a. Lernmotivation, Leistungsangst) auch leistungsirrelevante soziale Merkmale (z.b. Migrationsstatus, Sozialschicht, Geschlecht) zum Zug kommen (vgl. z.B. Bos u.a. 2003, 2004, 2007; Lehmann, Peek & Gänsfuß 1997). In diesem Kapitel wird auf ausgewählte empirische Untersuchungen eingegangen, welche die Empfehlungspraxis der Grundschullehrkräfte thematisieren sowie relevante Einflussfaktoren identifizieren, die sowohl auf die Notengebung als auch auf die Empfehlung wirken. Zunächst werden Befunde traditioneller Untersuchungen Ende der 1960er Jahre angesprochen, bevor aktuelle Forschungsergebnisse zur Erteilung der Übergangsempfehlung durch Lehrkräfte vorgestellt werden.

Preuß konnte schon 1970 einen sozialen „Bias" in der Wahrnehmung der Lehrkräfte nachweisen. Arbeiterkinder hatten im Vergleich zu Nichtarbeiterkindern trotz ausreichender Intelligenz und einer positiven Beurteilung ihres Charakters durch die Lehrkraft eine überzufällig geringere Chance, eine Empfehlung für eine weiterführende Schule zu erreichen. Dies erklärt Preuß jedoch nicht ausschließlich mit einer bewussten Benachteiligung durch die Lehrkräfte. Stattdessen würden diese die „motivierende Rückendeckung und hilfreiche Unterstützung durch das Elternhaus" (Preuß 1970, S. 77) für das erfolgreiche Absolvieren einer höheren Schule mit einkalkulieren. Insofern gehört die Hilfe der Eltern zu den „informellen Bedingungen" (Ebd. 1970, S. 77) des Schulsystems. Dies wird von den Lehrern registriert, so dass es sich als weiterer Selektionsfaktor in der Übergangsempfehlung niederschlägt. Darüber hinaus wies Preuß Unterschiede bezüglich des Verhältnisses zwischen Eltern und Lehrkraft nach. Eltern höherer Schichten wurden von den Lehrkräften nicht nur als freundlicher und interessierter wahrgenommen, sondern auch als engagierter und aktiver, das Gespräch mit dem Lehrer suchend. Dementsprechend gaben die Lehrkräfte an, mit dieser Elterngruppe häufiger Kontakt zu haben, wobei sich die Gespräche inhaltlich auch häufiger auf den bevorstehenden Übergang konzentrierten (vgl. Preuß 1970, S. 47ff.).

Dass Lehrkräfte eine Reihe leistungsfremder Aspekte und auch Zuschreibungen von Charaktereigenschaften (z.b. Disziplin, Höflichkeit, Ehrlichkeit, Gehorsam, Aufrichtigkeit) bei ihrer Empfehlung berücksichtigen, konnte Steinkamp (1967) nachweisen. Das schlechte Abschneiden der Arbeiterkinder in den Beurteilungen der Lehrkräfte erklärt Steinkamp damit, dass die Lehrer bestimmte Arbeitshaltungen und Charaktereigenschaften für eine Empfehlung auf höhere Schulen fordern, die sie Arbeiterkindern weniger zuschreiben als Kindern aus der Mittelschicht. Außerdem seien Kinder aus niedrigen sozialen Schichten bezüglich ihres Erziehungsmilieus benachteiligt, das anderen Verhaltensnormen unterworfen ist, die in der „Mittelklasseninstitution Schule" (Preuß 1970, S. 18) nicht als erstrebenswert gelten und zum Erfolg genügen (vgl. auch Gresser-Spitzmüller 1973; Wiese 1982).

Aktuelle Untersuchungen beschäftigen sich verstärkt mit der Frage, ob überhaupt objektive, d.h. an der Leistung und Leistungsfähigkeit von Schülern orientierte Empfehlungen erteilt werden können (vgl. Schauenberg 2007, S. 42). Aufgrund der eher allgemeinen Vorgaben zu den Kriterien des Übergangsverfahrens ist es wenig erstaunlich, dass Lehrkräfte auch leistungsferne Kriterien bei ihrer Empfehlung berücksichtigen, wodurch eine Benachteiligung von Schülern aus bildungsfernen Familien erfolgt (vgl. z.B. Ditton 1989, 1992, 2004; Stahl 2007; Ditton, Krüsken & Schauenberg 2005; Rolff 1997; Wiese 1982; Lehmann, Peek & Gänsfuß 1997; Spangenberg & Weishaupt 1999; Bos u.a. 2003, 2004, 2007; Bos & Pietsch 2004; Hinz & Groß 2006). In IGLU haben beispielsweise Kinder aus sozial schwächeren Elternhäusern bei gleicher Lesekompetenz und gleichen kognitiven Grundfähigkeiten deutlich schlechtere Chancen auf eine Gymnasialempfehlung als Kinder aus oberen Schichten. Auch Kinder mit Migrationshintergrund erhalten seltener eine Realschul- oder Gymnasialempfehlung: Selbst bei Kontrolle der Sozialschicht und der Lesekompetenz haben die Kinder, deren Eltern beide in Deutschland geboren sind, einen Vorteil. Ihre Chance auf eine Realschulempfehlung ist unter diesen Umständen noch 1,73 mal so hoch, ihre Aussicht auf eine Gymnasialempfehlung 1,66 mal so hoch (vgl. Bos u.a. 2004, S. 212). Andere Untersuchungen konnten beim Übergang allerdings keine Benachteiligung, sondern bei Kontrolle von Noten oder Testleistungen gleiche Chancen (vgl. z.B. Kristen 2002, 2006; Tiedemann & Billmann-Mahecha 2007) oder sogar höhere Chancen (vgl. Lehmann, Peek & Gänsfuß 1997) auf eine Gymnasialempfehlung von Kindern mit Migrationshintergrund nachweisen.

Es lässt sich nicht nur bei der Empfehlung, sondern bereits bei der Notenvergabe eine Benachteiligung von Kindern unterer Schichten nachweisen. Obwohl sich Lehrkräfte bemühen, objektive Noten zu verteilen, geht auch dieser soziale Bias zu

Lasten der Schüler aus bildungsfernen Schichten und verstärkt die soziale Auslese weiter (vgl. Ditton 1989; Spangenberg & Weishaupt 1999). Bereits Weiss (1965) konnte zeigen, dass dieselbe Klassenarbeit schlechter benotet wurde, wenn Lehrkräften der soziale Hintergrund des Schülers als weniger günstig beschrieben wurde.

Aber auch dann, wenn Kinder niedriger und höherer sozialer Schichten gleich gute Noten erhalten, haben Schüler aus der Oberschicht bessere Chancen, eine Gymnasialempfehlung zu erhalten (vgl. Büchner 2003). Die Untersuchung zu den Lernausgangslagen konnte zeigen, dass Kinder je nach Bildungsnähe des Elternhauses mit sehr unterschiedlichen Anforderungen konfrontiert werden (vgl. Lehmann, Peek & Gänsfuß 1997, S. 90): Das Kind eines Vaters ohne Schulabschluss muss ein Leistungsniveau aufweisen, das noch wesentlich über dem Durchschnitt liegt, um mit einiger Wahrscheinlichkeit für das Gymnasium empfohlen zu werden. Dem Kind eines Vaters mit Abitur dagegen genügt eine Leistung, die noch unter dem allgemeinen Durchschnitt liegt. Die analogen Ergebnisse für Kinder mit Migrationshintergrund deuten dagegen eine entgegengesetzte Tendenz an. Der für sie im Vergleich zu deutschen Kindern geltende deutlich niedrigere Standard lässt sich möglicherweise mit dem Umstand erklären, dass Migrantenkindern ein gewisser Bonus seitens der Lehrkraft gewährt wird, um sie bei der sprachlichen und sozialen Integration zu unterstützen. Die eindeutige Benachteiligung von Kindern allein erziehender Mütter und deren relativ geringere Chance für das Gymnasium empfohlen zu werden, ließ sich ebenfalls nachweisen. Die Messlatte, der diese Kinder genügen müssen, liegt deutlich höher als diejenige, die für Kinder aus Zwei-Eltern-Familien gilt. Ditton (1992) konnte zeigen, dass in den 1980er Jahren etwa 40% der Schüler aus höheren sozialen Schichten mit mittleren Schulleistungen (Durchschnittsnote 2,2-2,9) auf das Gymnasium empfohlen wurden, aber nur 11% der Kinder aus niedrigen sozialen Schichten mit den entsprechenden Schulleistungen (vgl. Ditton 1992, S. 131ff.).

Auch über die bereits vorausgegangene Selektion beim Übergang in die Sekundarstufe hinaus zeigt sich im Verlauf der weiteren Schulkarriere eine tendenzielle Bevorzugung von Kindern, deren Eltern einen höheren Bildungsabschluss besitzen (vgl. Lehmann, Gänsfuß & Peek 1999). Vergleicht man die weitere Leistungsentwicklung im Gymnasium von Kindern, deren Väter Abitur haben, mit Kindern, deren Väter keinen Schulabschluss haben, zeigen sich unter Kontrolle der Eingangsleistungen nur geringe Vorteile für die Kinder mit Vätern mit Abitur. Trotzdem verlassen im weiteren Verlauf der Schulkarriere 16,5% der Schüler, deren Väter keinen Schulabschluss haben, nach der sechsten Klassenstufe das Gymnasium im Vergleich zu 2,7% der Kinder, deren Väter Abitur haben (vgl. Ebd. 1999, S. 154).

Aufgrund der unspezifischen Vorgaben, nach denen Lehrkräfte ihre Übergangsempfehlung erteilen sollen, ist es ein durchaus rationales Verhalten, bei dieser

Forschungsstand 39

Entscheidung auch die familiären und sozialen Ressourcen eines Schülers zu berücksichtigen, um den Erfolg auf der gewählten weiterführenden Schulform möglichst wahrscheinlich zu machen. Die pädagogische und fachliche Unterstützung, die diese Kinder von ihren Eltern erwarten können, kann von der Lehrkraft als günstige Bedingung für die höhere Schullaufbahn aufgefasst werden (vgl. Spangenberg & Weishaupt 1999; Schauenberg 2007).

Obwohl die Grundschulempfehlungen keineswegs von Schichteinflüssen frei sind, orientieren sich die Lehrkräfte stärker an den Schulleistungen als die Eltern, deren Präferenzen vornehmlich an die soziale Herkunft gekoppelt bzw. statusorientiert sind. Insofern haben die Empfehlungen der Lehrkräfte einen nivellierenden Einfluss auf die Bildungsentscheidung der Eltern und tragen stärker zu einer leistungsorientierten Auslese bei (vgl. Wiese 1982; Ditton 1989, 2004; Merkens & Wessel 2002; Ditton, Krüsken & Schauenberg 2005; Ditton & Krüsken 2006). Der im Vergleich zu den Bildungsentscheidungen der Eltern eher nivellierende Einfluss der Lehrerempfehlung wurde anhand von BIJU-Daten mit einem Vergleich des Übergangsverhaltens in Ost- und West-Berlin belegt: Soziale Disparitäten nehmen zu, wenn Lehrerempfehlungen durch Elternentscheidungen ersetzt werden, da die an Schulleistung gebundene regulierende Funktion von Übergangsempfehlungen gegenüber Bildungsaspirationen von Eltern höherer Sozialschichten verloren geht (vgl. Baumert, Watermann & Schümer 2003, S. 49). Insofern können Schulen einen substantiellen Beitrag zur Begrenzung sozialer Disparitäten leisten.

Ditton (2007c) macht am Beispiel Bayern darauf aufmerksam, dass Lehrkräften die Erteilung einer Empfehlung besonders schwer fällt, wenn die Noten nicht eindeutig genug sind bzw. die Leistungen der Schüler den Grenzbereichen für Gymnasial- und Realschulempfehlungen entsprechen. Erst dann besteht überhaupt eine „besonders herausfordernde Entscheidungssituation im Sinne einer komplexen Abwägung aus Sicht der Lehrkräfte" (Ditton 2007c, S. 111). Bei einem Notendurchschnitt von 2,33, der in Bayern den Grenzwert zwischen Gymnasial- und Realschulempfehlung darstellt, werden deutlich mehr Realschul- als Gymnasialempfehlungen gegeben (63% gegenüber 35%). Bei einem Notendurchschnitt von 2,66 spielt sich die Entscheidung zwischen Realschule (52%) und Hauptschule (41%) ab, eine Empfehlung für das Gymnasium wird kaum mehr gegeben (7%). Im Gegensatz zu den Hauptschul- und Gymnasialempfehlungen wird eine Realschulempfehlung von Lehrkräften nur selten als „sehr einfach" wahrgenommen (Ebd. 2007c, S. 112).

Neben den genannten Aspekten können auch schulstrukturelle und regionale Faktoren Einfluss auf die Empfehlungen der Lehrkräfte haben (vgl. z.B. Ditton 1992, S. 165; Ditton 2004, S. 270; Gomolla & Radtke 2002). Wenn eine Schulform am nächsten gelegen und gut erreichbar ist, steigen sowohl die Quoten der Empfehlungen als auch die Quoten der Schulwahlen für alle drei Schulformen an (vgl. Ditton 1992, 2004). Allerdings werden in diesen Fällen, wenn sich eine Realschule oder ein Gymnasium vor Ort befinden, höhere Ansprüche an zukünftige Sekundarschüler gestellt (vgl. Maier 2007). Auch das Eigeninteresse am Erhalt einer Schulform wirkt sich auf die Übergangsempfehlungen der Grundschullehrkräfte aus. Spangenberg und Weishaupt (1999) konnten zeigen, dass in einzelnen Regionen die Übergangsempfehlung zur Hauptschule um 10% über dem Durchschnitt lag, wenn die Grundschule organisatorisch mit einer Hauptschule verbunden war. Dies kann als Versuch der Lehrkräfte interpretiert werden, „den Erhalt ihres Hauptschulzweiges und damit ihres Arbeitsplatzes an der Schule zu sichern" (Spangenberg & Weishaupt 1999, S. 11). Ebenso ist anzunehmen, dass die Annahmen der Lehrkräfte zur Durchlässigkeit des Schulsystems einen Einfluss auf deren Empfehlung haben. Vertreten Lehrkräfte den Standpunkt, dass es für gute Schüler später immer noch möglich ist, in der Schulhierarchie „nach oben" zu wechseln, könnte dies in Zweifelsfällen eher zu einer Empfehlung für die niedrigere Schulform führen. Bestehen jedoch Zweifel an der Möglichkeit des späteren Aufstieges, könnte bei einem uneindeutigen Leistungsprofil des Schülers versucht werden, die höhere Schulform zu empfehlen, um dem Kind die Chance zu geben sich dort zu bewähren und bei ausbleibendem Erfolg notfalls „nach unten" zu wechseln (vgl. Schauenberg 2007, S. 44).

3.1.3 Prognostische Qualität der Empfehlung

Aufgrund des hohen Stellenwerts des Übergangs am Ende der Grundschulzeit im gegliederten deutschen Schulsystem wird die prognostische Validität der Schullaufbahnempfehlung immer wieder diskutiert. Vorliegende Befunde sind teilweise recht unterschiedlich, was auf eine uneinheitliche Definition und Operationalisierung der Empfehlungsqualität in den jeweiligen Studien zurückzuführen sein könnte.

Dass der prognostische Wert von Übergangsempfehlungen gering ist, konnten mehrere Untersuchungen zeigen (vgl. z.B. Heller, Rosemann & Steffens 1978; Kemnade 1989; Jürgens 1989; Schuchart & Weishaupt 2004). Kemnade (1989) zeigte für Bremen, dass etwa ein Drittel der nicht empfohlenen Schüler auf dem Gymnasium oder der Realschule den gewünschten Abschluss der Sekundarstufe I ohne zeitliche Verzögerung erreicht, während etwa ein weiteres Viertel eine Klassenwiederholung benötigt, um dann ebenfalls zum gewünschten Abschluss zu gelangen. Insgesamt schließen damit mehr als 50% der Schüler die Sekundarstufe I mit einem höheren als dem empfohlenen Abschluss ab (vgl. Kemnade 1989, S. 221; Schuchart & Weishaupt 2004, S. 887). Ähnliches konnte in Niedersachsen für die Zehntklässler des Jahres 1986 am Gymnasium gezeigt werden. 36% der realschulempfohlenen Gymnasiasten erreichen ohne Klassenwiederholung das Ende der zehnten Klasse, 20% schaffen dieses Ziel mit der Wiederholung einer Klassen-

Forschungsstand 41

stufe. Damit erreichen mehr als 50% der nicht für das Gymnasium empfohlenen Schüler den Zugang zur gymnasialen Oberstufe an einem Gymnasium (vgl. Schuchart & Weishaupt 2004, S. 893). Diese Befunde weisen darauf hin, wie schwierig es ist, zukünftige schulische Leistungen bereits im Alter von neun bis elf Jahren auf der Grundlage der bis dahin gezeigten Leistungen vorherzusagen und unterstreichen die Problematik einer geringen Durchlässigkeit des Schulsystems vor allem nach „oben". Dementsprechend konstatiert Ingenkamp (1993), dass weder Aufnahmeprüfungsergebnisse der weiterführenden Schulen noch kognitive Fähigkeitstests und Lehrerurteile für eine zufrieden stellende Differenzierung und eine gute Individualprognose ausreichend sind. Auch Sauer und Gamsjäger (1996) stellen bei ihrem Überblick über vorliegende Untersuchungen heraus, dass die prognostische Validität von Grundschulnoten ebenso wie verschiedene Varianten von Eignungsurteilen und Empfehlungen der Lehrer für den Erfolg in der Sekundarschule gering ist. In ihren eigenen Untersuchungen waren Prognosen am Ende der vierten Jahrgangsstufe für die leistungsbesten und leistungsschwächsten Schüler aufgrund der Schulnoten (Lehrerurteile) relativ zuverlässig und gültig möglich. Allerdings zeigte sich für die (breite) Durchschnittsgruppe und damit insbesondere

> „für die Schüler und Eltern, die eine Orientierungshilfe möglicherweise am dringendsten brauchen, die Begrenztheit und Relativiertheit einer Vorhersage" (Sauer & Gamsjäger 1996, S. 200).

Roeder (1997) schätzt das Grundschulgutachten dagegen als relativ zuverlässige und wichtige Informationsquelle ein. In seiner Studie waren insgesamt 3,26% der Schüler der Klassen fünf bis zehn der an der Untersuchung beteiligten Hamburger Gymnasien von einem Schulformwechsel betroffen. Die hohe prognostische Qualität der Übergangsempfehlung sieht Roeder darin, dass über 81% der Schulformwechsler in Klasse fünf keine Gymnasialempfehlung hatten. Dass auch knapp 43% der Schüler ohne Gymnasialempfehlung das Gymnasium bis zur zehnten Klasse nicht verließen, ist nach Roeder nicht Ausdruck einer geringen prognostischen Qualität der Empfehlung. Vielmehr betont er die „Haltekraft", die Gymnasien auch bei solchen Schülern entwickeln, die eine weniger günstige Prognose mitbringen (vgl. Roeder 1997, S. 410; zur Kritik vgl. Thiel 2005, S. 255ff.). Thiel (2005) zeigte in einer Untersuchung an Berliner Grundschulen, dass Noten den größten Einfluss auf die Empfehlung haben, aber auch Schülermerkmale vermittelt über die Noten Einfluss nehmen. Darüber hinaus sind auch Schulklassenunterschiede von Bedeutung. Thiel weist darauf hin, dass bei der Übergangsempfehlung bedeutsame Prädiktoren teilweise gar nicht berücksichtigt werden können und deshalb die Empfehlungen keine validen Prognosen des Schulerfolgs darstellen (vgl. Thiel 2005, S. 254). Der weitere Schulerfolg hängt auch von Aspekten ab, die für die Grundschullehrkräfte nicht vorhersehbar sind, wie beispielsweise von der Unterrichtsqualität und der Kompetenz der Lehrkräfte auf den weiterführenden Schulen. Außerdem können auch Persönlichkeitsmerkmale des Lehrers oder individuelle Klassenmerkmale weitere wichtige Prädiktoren sein (vgl. Harazd 2007, S. 55).

3.2 Handlungsentscheidungen: Der Übergang als Handlungsproblem

In diesem Kapitel rückt der Übergang von der Grundschule in die Sekundarstufe als Handlungsproblem der Lehrkräfte in den Blickpunkt. Diese müssen am Ende der vierten Klasse innerhalb der bundeslandspezifischen Vorgaben für jeden Schüler eine Übergangsempfehlung aussprechen. Um die der Empfehlungsformation zugrunde liegenden Entscheidungsgrößen zu systematisieren, ist der Bezug zu einem theoretischen Modell notwendig. In der empirischen Bildungsforschung wird zur Erklärung von Bildungsentscheidungen auf soziologische Wert-Erwartungs-Modelle bzw. auf den Rational-Choice-Ansatz zurückgegriffen. Boudons Ansatz bietet gemeinsam mit der Humankapitaltheorie[10] die Grundlage für die in der Folge entwickelten soziologischen Modelle (vgl. Erikson & Jonsson 1996; Breen & Goldthorpe 1997; Esser 1999), wobei die zentralen Größen der Theorie Boudons aufgenommen wurden (Kosten, Nutzen, Erfolgswahrscheinlichkeit). Diese Weiterentwicklungen werterwartungstheoretischer Modelle stellen eine Möglichkeit zur Systematisierung der für Bildungsentscheidungen relevanten Faktoren dar (vgl. Ditton 2007a). Die genannten Ansätze modellieren explizit die Entscheidungssituation in den Familien an den verschiedenen Übergängen im Bildungssystem und verstehen Bildungsungleichheit als Resultat einer Folge aus vorausgegangenen individuellen Bildungsentscheidungen.

Wert-Erwartungs-Modelle sind jedoch nicht allein in der Soziologie, sondern zeitgleich und zum Teil früher in der Psychologie entwickelt worden (vgl. Maaz u.a. 2006). Bereits in den 1930er- und 1940er-Jahren beschrieben Lewin (Feldtheorie) und Tolman (kognitive Lerntheorie) unabhängig voneinander zielgerichtetes Verhalten als Produkt aus dem Erwartungs- und Wertkonstrukt und machten damit deutlich, dass zielgerichtetes Verhalten durch die beiden Komponenten Erwartung und Valenz erklärbar ist. Atkinson (1957) leistete mit seinem Modell ebenfalls einen bedeutenden Beitrag zur Entwicklung der Wert-Erwartungs-Modelle. In den 1980er Jahren nahmen Eccles u.a. (1983; vgl. Eccles 2005) Modifikationen des Wert-Erwartungs-Modells vor und entwickelten das erweiterte Wert-Erwartungs-

---

10 Mit Hilfe der Humankapitaltheorie gelang erstmals eine systematische Integration verschiedener Einflussfaktoren auf die Bildungsentscheidung. Vor dem Hintergrund, dass sich die Investition von Bildung im beruflichen Prestige oder im sozioökonomischen Status äußert, wird nach den Annahmen der Humankapitaltheorie dann in Bildung investiert, wenn es sich unter Berücksichtigung der Kosten lohnt (vgl. Maaz u.a. 2006).

Modell der Leistungsmotivation und des Leistungsverhaltens, das bereits für die Analyse von schulischem Kurswahlverhalten in den USA, was als Äquivalent von Bildungsentscheidungen aufgefasst werden kann, angewendet wurde. Explizit auf die Analyse von Bildungsübergängen wurden die Wert-Erwartungs-Modelle in der Psychologie allerdings noch nicht angewendet. Während die Soziologie von Makrophänomenen der sozialen Ungleichheit ausgeht und verschiedene Mikromodelle auf Akteursebene entwickelt, wird durch Wert-Erwartungs-Modelle in der Psychologie auf der Akteursebene eine differenziertere Darstellung der dortigen inneren Prozesse möglich, die sich ergänzend in das Gesamtbild der Bildungsentscheidung integrieren lassen (vgl. Maaz u.a. 2006, S. 300).

Eine wechselseitige Ergänzung dieser Modelle ist für die vorliegende Arbeit insofern von Bedeutung, als durch die nähere Betrachtung der Prozesse auf Akteursebene und der dahinter liegenden psychologischen Wirkmechanismen das Entscheidungsverhalten sowie die handlungsleitenden Kognitionen der Lehrkräfte detaillierter nachvollzogen werden können. Im Folgenden werden die Grundannahmen der Wert-Erwartungs-Theorie erläutert und Ansätze der Lehrerkognitionsforschung, die auf den Annahmen dieser Theorie basieren, dargestellt. Da die Handlungstheorie des „Rational-Choice" auf Max Weber zurückgeht, werden einführend seine Überlegungen zum sozialen Handeln skizziert.

3.2.1 Handlungstheoretische Grundlagen

Unter Handlungstheorien werden soziologische Theorien verstanden, die sinnhaftes Handeln von Individuen oder Gruppen in sozialen Interaktionen erklären. Die einzelnen Ansätze zur Erklärung sozialen Handelns können auf kollektivistische wie auf individualistische Erklärungsmodelle zurückgeführt werden. Wert-Erwartungs-Modelle sind den individualistischen Erklärungsmodellen zuzuordnen. Dieses auf Weber zurückgehende Paradigma folgt der Prämisse, dass letztlich alle soziologischen Analysen auf individuelle Handlungen zurückgeführt werden müssen (vgl. Miebach 2006, S. 31ff.). Weber (1922, S. 1) bezeichnet die Soziologie als eine Wissenschaft, die soziales Handeln verstehen und dadurch in seinem Ablauf und seinen Wirkungen ursächlich erklären will. Im Mittelpunkt seiner Überlegungen steht das soziale Handeln, das er vom auf materielle Gegenstände bezogenen Handeln abgrenzt. Er charakterisiert soziales Handeln als menschliches Verhalten, mit dem ein subjektiver Sinn verbunden wird. Der subjektive Sinn entsteht durch die auf das Verhalten bezogenen Intentionen oder Pläne sowie die Reflexion und Antizipation zukünftiger mit dem entsprechenden Verhalten verbundenen Situationen. Ein Verhalten gewinnt dann subjektiven Sinn, "wenn es von Erwägungen über Mittel und Zwecke bzw. Ziele geleitet ist, die dem Akteur vorschwebten. Erst dann kann man den Akteur, sein Handeln und die Folgen seines Tuns ‚verstehen'" (Esser 1999, S. 196).

"Sinnfremd bleiben dagegen alle [...] Vorgänge oder Zuständlichkeiten ohne gemeinten Sinngehalt, soweit sie nicht in die Beziehung vom ‚Mittel' und ‚Zweck' zum Handeln treten" (Weber 1922, S. 3).

In Anlehnung an Weber lassen sich vier allgemeine Handlungstypen unterscheiden: das zweckrationale, das wertrationale, das affektuelle und das traditionale Handeln. Eine *zweckrationale Handlung* kann als Verhalten verstanden werden, welches ausschließlich an (subjektiv) als adäquat vorgestellten Mitteln für bestimmte Zwecke orientiert ist. Eine solche Handlung geschieht in der Weise, dass der Akteur bei seinem Handeln an Zwecken, Mitteln und Nebenfolgen orientiert ist und

"dabei sowohl die Mittel gegen die Zwecke, wie die Zwecke gegen die Nebenfolgen, wie endlich auch die verschiedenen möglichen Zwecke gegeneinander rational abwägt" (Weber 1922, S. 13).

Das Prinzip der Handlungswahl nach den Regeln der Zweckrationalität ist nach Esser (1999) ein allgemeines Gesetz, welches zusammen mit den subjektiven Erwartungen und Bewertungen über Ziele und Mittel das Handeln erklärt und es dadurch gleichzeitig verständlich macht. Anders als das zweckrationale Handeln wird ein Handeln als *wertrational* verstanden, wenn es unabhängig vom Erfolg durch einen bewussten Glauben an den ethischen, ästhetischen oder religiösen Eigenwert einer bestimmten Handlung geprägt ist. Dagegen ist affektuelles, insbesondere *emotionales* Handeln von aktuellen Affekten und Gefühlslagen bestimmt, und *traditionales* Handeln durch eingelebte Gewohnheit geprägt. In dieser Typologie der Handlung werden vier Aspekte angesprochen, an denen sich Handeln orientieren kann: an den Mitteln, den Zwecken, den Werten und Konsequenzen. Die *Mittel* werden in jeder der vier Handlungstypen hervorgehoben. Sie werden eingesetzt, um bestimmte Zwecke zu verwirklichen. *Zwecke* sind die unmittelbaren Veränderungen einer Situation, die mit der Handlung erreicht werden sollen. Man kann sie sich auch als Zwischenziele oder Zwischenprodukte vorstellen, die als Mittel zur Erreichung der eigentlich angestrebten letzten Ziele dienen. Als *Werte* können die übergreifenden Orientierungen und die alles andere dominierenden Zielsetzungen allgemeiner Art verstanden werden. Das wertrationale Handeln ist durch eine Besonderheit gekennzeichnet, denn

"es trägt seinen Nutzen als unbedingten Eigenwert der Handlung selbst immer schon in sich und ist, sofern nur der Wert bedient wird, von eventuellen Kosten oder anderen Konsequenzen weitgehend unabhängig" (Esser 1999, S. 226).

Unter *Konsequenzen* fallen alle Folgen der Handlung, die mit der Handlung verbunden sind. Während beim zweckrationalen Handeln alle vier genannten Aspekte systematisch beachtet werden, werden beim wertrationalen Handeln die Folgen nicht weiter berücksichtigt, da Zwecke und Mittel nur unter dem Gesichtspunkt des „unbedingten Eigenwertes" der Handlung einbezogen werden. Beim affektuellen Handeln spielen zudem die Werte keine Rolle mehr, weil dann, wenn Gefühle wie Liebe, Neid oder Hass handlungsleitend sind, die Folgen des Handelns gerade nicht bedacht werden. Da beim traditionalen Handeln nur noch ritualisiert und unbewusst gehandelt wird, kann man von „reaktivem" Verhalten sprechen, so dass in dieser Handlungsform auch die Zwecke keine Rolle mehr spielen. Es wird deutlich, dass diese vier Handlungstypen unterschiedliche Heuristiken der Entscheidungsfindung bilden, die von oben nach unten nach dem Grad der ‚rationalen' Durchdringung der Situation geordnet sind (vgl. Esser 1999, S. 227).

3.2.2 Wert-Erwartungs-Modelle

Wert-Erwartungs-Modelle eignen sich in besonderer Weise die Bildungsentscheidungen der Akteure sowie die relevanten Entscheidungsparameter beim Übergang von der Grundschule in die weiterführenden Schulen darzustellen. Da es sich um eine bedeutsame Entscheidung mit weitreichenden Folgen handelt, kann angenommen werden, dass diese wohl überlegt getroffen wird. Die Wert-Erwartungs-Theorie bzw. das Konzept des Rational-Choice-Ansatzes ist gut geeignet, um den „unproduktiven Dualismus zwischen den Ansätzen auf Makro- und Mikroebene zu überwinden" (Blossfeld & Müller 1996, S. 406), da strukturelle und individuelle Faktoren integriert werden können. Nach den Grundannahmen der Wert-Erwartungs-Theorie ist die Absicht eine Handlung auszuführen davon abhängig, ob sie im Vergleich zu anderen Alternativen eine positivere „Kosten-Nutzen-Bilanz" erwarten lässt. Es wird angenommen, dass

> „jedes Handeln eine Selektion, letztlich also eine Entscheidung zwischen Alternativen ist und daß ein jedes derart selektiertes Handeln gewisse Folgen hat. Die Folgen können vom Akteur als unterschiedlich zuträglich empfunden werden – positiv oder negativ in verschiedenen Graden, oder aber auch neutral. Entsprechend sind die Folgen für den Akteur mit unterschiedlichen Bewertungen versehen. Die Folgen treten [...] mit einer unterschiedlichen Wahrscheinlichkeit ein, die der Akteur als Erwartungen gespeichert hat. Die Alternativen werden einer Evaluation unterzogen: Sie werden nach einer gewissen Regel gewichtet. Diese Gewichte der Alternativen werden als Wert-Erwartungen bezeichnet. Schließlich wird eine Selektion vorgenommen und jene Alternative aus allen betrachteten ausgeführt, deren WE- bzw. EU („expected utility")-Gewicht im Vergleich maximal ist" (Esser 1999, S. 248).

Die Abwägung des Nutzens wird in sozialwissenschaftlichen Erklärungen jedoch nicht als rein formale Rechenoperation aufgefasst. Die Wert-Erwartungs-Theorie setzt keineswegs einen perfekt informierten und „kalkulierenden" Akteur voraus, der seine Entscheidung nach einem übergeordneten Kriterium der Rationalität trifft (vgl. Esser 1990). Aufgrund ihrer Begrenzung von Wissen und Informationsverarbeitung handeln Personen vielmehr eingeschränkt rational und können gar nicht in jedem Fall eine bestmögliche Entscheidung, sondern „nur" eine gute bzw. zufriedenstellende Wahl treffen. Nach Ditton (1992, S. 30) ist der „economic man" in der Realität oft eher ein „satisfizer" als ein „maximizer". In den Modellen wird jedoch meistens zur Vereinfachung eine „vollkommene Information" der Akteure unterstellt (vgl. Schauenberg 2007, S. 21; Blossfeld & Müller 1996).

Um Entscheidungssituationen im realen Leben zu bewältigen, können sich auch *Vereinfachungen („Frames")* und *Routinen („Habits")* als rationale Herangehensweisen bewähren (vgl. Esser 1990). Während das auf Goffman (1977) zurückgehende Konzept des „Framing" eine Situation auf wenige Aspekte reduziert und auf diese Weise einen „Rahmen" für die Entscheidung darstellt, sind „Habits" automatisierte und weitgehend unreflektierte Reaktionen auf Situationen, die ohne eine Ziel-Mittel-Kalkulation auskommen. Dabei werden Handlungstendenzen aktualisiert, eine bereits früher ausgeführte Handlung zu wiederholen. „Frames" und „Habits" reduzieren die Informationskosten und stellen eine Vereinfachung für ansonsten zu unübersichtliche Entscheidungsbedingungen dar. In realen Lebenssituationen, die durch vielfältige Anforderungen und knappe Ressourcen gekennzeichnet sind, können sie rational angewandt und effektiv eingesetzt werden (vgl. Ditton 2007a, S. 14; Hill 2002, S. 35).

Soziale Handlungen beruhen meist auf Entscheidungen, die unter *Unsicherheit* über das Eintreten des Ereignisses getroffen werden. Dabei kann Unsicherheit als normale Begleiterscheinung des Handelns angesehen werden, da

> „Entscheidungssituationen meist so komplex sind, es [...] mehrere Entscheidungsalternativen gibt, die sowohl in ihrer gesamten Struktur wie auch in ihren Konsequenzen nicht erkenn- oder absehbar sind" (Hillmert 2005, S. 175).

Bildungsrelevante Entscheidungen sind besonders ungewiss, weil die Konsequenzen nicht mit eindeutig bestimmbaren Eintrittswahrscheinlichkeiten verbunden sind. Die Entwicklung der für den schulischen Erfolg bedeutsamen Leistungen und Anstrengungen ist prinzipiell schwer zu prognostizieren. Je früher solche Entscheidungen zu treffen sind, umso schwieriger ist eine sichere Vorhersage. Es sind auch deshalb unsichere Entscheidungen, weil es sich immer um *subjektive Einschätzungen* der Akteure handelt, die mehr oder weniger gut mit der Realität übereinstimmen können. Darüber hinaus sind Bildungsentscheidungen durch eine *hohe Komplexität* gekennzeichnet, da je nach Lebenssituation und Erfahrungen unterschiedliche Aspekte in die Entscheidung einfließen (vgl. Ditton 2007a, S. 11). Von Bedeutung ist, dass eine Person jeweils innerhalb einer bestimmten Situation (im Sinne der Situationsdefinition bzw. des „Frames") nutzenmaximierend handelt. Je nach „Rahmen" kann das Gewicht an emotionalen oder zweckrationalen Handlungsaspekten deutlich variieren (vgl. Hill 2002).

Während soziologische Ansätze von einem mehr oder weniger rationalen Entscheidungsverhalten ausgehen, bei dem Bildungsentscheidungen in Abhängigkeit von den antizipierten Erträgen, der Erfolgswahrscheinlichkeit und den Kosten getroffen werden, berücksichtigen psychologische Ansätze in höherem Maße Personmerkmale, innere Prozesse sowie emotionale Bedingungen der handelnden Personen (vgl. Eccles 2005; Maaz u.a. 2006). In der Tradition psychologischer Wert-Erwartungs-Modelle sind auch Modelle zur Erklärung des Lehrerhandelns entstanden, auf die im folgenden Kapitel eingegangen wird.

3.2.3 Wert-Erwartungs-Modelle in der Lehrerkognitionsforschung

Etwa seit Ende der sechziger Jahre gewinnen Denkprozesse und Wissensstrukturen von Lehrkräften für die Unterrichts-, Lehr- und Lernforschung zunehmend an Bedeutung (vgl. Kap. 3.3). Die Erkenntnis, dass Unterschiede im Lehrerhandeln nicht allein über Beobachtungen des Lehrerverhaltens und seiner Kontextbedingungen aufklärbar sind, sowie die Feststellung, dass den Überlegungen einer Lehrkraft vor, während und nach Handlungen und Entscheidungen eine wichtige Bedeutung zukommt, setzte sich im Zuge der „Kognitiven Wende" in den 1970er und 1980er Jahren durch. Innerhalb der Forschung über Lehrerkognitionen wurden Handlungsmodelle entwickelt, welche eine Verknüpfung von Zielen, Handlungsentwürfen und Bewertungen vornehmen, um das Handeln von Lehrkräften zu erklären. Das handlungstheoretische Modell von Hofer und Dobrick (1981), das auf den Grundannahmen der Wert-Erwartungs-Theorie beruht, ist hier einzuordnen (vgl. Hofer 1986; Dobrick & Hofer 1991). Wie für Handlungstheorien konstitutiv wird ein reflexives Bewusstsein unterstellt und davon ausgegangen, dass Verhalten zielgerichtet ist, d.h. dass das Bestreben einer Person deutlich wird, bestimmte von ihr als wichtig erachtete Zustände zu erreichen. Mit dem Begriff des Handelns ist die Annahme verbunden, dass mehrere Handlungsalternativen zur Verfügung stehen, von denen die Person eine nach Mittel-Zweck-Prinzipien auswählt. In ihrem Handlungsmodell versuchen Hofer und Dobrick nicht nur das Entscheidungsverhalten von Lehrern zu beschreiben, sondern auch den Vorgang der Handlungsentstehung differenziert zu erläutern. Die Autoren begreifen einen Lehrer als zielgerichtet Handelnden,

> „der einschlägige Informationen aufsucht, gezielt verarbeitet, und der sich nach dem Mittel-Zweck-Prinzip aus mehreren Handlungsalternativen für eine entscheidet" (Hofer 1986, S. 20).

Konkretes Verhalten wird als Konsequenz einer Reihe von Kognitionen beschrieben, wobei als letzter Komplex vor der Handlungsausführung angenommen wird, dass Lehrkräfte Entscheidungen treffen. Hofer (1986) versteht unter einer Entscheidung die Wahl einer Handlungsalternative aus einer vorgegebenen Menge möglicher Handlungsalternativen, wobei jede Entscheidung eine Diagnose voraussetzt. Nach Alisch und Rössner (1977) zielt Verhalten auf die Reduktion von Diskrepanzen zwischen Realitäts- und Soll-Zuständen. Der Entscheidungsbegriff enthält zwei Voraussetzungen: Zum einen kogniziert die Person einen Zusammenhang zwischen der zu wählenden Alternative und den daraus folgenden Zustandsveränderungen. Zum anderen hält die Person die Alternative für realisierbar und nimmt an, dass sie die Diskrepanzen verändern bzw. aufheben kann (vgl. Hofer 1986, S. 256).

Rationalen Entscheidungen liegen Überlegungen zugrunde, die sich durch die bewusste Herstellung von Mittel-Zweck-Beziehungen auszeichnen. Aus rationalen Entscheidungen können sich auch Routinen und automatisierte Abläufe („Habits") verfestigen, die eine rationale Kalkulation nicht mehr notwendig machen. Peterson und Clark (1978) haben den Unterrichtsprozess auf Seiten der Lehrkraft als ständigen Wechsel zwischen Routinen und Entscheidungen zwischen Handlungsalternativen dargestellt und darauf hingewiesen, dass Lehrer meist (in 60% bis 70% der Situationen) routiniert handeln, weil keine besonderen Vorkommnisse festzustellen sind. Der Rückgriff auf bewährte Routinen kann als rational bezeichnet werden, weil dies eine Vereinfachung des Handelns und Auswählens zwischen Alternativen darstellt (vgl. Esser 1990; Wahl 1991).

Hofer (1986, S. 258ff.) unterscheidet *fünf Kategorien von Denkprozessen*, die zu einer Entscheidung führen können (vgl. Shavelson 1976, S. 375): Die Lehrkraft handelt zielgerichtet und bildet Vorstellungen über *erstrebenswerte Zustände* aus, die sie mit ihren Handlungen erreichen möchte und verschafft sich im nächsten Schritt ein Urteil über die gegenwärtige Situation und eruiert die Ist-Lage. Dies ermöglicht einerseits die Erstellung eines Profils über die *Ist-Soll-Diskrepanz*, welches die Grundlage für Überlegungen zur Intensität des Eingreifens darstellt. Andererseits ermöglicht es über Ursachenzuschreibungen die Ausbildung von Erwartungen als Wird-Lage. Da die Lehrkraft eine Vorstellung davon hat, welche Handlungen möglich und wie umzusetzen sind, stehen ihr *Handlungsentwürfe*, also alternative Vorgehensweisen als Möglichkeiten zur Verfügung. Die möglichen Wirkungen der verschiedenen in Betracht gezogenen Handlungsentwürfe werden im Vorfeld *bewertet*. Dabei wird angenommen, dass die Person einschätzen kann, was der Handlungsentwurf bewirkt, wobei die Erwartung für jedes Handlungs-Ergebnis mit einer subjektiven Wahrscheinlichkeit ausgestattet wird. Diese Handlungs-Ergebnis-Erwartung wird von der Person bezüglich ihres gewünschten Zustands bewertet. Die Handlungs-Ergebnis-Erwartungen enthalten in ihrem Ergebnisteil sowohl erwünschte Ergebnisse, die den angestrebten Wirkungen entsprechen, als auch nicht erwünschte bzw. zu meidende Ergebnisse, die negativen Nebeneffekten entsprechen. Damit schließlich eine Entscheidung zustande kommt, wird angenommen, dass die Person eine *Entscheidungsregel* benutzt, mit deren Hilfe sie die Informationen integriert und die für sie optimale Alternative wählt.

Die Gesamtmenge aller Handlungsstrategien, über die ein Lehrer verfügt, kann als seine *„Handlungskompetenz"* bezeichnet werden, wobei sich die Einzelaspekte dieser Gesamtheit an Verhaltensmöglichkeiten als *„Handlungsentwürfe"* bestimmen lassen (vgl. Hofer & Dobrick 1978, S. 57; Hofer 1986, S. 260). Entscheidungen zwischen den verschiedenen Handlungsentwürfen werden entweder als *Planungsentscheidungen* oder als *interaktive Entscheidungen* während des Unterrichts getroffen. Handlungsentwürfe von Lehrkräften können sich auf Fachinhalte (Auswahl von Stoff und Aufgaben), Methoden (didaktische Vermittlungsformen von Fachinhalten), Organisationsformen (Formen der Differenzierung, der Sozialform und der dabei notwendigen organisatorischen Maßnahmen), Hilfsmittel (Einsatz von Medien, technischen Hilfen und Materialien) und psychologische Aspekte (nicht-stoffbezogene Handlungsentwürfe des Umgangs mit den Schülern, der Kommunikation, des Klassenmanagements, der erzieherischen Maßnahmen) beziehen (vgl. Hofer 1986, S. 261ff.). Dabei können sie verschiedene Ausprägungsgrade annehmen (z.B. mehr oder weniger Lob) und als allgemeine Prinzipien (z.B. wenn immer möglich, loben) oder als konkrete Maßnahmen (z.B. „das hast du schon viel besser gemacht als das letzte Mal") repräsentiert sein (vgl. Dann 2000, S. 101).

Personen, die über Handlungsentwürfe verfügen, bilden Vorstellungen über Folgen aus, welche bei der Umsetzung des Entwurfs in konkretes Verhalten entstehen, d.h. sie bilden *Erwartungen* über die Folgen der Handlung aus. Die Entscheidung für eine Alternative erfolgt jedoch nur dann, wenn das erwartete Ergebnis von der Person hoch bewertet wird, die Lehrkraft die bewirkten Ergebnisse für nützlich bzw. wertvoll erachtet, wobei die Valenzen bzw. Wertigkeiten von den Erziehungszielen der Lehrkraft bestimmt sind. Wenn die Instrumentalitäten bzw. Erwartungen negativ sind, entstehen Kosten in Form von „unerwünschten Nebenwirkungen" für einen Handlungsentwurf. Diese Nebenwirkungen können kurz- oder langfristig für einen Schüler oder auch für die gesamte Klasse auftreten. Darüber hinaus können Kosten

> „auch in Terminis des Aufwandes in psychischer und physischer Hinsicht betrachtet werden, also bezogen auf gewünschte Zustände bei der eigenen Person" (Hofer 1986, S. 272).

Kostenerwägungen können auch Fragen der Klassenführung (z.B. Verlust an Zeit, Abschweifen von Unterrichtsinhalten) betreffen. Eine Analyse der Entscheidungsstruktur verlangt das gleichwertige Einbeziehen beider Komponenten: der *Wahr-*

scheinlichkeits- (bzw. Instrumentalitäts)aussagen über antizipierte Ergebnisse von Handlungsentwürfen und der *Bewertung* von Ergebnissen. Das auf Edwards (1954) zurückgehende *SEU-Modell* („Subjektive Expected Utility") betrachtet als Determinanten von Handlungsentscheidungen die subjektiven Wahrscheinlichkeiten, dass die Handlung zu bestimmten Folgen führt, sowie die subjektiven Bewertungen dieser Folgen. Das Modell ist ähnlich wie das *instrumentalitätstheoretische Modell* konzipiert. Während das SEU-Modell jedoch von Reaktionsalternativen ausgeht und annimmt, dass eine Person sich deren Folgen vergegenwärtigt und diese bewertet, geht das instrumentalitätstheoretische Modell primär nicht von Handlungen, sondern von Zielen der Person aus. Das Individuum stellt sich zunächst Ziele vor, die es bewertet. Im Anschluss betrachtet es Handlungsentwürfe und entwirft subjektive Instrumentalitäten (Erwartungen), inwieweit sich diese eignen, das Ziel zu erreichen oder sich diesem zu nähern. Mit Hilfe beider Modelle, die der Familie der Wert-Erwartungs-Theorien angehören, wurden empirische Untersuchungen innerhalb der Lehrerkognitionsforschung durchgeführt (vgl. Hofer 1986, S. 270).

Mit dem Modell von Hofer und Dobrick lässt sich recht gut die *Handlungs-Entscheidungs-Theorie* vereinbaren, die von Kraak entwickelt wurde. Dabei hat er den Grundgedanken der Wert-Erwartungs-Theorie übernommen, modifiziert und ergänzt. Hinzugefügt wurde beispielsweise die *subjektive Verfügbarkeit von Handlungen* sowie die *subjektive Bedeutsamkeit handlungsabhängiger Ereignisse* (vgl. ausführlich Kraak 1987, 1988; Dann 2000). Kraak (1987) weist darauf hin, dass nicht nur kognitive, sondern auch *emotionale Bedingungen* berücksichtigt werden, die sich in den Bewertungen ausdrücken können. Er hebt hervor, dass Erwartungen eines Menschen unrealistisch und irrational sein können, Bewertungen leidenschaftlich und emotional:

> „Vorausgesetzt wird nur, daß auch Menschen, die aufs Höchste erregt sind oder sich sogar in einem Zustand von verminderter geistiger Klarheit befinden, eine Handlungswahl treffen und dabei von Vorstellungen, was die Handlungen bewirken werden, und von Bewertungen dieser Wirkungen geleitet werden" (Kraak 1988, S. 61).

Außerdem basieren Wert-Erwartungs-Theorien nicht auf der Annahme, dass Menschen immer nur auf ihren eigenen Vorteil bedacht wären. Die mit diesem Ansatz verbundenen Begriffe „Kosten" und „Nutzen" bezüglich der Folgenbewertung implizieren nicht, dass die Bewertungen nach Kriterien persönlichen Nutzens erfolgen müssten:

> „Jemand kann es positiv bewerten, wenn eine Handlung nicht seinen, sondern den Interessen anderer Menschen dient, und er kann Schaden, den er für sich selber erwartet, sehr gering bewerten, bis hin zur Bereitschaft, sein Leben zu opfern" (Kraak 1987, S. 275).

Forschungsstand 51

Innerhalb der Theoriefamilie der Wert-Erwartungs-Modelle wurden das *SEU-Modell* sowie *instrumentalitätstheoretische Ansätze* im Hinblick auf Lehrerentscheidungen angewendet und konnten die Handlungspräferenzen von Lehrkräften unterschiedlich gut vorhersagen (vgl. Kraak & Nord-Rüdiger 1979; Krampen & Brandtstädter 1978, 1981; Krampen, Lehmann & Haag 1980). In der Untersuchung von Kraak und Nord-Rüdiger (1979) zu innovativem Handeln von Lehrkräften erwies sich das SEU-Modell als geeignet. 90% der Entscheidungen aller Lehrer fielen gemäß der SEU-Theorie aus. Die Autoren bezeichnen das Verhalten der Lehrkräfte „als in hohem Grade ‚zweckrational' im Sinne von Max Weber" (Kraak & Nord-Rüdiger 1979, S. 106). Außerdem lieferten die Autoren einen Nachweis dafür, dass Kosten-Kognitionen (z.b. zeitliche und nervliche Belastung, Verantwortung, soziale Nachteile, Disziplinschwierigkeiten) bei Entscheidungen von Lehrkräften wirksam sind (vgl. Hofer 1986, S. 274).

Wenn nur eine Handlungsalternative zur Wahl steht oder Handlungs-Ergebnis-Erwartungen unbekannt sind, scheint das Entscheidungsmodell unsinnig zu sein. Vielmehr eignet sich das *Skript-Konzept*, Nicht-Entscheidungshandlungen zu erklären (vgl. Hofer 1986, S. 275). Die Abhängigkeit der Lehrerentscheidungen von einer Vielzahl von Randbedingungen lässt vermuten, dass die Handlungen häufig in Skripts eingebettet sind. Das Handeln nach solchen Routinen schließt nicht aus, dass sie aus rationalen Überlegungen entstanden sind (vgl. Ebd. 1986, S. 291; vgl. auch Kap. 3.3.1).

Die *Randbedingungen*, von denen Handlungen auch abhängig sind, können sich auf eigene Ansprüche, auf die Erwartungen anderer sowie auf Situationsfaktoren beziehen. Lehrkräfte bewerten Handlungsentwürfe nicht nur nach den erwarteten Ergebnissen, sondern auch danach, wie die Verhaltensweisen (von ihren Schülern, von sich selbst) aufgefasst werden, d.h. sie messen Verhaltensweisen selbst Werte bei, so dass die Wertigkeit des Mittels „als zusätzliches Kriterium zur Brauchbarkeit für die Auswahl alternativer Handlungsmöglichkeiten relevant werden" kann (Groeben & Scheele 1977, S. 162). Dass diese *Wertigkeit* für Entscheidungen mit ausschlaggebend sein kann, konnte durch verschiedene Untersuchungen belegt werden (vgl. z.B. Brandtstädter, Krampen & Weps 1981; Brandtstädter, Krampen & Schwab 1979). Die *Situationsspezifität* von Lehrerentscheidungen zeigt sich vor allem daran, dass bei der Entscheidung für einen Handlungsentwurf eine Vielzahl von *Entscheidungsbedingungen* berücksichtigt wird. Untersuchungen konnten solche Situationsvariablen aufdecken, von denen die Wahl eines Handlungsentwurfs abhängig gemacht wird (vgl. Hofer 1986, S. 284ff.). Diese lassen sich vier Kategorien zuordnen (vgl. Dann 2000, S. 101): Dabei handelt es sich zum einen um das *Wissen über die Schüler* (z.B. Eigenschaften, Persönlichkeitsmerkmale, Geschlecht, Begabung, Arbeitshaltung) sowie um das *vorausgegangene Schülerverhalten* (z.B. ausbleibende Antworten, Fehler, Initiativen, hohe und niedrige Aufmerksamkeit). Zum anderen gehören *selbstbezogene Kognitionen und Emotionen* der Lehrkraft dazu (z.B. Besorgnis, das Gesicht zu verlieren, Ärger, gute Laune, Stress) sowie *äußere Umstände* bzw. *strukturelle Bedingungen* (z.B. erste/letzte Stunde, Unterrichtsfach, Zeitbegrenzung).

In dem sich anschließenden Abschnitt werden die Grundannahmen des beschriebenen Handlungsmodells auf die Bildungsentscheidung der Lehrkräfte am Ende der Primarstufe übertragen.

3.2.4 Überlegungen zu einem Entscheidungsmodell auf Grundlage der Wert-Erwartungs-Theorie

Am Ende der Grundschulzeit müssen die Lehrkräfte für jeden Schüler eine Empfehlung für eine weiterführende Schule des Sekundarbereichs erteilen. Den Rahmen für diese Entscheidung bilden die formal-rechtlichen Regelungen der Bundesländer, die sich in Bayern und Hessen bezüglich der Gewichtung des Elternwillens unterscheiden (vgl. Kap. 2.2). Folgt man dem Handlungsmodell von Hofer und Dobrick (1981), bildet die Lehrkraft zunächst Vorstellungen über erstrebenswerte Zustände aus, die sie mit ihrem Handeln bezwecken möchte. Bei der Entscheidung für eine geeignete Empfehlung kann die bestmögliche Förderung der Kinder nach ihren individuellen Lernvoraussetzungen als ein erstrebenswertes Ziel der Lehrer angenommen werden. Um zu einer Entscheidung zu gelangen, muss sich die Lehrkraft ein Bild von der gegenwärtigen Situation machen. Dies schließt einen Überblick über den Leistungsstand des Schülers, ggf. auch die Bewertung seiner Arbeitshaltung, seiner Lernentwicklung und weiterer Aspekte ein, welche die Lehrkraft für das erfolgreiche Durchlaufen der weiterführenden Schullaufbahn als wichtig erachtet. Auf diese Weise ermittelt der Lehrer die Ist-Lage und bildet Erwartungen über die weitere Entwicklung des Schülers aus. Der Lehrkraft stehen Hauptschul-, Realschul- und Gymnasialempfehlung als Handlungsentwürfe zur Verfügung, in Hessen ist es auch möglich, eine integrierte Gesamtschule zu empfehlen. Die möglichen Folgen der in Betracht gezogenen Schulformempfehlungen werden im Vorfeld bewertet, denn es wird angenommen, dass die Lehrkraft einschätzen kann, was der Handlungsentwurf bzw. die ausgesprochene Empfehlung bewirkt. Die Lehrerempfehlung kann sowohl erwünschte Ergebnisse enthalten, die den angestrebten Wirkungen entsprechen, als auch nicht erwünschte bzw. zu meidende Ergebnisse implizieren, die negativen Nebeneffekten entsprechen. Diese von dem Lehrer ausgebildete Handlungs-Ergebnis-Erwartung kann sich sowohl auf die Schüler als auch auf die eigene Person beziehen.

Nach der Wert-Erwartungs-Theorie ist die Entscheidung für eine Empfehlung abhängig von der subjektiv eingeschätzten Erfolgswahrscheinlichkeit, dass das Kind die Anforderungen der empfohlenen Schulform bewältigen kann und dem subjektiven Wert, den die Lehrkraft mit der Übergangsempfehlung verbindet. Vor diesem Hintergrund wird in der vorliegenden Arbeit anhand des empirischen Materials die Formation der Übergangsempfehlung analysiert. Dabei kommt den mit der Entscheidungsfindung verbundenen subjektiven Kosten- und Nutzenerwartungen der Lehrkräfte sowie deren Motiven und anderen Hintergrundvariablen, die im Rahmen der empirischen Analyse aufzudecken und genauer zu spezifizieren sind, eine entscheidende Rolle zu.

3.3 Grundannahmen der Lehrerkognitionsforschung

Die Forschung zum Lehrerhandeln als Analyse von Denkprozessen, den Lehrerkognitionen, entstand im Rahmen der kritischen Auseinandersetzung mit dem Behaviorismus im Anschluss an das *Persönlichkeitsparadigma* der fünfziger und sechziger Jahre und in Fortführung des *Prozess-Produkt-Paradigmas* (etwa ab 1970), bei dem das Lehrer- und Schülerverhalten systematisch im Sinne einer engen Wenn-Dann-Beziehung zwischen Lehrerverhalten und Schülerleistung erfasst oder experimentell hergestellt wurde. Innerhalb der Forschung über Lehrerkognitionen hat sich insbesondere der *Expertenansatz* als Forschungszweig herausgebildet. Das Ziel der kognitionspsychologischen Expertenforschung ist es, über methodische Ansätze wie den Experten-Novizen-Vergleich die Besonderheit expertenhafter Performanz sowie die darauf bezogene kognitive Repräsentation und Organisation des Wissens zu analysieren.

Indem das Prozess-Produkt-Paradigma kontinuierlich um kognitionspsychologische Aspekte weiterentwickelt wurde, lässt sich trotz prinzipieller paradigmatischer Unterschiede davon ausgehen, dass sich Prozess-Produkt- und Expertenansatz gegenseitig ergänzen (vgl. Weinert, Schrader & Helmke 1990; Helmke 2003, S. 30). Während in den Anfängen des Prozess-Produkt-Paradigmas angenommen wurde, dass Lehrerverhalten direkt auf den Lernprozess der Schüler einwirkt, wurde im Zuge der Erweiterungen des Forschungsparadigmas deutlicher hervorgehoben, dass Lehrerhandeln lediglich einen Teilaspekt eines komplexen Gefüges von Bedingungsfaktoren für den Lernzuwachs von Schülern darstellt. Vor diesem Hintergrund wird die Lehrperson als Instanz definiert, „die bei den Schülern nicht Lernen bewirkt, sondern Lerngelegenheiten für die Schüler bereitstellt" (Bromme 1997, S. 179). Im Rahmen des Expertenparadigmas gelten Experten als Fachleute hochqualifizierter Berufe, die „komplexe berufliche Aufgabe bewältigen, für die sie sowohl theoretisches Wissen als auch praktische Erfahrungen haben sammeln müssen" (Rambow & Bromme 2000, S. 202), wobei mit theoretischem Wissen in der Regel wissenschaftsbasiertes, akademisch vermitteltes Wissen gemeint ist. Eine Gemeinsamkeit zwischen Experten- und Persönlichkeitsansatz besteht darin, erfolgreiche Lehrer zu identifizieren. Im Unterschied dazu wird aber nicht nach Persönlichkeitseigenschaften eines guten Lehrers gesucht, sondern nach der Kompetenz des Lehrers im Sinne eines kohärenten Ensembles von Wissen und Können, das in einer Person vereint ist. Ein weiterer Unterschied ist darin zu sehen, dass das professionelle Wissen durch Ausbildung und Übung erworben und weiterentwickelt werden kann.

Mit der Herausbildung des Expertenparadigmas wandelte sich zugleich die allgemeinpsychologische Hintergrundtheorie der Studien zum Lehr-Lernprozess: Indem der (erfolgreiche) Lehrer nun als Experte angesehen wurde, ließ sich der Bezug zu Fragestellungen, Forschungsmethoden und Sichtweisen der kognitionspsychologischen Expertenforschung herstellen (vgl. Chi, Glaser & Farr 1988).

Ein Beispiel für die Übertragung des Expertenansatzes auf Lehrer sind Studien über unterschiedliche Arten der Wahrnehmung von Unterrichtssituationen bei *Experten* und *Novizen*. Zwischen Anfängern und Experten konnten beispielsweise deutliche qualitative Unterschiede in der *kategorialen Wahrnehmung* von Unterrichtsereignissen nachgewiesen werden. Während Anfänger vor allem einzelne Schüler im Blick haben, die unabhängig voneinander gesehen werden, ist die Sicht der Experten durch Konzepte über typische Unterrichtsereignisse und durch einen Begriff von der ganzen Klasse geprägt (vgl. Berliner 1992; Bromme 1997). Außerdem zeichnen sich Experten dadurch aus, dass sie situationsangemessen („stabilflexibel") ein Repertoire von *Handlungszielen* verfolgen. Obwohl bestimmte Ziele, wie z.B. das Überprüfen von Hausaufgaben oder das Anbieten von Übungsaufgaben, für alle Experten charakteristisch sind (stabil), gehen sie diesen je nach Situation und auftretenden Schwierigkeiten unterschiedlich nach (flexibel) (vgl. Leinhardt & Greeno 1986).

Eine andere Hinwendung zu kognitiven Aspekten der Lehrerpersönlichkeit ist das in Deutschland entstandene Forschungsprogramm zu den *Subjektiven Theorien* von Lehrkräften. Dabei geht es um die rekonstruierten Überlegungen, welche die Handlungen im Unterricht begleiten oder ihnen vorausgehen und denen eine handlungsleitende Wirkung zugeschrieben wird (vgl. Groeben u.a. 1988) (vgl. Kap. 3.3.3).

Die Intention der vorliegenden Arbeit besteht darin, die Formation der Übergangsempfehlung aufzudecken und die dem Entscheidungsprozess der Lehrer zugrunde liegenden Überzeugungsmuster nachzuvollziehen. Während im vorangegangenen Kapitel Modelle zur Erklärung des Lehrerhandelns auf Grundlage werterwartungstheoretischer Annahmen dargestellt wurden, rücken in diesem Abschnitt zunächst allgemeine Grundannahmen der Lehrerkognitionsforschung in den Blick, bevor auf Struktur und Merkmale des professionellen Wissens eingegangen wird. Da in der vorliegenden Arbeit die Einstellungen der Lehrkräfte in Form Subjektiver Theorien aufgedeckt werden sollen, wird im Anschluss dieses theoretische und methodische Konzept näher beschrieben.

3.3.1 Lehrerhandeln als spezifisches Handeln

Die Forschung über Lehrerkognitionen basiert auf allgemeinen Grundannahmen, die das dahinter stehende Menschenbild charakterisieren (vgl. Dann 1989, 1994, 2000). Lehrkräfte werden als autonom und verantwortlich handelnde Personen angesehen, die nicht ausschließlich auf äußere Reize und innere Antriebe reagieren, „sondern die aktive Agenten sind bei der Erfüllung ihrer beruflichen Aufgaben" (Dann 2000, S. 80). Dabei gehen sie zielgerichtet vor, d.h. sie verfolgen mit ihrem Handeln bestimmte Zwecke und wollen kurz- oder langfristig bei den Schülern, Kollegen, Eltern etc. etwas erreichen.

Dann (2000, S. 83) unterscheidet beim zielgerichteten Handeln der Lehrkräfte *interaktive* (die Lehrkraft in der Klasse), *mentale* (die Lehrkraft bei der Unterrichtsvor- oder Unterrichtsnachbereitung) sowie *konkrete Handlungen* (Umgang mit Lernmaterial, Medien etc.). Von dem zielgerichteten Handeln lassen sich die ebenfalls ergebnisorientierten, aber durch geringere kognitive Steuerung gekennzeichneten *Affekt-Handlungen* (z.B. ein wenig professioneller Wutausbruch) unterscheiden (vgl. von Cranach 1994; Dann 2000). Darüber hinaus grenzen sich von den ergebnisorientierten Handlungstypen die *bedeutungsorientierten Handlungen* ab, die soziale Bedeutungen schaffen (z.B. Unterrichtsrituale, Notengebung), sowie die *prozessorientierten Handlungen*, die ausgeführt werden, weil der Handlungsprozess an sich als wertvoll empfunden wird (z.B. das begeisterte Abschweifen des Lehrers zu seinem Lieblingsthema).

Hofer (1986) beschreibt Lehrerhandeln allgemein als „soziales Handeln innerhalb eines institutionell vorgegebenen Kontextes" (Ebd. 1986, S. 6) und unterscheidet vier Bereiche, die Einfluss auf das Handeln von Lehrkräften nehmen (Ebd. 1986, S. 6ff.): Bei der Beschreibung des erzieherischen Verhaltens als *Ergebnis eines rational zu fassenden Mittel-Zweck-Denkens* ist der Ausgangspunkt der Überlegungen das Menschenbild vom Erzieher als einem rational und zielgerichtet Handelnden (vgl. Brezinka 1981). Dabei werden erzieherische Handlungen als Mittel verstanden, die gewählt werden, sofern sie der Verwirklichung eines bestimmten Ziels dienen. Weiterhin wird erzieherisches Verhalten als *Ausdruck von situationsspezifisch ausgelösten Gefühlen* unterschieden. Emotionen wie Freude, Überraschung, Ärger und Enttäuschung können das Lehrerhandeln nachhaltig prägen. Außerdem führt Hofer erzieherisches Verhalten als Tätigkeit an, die zum Teil *bürokratisch geregelt und von gesellschaftlichen Erwartungen geprägt ist*. Lehrerhandeln ist in gesellschaftliche Rahmenbedingungen, wie z.B. Schulrecht, Erlasse, Beamtenrecht, eingebettet. Neben Kollegen, Eltern und Schülern, welche die Lehrkraft mit Erwartungen und Forderungen konfrontieren, sind auch Lernziele, Unterrichtsinhalte, die Häufigkeit von Klassenarbeiten, das Benotungsverfahren etc. vorgeschrieben. Daneben kann erzieherisches Verhalten als *Ergebnis kontinuierlicher individueller Verwertung von Erfahrungen in unterrichtlichen Situationen* aufgefasst werden. Verhaltenssteuernde Prozesse wie Denken und Fühlen sind nicht als statische, unveränderbare Strukturen vorgegeben, sondern werden durch die Lehrkraft erworben und durch Erfahrung modifiziert, erweitert oder eingeschränkt.

Die wegen ihrer Bedeutsamkeit für das Lehrerhandeln am häufigsten untersuchten zielgerichteten Handlungen lassen sich untergliedern in originär-zielgerichtete Handlungen, Routinehandlungen und das Handeln unter Druck (ähnlich von Cranach 1994, S. 80ff.; Hofer 1997, S. 231; Dann 2000, S. 83). *Originär-zielgerichtete Handlungen* sind nicht allzu häufig ausgeführte Handlungen, die sich durch ihre bewusstseinspflichtige, hierarchisch-sequentielle Steuerung kennzeichnen lassen (z.B. die Entscheidung, ob die Lehrkraft heute oder erst morgen das Geld einsammeln lässt; ob sie noch eine Erklärung oder ein Beispiel nachschiebt oder lieber später auf ein Problem zurückkommt). Die einzelnen Handlungen sind „auf verschiedenen Regulationsebenen hierarchisch gegliedert, d.h. globale Ziele und Pläne steuern Teilziele und Teilpläne" (Dann 2000, S. 84). Darüber hinaus sind sie sequentiell geordnet, wobei verschiedene Phasen der Handlung voneinander abzugrenzen sind: die Phase der Situationsauffassung, der Handlungsauffassung, der Handlungsausführung und der Handlungsergebnisauffassung. Bei alltäglichem Handeln, wenn z.B. keine Alternativen oder Konsequenzen in Betracht gezogen werden, ist häufig nur mit eingeschränktem rationalem Handeln zu rechnen.

Routinehandlungen liegen dann vor, wenn diese Handlungen nach mehrfacher Wiederholung mit hoher Geschwindigkeit und nicht-bewusst gesteuert ablaufen (z.B. Umgang mit Aufmerksamkeitsstörungen, Verständnisproblemen). Durch diese raschen Handlungen, denen verdichtete kognitive Konzepte zugrunde liegen, kann die zielgerichtete Steuerung aufrechterhalten werden, wobei zugleich das Bewusstsein entlastet und Kapazitäten zur Aufnahme und Verarbeitung von Informationen freigesetzt werden (vgl. Dann 2000; Bromme 1992). Nach Bromme (1992) besteht das Besondere dabei in der Veränderung der Wissensstruktur, die aus größeren Einheiten (‚chunks') besteht (vgl. Ebd. 1992, S. 128). Der Inhalt des Wissens ändert sich insofern, als situationsbezogene und zielbezogene Produktionsregeln gebildet werden. Auf diese Weise genügen wenige Elemente einer Situation, um sie beispielhaft für einen bereits bekannten Typ für Situationen zu erkennen, für deren Bewältigung eine entsprechende Handlung erforderlich ist. Als Grundlage des raschen Reagierens von Lehrern vermutet Hofer (1986, S. 290) eine Verbindung von Schemata, welche die Situationsinterpretation leiten, und Skripts, welche die Handlungspläne darstellen. Diese automatisierten und größtenteils unreflektierten „Routinehandlungen" entsprechen dem Muster der „Habits" (vgl. Esser 1990; vgl. Kap. 3.2.2).

Der Handlungstyp *„Handeln unter Druck"* kommt aufgrund hoher Komplexität und Unsicherheit, unter Zeitdruck und Entscheidungszwang zustande und ist zwi-

Forschungsstand 57

schen abgewogener Entscheidung und Routine anzusiedeln (z.B. die schnelle Reaktion des Lehrers in einer schwierigen Unterrichtssituation). Solche Handlungen sind durch Schwerpunktbildung, Hintergrundkontrolle und ebenfalls Rückgriff auf komprimierte Gedächtnisstrukturen gekennzeichnet, wobei ein Großteil des interaktiven Lehrerhandelns in der Klasse diesem Prototyp entspricht (vgl. Dann 2000; Wahl 1991).

Die Formation der Übergangsempfehlung, die eine Beurteilung der Schülerleistungen und die intensive Beratung der Eltern einschließt, lässt sich als eine Handlung auffassen, die aus verschiedenen Phasen besteht. Die Lehrkraft muss sich zunächst ein Bild über den momentanen Leistungstand des Schülers verschaffen, bevor sie Prognosen über künftige Leistungen anstellt. Außerdem muss sie Beratungsgespräche mit den Eltern führen und sich möglicherweise mit Kollegen beraten. Je nachdem, welche weiteren Kriterien in die Empfehlung einfließen und wie die Leistungen des Schülers beurteilt werden, ist sich die Lehrkraft bezüglich der Angemessenheit der Empfehlung sicher oder eher unsicher. Vermutlich wird sie vor allem bei den Schülern unsicher sein, die einen Notendurchschnitt haben, der genau an den Grenzwerten zwischen zwei Schulformen liegt (vgl. Kap. 3.1.2). Vor dem Hintergrund dieser Überlegungen lässt sich die Herausbildung der Übergangsempfehlung als eine originär-zielgerichtete Handlung auffassen. Inwieweit möglicherweise auch Routinen bei der Erteilung einer Empfehlung relevant sind, wird im Rahmen der empirischen Analyse thematisiert (vgl. Kap. 6.3.2).

3.3.2 Professionelles Wissen als Grundlage des Handelns

Bei dem oben beschriebenen zielgerichteten Handeln der Lehrkräfte werden die häufig komplexen Situationen fortlaufend analysiert, interpretiert und rekonstruiert. Indem Denkprozesse und handlungsbezogene Kognitionen ablaufen, strukturieren Lehrer ihren Handlungsraum aktiv-kognitiv. Dabei greifen sie auf Wissensbestände zurück, die sie sich teils in der formalen Ausbildung, teils bereits vorher in der eigenen Kindheit und Schulzeit, teils aber auch erst durch die eigene reflektierte Schulpraxis angeeignet haben. Diese kognitiven Strukturen, die im Laufe eines längeren Zeitraums aufgebaut wurden und von Lehrern zur Interpretation von Situationen, zur Entwicklung von Handlungsplänen, zur Handlungsausführung und bei der Handlungsbewertung herangezogen werden, können als *professionelles Wissen* bezeichnet werden (vgl. Bromme 1992). Dieses berufliche *Expertenwissen* enthält auch

> „überindividuelle gesellschaftliche Wissensbestände" und ist „maßgeblich mitbeeinflusst durch solche gemeinsamen Wissenssysteme, wie sie sich in gesellschaftlichen Institutionen und Gruppen als Sinngebungen, Normen und Konventionen herausgebildet haben" (Dann 1989, S. 165; vgl. auch Dann 2000, S. 80).

Das professionelle Wissen ist auf verschiedenen Ebenen mit unterschiedlichem Abstraktionsgrad organisiert. Laucken (1982, S. 95f.) unterscheidet daher zwischen konkretem Fallwissen, fallübergreifendem Herstellungswissen, abstraktem, aber noch kontextabhängigem Regelwissen und eher kontextfreiem Funktionswissen (vgl. Dann 2000, S. 88). In Anlehnung an diese Unterscheidung haben in der empirischen Forschung vor allem zwei Wissensarten besondere Relevanz gewonnen: *Herstellungswissen* und *Funktionswissen* (vgl. Dann 1992, S. 9; 1994, S. 168f.; 2000, S. 88f.). Herstellungswissen oder Handlungswissen ist ein Wissen darüber, welche Handlungen in bestimmten Situationen angebracht sind, um ein spezifisches Ziel zu erreichen:

> „Es hat somit die Form von Situations-Handlungs-Folge-Erwartungen, enthält Entscheidungsbedingungen und Handlungsalternativen (z.B. ‚wenn kein Zeitdruck besteht, warte ich, bis alle SchülerInnen aufmerksam sind'; ‚wenn ich unter Zeitdruck stehe, ermahne ich die SchülerInnen zur Aufmerksamkeit')" (Dann 2000, S. 89).

Dieses Wissen stellt das berufliche „know how", die Wissensbasis für das praktische Handeln, dar: „Herstellungswissen taugt nicht zum Erklären, sondern zum Machen" (Laucken 1982, S. 95). Dagegen liefert das Funktionswissen Erklärungen, so dass „das Hinterfragen von Herstellungswissen oft unvermittelt in den Bereich des Funktionswissens" führt (Ebd. 1982, S. 96). Das Funktionswissen abstrahiert also vom Herstellungswissen und gibt Auskunft darüber, warum Menschen so und nicht anders funktionieren. Das Wissen erklärt das Zustandekommen von psychischen Ereignissen und Zuständen (z.B. „eine Ursache für die Unaufmerksamkeit von Schülern ist der häufige Fernsehkonsum"). Darüber hinaus verkörpert es das Erklärungspotenzial einer Person, das auch der Rechtfertigung und Entlastung dienen kann.

Beide Wissensarten stehen in enger Beziehung zueinander. So lässt sich Herstellungswissen teilweise aus Funktionswissen ableiten und Funktionswissen durch häufiges Handeln in Herstellungswissen umwandeln (vgl. Wahl 1991). Während es sich bei Funktionswissen überwiegend um *deklaratives Wissen* (Wissen über Sachverhalte) handelt, das relativ leicht zugänglich und damit einfach zu verbalisieren ist, umfasst Herstellungswissen teilweise auch *prozedurales Wissen*, das der Ausführung von Routinehandlungen zugrunde liegt und daher nur unter bestimmten Bedingungen und nicht immer vollständig der Aufmerksamkeit zugänglich ist (vgl. Dann 2000, S. 89).

> „Unter deklarativem Wissen ist das Faktenwissen zu verstehen, das Personen im Gedächtnis gespeichert haben, das sie sich bewusst machen können und das sie in der Regel zu verbalisieren vermögen. Prozedurales Wissen bezieht sich auf die kognitiven Mechanismen, die Personen dazu in die Lage versetzen, komplexe, kognitive und motorische Handlungen durchzuführen, ohne dabei die einzelnen Bestandteile dieser Handlung bewußt kontrollieren müssen" (Oswald & Gadenne 1984, S. 173).

Die Struktur und Wirkungsweise des professionellen Wissens, das die Grundlage für die Unterrichtsplanung und für das rasche und situationsangemessene Handeln von Lehrkräften bildet, ist erst in Ansätzen untersucht. Aufgrund bisheriger Ergebnisse (vgl. Berliner 1987; Dann u.a. 1987; Bromme 1992, 1997) kann die Wirkung des Expertenwissens „als eine Veränderung der kategorialen Wahrnehmung von Unterrichtssituationen" (Bromme 1997, S. 199) verstanden werden. An der Entwicklung von Novizen zu Experten konnte nachgewiesen werden, dass Erfahrung und Übung auf die Struktur und Wirkungsweise des professionellen Wissens zurückwirken. Es wurde z.b. gezeigt, dass sich gute Schachspieler komplexe Figurenkonstellationen nicht deshalb besser merken können, weil sie ein besonders gutes Gedächtnis haben. Vielmehr haben sie in langjähriger Erfahrung ein großes Repertoire typischer Schachstellungen gespeichert, das beim Einprägen und Wiedererkennen von Figurenkonstellationen hilft (vgl. Chi, Glaser & Farr 1988; Bromme & Rheinberg 2006).

Parallel zum professionellen expliziten Wissen, das bewusst zugänglich ist, verfügen Lehrkräfte über *Unterrichtsskripts*, die als stark verdichtetes Erfahrungswissen aufgefasst werden können. Es handelt sich dabei um mentale Repräsentationen systematischer Handlungsfolgen, die auf spezifische Situationen ausgerichtet und mit bestimmten Zielen versehen sind (vgl. Schank & Abelson 1977). In ihnen schlagen sich in der Praxis durchgeführte oder erlebte Handlungen nieder, die durch Differenzierung und Integration weiterentwickelt und zum Teil automatisiert wurden („implizites Wissen"). Strukturell ähnlich verlaufende Unterrichtsschritte basieren meist auf mental gespeicherten Handlungsverläufen von Lehrern (vgl. Blömeke 2006). In einer Untersuchung von Bromme (2005) wurden erfahrene Mathematiklehrer unmittelbar nach dem Unterricht gefragt, ob sie Probleme oder Fortschritte einzelner Schüler wiedergeben können. Ihre Antworten zeigen, dass sie sich kaum an einzelne Schüler, sondern vielmehr an Unterrichtsepisoden erinnern konnten, in denen sich Fortschritte bei der gemeinsamen Erarbeitung des Stoffes oder Komplikationen im Unterrichtsgespräch ergeben hatten. Sie hatten weniger den individuellen Lerner, als vielmehr eine psychologisch reale Einheit im Blick, die man als „kollektiven Schüler" bezeichnen kann (vgl. Bromme & Rheinberg 2006, S. 306). Solche „Drehbücher" von Unterrichtsepisoden oder auch „curriculum scripts" (Putnam 1987, S. 17) beziehen sich überwiegend auf die Darbietung oder gemeinsame Erarbeitung des Unterrichtsstoffs.

Die professionelle Wissensbasis des Lehrerhandelns lässt sich verschiedenen Inhaltsbereichen zuordnen. In Anlehnung an Shulman (1986, 1987), Wilson, Shulman & Richert (1987) und Brophy (1991) hat Bromme (1997, S. 196ff.) die Einteilung der folgenden fünf Wissensbereiche eines Lehrers vorgeschlagen, die wiederum in vielfältigen Beziehungen zueinander stehen.

Das *fachliche Wissen* bezieht sich auf das gesamte Fachwissen des zu unterrichtenden Schulfachs (z.b. Kenntnisse aus dem Bereich Germanistik bei Deutschlehrern).

Bei dem *curricularen Wissen* handelt es sich um eine spezielle Form des Inhaltswissens, die allerdings nicht mit dem wissenschaftlichen Fachwissen deckungsgleich ist. Die Lerninhalte des Deutschunterrichts lassen sich nicht auf eine vereinfachte Germanistik reduzieren, sondern bilden einen Wissenskanon. Schulfächer haben in ihrem fachlichen Aufbau eine eigene Logik, in der auch Zielvorstellungen über Schule und Unterricht, äußere Bedingungen (z.b. verfügbare Stundenzahl und Bezug zu anderen Fächern) sowie Auffassungen über Eigenarten und Möglichkeiten der Lerner berücksichtigt werden.

Bei der *Philosophie des Schulfachs* stehen Überzeugungen über den Sinn und Zweck eines Schulfachs im schulischen und außerschulischen Kontext im Mittelpunkt. Außerdem fallen Auffassungen darunter, welche die Entstehung, Veränderbarkeit und Begründung des Wissens, das in der Schule unterrichtet wird, betreffen. Die Philosophie des Schulfaches ist insofern auch ein impliziter Unterrichtsinhalt, weil Schüler z.B. im naturwissenschaftlichen Unterricht lernen, Erkenntnisse in diesem Bereich als das Ergebnis menschlicher Konstruktionen und insofern als „Erfindungen" zu betrachten oder aber als „Entdeckungen" von Wahrheiten, die unveränderbar aufbewahrt und weitergegeben werden (vgl. Bromme & Rheinberg 2006, S. 315).

Unter *allgemeinem pädagogischen Wissen* ist fächerübergreifendes Wissen über die Gestaltung des Unterrichtsablaufs, die gemeinsame Stoffentwicklung durch Lehrer und Schüler, das Klassenmanagement, allgemeine Lehrmethoden, Sozialformen während des Unterrichts und der Einsatz von Medien zu verstehen. Auch die Auffassungen über Schulkultur und deren Entwicklung sowie das pädagogische Ethos sind diesem Wissen zuzuordnen.

Das *fachspezifisch-pädagogische Wissen* betrifft die fachbezogene Gestaltung des Unterrichts. Dieses Wissen ist notwendig, weil die logische Struktur des Unterrichtsstoffes per se noch kein erfolgreiches Unterrichten garantiert. Das Wissen bezieht sich beispielsweise darauf, wie die Schüler mit dem jeweiligen Stoff umgehen, welche Schwierigkeiten bestehen und mit welchen Methoden die jeweiligen Inhalte am besten vermittelt werden. Empirische Unterrichtsanalysen wiesen beim Unterrichten desselben Unterrichtsstoffes große Unterschiede im didaktischen Zugang verschiedener, ähnlich erfolgreicher Lehrer nach (vgl. Leinhardt & Smith 1985). Dies verdeutlicht, wie hoch individualisiert das Wissen von Experten sein kann. Mit zunehmender Berufserfahrung kann es zu einer zunehmenden Integration allgemeinen, didaktischen und psychologischen Wissens sowie eigener spezifischer Unterrichtserfahrungen kommen (vgl. Bromme & Rheinberg 2006, S. 316).

Dann (2000) differenziert noch weitere Wissensgebiete und unterscheidet neben den genannten Bereichen das Wissen über Lerner und Lernen, das Kontextwissen und das Wissen über die eigene Person (vgl. Ebd. 2000, S. 86). Das *Wissen über Lerner und Lernen* beinhaltet sowohl Kenntnisse über Prozesse des sozialen Lernens und des Wissenserwerbs als auch Wissen über Unterschiede der ethnischen Herkunft, des sozialen Status, des Geschlechts und der Persönlichkeit der Schüler. Teils in diesem Wissensbereich, teils auch im pädagogischen Inhaltswissen liegen die Grundlagen für diagnostische Kompetenzen, vor allem bezüglich der aktuellen Urteilsbildung während des Unterrichtens.

Das *Kontextwissen* umfasst die Kenntnis der Lehrkräfte über die verschiedenen Rahmenbedingungen und Situationen, in denen sie arbeiten, wie das Wissen über die eigene Schule, die Familien der Schüler, den Schulsprengel, die Region und den kulturellen und historischen Hintergrund des Landes.

Das *Wissen über die eigene Person* schließt das Bewusstsein über die eigenen Werte und Ziele, die eigenen Stärken und Schwächen in Bezug auf Lernen und Erziehung sowie die Erziehungsphilosophie ein.

Da der Ausgangspunkt für das Handeln der Lehrkräfte im Unterricht häufig unstrukturierte, komplexe Situationen sind, in denen fachliche, fachdidaktische und pädagogische Wissensbestände miteinander verknüpft werden müssen und von der Interpretation der Handelnden (Lehrer und Schülern) abhängen, kann Lehrerhandeln prinzipiell als Handeln unter Unsicherheit angesehen werden. Untersuchungen zwischen *Experten* und *Novizen* weisen durchgängig darauf hin, dass ein bereichsspezifisches deklaratives und prozedurales Wissen Voraussetzung für eine erfolgreiche Berufsausübung ist. Dabei geht es nicht um die Menge des Wissens im Sinne „Experten wissen mehr", sondern um qualitative Unterschiede. Diese Unterschiede beziehen sich auf die mentale Repräsentation, die hierarchische Organisation sowie die flexible Zugänglichkeit des Wissens (vgl. Weinert, Schrader & Helmke 1990, S. 176). Trotz dieser qualitativen Unterschiede zwischen Novizen und Experten in Bezug auf die Wissensrepräsentation kann nicht von einem sprunghaften Übergang gemäß einem Alles-oder-Nichts-Prinzip in der Entwicklung von Expertise ausgegangen werden. Stattdessen ist von einer kontinuierlichen Zunahme auszugehen (vgl. Gruber 1994, S. 72).

Im Rahmen der vorliegenden Arbeit können die dem Entscheidungsprozess zugrunde liegenden Subjektiven Theorien der Lehrkräfte als Teil des Funktionswissens aufgefasst werden. Sie beinhalten Aspekte, an denen sich die Lehrer bei ihrer Empfehlung orientieren und umfassen deren Gewichtung, Bedingungen und Folgen. Hinsichtlich der verschiedenen Wissensbereiche des professionellen Lehrerwissens dürfte neben dem allgemein pädagogischen Wissen (vgl. Shulman 1986, 1987) das von Dann (2000) genannte Wissensgebiet über Lerner und Lernen relevant sein. Letzteres beinhaltet nicht nur Kenntnisse über Prozesse des Wissenserwerbs, sondern auch Wissen über Unterschiede des sozialen Status und der Persönlichkeit der Schüler. Der Einfluss leistungsfremder Gesichtspunkte auf die Übergangsempfehlung wurde durch empirische Untersuchungen und Schulleistungsstudien mehrfach belegt (vgl. Kap. 3.1.2).

3.3.3 Subjektive Theorien von Lehrkräften

Innerhalb der Forschung zu Lehrerkognitionen stellt das methodische und theoretische Konzept zu *Subjektiven Theorien* eine Hinwendung zu verschiedenen Inhaltsbereichen des Lehrerwissens dar. Der Begriff „Subjektive Theorien" wird häufig gleichgesetzt mit „naiven Theorien", „implizitem Wissen" oder „Alltagstheorien". Zur begrifflichen Schärfung und methodischen Explikation hat die Forschergruppe Groeben, Wahl, Schlee und Scheele (1988) beigetragen, die das *„Forschungsprogramm Subjektive Theorien"* (FST) dazu entwickelt haben. Dieser Ansatz geht vom Bild eines reflexions-, kommunikations-, rationalitäts- und handlungsfähigen Menschen aus (vgl. Wahl 1991, S. 13). Dieses Menschenbild grenzt sich explizit vom behavioristischen Subjektmodell ab und kann mit der Bezeichnung *„epistemologisches Subjektmodell"* zusammengefasst werden: Der Mensch ist Erkenntnissubjekt und Erkenntnisobjekt zugleich.

Die Kernannahme des Forschungsprogramms Subjektive Theorien ist nach Groeben u.a. (1988) die Strukturparallelität zwischen subjektiven und objektiven (wissenschaftlichen) Theorien. Es wird demnach davon ausgegangen, dass das Denken der Alltagstheoretiker vergleichbare Funktionen wie das der Wissenschaftler erfüllt. Allen Forschungen zu Subjektiven Theorien liegt die Annahme der (faktischen) Handlungssteuerung von Subjektiven Theorien zugrunde. Den theoretischen Rahmen liefert dafür die Handlungstheorie nach von Cranach (1992), der mit seinem Spiralmodell das dialektische Verhältnis zwischen Wissen und Handeln, d.h. die Annahme, dass Wissen das Handeln lenkt und Wissen durch Handeln gestärkt wird, dargestellt hat (vgl. von Cranach 1992, S. 12f.; Dann 2000, S. 82).

Das Programm ist wissenschaftstheoretisch und methodologisch sorgfältig begründet (vgl. Groeben 1986) und inzwischen auch methodisch relativ weit entwickelt (vgl. Scheele 1992). Die Forschungsrichtung führte zu einer „punktuellen Renaissance der Orientierung an qualitativen Methoden in der Psychologie" (Böhme 2004, S. 133) und ist methodologisch der handlungstheoretischen Psychologiekonzeption der Dialog-Konsens-Hermeneutik verpflichtet (vgl. Christmann & Scheele 1995). Darüber hinaus ist aber die innovative Konzipierung neuer Methoden für die Datenerhebung als Kennzeichen dieser Forschungslinie hervorzuheben (vgl. Überblick bei König 2002). Insbesondere sind die Methode der freien Beschreibung bzw. des Lauten Denkens als handlungsbegleitende Verbalisierung etwa bei Problemlösungen und die Struktur-Lege-Technik zu nennen. Aber auch Leitfadeninterviews als retrospektive Berichte über interaktives Handeln, wie sie in der vorliegenden Untersuchung durchgeführt wurden, fallen darunter (vgl. Böhme 2004, S. 133). Es handelt sich bei Subjektiven Theorien, die eine höhere „subjektive Orientierungsgewißheit" (Laucken 1974, S. 224) und eine höhere Handlungssicherheit bieten als wissenschaftliches Wissen, das in der Ausbildung erworben wurde, um übergreifende Zusammenschlüsse von Erfahrungen im Sinne von Prinzipien, Handlungsmaximen und „Philosophien" (vgl. Combe & Kolbe 2004, S. 838f.; Berliner 1987). Während unter Kognitionen vergleichsweise einfache Phänomene zu verstehen sind, etwa Begriffe und Konzepte, die in der Regel keine komplexen Relationen zwischen den einzelnen Teilen enthalten, stehen bei Subjektiven Theorien Kognitionen in einem Verhältnis zueinander und beinhalten Schlussfolgerungen (z.b. Wenn-dann-Aussagen). Demzufolge sind unter Subjektiven Theorien „komplexe Formen der individuellen Wissensorganisation" (Dann 2000, S. 87) zu verstehen, die konzipiert werden als relativ überdauernde „Kognitionen der Selbst- und Weltsicht, als komplexes Aggregat mit (zumindest impliziter) Argumentationsstruktur" (Groeben u.a. 1988, S. 19).

Während Hofer (1986) die Analogie zum wissenschaftlichen Theoriebegriff als problematisch ansieht und daher allgemein von Kognitionen oder subjektiven Strukturen spricht, die „eine schnelle Lagekodierung und Informationsverarbeitung in einer komplexen Realität, rasche Reaktionen auch unter zeitlichem Druck, Orientierungs- und Verhaltenssicherheit" (ebd. 1986, S. 11) bieten, hebt Dann hervor, dass Subjektive Theorien ähnliche strukturelle Eigenschaften wie wissenschaftliche „objektive" Theorien besitzen und analog zu diesen für den Alltagsmenschen verschiedene Funktionen erfüllen:

> „Die Funktionen (a) der Situationsdefinition i.S. einer Realitätskonstituierung, (b) der nachträglichen Erklärung (und oft der Rechtfertigung) eingetretener Ereignisse, (c) der Vorhersage (oder auch nur der Erwartung) künftiger Ereignisse, (d) der Generierung von Handlungsentwürfen oder Handlungsempfehlungen zur Herbeiführung erwünschter oder zur Vermeidung unerwünschter Ereignisse" (Dann 1994, S. 166).

Zu den skizzierten Definitionsmerkmalen haben Groeben u.a. (1988) eine differenzierte Diskussion vorgelegt, die auch dem problematischen Verhältnis von Subjektiven zu „objektiven" (wissenschaftlichen) Theorien nachgeht und zugleich Missverständnisse aufklärt, denen die Forschung über Subjektive Theorien teilweise ausgesetzt ist. So wird etwa herausgestellt, dass die Beschäftigung mit Subjektiven Theorien keinesfalls von einem rein rationalistischen Menschenbild ausgeht. Zwar wird dem Menschen potenzielle Rationalität zugeschrieben, nicht aber absolute Rationalität unter sämtlichen Bedingungen:

> „Subjektive Theorien stellen [...] die komplexeste Form der für Handlungen zentralen Merkmale von Intentionalität, über Reflexivität, sprachliche Kommunikationsfähigkeit bis hin zur potentiellen Rationalität dar" (Groeben u.a. 1988, S. 17).

Diese Merkmale sind nicht nur deskriptiv zu verstehen, sondern werden gleichzeitig wertend „als positive Zieldimensionen konstruktiver Entwicklungsmöglichkeiten des Menschen postuliert" (Ebd. 1988, S. 16). Ausgehend von dieser optimalen Form menschlichen Handelns, kann man den Alltagsmenschen analog zum Wissenschaftler als Besitzer von Theorien bezeichnen, die „in Absetzung von den auf Intersubjektivität abzielenden wissenschaftlichen Theorien" (Ebd. 1988, S. 17) als Subjektive Theorien bezeichnet werden (vgl. Wahl 1991, S. 53). Die dargestellten Kennzeichen Subjektiver Theorien sind nach Groeben u.a. (1988) als *weite Begriffsvariante* aufzufassen. Die Autoren begründen und präferieren einen engeren Begriff, indem sie nur solche komplexen Kognitionen der Selbst- und Weltsicht als Subjektive Theorien bezeichnen, „die im Dialogkonsens aktualisierbar und rekonstruierbar sind" (Ebd. 1988, S. 22). Als Konsequenz

„entfallen alle methodischen Rekonstruktionen, die keine Kommunikative Validierung (zwischen Forscher und Erforschtem) vorsehen. Erhebungs- und Darstellungsmethoden, die nicht den Filter eines Dialog-Konsens-Verfahrens durchlaufen haben, werden für diese enge Begriffsvariante von ‚Subjektiven Theorien' ausgeschlossen [...]" (Dann 1994, S. 167).

Ob eine derartige Methodenbeschränkung und damit auch Eingrenzung des Gegenstands zweckmäßig und durchsetzbar ist, erscheint jedoch fraglich (vgl. ebd. 1994, S. 167). Die Mehrheit aller bisherigen empirischen Untersuchungen fällt unter die weiter gefasste Begriffsvariante, die Groeben u.a. (1988, S. 23) „nur als eine Vorform" akzeptieren.

Subjektive Theorien von Lehrern zu den Themenfeldern Schwierigkeiten des Unterrichtsablaufs (vgl. Wahl u.a. 1983), Aggressionen im Unterricht (vgl. Dann & Humpert 1987) und Gestaltung von Gruppenarbeit (vgl. Haag & Dann 2001) konnten bislang empirisch rekonstruiert werden. Bezüglich der Frage nach der Konsistenz zwischen Subjektiver Theorie und dem tatsächlichen Handeln von Lehrkräften wurden Untersuchungen angeregt, um die Einflüsse herauszufiltern, wann Lehrer konsistent zu ihren Subjektiven Theorien handeln und wodurch dies ggf. verhindert wird. Als wesentliche Moderatorvariable konnte die emotionale Beteiligung der Lehrer an der jeweiligen Situation aufgedeckt werden. Sofern Ärger-Emotionen auftreten und sich der Lehrer in seinem Handeln behindert fühlt, steigt die Wahrscheinlichkeit, dass er inkonsistent zu seinen Subjektiven Theorien handelt (vgl. Dann & Humpert 1987; Dann & Krause 1988). In solchen Situationen zeigten Lehrkräfte häufig direktive Unterrichtsstrategien, die innerhalb ihrer Subjektiven Theorien jedoch nur eine untergeordnete Rolle spielen (vgl. Schweer & Thies 2000, S. 70).

Inwieweit sich Subjektive Theorien von Lehrern in ihrem Handeln niederschlagen, prüften Wahl u.a. (1983) mit einer „*Doppelgänger"-Strategie* (vgl. Bromme & Rheinberg 2006, S. 319f.). Dabei wurden einer zweiten Person, dem „Doppelgänger" aus aufgezeichneten Unterrichtsepisoden Abschnitte mit Schülerverhalten vorgespielt, wobei sie unter verschiedenen Bedingungen vorhersagen sollte, ob und wie der Lehrer eingreifen wird. Während der „Doppelgänger" unter einer ersten Bedingung nichts über den Lehrer wusste und nur den Schüler sah, konnte er das Lehrerverhalten nur in 10% der Fälle vorhersagen. Ergänzte man sein Wissen um die Subjektiven Theorien des Lehrers, so dass er wusste, wie der Lehrer z.B. Situationen klassifiziert, lag die Trefferquote bei ca. 38%. Informierte man den „Doppelgänger" über handlungssteuernde Gedanken zur Wahrnehmung einer spezifischen Situation, stiegen die Trefferquoten noch einmal an. Fügte man noch die aktuellen Gedanken des Lehrers zur Handlungsauswahl sowie zuvor geäußerte „pädagogische Überlegungen" zu schwierigen Unterrichtssituationen hinzu, ergab sich nur noch ein minimaler Zuwachs, wobei für Störungssituationen die Trefferquote sogar absank:

> „Dass diese Irreführung gerade in Störsituationen auftritt, die schnelles Eingreifen erfordern, verweist darauf, dass hier ein reflexives und abwägendes Subjektmodell das tatsächliche Geschehen nicht gut abbildet" (Bromme & Rheinberg 2006, S. 320).

Insofern darf das Bild eines reflexiven Menschen nicht darüber hinwegtäuschen, dass erfolgreiches Handeln im Unterricht eine Vielzahl von *Routinen* erfordert, die man schnell und ohne handlungsgenerierende Denkprozesse einsetzen kann (vgl. Schreckling 1985; Wahl 1991; Bromme 1992) (vgl. zu Routinehandlungen Kap. 3.3.1).

Subjektive Theorien lassen sich hinsichtlich ihrer *Reichweite* und der *Art des zu erfassenden Wissens* unterscheiden (vgl. Kammermeyer 2000, S. 56; Scheele & Groeben 1988). Bei Subjektiven Theorien *kurzer Reichweite*, die an einzelnen, punktuellen Handlungen ansetzen, wird das Untersuchungssubjekt meist direkt nach einer Handlung gebeten, die Gedanken wiederzugeben, die ihm während der Handlung durch den Kopf gingen. Subjektive Theorien *großer Reichweite* beinhalten die Reflexion und Bilanzierung von Lebenserfahrungen und zukünftigen Lebensplänen, wobei sie von Welt- und Lebensentwürfen bis hin zu Lebensphilosophien reichen. Subjektive Theorien *mittlerer Reichweite* beziehen sich auf *generelle Erklärungskonzepte*, die nicht unmittelbar handlungsklärend, -rechtfertigend oder -leitend sind. Sie betreffen das Erfahrungswissen und beziehen sich auf mehrere Erklärungsschritte, die sowohl das Handlungsergebnis als auch dessen Folgen umfassen. Hierunter fallen auch die in der vorliegenden Arbeit rekonstruierten Subjektiven Theorien der Lehrkräfte zu ihrem Empfehlungsverhalten am Ende der Primarstufe. Dabei werden das Handeln der Lehrkräfte und die damit verbundenen „subjektiven Zielsetzungen und Präferenzen sowie die subjektiven Überzeugungen und Erwartungen der Akteure, wie diese Ziele und Zwecke mit welchen Mitteln am ehesten zu realisieren wären" (Esser 1999, S. 198), näher beleuchtet.

Da Bildungsentscheidungen komplex determiniert sind, wirken im Rahmen der Informationsaufnahme und -verarbeitung zahlreiche Filtermechanismen, um eine vollständige Handlungsunfähigkeit zu verhindern und schnelle Handlungsentscheidungen zu ermöglichen. Aufgrund der Reduktion von Komplexität geht allerdings ein Teil der potenziell verfügbaren Informationen verloren, was Wahrnehmungsverzerrungen sowie Fehlerwahrscheinlichkeiten begünstigen kann. In der empirischen Lehrerforschung wurden Faktoren untersucht, die man im weitesten Sinne als „handlungsleitende" Kognitionen bezeichnen kann. Inwieweit diese im Rahmen der Lehrer-Schüler-Interaktion einen Wahrnehmungsfilter darstellen können, wird im folgenden Kapitel thematisiert.

3.3.4 Handlungsleitende Kognitionen

Die in diesem Abschnitt dargestellten handlungsleitenden Kognitionen von Lehrern beziehen sich u.a. auf allgemeine und spezifische Erwartungen der Lehrer an ihre Schüler, Beurteilungspräferenzen (Bezugsnormorientierung) sowie Interpretationsmuster zur Entstehung erwünschter und unerwünschter Effekte (Kausalattributionen). Zunächst wird auf die implizite Persönlichkeitstheorie als Teilbereich der Subjektiven Theorien eingegangen, die übergeordnet alle Annahmen einer Person über die Eigenschaften anderer Menschen, deren Zusammenhänge und Organisation, umfasst. Daran anschließend rücken weitere, mit der impliziten Persönlichkeitstheorie verflochtene handlungsleitende Kognitionen in den Vordergrund. Es wird der Frage nachgegangen, auf welche Weise Lehrkräfte Schüler wahrnehmen bzw. kategorisieren und aufgezeigt, welche Ursachen Lehrkräfte zur Erklärung von Leistungen und Verhaltensweisen der Schüler heranziehen. Schließlich wird auf Erwartungen eingegangen, die Lehrer im Hinblick auf das zukünftige Leistungsverhalten der Schüler ausbilden.

Implizite Persönlichkeitstheorie

Die Eindruckbildung bei Lehrern erfolgt nach subjektiven Kriterien. Die kognitiven Strukturen, die die Wahrnehmung und das Verhalten steuern, können als implizite Persönlichkeitstheorie bezeichnet werden. Diese lässt sich als ein Bündel von Eigenschaften verstehen, die subjektiv als zusammengehörig erlebt werden. Wenn beispielsweise ein Schüler unpünktlich ist, kann ein Lehrer automatisch eine Verknüpfung zwischen der Eigenschaft „unpünktlich" zur Eigenschaft „aufsässig" herstellen, während ein anderer Lehrer mit „unpünktlich" die Eigenschaft „chaotisch" oder „unreif" verknüpfen kann (vgl. Schweer & Thies 2000, S. 61). Mit der impliziten Persönlichkeitstheorie wird die Summe aller Annahmen bezeichnet, die eine Person über Art, Zusammenhänge und Organisation von Eigenschaften bei anderen Menschen besitzt (vgl. Hofer 1997, S. 224). Der Begriff der impliziten Persönlichkeitstheorie wurde von Bruner und Tagiuri (1954) und Cronbach (1955) geprägt, um damit die erwarteten Zusammenhänge von Persönlichkeitseigenschaften bei Mitmenschen zu bezeichnen („hübsch, aber dumm", „freundlich und hilfsbereit") (vgl. Hofer 1986, S. 71).

Es wird angenommen, dass die implizite Persönlichkeitstheorie mit anderen handlungsbezogenen Konstrukten verflochten ist und die Basis für die Aktivierung verschiedener Kognitionen darstellt. Sie selbst wirkt sich weniger direkt auf das Unterrichtsverhalten von Lehrern aus und hat eher eine ordnende und strukturierende Funktion. Anhand der in der impliziten Persönlichkeitstheorie enthaltenen Dimensionen zur Beschreibung anderer Personen lassen sich *Personenkategorien* bilden. Außerdem stellt sie die Merkmale anderer Personen bereit, die für *Ursachenzuschreibungen* in Frage kommen. Darüber hinaus ermöglicht die implizite Persönlichkeitstheorie dem Lehrer, aus dem Wissen über die Merkmale eines Schülers *Erwartungen* auszubilden und *Vorhersagen über zukünftiges Verhalten* der Schüler zu treffen. Dies ist komplementär zu der Annahme, dass Merkmale der impliziten Persönlichkeitstheorie zur Erklärung von Schülerleistungen heran gezogen werden können.

Im Rahmen des Übergangsgeschehens am Ende der Grundschulzeit und der Frage, auf welche Weise sich die Empfehlung der Lehrkräfte formiert, ist die implizite Persönlichkeitstheorie in mehrfacher Hinsicht relevant. Wie herausgestellt wurde, können Lehrkräfte mit Hilfe der subjektiven Persönlichkeitstheorie Personen-Kategorien bilden. Wenn der Zusammenhang zwischen impliziter Persönlichkeitstheorie und dem Konstrukt der Entscheidung über solche Schülerkategorien verläuft und Lehrer Entscheidungen nicht für einzelne, sondern für Schüler als Repräsentanten von Schülertypen treffen, könnten sie auch bei der Übergangsempfehlung und ihrer Entscheidung über die weiterführende Schullaufbahn von Schülerkategorien Gebrauch machen. Insofern wären die Kategorien „Gymnasialkind", „Realschulkind" und „Hauptschulkind" (in Hessen auch „Gesamtschulkind") denkbar, die jeweils durch spezifische Merkmale gekennzeichnet sind. Die implizite Persönlichkeitstheorie ist auch deshalb von Bedeutung, weil sie die Grundlage für Ursachenzuschreibungen bildet. Die Übergangsempfehlung könnte unterschiedlich ausfallen, je nachdem, welche Ursachen Lehrkräfte für die Leistungen eines Schülers verantwortlich machen und ob sie diese als stabil oder variabel wahrnehmen. Die Relevanz der impliziten Persönlichkeitstheorie für die Genese der Empfehlung besteht auch darin, dass sie dem Lehrer ermöglicht, aus dem Wissen über die Merkmale eines Schülers Erwartungen auszubilden und damit die für die Erteilung der Empfehlung relevante Prognose über die Leistungsentwicklung zu treffen.

Schülerkategorisierungen

Die implizite Persönlichkeitstheorie liefert Merkmale, anhand derer Lehrkräfte Schüler wahrnehmen und beurteilen. Zugleich stellt sie die Basis dar, auf der Lehrkräfte verschiedene Schüler zu Typen kategorisieren. Die Merkmale einer Person werden mit den Merkmalen von Prototypen verglichen und in die Kategorie eingeordnet, zu dessen Prototyp die Person die größte Ähnlichkeit aufweist. Dieser werden dann auch jene Merkmale des Prototyps zugeschrieben, die in den Informationen nicht enthalten waren. Auf diese Weise können Lehrer im täglichen Umgang leichter Situationen erkennen, die ein schnelles und spezifisches Reagieren ermöglichen. Der Zusammenhang zwischen impliziter Persönlichkeitstheorie und dem Konstrukt der Entscheidung ist indirekt und verläuft über solche Schülerkategorien. Es wird angenommen, dass

> „Lehrer Handlungs-Ergebnis-Erwartungen und Entscheidungen nicht für einzelne, sondern für Schüler als Repräsentanten von Schülertypen treffen. Diese Typen können als Elemente von Skripts betrachtet werden, das sind kognitive Schemata über soziale Ereignisabläufe" (Hofer 1986, S. 107).

Die allgemeine Leistungsfähigkeit stellt ein wichtiges Merkmal dar, nach dem Schüler unterschieden werden. Der Versuch einer Systematisierung von Schülertypen aus der Sicht der Lehrer wurde in mehreren Studien mit unterschiedlichen Differenzierungsgraden unternommen (vgl. z.B. Thelen 1967; Silberman 1969; Garner & Bing 1973; Hofer 1981; Martin 1982). Hofer (1981) konnte fünf Gruppen unterscheiden, die nahezu in jeder Klasse mindestens einmal vertreten waren: zwei „gute", eine „mittlere" und zwei „schlechte" Schülergruppen. Während die erste der zwei „guten" Gruppen aus Schülern besteht, die die Lehrer als intelligent, fleißig, diszipliniert und aktiv einschätzen (20%), weist die zweite ebenfalls hohe Begabungs-, Anstrengungs- und Disziplinwerte auf und hebt sich vor allem durch soziale Zurückhaltung von der ersten Gruppe ab. Schüler dieser Gruppe wurden von den Lehrkräften vor allem als bescheiden, ruhig und sensibel beschrieben (33%). Die dritte Kategorie (17%) ist durch Mittelmaß gekennzeichnet. Neben den Beurteilungen „verschlossen" und „zurückhaltend" weist diese Gruppe eher niedrige Begabungswerte, mittlere Anstrengungswerte und ein unterdurchschnittliches Leistungsniveau auf. Während die erste der beiden „schlechten" Gruppen Schüler beinhaltet, die bei durchschnittlicher Intelligenz und eher schlechtem Arbeitsverhalten eine überaus schlechte Disziplin vorweisen (ca. 20%), wurden die Schüler der zweiten „schlechten" Gruppe (ca. 10%) als völlig desinteressiert, ohne Ehrgeiz und Arbeitshaltung bei unzureichender Begabung wahrgenommen (vgl. Hofer 1986, S. 148ff.).

Von Bedeutung ist, dass mit diesen Kategorien auch verschiedene Handlungsklassen verbunden sind. Im Rahmen des *Skript-Ansatzes* können Schülerkategorien und Lehrerhandlungen miteinander verbunden werden, wobei ein Skript Ereignisse in einzelne Aktionseinheiten unterteilt. Neben Personen-Kategorien enthalten Skripts auch situative Merkmale, Kognitionen über Verhaltensweisen des anderen sowie solche des eigenen Tuns. Der Frage, welche skripthaften Verbindungen zwischen Schülerkategorien und Verhaltenskognitionen identifiziert werden können, kann indirekt über Untersuchungen zum Zusammenhang zwischen Schülerkategorien und konkretem Lehrerverhalten nachgegangen werden. Untersuchungen zum Lehrerverhalten gegenüber guten und schlechten Schülern zeigen gegensätzliche Ergebnisse. Eine Reihe von Studien belegt, dass Lehrer guten Schülern mehr Wärme, vor allem durch nicht-verbale Verhaltensweisen (z.B. Blickkontakt, Lächeln, Kopfnicken), entgegenbringen. Daneben wird die Quantität und Qualität des Lernmaterials unterschiedlich dosiert, indem leistungsstarke Schüler häufiger als langsame und schwache Schüler neues Lernmaterial bekommen. Die Häufigkeit, wie oft einem Schüler die Möglichkeit gegeben wird, sich im Unterricht zu äußern, ist bei guten Schülern nicht nur höher, sondern den Antworten guter Schüler wird auch mehr Aufmerksamkeit geschenkt. Darüber hinaus erfahren schlechte Schüler pro richtige Antwort weniger positive Rückmeldung und pro falsche Antwort im Durchschnitt mehr negative Rückmeldung bzw. Kritik (vgl. Brophy & Good 1976; Hofer 1986, S. 158; Biermann 1992, S. 291ff.). Es liegen aber auch Untersuchungen vor, in denen eine Bevorzugung von guten Schülern nicht nachgewiesen werden konnte. Im Gegenteil wurde teilweise beobachtet, dass schlechte Schüler eine günstigere Behandlung von manchen Lehrern erfahren (vgl. Evertson, Brophy & Good 1972). Diese relative Uneinheitlichkeit der Ergebnisse könnte darauf zurückzuführen sein, dass die Unterscheidung in gute und schlechte Schüler ein zu wenig valides Kategoriensystem darstellt (vgl. Hofer 1986, S. 159). Es ist anzunehmen, dass Lehrkräfte nicht nur im alltäglichen Unterricht, sondern auch im Rahmen des Übergangsgeschehens am Ende der Primarstufe auf der Basis der impliziten Persönlichkeitstheorie Schüler zu Typen kategorisieren. Inwieweit Lehrkräfte über solche Schülertypen (z.B. typisches Hauptschul-, Realschul- und Gymnasialkind) verfügen und welche Eigenschaften diesen im Einzelnen zugeschrieben werden, ist Gegenstand der empirischen Analyse.

Kausalattributionen

Lehrkräfte wie Menschen allgemein neigen dazu, nach Ursachen für Ereignisse zu suchen. Insbesondere bei erwartungswidrigen Ereignissen und solchen, die mit eigenen Zielen und Bedürfnissen unvereinbar sind (z.B. Misserfolge), wird nach Gründen gesucht. Ursachenerklärungen sind notwendig, um das eigene Verhalten zu regulieren und zu steuern, denn

„der Vorgang der Attribution ist ein wichtiges Element innerhalb der Gesamtprozesse kognitiven Funktionierens. Sie dienen nicht nur zur kognitiven Orientierung des Lehrers, sondern können auch als Bedingungsfaktoren für konkretes Verhalten im unterrichtlichen Kontext angesehen werden" (Hofer 1986, S. 224).

Unter Kausalattributionen können subjektive Zuschreibungen von Ursachen für wahrgenommene Ereignisse in der Umwelt verstanden werden. Im Einteilungsschema von Weiner (1986) werden die herangezogenen Kausalfaktoren zum einen nach ihrer zeitlichen Stabilität und zum anderen danach eingestuft, ob sie in der Person (internal) oder in der Umwelt (external) verankert sind. Im Rahmen von Subjektiven Theorien können Ursachenzuschreibungen als Bestandteil des Funktionswissens angesehen werden. Schülerleistungen werden beispielsweise von Lehrkräften insbesondere auf die Faktoren Begabung (z.B. Intelligenz, Fähigkeit) und Anstrengung (z.B. Ausdauer, Fleiß) zurückgeführt, aber auch auf schulische und außerschulische Faktoren. Außerdem hängen die zugeschriebenen Ursachen vom jeweiligen Schulfach, der Schulleistung, der Art des zu attribuierenden Ereignisses sowie von der Vergleichsperspektive ab, die der Bewertung zugrunde gelegt wird. Letztere hängt mit der Bezugsnormorientierung der Lehrkräfte zusammen (vgl. Rheinberg 1980, 2001, 2006). Lehrer mit sozialer Bezugsnormorientierung haben besonders die Leistungsunterschiede zwischen ihren Schülern im Blick, was den Eindruck eines relativ stabilen Leistungsgefälles in der Klasse vermittelt, wobei der gemeinsame Leistungsfortschritt eher ausgeblendet wird. Dies steht im Zusammenhang mit der Annahme zeitstabiler Kausalfaktoren wie Begabung, Intelligenz oder Arbeitsstil. Wenden Lehrkräfte die individuelle Bezugsnormorientierung an, wird der Leistungsentwicklung der einzelnen Schüler mehr Bedeutung beigemessen, so dass der gemeinsame Lernzuwachs aller deutlich wird und eher zeitvariable Faktoren wie Anstrengung, Interesse oder der eigene Unterricht ins Blickfeld rücken. Auch die motivationale Entwicklung der Schüler wird durch Unterschiede in der Bezugsnormorientierung beeinflusst. Die individuelle Bezugsnormorientierung wirkt sich günstig auf eine erfolgszuversichtliche Leistungsmotiventwicklung und Kompetenzeinschätzung aus, während bei sozialer Bezugsnormorientierung vor allem bei leistungsschwächeren Schülern ungünstige Motivationseffekte hinsichtlich Misserfolgsängstlichkeit auftreten (vgl. Rheinberg 1997, S. 83f.; Mischo & Rheinberg 1995). Ein Verbindungsglied zwischen Attribution und Verhalten ist das Konzept der Erwartung. Wenn ein Lehrer beispielsweise am Ende der Grundschulzeit von den Eltern eines Schülers gefragt wird, ob dieser eine gymnasiale Laufbahn und ein Universitätsstudium erfolgreich absolvieren wird, ist er aufgefordert, eine solche Erwartung zu entwickeln. Wenn der Lehrer die guten Noten des Schülers auf seine hohe Intelligenz bezieht, wird er sich „recht sicher dabei fühlen, ein erfolgreiches Universitätsstudium vorherzusagen" (Heider 1977, S. 100). Attributionen sind die Grundlage von Erwartungen über die Weiterentwicklung einer Situation. Je nachdem, welche Ursachenfaktoren als wirksam angenommen werden, fallen die Erwartungen unterschiedlich aus. Dabei ist für die Erwartungsbildung von Bedeutung, wie stabil bzw. variabel die herangezogenen Ursachen aufgefasst werden. Ein Lehrer wird eher mit einer Verbesserung rechnen, wenn er eine schlechte Leistung auf variable Faktoren zurückführt (z.b. auf eine erfolgte Ablenkung), als wenn er stabile Faktoren vermutet. Nach Rheinberg (1975) werden von Lehrkräften vor allem die allgemeinen geistigen Fähigkeiten eines Schülers sowie sein häusliches Umfeld stabil beurteilt. Dagegen werden das Interesse am Stoff und die allgemeine Arbeitshaltung eher als variabel eingeschätzt. Entsprechend sind Prognosen über das zu erwartende Leistungsniveau stärker davon bestimmt, wie die Lehrer den jeweiligen Schüler in den stabilen als in den variablen Ursachenfaktoren einschätzen.

Je nach Attribuierungen können Ereignisse unterschiedliche Handlungsimpulse auslösen. Hofer (1986, S. 217) weist darauf hin, dass Ursachen danach unterschieden werden können, inwieweit sie *vom anderen steuerbar* sind, also der bewusstwillentlichen Kontrolle unterliegen. Rheinberg (1975) ließ die Kontrollierbarkeit verschiedener Ursachenfaktoren von Lehrern einschätzen. Als eher kontrollierbar wurden die „allgemeine Arbeitshaltung" und das „Interesse am Unterrichtsstoff" angesehen, während die „allgemeinen geistigen Fähigkeiten", das „häusliche Milieu" sowie die „Schwierigkeit des Faches" eher nicht kontrollierbar erschienen. Außerdem lassen sich Ursachen danach differenzieren, inwieweit sie *vom Lehrer beeinflusst* werden können. In einer Untersuchung von Hofer u.a. (1979, S. 71) wurden „Darstellung des Stoffes", „Interesse" und „Anstrengung" als eher veränderbar angesehen, „Begabung", „Schüchternheit" und „Konzentration" als eher weniger beeinflussbar. Des Weiteren lassen sich Ursachen dahingehend unterscheiden, inwieweit sie die *passenden Handlungsentwürfe* hervorrufen. Lehrkräfte entscheiden sich in Situationen, die durch bestimmte Ursachen gekennzeichnet sind, für die Handlungsentwürfe, mit denen sie die größten Erfolgschancen antizipieren (vgl. Hofer 1986, S. 217).

Mit der Übergangsempfehlung am Ende der Grundschulzeit stellt die Lehrkraft Prognosen über die zukünftige Leistungs- und Lernentwicklung der Schüler an, d.h. sie bildet Erwartungen über die Weiterentwicklung der momentanen Situation aus. Dafür bilden Attributionen die Grundlage. Inwieweit Leistungsattributionen bei der Formation der Übergangsempfehlung und den zugrunde liegenden Überzeugungen der Lehrer eine Rolle spielen, wird in der vorliegenden Arbeit anhand des empirischen Materials analysiert.

Lehrererwartungen

Rosenthal und Jacobson (1971) glaubten in ihrer berühmten Untersuchung „Pygmalion im Klassenzimmer" gezeigt zu haben, dass Lehrererwartungen über die zukünftigen Leistungen eines Schülers zur Folge haben, dass sich die Intelligenz dieses Schülers entsprechend verändert. Trotz der scharfen und berechtigten Kritik von Elashoff und Snow (1972) an dieser Untersuchung, setzte der Ansatz von Rosenthal und Jacobson (1971) wesentliche Impulse für die Forschung und löste eine Welle von Untersuchungen zu Lehrererwartungen und ihren Effekten aus. Brophy und Good (1976) setzten in einer Folgearbeit zwischen den Variablen „Lehrererwartung" und „Schülerintelligenz" die vermittelnde Variable „schülerspezifisches Lehrerverhalten" ein und analysierten diese. Das Verhalten transportiert gewissermaßen die Lehrererwartungen, macht sie deutlich und ermöglicht es, dass sie sich auf Schüler auswirken. Anders als Brophy und Good (1976) sah Heckhausen (1974) nicht die Erwartung als handlungsleitende Komponente an. Diese sei zwar vorgeordnet, bewirke aber zunächst eine Attribution von Schülerleistungen, die verhaltenswirksam ist. Wenn ein Lehrer aufgrund seiner hohen Leistungserwartung die guten Leistungen eines Schülers auf seine Begabung zurückführt und dies dem Schüler mitteilt, ändert auch dieser seine Kausalattribuierung, wodurch sich seine Leistung steigert:

> „In dem Maße, wie er [der Schüler] seine Mißerfolge nun nicht mehr so ausschließlich auf mangelhafte Begabung, sondern auf variable Kausalfaktoren zurückführt, die sich beeinflussen lassen (wie aufgewendete Anstrengung), verbessert sich seine Lernmotivation und damit schließlich auch seine Leistung. Und dies schließlich bestärkt den Lehrer wiederum, die höhere Einschätzung der Fähigkeit des Schülers beizubehalten (Heckhausen 1974, S. 571).

Insofern können Ursachenerklärungen als wichtige Voraussetzung für Erwartungen bzw. Prognosen angesehen werden. Bei der Ursachenerklärung wird aufgrund eines vorliegenden Ereignisses x in einer Situation auf das Vorhandensein einer Ursache y geschlossen. Außerdem ist es bei dieser Kognition auch möglich, beim Vorhandensein einer Ursache y das Eintreten des Ereignisses x als Folge von y zu erwarten (vgl. Hofer 1986, S. 226).

Ludwig (2001) differenziert zwischen dem objektiven Pygmalioneffekt, bei dem die Schülerleistung faktisch verändert wird, und dem subjektiven Pygmalioneffekt, bei dem sich die Wahrnehmung des Lehrers und sein Eindruck der Realität, nicht aber die Realität selbst verändern. Durch eine Reihe von Untersuchungen konnte gezeigt werden, dass Leistungsbeurteilungen von den Erwartungen der Lehrkraft beeinflusst sein können, die aufgrund von früheren Testleistungen, der eingeschätzten Lernbemühungen, des Geschlechts, der ethnischen Zugehörigkeit oder des Sozialstatus des Schülers herausgebildet wurden (vgl. Ludwig 1995; Babad 1993; Jussim 1989). Wie sich die Erwartung auf die Genauigkeit auswirkt, mit der Lehrkräfte Rechtschreibfehler wahrnehmen, wurde von Zillig bereits 1928 untersucht. Sie ließ sich von 18 Volksschullehrern die Diktate ihrer zwei besten und zwei schlechtesten Schüler geben und untersuchte die Genauigkeit der Rechtschreibkorrekturen. Diese Nachkorrektur ergab, dass die Lehrer bei den besten Schülern wesentlich mehr Fehler übersehen hatten als bei den schlechtesten. Für Prognosen über Schülerleistungen wurden insbesondere die im Folgenden dargestellten Variablen untersucht (vgl. Hofer 1986, S. 233f).

Begabung und Anstrengung: Verschiedene Studien konnten zeigen, dass die Erwartungen von Lehrkräften über Schülerleistungen in hohem Maße mit Eindrücken über Eigenschaften zusammenhängen, die zeitlich stabil (insbesondere Begabung) beurteilt werden (vgl. z.B. Rheinberg 1975; Stahl 2007). Bei der Entscheidung über die weiterführende Schullaufbahn haben neben den schulischen Leistungen die Beurteilung der Begabung sowie die Anstrengungsbereitschaft eines Schülers einen signifikanten Einfluss auf die Empfehlung (vgl. Stahl 2007, S. 193).

Leistungen: Den wahrscheinlich wichtigsten Indikator für die zukünftige Leistung des Schülers stellen die von der Lehrkraft beobachteten Leistungen im Unterricht, in schriftlichen oder mündlichen Prüfungen dar (vgl. Brophy & Good 1976). Von Bedeutung ist dabei, worauf sie die augenblicklichen Leistungen der Schüler zurückführen. Rheinberg (1980) konnte in einer Untersuchung nachweisen, dass Lehrkräfte, die gute Leistungen eher auf die Begabung als auf die Anstrengung der Schüler zurückführen, in stärkerem Maße der Meinung waren, Schulleistungen langfristig voraussagen zu können als jene, die glaubten, mit Anstrengung sei mehr zu erreichen als mit Begabung. Außerdem wies er darauf hin, dass Lehrer mit individueller Bezugsnorm in der Regel schwächere Erwartungen ausbilden als Lehrkräfte mit sozialer Bezugsnorm (vgl. Rheinberg 1980, S. 86f).

Charaktereigenschaften: Lehrer bilden höhere Erwartungen bei Schülern aus, die mitarbeiten, diszipliniert und interessiert erscheinen (vgl. Brophy & Good 1976). Während in einer Untersuchung von Feshbach (1969) Lehrkräfte konforme, rigide und abhängige Schüler bevorzugten, liegen andere Befunde vor, in denen vor allem mit selbstbewussten, reifen und selbstständigen Schülern positive Leistungserwartungen verknüpft werden (vgl. Brophy & Good 1976). Dies könnte darauf hinweisen, dass selbstbewusste Schüler nur dann positiv bewertet werden, wenn sie gleichzeitig aufmerksam und konstruktiv sind. Der Befund, dass Charaktereigenschaften auch bei der Erteilung der Übergangsempfehlung am Ende der Primarstufe eine nicht zu vernachlässigende Rolle spielen, ließ sich in mehreren Untersuchungen zeigen (vgl. z.B. Steinkamp 1967; Bos u.a. 2003, 2004; Stahl 2007).

Familiäre Herkunft: Für Prognosen von Leistungen und Verhalten werden darüber hinaus auch Informationen über den familiären Hintergrund eines Schülers herangezogen (vgl. z.B. Gresser-Spitzmüller 1973; Ditton 1989; Lehmann, Peek & Gänsfuß 1997; Bos u.a. 2003).

Geschlecht: Zum Thema geschlechtsspezifische Erwartungen liegen keine einheitlichen Ergebnisse vor (vgl. Weinert, Knopf & Storch 1981). Aktuelle Befunde zum Übergang am Ende der Grundschulzeit weisen teilweise auf die Bevorzugung von Mädchen hin. Trotz vergleichbarer Testleistungen wurden Jungen bezüglich ihrer sprachlichen Kompetenz sowie ihrer Lesefähigkeit schlechter beurteilt als Mädchen (vgl. Stahl 2007, S. 175).

Neben den genannten Variablen hängt die konkrete Erwartungsbildung auch von stabilen erwartungsbezogenen *Selbstkognitionen* ab. Personen, die ihre eigene Wirksamkeit positiv wahrnehmen, werden vermutlich andere Erwartungen ausbilden als Personen, die eher misserfolgsorientiert sind (vgl. Bromme & Rheinberg 2006, S. 322).

Mit der Empfehlung für eine weiterführende Schulform stellen die Lehrkräfte Erwartungen über die Leistungs- und Lernentwicklung der Schüler an. Sie kennen den momentanen Leistungsstand der Schüler und verfügen damit über Informationen, die sich auf die Ist-Lage beziehen. Um Erwartungen über die Wird-Lage auszubilden, müssen sich die Lehrer bei der Übergangsempfehlung auf Prognosevariablen stützen. Welche Kriterien sie für die Empfehlung heranziehen und worauf sie augenblickliche Leistungen der Schüler zurückführen (z.B. Begabung, Anstrengung, häusliche Unterstützung), ist Gegenstand der empirischen Analyse. Darüber hinaus steht die Bezugsnormorientierung der Lehrkräfte im Blickpunkt sowie die ihrem Handeln zugrunde liegenden pädagogischen Orientierungen und selbstbezogenen Kognitionen.

3.4 Beurteilen und Beraten als Handlungsproblem von Lehrkräften

Die Einschätzung und Beurteilung von Schülerleistungen und Lernanforderungen stellt eine wichtige Kompetenz in Lehr-Lernkontexten dar. Neben der Klassenführungskompetenz, der didaktischen und der fachwissenschaftlichen Kompetenz wird sie als eine der vier Schlüsselkompetenzen im Unterricht beschrieben (vgl. Weinert, Schrader & Helmke 1990, S. 189ff.). Insbesondere seit der Veröffentlichung der ersten PISA-Studie ist die *diagnostische Kompetenz* von Lehrkräften immer wieder Gegenstand der bildungspolitischen Diskussion. Dementsprechend lautet eines der sieben von der KMK im Jahr 2001 benannten zentralen Handlungsfelder „Maßnahmen zur Verbesserung der Professionalität der Lehrertätigkeit, insbesondere im Hinblick auf diagnostische und methodische Kompetenz als Bestandteil systematischer Schulentwicklung" (KMK 2002, S. 7). Die von der KMK eingesetzte Kommission „Lehrerbildung" betrachtet „die gezielte Planung, Organisation, Gestaltung und Reflexion von Lehr-Lern-Prozessen als Kernbereich der Kompetenz von Lehrerinnen und Lehrern" (Terhart 2000, S. 48) und hebt neben dem Unterrichten und Lehren das „Diagnostizieren und Beurteilen" als eine spezifische Kompetenzanforderung hervor. Diese hat sich aufgrund der Allokations- und Selektionsfunktion von Schule als besonderer Aufgaben- und Verantwortungsbereich für Lehrkräfte herausgebildet. Eine solche diagnostische Kompetenz ist nicht nur für Selektions- und Förderentscheidungen von großer Bedeutung, sondern auch „Voraussetzung für eine sachkundige und hilfreiche Beratung der Schülerinnen und Schüler bzw. der Eltern" (Ebd. 2000, S. 52).

Diagnostische Kompetenz von Lehrkräften kann als eine spezielle Form der Expertise betrachtet werden. Sie wird häufig als die Fähigkeit der Lehrkräfte verstanden, Schüler hinsichtlich ihrer Leistungen bei bestimmten Aufgaben zutreffend einzuschätzen, und somit mehr oder weniger mit der Diagnose- oder Urteilsgenauigkeit (Veridikalität) gleichgesetzt (vgl. Schrader 2001, S. 91; Helmke, Hosenfeld & Schrader 2004, S. 120). Während formelle Diagnosen mithilfe wissenschaftlich erprobter Methoden gezielt und systematisch erstellt werden, spielen bei Lehrkräften informelle Diagnoseleistungen eine große Rolle. Dabei handelt es sich vielfach um implizite subjektive Urteile, Einschätzungen und Erwartungen (vgl. Hofer 1986), die beiläufig und eher unsystematisch im Rahmen des alltäglichen erzieherischen Handelns gewonnen werden (vgl. Schrader 2001, S. 92).

Die Qualität diagnostischer Urteile lässt sich anhand der klassischen Gütekriterien der Diagnostik (Objektivität, Reliabilität, Validität) bewerten. Außerdem lassen sich drei Komponenten der Urteilsgenauigkeit unterscheiden: Niveau-, Streuungs- und Rangordnungskomponente. Die Veridikalität von Urteilen, also die Frage, wie gut diese mit den „tatsächlichen", d.h. den objektiv gemessenen Merkmalen der Schüler übereinstimmen, ist sowohl von der diagnostischen Kompetenz der Lehrkraft abhängig als auch von ihren Urteilstendenzen (z.B. Tendenz zur Mitte oder zu extremen Urteilen, Milde-Effekt, Referenzfehler). Verschiedene Urteilsvoreingenommenheiten und Urteilsmaßstäbe (Bezugsnormorientierung) können für das pädagogische Handeln und seine Wirkung in unterschiedlicher Weise bedeutsam sein (vgl. Schrader & Helmke 1987; Helmke 2003, S. 87ff.; Helmke, Hosenfeld & Schrader 2004, S. 120ff.). Die Forschung zur Zensurengebung bei Schulleistungen hat gezeigt, dass Lehrerurteile vielfach nicht objektiv (verschiedene Lehrer beurteilen dieselbe Leistung unterschiedlich), nicht reliabel (wiederholte Beurteilungen fallen unterschiedlich aus) und nicht valide (Urteile werden durch andere Faktoren als das zu beurteilende Merkmal beeinflusst) sind. Während es Lehrkräften innerhalb des klasseninternen Bezugssystems relativ gut gelingt, die Leistungen der Schüler zu beurteilen, fällt es ihnen schwer, Leistungen klassenübergreifend nach einem absoluten Maßstab zu bewerten (vgl. Ingenkamp 1971; Helmke, Hosenfeld & Schrader 2004, S. 124; Schrader 2001, S. 93).

Untersuchungen zur diagnostischen Kompetenz von Lehrern haben sich bisher weitgehend auf die Diagnosegenauigkeit bei kognitiven Leistungen beschränkt. In einem Großteil der Untersuchungen werden ausschließlich klassenspezifische Korrelationen zwischen Lehrerurteilen und korrespondierenden Schülerleistungen berichtet. Dabei wird die Rangordnungskomponente zugrunde gelegt. Die mittleren Korrelationen meistens im Bereich zwischen $r=.60$ und $r=.70$ werden häufig als

Hinweis gedeutet, dass Lehrkräfte im Großen und Ganzen recht gut über die Leistungsunterschiede in ihrer Klasse informiert sind (vgl. Hoge & Coladarci 1989). Die mittleren Korrelationen beinhalten aber oft große Unterschiede zwischen der Diagnosegenauigkeit einzelner Lehrkräfte (vgl. Helmke, Hosenfeld & Schrader 2004, S. 126; Schrader 2001). Schrader und Helmke (1987) untersuchten auch das Urteilsniveau und wiesen nach, dass Lehrkräfte die Leistungen ihrer Schüler im Mittel deutlich (Niveaukomponente) und die Leistungsstreuung innerhalb der Klasse (Streuungskomponente) leicht überschätzten. Hohe diagnostische Kompetenz der Lehrkräfte führt allerdings nicht „automatisch" zu einer Leistungssteigerung der Schüler. Die Autoren zeigten, dass der Lernerfolg einer Klasse besonders hoch war, wenn Lehrer mit einer hohen diagnostischen Kompetenz gleichzeitig viele Strukturierungs- und Unterstützungsmaßnahmen einsetzten (vgl. Schrader & Helmke 1989; Helmke 2003, S. 93; Schrader 2001, S. 94; Bromme & Rheinberg 2006, S. 318). Dies ist ein Beispiel dafür, dass die Wirkung von Lehrerkognitionen (hier: Diagnostische Kompetenz) auf die Schülerleistungen nur vermittelt über Unterrichtsprozesse erklärbar ist (vgl. Bromme 1997, S. 200).

Neben pädagogischen Funktionen (Sozialisationsfunktion, Berichtsfunktion, Anreizfunktion) erfüllen Schulnoten auch gesellschaftliche Funktionen. Zum einen dokumentieren und legitimieren sie z.b. Auswahlentscheidungen gegenüber Dritten (Berechtigungsfunktion), zum anderen werden durch sie Ausbildungs- und Arbeitsplätze oder Zugangsberechtigungen nach Leistung vergeben (Allokations- und Selektionsfunktion). Außerdem machen sie die Einhaltung der Schulpflicht sowie die Effekte schulpolitischer und pädagogischer Maßnahmen transparent (Kontrollfunktion). Die Schulnoten beeinflussen den Lebensweg jedes einzelnen, so dass sie aus individueller Sicht eine Weichenstellfunktion besitzen (vgl. Tent 2001, S. 805).

Bei der Verteilung der Schüler auf unterschiedliche Schulformen im Sekundarbereich handelt es sich um eine entscheidende Weichenstellung im Lebenslauf junger Menschen und um eine Selektionsfunktion des deutschen Schulsystems, bei der die diagnostische Kompetenz von Lehrkräften eine wesentliche Rolle spielt. Nicht nur für die Übergangsempfehlung, sondern auch für die im Übergangsgeschehen obligatorisch vorgesehene Elternberatung stellt die diagnostische Kompetenz der Lehrkräfte eine notwendige Voraussetzung dar. Bei der Diskussion um die diagnostische Kompetenz geht es häufig auch um den Aspekt der Fairness, da die Lehrerempfehlungen nicht nur von der Leistung und lernbegleitenden Emotionen (z.B. Lernmotivation, Leistungsangst), sondern in hohem Maße auch von leistungsirrelevanten sozialen Merkmalen (z.B. Migrationsstatus, Geschlecht, Sozialschicht) beeinflusst sind (vgl. Kap. 3.1.2). Von Interesse ist daher, die Komplexität dieser Entscheidung aufzuschlüsseln und die Genese der Empfehlung nachzuzeichnen.

4 Fragestellung der Arbeit

Die Aufarbeitung des Forschungsstandes hat deutlich gemacht, dass durch den zwischen dem vierten und sechsten Schuljahr in Deutschland stattfindenden Wechsel von der Grundschule in die Sekundarstufe I eine frühe Selektion erfolgt, die zu *sozialen Disparitäten* beim Übergang führt (vgl. Kap. 2.1). Es wurde darauf hingewiesen, dass die Differenzierung zwischen dem *primären* und *sekundären Herkunftseffekt* (vgl. Boudon 1974) notwendig ist, um diese durch Schulleistungsstudien häufig belegte Bildungsungleichheit und die zugrunde liegenden Mechanismen systematisch betrachten zu können. Während Differenzen in den erreichten Schulleistungen in Abhängigkeit von der Herkunft der Familie den primären Herkunftseffekt bezeichnen, bilden Unterschiede in den Bildungschancen, die über Differenzen in den erreichten Leistungen hinausgehen, sekundäre Effekte der sozialen Herkunft ab (vgl. Ditton 2007a).

In den Ausführungen zum Verhältnis zwischen Lehrerempfehlungen und Elternaspirationen bzw. dem Entscheidungsverhalten der Eltern in Abhängigkeit von ihrer sozialen Schicht wurde herausgestellt, dass sich noch immer unterschiedliche Bildungspräferenzen und Lebensentwürfe von Eltern verschiedener Schichten nachweisen lassen (vgl. Kap. 3.1.1). Eltern mit hohem Bildungsniveau und hohem Status streben dabei mit größerer Selbstverständlichkeit eine möglichst anspruchsvolle Schulbildung an, während Familien niedriger sozialer Schichten eine größere Unsicherheit zeigen, welche Schullaufbahn sie für ihr Kind wählen sollen (vgl. z.B. Ditton 1989; Merkens & Wessel 2002). Es wurde darauf aufmerksam gemacht, dass Lehrer bei der Erteilung ihrer Empfehlung innerhalb eines Rahmens struktureller Bedingungen handeln, die durch das Schulsystem des jeweiligen Bundeslandes vorgegeben sind. Während in Bayern die Lehrerempfehlung bindend und der Wechsel durch Erreichen eines bestimmten Notendurchschnitts determiniert ist, gilt in Hessen das Elternrecht und Kinder können entgegen der Lehrerempfehlung die von ihnen gewünschte weiterführende Schulform besuchen (vgl. Kap. 2.2).

Da die Hinweise der KMK zum Übergangsverfahren sowie zu den Kriterien, auf die sich die Empfehlung stützen soll, unpräzise und sehr allgemein gehalten sind, darf es nicht verwundern, dass neben den Noten auch leistungsfremde Eigenschaften in die Übergangsempfehlung einfließen, was Schüler höherer Sozialschichten begünstigt (vgl. Kap. 3.1.2). In der Aufarbeitung des Forschungsstandes zu Lehrerempfehlungen und den zugrunde liegenden Einflussfaktoren wurde darauf aufmerksam gemacht, dass selbst dann, wenn Schüler unterschiedlicher Schichten gleiche Noten erhalten, Kinder der Oberschicht bessere Chancen haben, für das Gymnasium empfohlen zu werden (vgl. Lehmann, Peek & Gänsfuß 1997). Aufgrund der unklaren Vorgaben kann es durchaus als rationales Verhalten aufgefasst werden, die familiären Ressourcen bei dieser Entscheidung zu berücksichtigen, um den Erfolg an der weiterführenden Schule möglichst wahrscheinlich zu machen. Trotz des damit verbundenen Vorteils für Schüler höherer sozialer Schichten ist der direkte Schichteinfluss auf die Lehrerempfehlung deutlich geringer als auf die Bildungsaspirationen der Eltern. Insofern besteht die Chance, die soziale Selektivität von Bildungsaspirationen durch eine bindende Empfehlung der Lehrkräfte etwas auszugleichen. Trotzdem sind die Schulen scheinbar nicht dazu in der Lage, bereits zu Beginn der Schulzeit bestehende Leistungsdifferenzen im Verlauf der Grundschule auszugleichen und dementsprechend zu einer Reduzierung des primären Effekts beizutragen (vgl. Kap. 3.1.2).

Im Anschluss an die Ausführungen zu Elternaspirationen und Lehrerempfehlungen wurde der Übergang als zentrales Handlungsproblem der Lehrkräfte thematisiert und es wurden handlungstheoretische Grundlagen in Anlehnung an Weber (1922) skizziert (vgl. Kap. 3.2.1). Da zur Systematisierung der relevanten Faktoren bei der Übergangsempfehlung in der vorliegenden Arbeit auf die Wert-Erwartungs-Theorie zurückgegriffen wird, standen im Folgenden Ausführungen zu den Grundgedanken dieses Ansatzes im Vordergrund (vgl. Kap. 3.2.2). Die Annahme der Wert-Erwartungs-Theorie besteht darin, dass Bildungsentscheidungen in Abhängigkeit von den antizipierten Erträgen, der Erfolgswahrscheinlichkeit und den Kosten getroffen werden. Den Ausgangspunkt der neueren soziologischen Wert-Erwartungs-Modelle von Esser (1999) oder Erikson und Jonsson (1996) bildet Boudons Theorie zum rationalen Wahlverhalten. Während diese Ansätze explizit die Entscheidungssituation in den Familien an den verschiedenen Übergängen im Bildungssystem modellieren, wurden Wert-Erwartungs-Modelle aus der Psychologie noch nicht ausdrücklich auf Bildungsentscheidungen angewandt. Um die der Empfehlungsformation der Lehrkräfte zugrunde liegenden Entscheidungsgrößen im Übergangsgeschehen zu systematisieren, besteht der Gewinn einer Verknüpfung soziologischer und psychologischer Modelle in einer stärkeren Gewichtung individueller Variablen, was z.B. eine Ausdifferenzierung der Wertkomponente und der dahinter liegenden Wirkmechanismen ermöglicht (vgl. Maaz u.a. 2006). Insbesondere bei bildungsrelevanten Entscheidungen handelt es sich um ungewisse und sehr komplexe Entscheidungen, die auf subjektiven Einschätzungen der Akteure basieren. Zur Verhinderung einer kognitiven Überforderung blenden die handelnden Personen „unwichtige" Situationsaspekte aus und geben der Situation damit einen Rahmen *(„Frame")*, innerhalb dessen sie nutzenmaximierend handeln, wobei je nach „Frame" unterschiedliche Handlungen sinnvoll und effizient sein können (vgl. Hill 2002). Diese Reduktion der Situationsdefinition stellt ebenso wie der Rückgriff auf bewährte Handlungen *(„Habits")* eine Vereinfachung für sonst zu komplexe Entscheidungen dar. Da Akteure aufgrund der Begrenztheit personaler Fähigkeiten und Kapazitäten bei einer Entscheidung nicht alle relevanten Informationen be-

Fragestellung 79

rücksichtigen können, sind sie meist nicht in der Lage eine bestmögliche, sondern „nur" eine zufrieden stellende Entscheidung zu treffen (vgl. Kap. 3.2.2).

In dem sich anschließenden Kapitel wurde aufgezeigt, dass innerhalb der Lehrerkognitionsforschung Varianten werterwartungstheoretischer Modelle entwickelt wurden (vgl. Kap. 3.2.3). In dem erweiterten *Entscheidungsmodell* von Hofer und Dobrick (1981; vgl. Hofer 1986) wird die Anwendung von Wissen als Wahrnehmung und Bewertung einer Situation, Auswahl von Handlungsalternativen, Bewertung von Handlungsalternativen und Anwendung von Entscheidungsregeln beschrieben. Als „Entscheidungsregel" führt Hofer das SEU-Modell und das instrumentalitätstheoretische Modell aus der Familie der Wert-Erwartungs-Modelle an. Die Tauglichkeit beider Modelle konnte in empirischen Untersuchungen bestätigt werden (vgl. z.B. Kraak & Nord-Rüdiger 1979; Krampen & Brandtstädter 1978).

Da die Analyse des Lehrerhandelns im Kontext des Übergangsgeschehens auch eine Auseinandersetzung mit Denkprozessen der Lehrkräfte notwendig macht, wurden im folgenden Abschnitt zentrale Befunde und Auffassungen der Lehrerkognitionsforschung skizziert. Zunächst wurden eine differenzierte Betrachtung des Lehrerhandelns und die Unterscheidung verschiedener Handlungstypen vorgenommen, wobei das *zielgerichtete Handeln* die fokussierte Handlungsklasse des kognitivistischen Paradigmas darstellt (vgl. Kap. 3.3.1). Dieses lässt sich von Affekt-Handlungen, bedeutungsorientierten sowie von prozessorientierten Handlungen abgrenzen und kann in originär-zielgerichtete Handlungen, Routinehandlungen und das Handeln unter Druck untergliedert werden (vgl. Hofer 1997).

Im daran anschließenden Kapitel richtete sich der Fokus auf das berufliche *Expertenwissen* von Lehrkräften, das die Grundlage für ihr zielgerichtetes Handeln bildet (vgl. Kap. 3.3.2). Diese professionelle Wissensbasis, die im Laufe eines längeren Zeitraums aufgebaut wurde, kann verschiedenen Inhaltsbereichen zugeordnet werden. Bromme (1992, 1997) unterscheidet in Anlehnung an Shulman (1986, 1987) Inhaltswissen, curriculares Wissen, Philosophie des Schulfachs, pädagogisches Wissen und fachspezifisch-pädagogisches Wissen, wobei Dann (2000) das Wissen über Lerner und Lernen, das Kontextwissen und das Wissen über die eigene Person ergänzt.

Nach den Ausführungen zum professionellen Wissen der Lehrkräfte wurde das methodische und theoretische Konzept der „Subjektiven Theorien" (vgl. Groeben u.a. 1988) thematisiert (vgl. Kap. 3.3.3). Dieses Forschungsprogramm stellt neben dem Expertenansatz eine Möglichkeit dar, kognitive Aspekte von Lehrkräften zu rekonstruieren. Dabei geht es um Überlegungen, welche die Handlungen im Kontext Unterricht begleiten oder ihnen vorausgehen und denen eine handlungsleitende Wirkung zugeschrieben wird. Bei Subjektiven Theorien handelt es sich um komplexe Formen der individuellen Wissensorganisation. Zu problematischen Unterrichtssituationen ließen sich Subjektive Theorien von Lehrern beispielsweise hinreichend stabil rekonstruieren (vgl. Dann 1989; Dann u.a. 1987). Außerdem sind sie auch zur Verhaltensvorhersage geeignet (vgl. Wahl u.a. 1983), wobei ihre Tragfähigkeit für verdichtete Konzepte, die raschem, routiniertem Handeln zugrunde liegen, fraglich ist (vgl. Bromme 1992; Wahl 1991).

Vor dem Hintergrund der Annahme, dass aufgrund der Komplexität von Bildungsentscheidungen bei der Informationsaufnahme und -verarbeitung zahlreiche Filtermechanismen wirken, wurde anschließend der Blick auf handlungsleitende Kognitionen von Lehrern gelenkt (vgl. Kap. 3.3.4). Dabei wurde zunächst auf die *implizite Persönlichkeitstheorie* eingegangen, welche die Summe aller Annahmen bezeichnet, die eine Person über Art, Zusammenhänge und Organisation von Eigenschaften bei anderen Menschen besitzt. Sie hat eine ordnende, strukturierende Funktion und stellt die Grundlage für die Aktivierung verschiedener Kognitionen dar. Die subjektive Persönlichkeitstheorie enthält auch Dimensionen zur Beschreibung anderer Personen, anhand derer *Personenkategorien* gebildet werden können. Indem Lehrkräfte Typen von Schülern bilden, können sie im täglichen Umgang leichter Situationen erkennen, die ein schnelles und spezifisches Reagieren ermöglichen. In Untersuchungen zu Schülerkategorien wurden verschiedene Typen von Schülern gebildet, die sich hinsichtlich ihres Differenzierungsgrades unterschieden (vgl. z.B. Hofer 1981; Thelen 1967).

Kausalattributionen sind nicht nur für die kognitive Orientierung des Lehrers relevant, sondern stellen auch Bedingungsfaktoren für konkretes Verhalten im unterrichtlichen Kontext dar. In Anlehnung an das Handlungsmodell von Hofer und Dobrick (1981) dienen Ursachenzuschreibungen einerseits dazu, im Handlungsprozess Erwartungen über die Weiterentwicklung der Situation auszubilden, während sie andererseits dem Lehrer Möglichkeiten aufzeigen, wie er eingreifen könnte. Das Konzept der *Erwartung* kann als Verbindungsglied zwischen Attribution und Verhalten aufgefasst werden, wobei Ursachenerklärungen eine wichtige Voraussetzung für Erwartungen bzw. Prognosen darstellen. Im letzten Abschnitt zum Forschungsstand kam der *diagnostischen Kompetenz* von Lehrkräften, die mehr oder weniger mit der Diagnose- oder Urteilsgenauigkeit (Veridikalität) gleichgesetzt werden kann (vgl. z.B. Helmke, Hosenfeld & Schrader 2004), ein zentraler Stellenwert zu (vgl. Kap. 3.4). Diese spezielle Form der Expertise spielt beim Übergang sowohl für die Empfehlung als auch für die Elternberatung eine wesentliche Rolle.

Wie die Aufarbeitung des Forschungsstandes zu Lehrerempfehlungen deutlich gemacht hat, liegen mehrere Befunde seit den 1960er Jahren vor, welche die Einflussfaktoren auf die Empfehlung mit standardisierten Methoden durchleuchten und die Relevanz leistungsferner Kriterien sowie die damit verbundene Benachteiligung von Kindern bildungsferner Schichten nachweisen. Unklar bleiben allerdings die dem Handeln zugrunde liegenden Überzeugungsmuster und Beweggründe der Lehrkräfte bzw. die Frage, inwieweit diese den Prozess der Entscheidungsfindung

Fragestellung 81

und die Formation der Empfehlung leiten. Von Interesse sind auch die pädagogischen Orientierungen der Lehrer, die Einfluss auf die Herausbildung der Empfehlung nehmen können und in bisherigen Studien nicht angemessen berücksichtigt wurden. Die pädagogischen Orientierungen umfassen insbesondere die pädagogischen Konzepte sowie die pädagogischen Deutungsmuster bzw. Handlungsstrukturen der Lehrkräfte (vgl. Helsper u.a. 1998). Darunter fallen z.B. die Vorstellungen über ein angemessenes Lehrerhandeln im Übergangsgeschehen sowie die Ansichten der Lehrer über einen geeigneten Umgang mit Schülern im Hinblick auf den Übergang. Ein qualitatives Vorgehen bietet die Möglichkeit, die Subjektiven Theorien der Lehrkräfte zur Herausbildung ihrer Empfehlung nachzuvollziehen und die zugrunde liegenden Sinnzusammenhänge zu entschlüsseln. Da im Schulsystem weder Rückmeldungen über die Prognosen der Grundschullehrkräfte vorgesehen sind, noch verbindliche Standards für Übergangsempfehlungen vorliegen, sind Lehrer darauf angewiesen, sich bei ihren Prognosen auf mehr oder weniger subjektiv geprägte „Plausibilitätsannahmen" zu stützen (vgl. Ditton & Krüsken 2006, S. 350). Das Ziel der vorliegenden Untersuchung besteht darin, diesen der Entscheidungsfindung zugrunde liegenden „Plausibilitätsannahmen" nachzugehen und auf diese Weise Subjektive Theorien der Lehrkräfte über Prinzipien und Prozesse der Entscheidungsfindung aufzudecken. Aufgrund der theoretischen Überlegungen lassen sich die bereits in der Einleitung aufgeführten übergeordneten Leitfragen weiter spezifizieren und untergeordnete Fragen formulieren:

1. Welche Subjektiven Theorien liegen der Formation der Lehrerempfehlung zugrunde?
   - Welche Kriterien berücksichtigen Lehrkräfte bei der Formation ihrer Empfehlung und wie gehen sie mit Schülern um, deren Leistungen den Grenzwerten zwischen zwei Schulformen entsprechen?
   - Welche pädagogischen Orientierungen liegen dem Empfehlungsverhalten der Lehrkräfte zugrunde und wie wirkt sich ihre pädagogische Zielsetzung auf die Herausbildung der Empfehlung aus?
   - Welche Kosten- und Nutzenaspekte sehen Lehrkräfte mit der Erteilung ihrer Empfehlung verbunden und inwieweit hat dies Auswirkungen auf die Formation ihrer Empfehlung?
2. Welche handlungsleitenden Kognitionen der Lehrkräfte lassen sich im Entscheidungsprozess identifizieren?
   - Verfügen Lehrkräfte im Hinblick auf den Übergang am Ende der Grundschulzeit über bestimmte „Schulformtypen" und wenn ja, durch welche Merkmale sind diese Typen gekennzeichnet und wie wirken sich diese Vorstellungen auf die Formation ihrer Empfehlung aus?

- Welche Bezugsnorm stellt die wesentliche Orientierungsgröße der Lehrkräfte bei ihrer Leistungsbewertung dar und inwieweit wirkt sich der Beurteilungsmaßstab auf die Herausbildung ihrer Empfehlung aus?
- Auf welche Weise attribuieren Lehrkräfte im Übergangsgeschehen die Leistungen der Schüler und welche Konsequenzen haben die Attributionen auf ihre Bildungsentscheidung?
- Wie nehmen Lehrkräfte im Rahmen des Übergangsgeschehens ihre eigene Rolle gegenüber den Eltern wahr und wie beeinflussen diese Kognitionen die Formation ihrer Empfehlung?
3. Inwiefern lassen sich in den Entscheidungsstrategien der Lehrkräfte Gemeinsamkeiten und Unterschiede unter Berücksichtigung ihrer pädagogischen Zielsetzung finden?
4. Inwieweit kann durch die Integration von für den Entscheidungsprozess relevanten Parametern, die dem Empfehlungsverhalten der Lehrkräfte zugrunde liegen, ein Modell auf der Grundlage der Wert-Erwartungs-Theorie entwickelt werden, das Erklärungskraft für die Bildungsentscheidung der Lehrkräfte besitzt?

5 Methodologische Überlegungen

Bei der hier berichteten Untersuchung handelt es sich um eine leitfadengestützte Interviewstudie. Das Ziel besteht darin, subjektive Bewertungs- und Entscheidungsaspekte der Lehrkräfte bei der Formation ihrer Empfehlung zu erfassen und auf diese Weise Prinzipien und Prozesse der Entscheidungsfindung aufzudecken. Da die befragten Lehrer die Entscheidungsstrukturen bzw. Handlungsweisen ihrer Berufsgruppe repräsentieren und zu professionellen Wissensbeständen und zu Erfahrungen in ihrer Berufsrolle befragt werden, wurde das *Experteninterview* nach Meuser und Nagel (1991) als methodische Zugangsform gewählt (vgl. Kap. 5.1).

Die vorliegende Interviewstudie ist in das interdisziplinäre Projekt BiKS (DFG-Forschergruppe „Bildungsprozesse, Kompetenzentwicklung und Selektionsentscheidungen im Vor- und Grundschulalter") eingebettet. Der BiKS-Studie liegen zwei Panelstudien zugrunde, die durch verschiedene qualitative Erhebungen ergänzt werden. Diese basieren auf gezielt ausgewählten Substichproben der beiden BiKS-Längsschnitte. Im ersten Längsschnitt (BiKS-3-8) werden Kinder vom dritten bis zum achten Lebensjahr und im zweiten Längsschnitt (BiKS-8-12), in dem die hier berichtete Teilstudie zu verorten ist, vom achten bis zwölften Lebensjahr begleitet. Der Fokus der Längsschnittstudie BiKS-8-12 liegt auf der Kompetenzentwicklung der Kinder im Laufe der Grundschulzeit und auf der Herausbildung und Bewährung der Übergangsentscheidung. Der BiKS-Studie liegen geschichtete Zufallsstichproben zugrunde, die sich auf mehrere Stadt- und Landkreise in den Bundesländern Bayern und Hessen beschränken (vgl. ausführlich Kurz, Kratzmann & von Maurice 2007). Im Kontext des Übergangsgeschehens ist die Auswahl der beiden Bundesländer insbesondere aufgrund der unterschiedlichen gesetzlichen Vorgaben von Bedeutung. Der wichtigste Unterschied liegt in der Gewichtung von Elternwille und Lehrereinschätzung: Dem Elternwillen wird in Hessen ein deutlich höheres Gewicht beigemessen, wohingegen in Bayern die Eignung explizit an die Durchschnittsnote gekoppelt ist (vgl. Kap. 2.2). Daneben unterscheiden sich die beiden Bundesländer auch in den angebotenen Sekundarschulformen: Während in Bayern nur Hauptschule, Realschule und Gymnasium zur Auswahl stehen, gibt es in Hessen daneben auch kooperative und integrierte Gesamtschulen.

Die leitfadengestützten Interviews der vorliegenden Teilstudie wurden mit 20 Lehrkräften der vierten Klassen im Schuljahr 2006/2007 durchgeführt. Um die Herausbildung der Empfehlung und die damit verbundenen Überzeugungen und Abwägungsprozesse aufdecken zu können, wurden die Lehrer zu zwei Zeitpunkten zu ihrem Handeln im Übergangsgeschehen befragt. Die erste Befragung fand kurz nach den Sommerferien zu Beginn der vierten Klasse statt (Herbst 2006). Zu diesem Zeitpunkt hatten alle Befragten die Übergangsentscheidungen vor sich und wurden u.a. nach dem geplanten Vorgehen an ihrer Schule, der Wahrnehmung der

Eltern, relevanten Entscheidungsaspekten sowie zu ihren Erwartungen und Befürchtungen im Hinblick auf den anstehenden Übergang befragt (vgl. Kap. 5.3). Am Ende der vierten Klasse, als alle Empfehlungen erteilt worden waren, wurden mit denselben Lehrkräften noch einmal Interviews geführt (Sommer 2007). Der Verlauf des Übergangsgeschehens sowie die Prozesse der Entscheidungsfindung wurden rückblickend geschildert und bewertet. Durch die sich gegenseitig ergänzenden Befragungen war es möglich, die Empfehlungsformation und die zugrunde liegenden pädagogischen Überzeugungen der Lehrkräfte umfassend aufzudecken. Die erste Befragung zu Beginn der vierten Klasse ermöglichte durch den zeitlichen Abstand zum Übergang eine Schilderung der Lehrer zum Prozess ihrer Entscheidungsfindung aus einer größeren Distanz, während zum zweiten Befragungszeitpunkt das Thema hoch aktuell und zumeist noch sehr brisant war, so dass teilweise auch widersprüchliche Äußerungen erfasst und interpretiert werden konnten.

Klassische Verfahren zur Erfassung Subjektiver Theorien sind Struktur-Lege-Methoden, wie z.B. die Heidelberger Struktur-Lege-Technik von Scheele und Groeben (1988), die im Rahmen des Forschungsprogramms Subjektive Theorien entwickelt wurden und dem engen Begriffsverständnis zuzurechnen sind (vgl. Kap. 3.3.3). Aber auch Leitfadeninterviews, wie sie in der vorliegenden Untersuchung durchgeführt wurden, stellen eine geeignete Methode zur Erfassung Subjektiver Theorien dar (vgl. König 2002). Durch den Verzicht auf eine Visualisierung durch Strukturlegen genügte eine Befragung pro Erhebungszeitpunkt, so dass eine größere Stichprobe berücksichtigt werden konnte. Die kommunikative Validierung erfolgte im Rahmen der Interviews, indem die Äußerungen der Lehrkräfte durch den Interviewer widergespiegelt und strukturiert wurden. Auf diese Weise wurde abgesichert, dass die Äußerungen der Befragten zutreffend verstanden wurden. Die in der vorliegenden Untersuchung rekonstruierten Subjektiven Theorien sind nach Groeben u.a. (1988) der weiten Begriffsvariante zuzuordnen.

Auf die Anlage und Durchführung der Interviews wird im folgenden Kapitel eingegangen.

5.1 Anlage und Durchführung der Interviews

Die in der hier berichteten Teilstudie durchgeführten Leitfadeninterviews zeichnen sich dadurch aus, dass vor der Interviewdurchführung ein Leitfaden mit formulierten Fragen oder Themen erarbeitet wird, wodurch die Interviewthematik eingegrenzt und die Vergleichbarkeit der Ergebnisse verschiedener Einzelinterviews größtenteils gewährleistet wird. Allerdings bedeutet dies nicht, dass das Interview strikt nach der zuvor festgelegten Reihenfolge ablaufen muss. Vielmehr dient der Leitfaden als Gerüst,

Methodologische Überlegungen

„wobei die einzelnen Themenkomplexe häufig auch offen gehaltene Erzählaufforderungen enthalten, mit denen die Befragten dazu aufgefordert werden, ihre subjektiven Einschätzungen und Erfahrungen anhand von konkreten Schilderungen von Erlebnissen und anhand von Beispielen darzustellen" (Friebertshäuser 2003, S. 376).

Da sich das Erkenntnisinteresse bei Leitfadeninterviews in der Regel auf bereits im Vorfeld ermittelte und als relevant befundene Themenkomplexe richtet, wird ein gewisses Vorverständnis des Untersuchungsgegenstandes auf Seiten des Forschenden vorausgesetzt. Die Relevanz der Themenkomplexe kann sich aus Theorien, eigenen theoretischen Vorüberlegungen, bereits vorliegenden Untersuchungen, ersten eigenen empirischen Befunden oder eigener Kenntnis des Feldes ableiten (vgl. Ebd. 2003).

In der vorliegenden Untersuchung diente eine offene Fragestellung als Gesprächseinstieg, um die Richtung des weiteren Gesprächs im Umriss vorzugeben, aber nicht festzulegen (1. Erhebungszeitpunkt: *„Am Ende der Klasse vier steht die Übergangsempfehlung an. Was fällt Ihnen spontan dazu ein?"*; 2. Erhebungszeitpunkt: *„Zunächst möchte ich gern etwas über Ihre aktuellen Erfahrungen in der Schule wissen. Wenn Sie an die letzten Wochen und Monate denken, was kommt Ihnen spontan in den Sinn?"*). Der Leitfaden sollte in erster Linie das Hintergrundwissen des Interviewers thematisch organisieren und fungierte auf diese Weise als Orientierungsrahmen und Gedächtnisstütze:

„In ihm ist der gesamte Problembereich in Form von einzelnen, thematischen Feldern formuliert, unter die in Stichpunkten oder Frageform gefaßte Inhalte des jeweiligen Feldes subsumiert sind" (Witzel 1982, S. 90).

Es wurde besonders darauf geachtet, dass die Fragen nicht stur nacheinander gestellt wurden, sondern den Interviewenden darin unterstützten, die Erzählsequenzen des Befragten weiter auszudifferenzieren.

Die *Zuverlässigkeit* der gewonnen Daten hängt sowohl von der Qualität des Erhebungsinstruments als auch von der Zuverlässigkeit der Interviewer ab. Um die Zuverlässigkeit des Erhebungsinstruments zu erhöhen, wurde der Interviewleitfaden zunächst ausführlich in der Projektgruppe diskutiert, in einem Pretest erprobt und erneut überarbeitet. Auf diese Weise konnten neue Fragen generiert oder bestehende Fragenkomplexe modifiziert werden. Die Zuverlässigkeit der Interviewer bezieht sich auf die Fähigkeit, im konkreten Interviewverlauf den Überblick über das bereits Gesagte zu behalten und seine Relevanz für die Fragestellung der Untersuchung zu erkennen. Gleichzeitig wurde vom Interviewer ein hohes Maß an Flexibilität und Sensibilität für den Gesprächsprozess verlangt, um detaillierte Nachfragen zu stellen, wenn es um die inhaltlichen Problementwicklungen im Zusammenhang mit den zentralen Forschungsfragen ging. Aus diesem Grund wurde viel Wert auf eine intensive Interviewerschulung gelegt.

Zur Steigerung der *prozeduralen Reliabilität* (vgl. Flick 1996), d.h. der Qualität der Dokumentation der Daten, trug neben der Aufstellung verbindlicher Transkriptionsregeln auch die Anfertigung eines Postkripts im Anschluss an die Interviews bei. Diese Postkommunikationsbeschreibung enthält Angaben über den Inhalt der Gespräche, die vor und nach dem Einschalten des Aufnahmegeräts geführt worden sind. Darüber hinaus können dort, falls nötig, Rahmenbedingungen des Interviews sowie nonverbale Reaktionen (Gestik, Mimik, Motorik) festgehalten werden, um einzelne Gesprächspassagen besser zu verstehen und das Gesamtbild inhaltlich abzurunden:

> „Seine Ahnungen [des Interviewers], Zweifel, Vermutungen, Situationseinschätzungen, Beobachtungen von besonderen Rahmenbedingungen des Interviews und von nonverbalen Elementen beeinflussen den Kontext und den Ablauf des Gesprächs als ‚particular event', werden aber im Interviewskript nur unvollständig oder gar nicht zum Ausdruck gebracht. Dazu gehören auch die vom Tonband nicht erfaßten Ereignisse unmittelbar vor einem Interview [...] sowie danach (persönliches Gespräch, Nachfragen nach dem Forschungszweck etc.)" (Witzel 1982, S. 91).

Um die Herausbildung der Übergangsempfehlung nachvollziehen und die damit verbundenen Erfahrungen und Entscheidungsmaximen aufdecken zu können, wurde das Experteninterview als methodische Zugangsform gewählt. Während Gläser und Laudel (2006, S. 10) einem sehr weit gefassten Expertenbegriff folgen und unter Experten Menschen verstehen, die „ein besonderes Wissen über soziale Sachverhalte besitzen", orientiert sich die vorliegende Untersuchung an einem enger gefassten Expertenbegriff. Danach wird eine Person zum Experten, weil angenommen wird, dass

> „sie über ein Wissen verfügt, das sie zwar nicht alleine besitzt, das aber doch nicht jedermann bzw. jederfrau in dem interessierenden Handlungsfeld zugänglich ist" (Meuser & Nagel 2003, S. 484).

Insofern ist unter einem Experten jemand zu verstehen, der sich durch eine „institutionalisierte Kompetenz zur Konstruktion von Wirklichkeit" (Ebd. 2003, S. 484) auszeichnet. Durch diese Definition wird der Expertenbegriff von einem Verständnis abgrenzt,

> „das virtuell jede Person zur Expertin macht: zur Expertin des eigenen Lebens, des eigenen Alltags. Diesbezügliches Wissen läßt sich mit den Verfahren des narrativen oder des problemzentrierten Interviews erfassen" (Ebd. 2003, S. 484).

In Abhängigkeit ihrer erkenntnisleitenden Funktion unterscheiden Bogner und Menz (2005, S. 37f.) drei dominante Formen von Experteninterviews: das *explorative*, *systematisierende* und *theoriegenerierende* Experteninterview. Während ersteres in seiner Funktion zur Exploration der Herstellung einer ersten Orientierung in

Methodologische Überlegungen 87

einem thematisch neuen Feld dient, wird der Experte beim systematisierenden Interview in erster Linie als „Ratgeber" gesehen, der sein Fachwissen zur Verfügung stellt und über „objektive" Tatbestände aufklärt. Das theoriegenerierende Experteninterview zielt vor allem auf die kommunikative Erschließung und Rekonstruktion der subjektiven Dimension des Expertenwissens. Die im Rahmen dieser Untersuchung durchgeführten Interviews folgen den Prinzipien des *theoriegenerierenden Experteninterviews*, wie es von Meuser und Nagel (1991) begründet und entwickelt worden ist. Indem die Formation der Übergangsempfehlung auf einer subjektiven Ebene aufgedeckt wird, stehen „subjektive Handlungsorientierungen und implizite Entscheidungsmaximen der Experten aus einem bestimmten fachlichen Funktionsbereich" (Bogner & Menz 2005, S. 38) im Vordergrund.

Bogner und Menz (2005) machen auf die Frage aufmerksam, inwieweit das theoriegenerierende Experteninterview eine spezifische, von verwandten Interviewformen abgrenzbare Methode darstellt. Meuser und Nagel (2003, S. 482) betonen zwar, dass sich das Experteninterview vom problemzentrierten und fokussierten Interview hinsichtlich Gesprächsführung und Auswertung unterscheidet, entwickeln sie diese Unterschiede nicht systematisch. Während die Abgrenzung zum fokussierten Interview (vgl. Merton & Kendall 1984) aufgrund dessen Nähe zur quantitativen Methodologie nachvollziehbar scheint, ist in der Erkenntnislogik des problemzentrierten Interviews (vgl. Witzel 1985) eine Kombination aus Induktion und Deduktion angelegt, die mit der des leitfadengebundenen Experteninterviews vergleichbar ist. Letztlich liegt der Unterschied beider Verfahren in der durch das Erkenntnisinteresse festgelegten Rolle der Befragten, die sich durch eine *spezifische Wissenskonfiguration* auszeichnen. Damit macht sich die Differenz weniger an methodischen Kriterien als an forschungspraktischen Erfordernissen fest (vgl. Bogner & Menz 2005, S. 39).

In diesem Zusammenhang können drei Dimensionen des Expertenwissens unterschieden werden (vgl. Bogner & Menz 2005, S. 43f.). Während das *technische Wissen* durch die Verfügung über Operationen und Regelabläufe, fachspezifische Anwendungsroutinen und bürokratische Kompetenzen charakterisiert ist, bezieht sich das *Prozesswissen* auf Informationen über Handlungsabläufe, Interaktionen sowie auf vergangene oder aktuelle Ereignisse, in die der Experte aufgrund seiner praktischen Tätigkeit involviert ist. Im Gegensatz zum technischen Wissen hat das Prozesswissen weniger die Merkmale von Fachwissen, sondern kann als praktisches Erfahrungswissen aus dem eigenen Handlungskontext aufgefasst werden. Das *Deutungswissen*, auf dessen Erhebung das theoriegenerierende Experteninterview zielt, bezieht sich auf die subjektiven Relevanzen, Sichtweisen und Interpretationen des Experten. Dieses Deutungswissen ist nicht etwa deshalb interessant, weil der Experte dieses in besonders systematisierter und reflektierter Form aufweist, sondern weil es in besonderem Ausmaß praxiswirksam wird. Indem die Handlungsorientierungen, das Wissen und die Einschätzungen der Experten die Handlungsbedingungen anderer Akteure in entscheidender Weise mitstrukturieren, weist das Expertenwissen die Dimension sozialer Relevanz auf:

> „Der Experte verfügt über technisches, Prozess- und Deutungswissen, das sich auf sein spezifisches professionelles oder berufliches Handlungsfeld bezieht. Insofern besteht das Expertenwissen nicht allein aus systematisiertem, reflexiv zugänglichem Fach- oder Sonderwissen, sondern es weist zu großen Teilen den Charakter von Praxis- oder Handlungswissen auf, in das verschiedene und durchaus disparate Handlungsmaximen und individuelle Entscheidungsregeln, kollektive Orientierungen und soziale Deutungsmuster einfließen. Das Wissen des Experten, seine Handlungsorientierungen, Relevanzen usw. weisen zudem – und das ist entscheidend – die Chance auf, in der Praxis in einem bestimmten organisationalen Funktionskontext hegemonial zu werden, d.h., der Experte besitzt die Möglichkeit zur (zumindest partiellen) Durchsetzung seiner Orientierungen" (Bogner & Menz 2005, S. 46).

Das Experteninterview fasst Elemente einer leitfadenorientierten und teilweise offenen Befragung zusammen und lässt den Befragten möglichst frei zu Wort kommen, wobei mit den offenen Fragen der interessierende Problembereich eingegrenzt und ein Stimulus angeboten ist, der zum Erzählen auffordern soll. Anders als im narrativen Interview, in dem der Forscher als theoretische Tabula rasa beschrieben wird und völlig ohne wissenschaftliches Konzept in die Datenerhebungsphase eintritt, ist der Forscher beim vorliegenden Untersuchungsansatz mit theoretischen Vorstellungen ausgestattet. Diese werden durch die Interviews mit der sozialen Realität konfrontiert, plausibilisiert oder modifiziert (vgl. Lamnek 2005).

5.2 Beschreibung der Stichprobe

Die Stichprobe der qualitativen Lehrerbefragung umfasst 20 Viertklasslehrer, die zwei Mal – zu Beginn und am Ende der vierten Klasse im Schuljahr 2006/2007 – in Bayern und Hessen befragt wurden. Bei diesen Lehrern handelt es sich um eine Substichprobe der im Rahmen des BiKS-Längsschnitts-8-12 standardisiert befragten Lehrer. Die Stichprobe der BiKS-Studie beschränkt sich auf die Bundesländer Bayern und Hessen. In diesen Bundesländern wurden jeweils vier Regionen so ausgewählt, so dass zum einen eine hohe Variabilität soziostruktureller Kontextfaktoren realisiert werden konnte und zum anderen Parallelen zwischen den beiden Regionen bestehen. Aus beiden Bundesländern sollten eine Großstadt, eine Stadt mittlerer Größe sowie zwei ländliche Regionen vertreten sein, um Unterschiede in den Gelegenheitsstrukturen, wie z.B. das Angebot und die Erreichbarkeit der Schulen der jeweiligen Schulformen, die vor allem zwischen städtischen und ländlichen Regionen differieren, erfassen zu können (vgl. Kurz, Kratzmann & von Maurice 2007). Die folgende Tabelle gibt einen Überblick über die Erhebungsregionen.

Tab. 4: Erhebungsregionen der BiKS-Studie

	Bayern	Hessen
Großstädtische Region	Nürnberg	Frankfurt am Main
Städtische Region	Bamberg	Darmstadt
Ländliche Region 1	Landkreis Bamberg	Landkreis Bergstraße
Ländliche Region 2	Landkreis Forchheim	Odenwaldkreis

Quelle: Kurz, Kratzmann & von Maurice (2007, S. 5)

Die Substichprobe der vorliegenden Untersuchung wurde in Abhängigkeit einer qualitativen Elternbefragung des BiKS-Längsschnitts-8-12 ausgewählt (n=20). Für die Auswahl der Eltern wurden die soziale Herkunft der Eltern und das Leistungsniveau des Kindes als zentrale Ziehungskriterien zugrunde gelegt. Für die Befragung der Lehrkräfte wurden aus der für die qualitative Elternbefragung gezogenen Stichprobe die zugehörigen Schulen ausgewählt und 20 Klassenlehrer einer vierten Klasse mit der Bitte um Teilnahme angeschrieben. Da die Auswahl der Lehrkräfte durch die qualitative Elternbefragung bestimmt war, konnten bei der Stichprobenziehung weder individuelle Faktoren auf Lehrerebene, wie Berufserfahrung oder Geschlecht, noch Gegebenheiten auf Klassenebene, wie die soziale Zusammensetzung oder das Leistungsniveau der Klasse, systematisch berücksichtigt werden.

Wie die BiKS-Gesamtstichprobe ist auch diese Stichprobe disproportional nach Bundesland geschichtet und setzt sich dementsprechend aus 13 bayerischen und sieben hessischen Lehrkräften zusammen. Die Teilnahmebereitschaft war hoch. Zum ersten Befragungszeitpunkt sagten nur vier Lehrkräfte ab und wurden durch Klassenlehrer einer vierten Klasse aus anderen Schulen ersetzt. Zum Zeitpunkt des zweiten Interviews, am Ende der vierten Klasse, waren allerdings zwei Ausfälle zu verzeichnen. Die Lehrkräfte, die ihre Teilnahme an den Interviews verweigerten, begründeten dies überwiegend mit dem Arbeits- und Zeitaufwand, den sie dadurch auf sie zukommen sahen. Demnach liegen von 18 Lehrkräften die vollständigen Daten beider Erhebungszeitpunkte vor, während von zwei Lehrern nur die Informationen aus der ersten Befragung herangezogen werden konnten. Insgesamt basiert die qualitativ-empirische Analyse auf 38 Interviews.

Tab. 5: Verteilung der Stichprobe nach Bundesland und Geschlecht

	Erster Erhebungszeitpunkt (Beginn vierte Klasse)			Zweiter Erhebungszeitpunkt (Ende vierte Klasse)		
	weiblich	männlich	gesamt	weiblich	männlich	gesamt
Bayern	9	4	13	9	3	12
Hessen	7	0	7	6	0	6

Quelle: eigene Zusammenstellung auf der Grundlage der durchgeführten Interviews

5.3 Thematik und Aufbau der Interviewleitfäden

Neben dem gemeinsam geteilten institutionell-organisatorischen Kontext der Experten gewährleistete auch die leitfadenorientierte Interviewführung die Vergleichbarkeit der Interviewtexte. Durch den Leitfaden wurden die interessierenden Themen aus dem Horizont möglicher Gesprächsthemen der Experten herausgehoben und die Interviews auf diese Themen fokussiert. Die Gespräche der beiden Erhebungszeitpunkte stehen in einem sich ergänzenden Verhältnis zueinander, was auch im Aufbau der Leitfäden deutlich wird. Während manche Themenbereiche zu beiden Interviewzeitpunkten erhoben wurden, kamen andere Aspekte entweder beim ersten oder beim zweiten Erhebungszeitpunkt zur Sprache. Die Wahrnehmung des Übergangs wurde beispielsweise zum ersten Befragungszeitpunkt prospektiv in Form von Erwartungen, Befürchtungen und geplanten Vorgehensweisen angesprochen, während sie zum zweiten Interviewzeitpunkt retrospektiv als tatsächlich stattgefundene Handlungen und Erlebnisse zur Sprache kam. Durch dieses ergänzende Verhältnis der Interviews war es möglich, zu einem umfassenderen Bild und tiefergehenden Erkenntnissen zu gelangen. Bestimmte stabilere Einstellungen, wie z.B. die Haltung der Lehrkräfte zu den rechtlichen Regelungen ihres Bundeslandes, wurden nur zum ersten Interviewzeitpunkt erhoben. In der folgenden Tabelle sind die Themenbereiche der beiden eingesetzten Leitfäden aufgeführt.

Tab. 6: Überblick über die Themenbereiche der Leitfäden

1. Erhebungszeitpunkt (Beginn Klasse 4, prospektiv)	2. Erhebungszeitpunkt (Ende Klasse 4, retrospektiv)
Gestaltung des Übergangs an der Schule (z.B. Veranstaltungen für Eltern)	Gestaltung des Übergangs an der Schule (z.B. stattgefundene Veranstaltungen für Eltern)
Interaktion mit den Eltern (z.B. Wahrnehmung der Eltern)	Interaktion mit den Eltern (z.B. wahrgenommene Interaktion)
Kriterien für die Leistungsbewertung (z.B. Zustandekommen der Zeugnisnoten)	
Kriterien für die Übergangsempfehlung	Kriterien für die Übergangsempfehlung bei Kindern mit Leistungen im Grenzbereich zwischen zwei Schulformen
Einstellung zu den rechtlichen Regelungen des Übergangs	
	Einschätzung des Klassenkontextes (z.B. Verteilung der Empfehlungen in Klasse, „schwierige Fälle", Teilnahme am Probeunterricht in Bayern
	Einschätzung der Bewährung der Entscheidung; Rückmeldung der Empfehlung

Quelle: eigene Zusammenstellung auf der Grundlage der eingesetzten Leitfäden

Zum **ersten Befragungszeitpunkt** stellten die folgenden Fragenkomplexe den Kernbereich der qualitativen Lehrerbefragung dar:
Formale Rahmenbedingungen: Unter den formalen Rahmenbedingungen wurden die formal-rechtlichen Regelungen, unter besonderer Berücksichtigung der

Methodologische Überlegungen 91

Verteilung des Entscheidungsrechts von Lehrerempfehlung und Elternwillen, sowie der Zeitpunkt des Übergangs gefasst (vgl. Kap. 2.2). Neben den Bewertungen der aktuellen Situation wurden auch Vorstellungen bezüglich deren Verbesserung erhoben. Auch kam zur Sprache, wie die Lehrkräfte das Schulsystem hinsichtlich seiner Durchlässigkeit bewerten (vgl. Kap. 3.1.2).

Gestaltung des Übergangs: In diesem Bereich ging es um die Exploration von Handlungsstrategien und Kooperationsstrukturen an den verschiedenen Schulen. Thematisiert wurde die konkrete Gestaltung des Übergangs durch die Lehrkraft bzw. die Schule anhand von Aktivitäten und Angeboten für Eltern und Kinder wie auch die verfügbaren Ressourcen der Lehrkräfte für diese Aufgabe.

Interaktion mit den Eltern: Laut Koch (2001) kommt es in der Schulpraxis selten zu einer befriedigenden pädagogischen Kooperation zwischen Eltern und Lehrkräften. Um detailliert erfassen zu können, wie die an der Studie beteiligten Lehrkräfte die Interaktion und Kooperation mit den Eltern erleben, wurde nach den subjektiven Erfahrungen mit der Elternarbeit und konkreten Interaktionssituationen gefragt. In diesem Zusammenhang wurde auch thematisiert, wie sich Eltern bei einer Diskrepanz zwischen Eltern- und Lehrerpräferenz verhalten (vgl. Kap. 3.1.1). Dabei ging es zum einen um die Rekonstruktion früherer Erfahrungen und zum anderen um prädiktive Aussagen hinsichtlich des bevorstehenden Übergangs. Zusätzlich wurden die Vorstellungen hinsichtlich einer idealen Zusammenarbeit mit den Eltern in Bezug auf den Übergang erfasst.

Kriterien für die Leistungsbewertung: Zeugnisnoten spielen für die Schullaufbahnempfehlung eine wichtige Rolle. Da nicht nur bei der Empfehlung, sondern bereits bei der Notenvergabe eine Benachteiligung von Kindern unterer Schichten nachgewiesen werden konnte (vgl. Kap. 3.1.2), wurden in diesem Zusammenhang auch das Zustandekommen und die Zusammensetzung der Zensuren erhoben. Dazu wurden die Kriterien für die Leistungsbewertung erfragt und es wurde der Frage nachgegangen, ob und inwiefern sich diese Kriterien im Verlauf der Grundschulzeit verändern.

Kriterien für die Schullaufbahnempfehlung: In diesem Bereich ging es um die Genese der Schullaufbahnempfehlung sowie um die Gewichtung verschiedener Kriterien. Dabei wurden leistungs- und entwicklungsbezogene Kriterien, der familiäre Hintergrund eines Schülers, die pädagogischen Orientierungen der Lehrkraft sowie die Transparenz der Kriterien für Kinder und Eltern angesprochen (vgl. Kap. 3.1.2). Außerdem wurden die Lehrkräfte gebeten, für jede Schulform idealtypische Schülermerkmale zu beschreiben und auf diese Weise Schulformtypen zu charakterisieren (vgl. Kap. 3.3.4). In der hessischen Befragung wurden zusätzlich Einstellung und Empfehlungskriterien hinsichtlich des Übergangs zur Gesamtschule aufgezeichnet.

Zum **zweiten Erhebungszeitpunkt** am Ende der vierten Klasse stand die retrospektive Beschreibung und Bewertung des Entscheidungsprozesses im Vordergrund.

Einschätzung des Klassenkontextes: In diesem Bereich wurde die Verteilung der Empfehlungen auf die unterschiedlichen Schulformen erfasst. Dabei wurden die Lehrkräfte gefragt, bei wie vielen Kindern und aus welchen Gründen die Erteilung der Empfehlung unklar war und es Schwierigkeiten gab (vgl. Kap. 3.1.2). Die bayerischen Lehrkräfte wurden darüber hinaus nach ihrer Haltung zum Probeunterricht gefragt sowie nach ihren Erfahrungen im Zusammenhang mit Probeunterricht und Aufnahmeprüfungen (vgl. Kap. 2.2).

Interaktion mit den Eltern: In diesem Kontext ging es um die retrospektive Betrachtung der Interaktion mit den Eltern im Rahmen des Übergangsgeschehens. Die Lehrkräfte wurden sowohl allgemein nach ihren Erfahrungen mit den Eltern im Zusammenhang mit dem Übergang befragt als auch speziell nach Konfliktsituationen, bei denen die Erwartungen der Eltern im Widerspruch zu den Vorstellungen der Lehrkraft standen (vgl. Kap. 3.1.1).

Kriterien für die Übergangsempfehlung: Anders als bei der ersten Befragung bezog sich dieser Fragenbereich ausschließlich auf die Genese der Übergangsempfehlung und die Gewichtung der Kriterien bei Kindern, deren Leistungen dem Grenzbereich zwischen zwei Schulformen entsprachen. Daneben sollten sich die Lehrkräfte generell äußern, wie schwer ihnen die Empfehlungen fallen (vgl. Kap. 3.1.2). Auch wurde erhoben, ob und inwieweit sich aufgrund langjähriger Berufserfahrung das Empfehlungsverhalten der Lehrer geändert hat.

Gestaltung des Übergangs: Während beim ersten Erhebungszeitpunkt nach den vorgesehenen Aktivitäten und Handlungen bezüglich des Übergangs gefragt wurde, bezog sich dieser Aspekt auf die realisierten Handlungsstrategien und Kooperationsstrukturen.

Einschätzung der Bewährung der Entscheidung: In diesem Bereich ging es um die Erfolgserwartung der Lehrkräfte und um die Frage, wie zuverlässig sie ihre Prognose über die weitere Schullaufbahn der Kinder einschätzen (vgl. Kap. 3.1.3).

5.4 Auswertung der Interviews

Die *Auswertung* der leitfadengestützten Expertenbefragung erfolgte in zwei Schritten. In einem ersten Schritt wurden die Interviews inhaltsanalytisch ausgewertet und vergleichend analysiert, wodurch Ähnlichkeiten und Unterschiede im Datenmaterial aufgedeckt werden konnten. Der vergleichenden Analyse ging die deduktiv-induktive Entwicklung eines Kategoriensystems sowie die Fallzusammenfassung und Fallstrukturierung nach Mayring (2003) voraus (vgl. Kap. 5.4.1). Im zweiten Schritt wurde die typologische Analyse durchgeführt, die dem vierstufigen Konstruktionsprozess nach Kelle und Kluge (1999) folgte (vgl. Kap. 5.4.2).

5.4.1 Qualitative Inhaltsanalyse

Die der vergleichenden Analyse zugrunde liegende inhaltsanalytische Auswertung zeichnet sich durch eine *Regel- und Theoriegeleitetheit* und ein schrittweises, an *Kategoriensystemen* orientiertes Vorgehen aus. Das Verfahren ist regelgeleitet, da im Vorfeld der Analyse ein konkretes Ablaufmodell festgelegt wird, das in Abhängigkeit vom jeweiligen Material und der jeweiligen Fragestellung konstruiert wird. Theoriegeleitetheit meint, dass das Auswertungsverfahren theoretisch abgesicherten Fragestellungen und Codierregeln folgt. Für die Orientierung am Kategoriensystem, welches das zentrale Instrument der Analyse darstellt, ist die Aufgliederung des Textes in einzelne Analyseeinheiten kennzeichnend (vgl. Mayring 2004). Indem die Einzelfälle durch zergliedernde Kategorien analytisch gefasst und nicht in ihrer Ganzheit durch theoretische Begriffe beschrieben werden, wird der Einzelfall zu einer Sammlung von Merkmalsausprägungen, so dass man dieses Verfahren

"nur als beschränkt den, aus den Implikationen des interpretativen Paradigmas abgeleiteten, Merkmalen qualitativer Sozialforschung entsprechend betrachten kann" (Lamnek 2005, S. 528).

Trotzdem ist das Vorgehen in seinen Grundzügen hauptsächlich an dieser grundlagentheoretischen Position orientiert, die soziale Wirklichkeit als durch Interpretationen konstruiert versteht (vgl. Wilson 1973, 1982). Diesem Paradigma, das seinen Ausgangspunkt in der Soziologie als Wissenschaftstheorie hat, wird auch die auf Mead zurückgehende Theorierichtung des *Symbolischen Interaktionismus* zugeordnet. Dieser theoretischen Tradition qualitativer Forschung folgt der methodische Ansatz der vorliegenden Arbeit. Dabei wird von dem Grundgedanken ausgegangen, dass die Bedeutung von sozialen Objekten, Situationen und Beziehungen im symbolisch vermittelten Prozess der Kommunikation bzw. Interaktion hervorgebracht wird (vgl. Blumer 1973).

Mayring (2003, S. 56ff.) unterscheidet Zusammenfassung, Explikation und Strukturierung als drei Grundformen des Interpretierens. Bei der *zusammenfassenden Inhaltsanalyse* handelt es sich um eine schrittweise Reduktion der Interviewtranskripte. Es entsteht ein übersichtlicher Kurztext, der nur noch die wichtigsten Inhalte umfasst. Auf diese Weise wird das Material so reduziert, dass durch Abstraktion ein überschaubarer Korpus entsteht, der immer noch Abbild des Grundmaterials ist. Die *explizierende Inhaltsanalyse* zielt auf das Gegenteil der zusammenfassenden Inhaltsanalyse, indem zusätzliches Material herangezogen wird, um einzelne unklare Textstellen (Begriffe, Sätze etc.) verständlich zu machen. Bei der dritten und zentralsten qualitativen Technik handelt es sich um die *inhaltsana-*

lytische Strukturierung. Mit Hilfe eines Kategoriensystems wird eine bestimmte Struktur aus dem Text herausgefiltert, unter vorher festgelegten Ordnungskriterien ein Querschnitt durch das Material gelegt und das Material anhand bestimmter Kriterien eingeschätzt. Dazu ist ein Codierleitfaden erforderlich, der durch die genaue Formulierung von Definitionen, typischen Textpassagen („Ankerbeispielen") und Codierregeln die Strukturierungsarbeit präzisiert. Da die strukturierende Inhaltsanalyse verschiedene Ziele verfolgen kann, lassen sich vier Formen unterscheiden (Mayring 2003, S. 85ff.): Bei der *formalen Strukturierung* werden nach festgelegten formalen Gesichtspunkten Strukturen im Text herausgearbeitet, die das Material entsprechend untergliedern, zerlegen, schematisieren. Dagegen wird bei der *inhaltlichen Strukturierung* Material zu bestimmten Themen und Inhaltsbereichen zusammengefasst. Die *skalierende Strukturierung* ist darauf ausgerichtet, zu einzelnen Dimensionen Ausprägungen in Form von Skalenpunkten zu definieren und das Material daraufhin einzuschätzen. *Typisierende Strukturierung* zielt darauf, Aussagen über das Material zu treffen, indem sie auf einer Typisierungsdimension besonders markante Bedeutungsgegenstände herauszieht, genauer beschreibt und auf diese Weise verschiedene Typen bildet.

In der vorliegenden Untersuchung wurden die Transkripte zunächst zusammengefasst, um einen Überblick über das Material zu erhalten. Im Anschluss daran wurden die Interviews entsprechend der *inhaltlichen* und *skalierenden Strukturierung* nach bestimmten Themen und Inhaltsbereichen gegliedert. Danach konnten zu einzelnen Dimensionen Ausprägungen in Form von Skalenpunkten definiert und das Material daraufhin eingeschätzt werden. Während sich die Lehrkräfte zu manchen Themenaspekten sehr ähnlich äußerten, ließen sich in anderen Bereichen deutliche Differenzen zwischen den Lehrern feststellen. Ähnliche Erfahrungen wurden unterschiedlich wahrgenommen bzw. beurteilt und vorgegebene Regelungen, wie die rechtlichen Vorgaben der Bundesländer, verschieden bewertet und umgesetzt. Um die *Intercoderreliabilität* (vgl. Krippendorff 1980; Mayring 2003) zu gewährleisten, wurde der gesamte Auswertungsprozess von zwei Forscherinnen durchgeführt, die unabhängig voneinander arbeiteten und die Interpretation der Befunde diskutierten. Dabei ging es nicht nur darum, die Kategorien auf das Material zuverlässig anzuwenden (Codierung), sondern auch die Kategorien selbst verlässlich zu konstruieren. Das Vorgehen sowie die umfangreichen Interpretationen wurden detailliert dokumentiert, um den *intersubjektiven Nachvollzug* (vgl. Steinke 1999) sicher zu stellen. Die *prozedurale Validierung* (vgl. Flick 2005) wurde durch die Berücksichtigung von Regeln im Forschungsprozess gewährleistet. Dabei handelte es sich um Prinzipien, die sich sowohl aus theoretisch-methodologischen Überlegungen als auch aus negativen und positiven Erfahrungen der Forschungspraxis ableiteten (z.B. Codierregeln).

5.4.2 Typenbildung

Im Anschluss an die komparative Analyse wurden die Einzelfälle gruppiert, um die gesammelten Informationen weiter zu strukturieren, zu bündeln und aufeinander zu beziehen. Die typologische Analyse folgte methodisch dem vierstufigen, systematischen Konstruktionsprozess, den Kelle und Kluge (1999) zur empirisch begründeten Typenbildung vorschlagen. Eine Typologie als Ergebnis eines Gruppierungsprozesses besteht mindestens aus zwei Typen, die sich zum einen durch ihre Eigenschaften miteinander vergleichen lassen und sich zum anderen aufgrund ihrer Eigenschaften und Merkmalsausprägungen möglichst deutlich voneinander unterscheiden. Demnach muss eine Vergleichsbasis auf Merkmalsebene gegeben sein. Eine Typologie entsteht, wenn ein Gegenstandsbereich aufgrund unterschiedlicher Merkmalsausprägungen auf eine Weise in Gruppen bzw. Typen eingeteilt wird, dass sich die Fälle, die einem Typus angehören, möglichst ähnlich sind und viele Gemeinsamkeiten aufweisen (interne Homogenität auf der Ebene des Typus) und sich die verschiedenen Gruppen bzw. Typen voneinander möglichst stark unterscheiden (externe Heterogenität auf der Ebene der Typologie) (vgl. Kelle & Kluge 1999, S. 78; Kluge 1999, S. 26ff.). Bei Typen handelt es sich nicht um Klassen mit klar definierten Merkmal(sausprägung)en und festen Grenzen. Vielmehr ähneln sich nur die Elemente, die zu einem Typus zusammengefasst werden, mehr oder weniger stark, so dass expliziert werden muss, auf welche Weise die vorgelegten Typen konstruiert worden sind. Durch die Merkmalskombinationen und die Untergliederung ihrer Ausprägungen lässt sich jede Typologie als *Eigenschafts- bzw. Merkmalsraum* darstellen. Um einen Merkmalsraum konstruieren zu können, ist eine präzise Definition der Merkmale und ihrer Ausprägungen ebenso notwendig wie die Untersuchung jedes Einzelfalls hinsichtlich seiner konkreten Merkmalsausprägungen. Außerdem ist der Vergleich der theoretisch denkbaren und empirisch vorfindbaren Merkmalskombinationen möglich, genauso wie die Überprüfung, welche Merkmalskombinationen häufig, selten oder gar nicht im Datenmaterial zu finden sind (vgl. Kelle & Kluge 1999, S. 80). Welche Merkmale relevant sind und ausgewählt werden müssen, hängt von der jeweiligen Fragestellung und dem theoretischen Hintergrund ab. Insofern handelt es sich bei der Gruppierung um einen „aktiven Entscheidungsprozess" der Forscher. Sie legen fest, anhand welcher Vergleichsdimensionen die untersuchten Fälle gruppiert werden sollen (vgl. Kluge 1999, S. 158). Neben dem empirischen Material ist für die Typenbildung ein heuristischer Rahmen notwendig. Sich ohne jegliches theoretisches Vorwissen dem Untersuchungsgegenstand zu nähern, ist jedoch kritisch:

> „Eine solche Strategie führt dazu, dass der Forscher [...] im qualitativen Datenmaterial geradezu ertrinkt und dass implizite und möglicherweise unreflektierte theoretische Konzepte die Analyse des Datenmaterials strukturieren. Theoretisches Vorwis-

sen ist kein Hindernis für die Analyse qualitativer Daten, vielmehr stattet es den Forscher [...] mit der notwendigen Brille aus, durch welche die Konturen empirischer Phänomene erst sichtbar werden" (Kelle & Kluge 1999, S. 98).

Die Verbindung empirischer Analysen mit theoretischem Vorwissen ist die Voraussetzung, damit empirisch begründete Typen gebildet werden können. Ausgehend von den allgemeinen methodischen Überlegungen hat eine Typenbildung vier Auswertungsstufen zu durchlaufen, die je nach Forschungsfrage mit verschiedenen Auswertungsmethoden und -techniken realisiert werden können (vgl. Kelle & Kluge 1999, S. 81ff.; Kluge 1999, S. 260ff.): Wird der Typus als Kombination von Merkmalen definiert, ist es im *ersten Auswertungsschritt* zunächst relevant, Merkmale bzw. Vergleichsdimensionen zu erarbeiten, die der Typologie zugrunde gelegt werden sollen und mit deren Hilfe die Ähnlichkeiten und Unterschiede zwischen den Untersuchungselementen angemessen erfasst und anhand derer die ermittelten Gruppen und Typen schließlich charakterisiert werden können. Auf der *zweiten Stufe* werden die Fälle gruppiert und die empirischen Regelmäßigkeiten analysiert. Dies kann mit dem Konzept des Merkmalsraums geschehen, durch den man einen Überblick über alle theoretisch möglichen Kombinationsmöglichkeiten und über die konkrete empirische Verteilung der Fälle auf die Merkmalskombinationen erhalten kann. In der sich anschließenden *dritten Stufe* rückt die Analyse der inhaltlichen Sinnzusammenhänge in den Blick. Da es bei den untersuchten Phänomenen nicht nur um eine Beschreibung, sondern auch um ‚Verstehen' und ‚Erklären' geht, müssen die inhaltlichen Zusammenhänge, die den vorgefundenen Merkmalskombinationen zugrunde liegen, analysiert werden. Im *vierten Schritt* werden die konstruierten Typen anhand ihrer Merkmalskombinationen und der inhaltlichen Beziehungen charakterisiert. Dieses *Stufenmodell* ermöglicht eine systematische und nachvollziehbare Typenbildung und wird der für qualitative Forschung geforderten Offenheit und Flexibilität gerecht:

„Da jede Auswertungsstufe mit Hilfe unterschiedlicher Auswertungsmethoden und -techniken realisiert werden kann, kommt das Stufenmodell der Vielfalt qualitativer Fragestellungen und der unterschiedlichen Qualität des Datenmaterials sehr gut entgegen. Für jede Studie kann geprüft werden, mit welchen Auswertungsmethoden die Teilziele der einzelnen Auswertungsstufen am effektivsten erreicht werden können" (Lamnek 2005, S. 241).

6 Ergebnisse

Im vorliegenden Ergebnisteil werden zunächst die Befunde der vergleichenden Analyse dargestellt, wobei die gebildeten Kategorien und deren Ausprägungen im Datenmaterial erläutert werden (vgl. Kap. 6.1). Im Anschluss daran werden die Fälle anhand zentraler, übergeordneter Merkmale miteinander verglichen und zu Typen gruppiert (vgl. Kap. 6.2). Der Prozess der Typenbildung mündet in eine umfassende Charakterisierung der gebildeten Typen anhand spezifischer Merkmalskombinationen und der rekonstruierten Sinnzusammenhänge. Abschließend wird auf der Grundlage der Wert-Erwartungs-Theorie ein Entscheidungsmodell entworfen, welches das Empfehlungsverhalten der Lehrkräfte angemessen erfasst (vgl. Kap. 6.3).

6.1 Die komparative Analyse

Dieses Kapitel widmet sich den zentralen Befunden der komparativen Analyse, wobei ein Überblick über die Unterschiede und Gemeinsamkeiten im Datenmaterial gegeben wird.

6.1.1 Aufbereitung der Daten und Kategorienbildung

In den methodologischen Überlegungen wurden die Auswertungsstrategie nach Mayring (2003) sowie das Vorgehen der Typenbildung nach Kelle und Kluge (1999) skizziert (vgl. Kap. 5.4). In diesem Abschnitt wird das Vorgehen der Datenaufbereitung und Kategorienbildung im Einzelnen beschrieben. Außerdem wird ein Überblick über die gebildeten Kategorien und ihre Ausprägungen gegeben.

Nachdem alle Interviews als vollständiger Fließtext vorlagen, wurden sie in dem sich anschließenden Auswertungsverfahren computergestützt inhaltsanalytisch ausgewertet. Dabei wurde zunächst ein Kategoriensystem entwickelt mit dem Ziel, die für die Forschungsfrage der Untersuchung relevanten Äußerungen möglichst vollständig abzubilden. Auf der Grundlage des Interviewleitfadens und des theoretischen Vorwissens wurde daher ein vorläufiges Kategoriensystem entworfen, das im Prozess der ersten Codierung mit etwa der Hälfte der Interviews ausdifferenziert wurde, um bisher nicht enthaltene Aspekte aufzunehmen. Für die Codierung war es wichtig, die Analyseeinheiten bzw. Texteinheiten zu bestimmen, die codiert werden sollen. Bei den hier analysierten Interviews wurden inhaltlich zusammenhängende Aussagen, die einen spezifischen Aspekt einer Unterkategorie wiedergaben, als Analyseeinheit gewählt. Diese Textsegmente waren i.d.R. identisch mit Satzeinheiten, wobei jedoch auch mehrere unmittelbar aufeinander folgende Sätze gemeinsam codiert werden konnten, wenn sie inhaltlich denselben Aspekt erfassten.

Für die Codierung des Interviewmaterials wurden verschiedene Codierregeln erstellt, damit die Zuordnung von Interviewpassagen zu Kategorien möglichst problemlos und einheitlich erfolgen konnte. Es wurde beispielsweise festgelegt, dass eine Einordnung von Intervieweinheiten nur in eine spezifische Unterkategorie vorgenommen werden konnte, da die Unterkategorien die inhaltlichen Ausprägungen wiedergaben. Konnte eine Aussage keiner spezifischen Unterkategorie zugeordnet werden, dann diente die Hauptkategorie als „Notfall"- oder Restkategorie. Neben dieser Codierregel wurde beschlossen, dass Doppelcodierungen nur dann zulässig waren, wenn eine Lehrkraft ihre Gedanken zu zwei in Frage kommenden Aspekten ausführlich darlegte.

Die Auswahl und Zuordnung der Textpassagen zu den Kategorien wurde von zwei Codiererinnen vorgenommen, die sich in einem gemeinsamen Prozess über die Ausdifferenzierung des Kategoriensystems einigten. Anschließend wurden alle Interviews nochmals von den gleichen Auswerterinnen unabhängig voneinander codiert. Im Laufe dieses Auswertungsprozesses ergab sich durch abweichende Codierungen die Notwendigkeit der Modifizierung bzw. Ausdifferenzierung der vorliegenden Kategorien, die teilweise bilateral, teilweise auch in einer größeren Gruppe diskutiert wurden. Während dieses Prozesses der *konsensuellen Validierung* (vgl. Bortz & Döring 2002, S. 328) kam es zur Weiterentwicklung des Kategoriensystems. Durch die mehrfache Überarbeitung und Modifizierung der Auswertungskategorien war es nötig, die bereits analysierten Interviewtranskripte in einem dritten Schritt einer erneuten Auswertung zu unterziehen, um bisher anders oder nicht betrachtetes Textmaterial zu erfassen. Zum ersten Erhebungszeitpunkt bestand das Kategoriensystem aus acht Hauptkategorien und 50 Unterkategorien, wobei insgesamt 2422 Texteinheiten codiert wurden. Zum zweiten Befragungszeitpunkt umfasste das Kategoriensystem sieben Haupt- und 56 Unterkategorien; insgesamt wurden 1441 Sequenzen codiert.

Im Anschluss an die Codierung folgte die Fallzusammenfassung und Fallstrukturierung (vgl. Mayring 2003). Das Ziel der *Fallzusammenfassung* bestand darin, die einzelnen Interviewtranskripte zu bündeln und durch Abstraktion so zu reduzieren, dass ein überschaubarer Korpus entsteht, der immer noch ein Abbild des Grundmaterials ist und die wesentlichen Inhalte enthält.

Im Zuge der *Fallstrukturierung* wurden die Transkripte mit Blick auf die relevanten Inhalte nach einzelnen Kategorien geordnet und die Textabschnitte einer Kategorie in ihrer Ausprägung eingeschätzt. Die relevanten Kategorien und ihre Ausprägungen wurden wiederum von den beiden gleichen Auswerterinnen erarbeitet. Diese schätzten das Material zunächst unabhängig voneinander anhand der Ausprägungen ein und glichen ihre Urteile in einem weiteren Schritt ab. Traten Unstimmigkeiten in den Aussagen der Lehrkräfte zwischen beiden Befragungszeitpunkten auf, wurden die Einzelfälle im Ganzen genauer betrachtet. Widersprüche in den Äußerungen der Lehrkräfte traten vor allem zwischen Aussagen auf, die sich auf direkt gestellte Fragen bezogen und solchen, die die Befragten im Rahmen von Erfahrungsberichten und episodischen Erzählungen thematisierten. Diese Unstimmigkeiten wurden innerhalb der Projektgruppe diskutiert und bei der Interpretation berücksichtigt, so dass die Interviews mit einem entsprechenden Verweis einer Ausprägung zugeordnet werden konnten.

Die zunächst vorgenommene vergleichende Kontrastierung der Fälle ermöglichte einen Überblick über Ähnlichkeiten und Unterschiede im Datenmaterial. Die folgende Tabelle gibt einen Überblick über die verwendeten Kategorien und ihre Ausprägungen, die im Rahmen der inhaltsanalytischen Strukturierung erarbeitet wurden.

Tab. 7: Überblick über die verwendeten Kategorien und ihre Ausprägungen

	Kategorie	Ausprägung	Codierregel	Textbeispiel
Empfehlungskriterien	Bedeutung der Noten	vorrangig Noten	Lehrkraft ist bei ihrer Empfehlung vorrangig an Noten orientiert.	Für mich spielen andere Dinge jetzt keine Rolle. Wenn der Schnitt passen ist, dann steht halt drin, das Kind ist geeignet. (BY, 3152, W1)[11]
		teils Noten, teils weitere Kriterien	Die Lehrkraft ist bei ihrer Empfehlung teils an Noten, teils an weiteren Kriterien orientiert.	Ich berücksichtige die Leistungen natürlich, und dann noch den anderen Bereich, also was noch im Sozialen und im Charakter wichtig ist, in der Persönlichkeit kann man auch sagen. (BY, 1091, W1)
		vorrangig weitere Kriterien	Die Lehrkraft ist bei ihrer Empfehlung vorrangig an weiteren Kriterien orientiert.	Wir schicken auch Kinder auf das Gymnasium, die Dreien in Fächern haben, das ist für uns nicht das Kriterium. Wir sagen nicht, die Kinder müssen nur Einser und Zweier haben, sonst gibt es da keinen Weg. Wichtiger als die Noten sind mir die Lernbereitschaft, die Arbeitshaltung, das Verständnis, die Umsetzung und inwieweit die Kinder selbstständig lernen können. (HE, 8011, W1)
	Arbeitsverhalten (AV)/Motivation	nein	AV und Motivation werden nicht berücksichtigt.	k.N.
		teils-teils	AV und Motivation werden teilweise berücksichtigt.	k.N.
		ja	AV und Motivation werden berücksichtigt.	Intelligenz allein reicht nicht für das Gymnasium, also da müssen auch die Leistungsbereitschaft und Disziplin vorhanden sein. Wenn einer keinen Bock hat, zwar intelligent ist, aber die Hausaufgaben nicht macht und nicht im Unterricht richtig mitarbeitet, wird er es auch nicht auf dem Gymnasium schaffen. (HE, 5081, W1)

---

11 Die Zitate aus den Interviews werden durch das Bundesland der befragten Lehrkraft (BY=Bayern, HE=Hessen), durch die ihr zugeordnete ID-Nummer sowie durch den Befragungszeitpunkt (W1=Welle 1 bzw. erster Befragungszeitpunkt, W2=Welle 2 bzw. zweiter Befragungszeitpunkt) kenntlich gemacht.

Kategorie	Ausprägung	Codierregel	Textbeispiel
Sozialverhalten (SV)/Charaktereigenschaften	nein	SV und Charaktereigenschaften werden nicht berücksichtigt.	Ich denke, für meine Entscheidung spielt es keine Rolle. Ich kann auch jemanden, der regelmäßig die Klasse aufmischt [...] für das Gymnasium empfehlen, weil ich denke, das muss man raushalten. (HE, 7041, W1)
	teils-teils	SV und Charaktereigenschaften werden teilweise berücksichtigt.	Man bemüht sich, alle gleich zu behandeln. [...] Von einem Kind, das auf das Gymnasium will, erwarte ich, dass es seine Sachen in Ordnung hält, pünktlich ist und – wenn es länger krank war – versucht, sich die Sachen zu besorgen, ohne dass man hinterher sein muss. (BY, 2021, W1)
	ja	SV und Charaktereigenschaften werden berücksichtigt.	Das fließt mit ein. Es ist wichtig, dass ein Kind umgänglich ist, Kontakte schließt und nicht als Einzelgänger durch die Welt geht. Die Persönlichkeitsmerkmale sind wichtig, dass ein Kind offen auf andere zugeht und nett ist. Ich denke, das kommt immer an, das wird nie veralten oder aus der Mode kommen. (BY, 3152, W1)
Lernentwicklung	nein	Die Lernentwicklung wird nicht berücksichtigt.	Das ist einfach nicht gegeben, dass sich so viel auf die Lernentwicklung eingehen lässt. Man soll die Lernentwicklung [...] einbeziehen, aber ich muss ehrlich sagen, ich wüsste nicht wie. (HE, 6033, W1)
	teils-teils	Die Lernentwicklung wird teilweise berücksichtigt.	Ich denke, das hat man immer so im Hinterkopf. Es ist vielleicht kein ausschlaggebendes Kriterium, aber das hat man auf jeden Fall im Hinterkopf. (HE, 7041, W1)
	ja	Die Lernentwicklung wird berücksichtigt.	Klar, da redet man mit den Fachkollegen, die auch in der Klasse sind, die das Kind vielleicht in der ersten und zweiten Klasse hatten, dass man auch die Entwicklung vom Kind sieht. (BY, 3092, W1)
familiärer Hintergrund	nein	Der familiäre Hintergrund wird nicht berücksichtigt.	Für uns als Beratung, als Entscheidungsgrundlage, ist mit Sicherheit kein Kriterium, nein. (HE, 8011, W1)
	teils-teils	Der familiäre Hintergrund wird teilweise berücksichtigt.	Familiäre Faktoren zählen eigentlich für mich als Lehrer gar nicht. Ich meine, es gibt schon mal die Ausnahme, wenn ein Kind die Scheidung der Eltern miterlebt, dass man da Rücksicht darauf nimmt und dem noch die Chance gibt, im Probeunterricht einzusteigen. (BY, 3152, W1)
	ja	Der familiäre Hintergrund wird berücksichtigt.	Das spielt schon eine Rolle. Eine Schülerin werde ich empfehlen, die tut sich ein bisschen schwer im Deutschen [...]. Aber da weiß ich, dass die Eltern sie voll unterstützen. Ich weiß, dass die das schafft mit der Unterstützung der Eltern. Daher empfehle ich Gymnasium. (BY, 1091, W1)
AV/Motivation	nicht entscheidend	Letztlich sind das AV und die Motivation nicht entscheidend.	k.N.
	mitentscheidend	Letztlich sind das AV und die Motivation mitentscheidend.	Na ja, schon bei den Kindern, wo ich Zweifel habe. Dass es da von der Arbeitshaltung oder von der Persönlichkeit, denke ich, besser wäre, man würde das Kind in die Realschule tun. (BY, 3092, W2)
	entscheidend	Letztlich sind das AV und die Motivation entscheidend.	Für mich sind Aufmerksamkeit und Konzentrationsfähigkeit wichtig. Ich beurteile die Heftführung [...]. Auch Fleiß, Ausdauer oder Ehrgeiz, das spielt für mich schon eine Rolle. Wichtig ist für mich eine gewisse Eigenmotivation. (BY, 3011, W2)

Ergebnisse

Kategorie	Ausprägung	Codierregel	Textbeispiel
Leistungsbezogene Kriterien/ mündliche & schriftliche Leistungen	nicht entscheidend	Letztlich sind die Leistungen nicht entscheidend.	k.N.
	mitentscheidend	Letztlich sind die Leistungen mitentscheidend.	Klar, die Noten geben einfach nach außen hin die Grundlage dafür, aber für mich persönlich [...] wäre diese Arbeitshaltung und Arbeitseinstellung einfach viel wesentlicher. (BY, 4012, W2)
	entscheidend	Letztlich sind die Leistungen entscheidend.	Ich denke mir, es ist die Notenleistung. Wenn der Schnitt 3,6 ist, dann ist die nächste Probe entscheidend, ob das jetzt eine Drei oder eine Vier wird. (BY, 2023, W2)
Wunsch der Eltern	nicht entscheidend	Letztlich ist der Wunsch der Eltern nicht entscheidend.	Das kann ich nicht pauschalisierend beantworten. [...] Der Wunsch der Eltern ist für mich nicht ausschlaggebend. (BY, 1102, W2)
	mitentscheidend	Letztlich ist der Wunsch der Eltern mitentscheidend.	Verschiedene Aspekte sind ausschlaggebend. Vor allen Dingen auch die Gespräche mit den Eltern. Ich will sehen, wie die Eltern reagieren. (BY, 3061, W1)
	entscheidend	Letztlich ist der Wunsch der Eltern entscheidend.	Das müssen die Eltern selbst entscheiden. Ich zeige ihnen beide Wege auf und sage, bedenken Sie, dass bei den Kindern die Pubertät noch kommt. (BY, 4111, W1)
Lernentwicklung	nicht entscheidend	Letztlich ist die Lernentwicklung nicht entscheidend.	Eher nicht. Wobei das bei mir auch schwierig ist, weil ich die Kinder ja erst in der vierten Klasse gekriegt habe. (BY, 3092, W2)
	mitentscheidend	Letztlich ist die Lernentwicklung mitentscheidend.	Dann gucken wir uns auch die Entwicklung an. Da wir die Kinder vier Jahre kennen, weiß man auch, ob die leicht gelernt haben, ob sie Nachhilfe gebraucht haben und ob man viel fördern musste. (HE, 8011, W2)
	entscheidend	Letztlich ist die Lernentwicklung entscheidend.	Ja, dass ich sage, der hat sich jetzt gesteigert. Der hat noch mal so einen Reifeprozess durchgemacht. Das spielt schon eine Rolle. (BY, 4111, W2)
SV/Charaktereigenschaften	nicht entscheidend	Letztlich sind das SV und die Charaktereigenschaften nicht entscheidend.	Das soziale Verhalten, also wie verhalten sie sich Mitschülern gegenüber, wie verhalten sie sich Lehrern gegenüber, das spielt keine Rolle für mich. (BY, 3011, W2)
	mitentscheidend	Letztlich sind das SV und die Charaktereigenschaften mitentscheidend.	Das Sozialverhalten, wie sich einer gibt und wie er sich mir gegenüber verhält, auch in der Klassengemeinschaft, das spielt immer mit rein. (BY, 2021, W2)
	entscheidend	Letztlich sind das SV und die Charaktereigenschaften entscheidend.	Das spielt schon eine wichtige Rolle. Auch wie sie im Umgang mit ihren Klassenkameraden sind, ob sie mal einem anderen helfen oder nur auf sich bedacht sind und nur auf die Noten schauen. (BY, 4012, W2)
familiärer Hintergrund	nicht entscheidend	Letztlich ist der familiäre Hintergrund nicht entscheidend.	Ich weiß auch nicht, welche Eltern welchen finanziellen Hintergrund haben. Ich kann mir es vielleicht denken, aber ich weiß es nicht. [...] Aber das ist nicht ausschlaggebend. (BY, 1132, W2)
	mitentscheidend	Letztlich ist der familiäre Hintergrund mitentscheidend.	Der familiäre Hintergrund spielt vielleicht eine Rolle, wenn man sich vorstellt, kann das Elternhaus das Kind unterstützen oder auffangen. (BY, 3152, W1)
	entscheidend	Letztlich ist der familiäre Hintergrund entscheidend.	Aber wenn ich weiß, dass Eltern sich immer bemüht haben, würde ich sagen, die bessere Schulform. Wenn die Eltern unterstützen und helfen können und auch Zeit haben. Wenn manche Eltern den ganzen Tag arbeiten, dann würde ich sagen, nein, nicht Gymnasium. (HE, 7072, W1)

	Kategorie	Ausprägung	Codierregel	Textbeispiel
Empfehlungsverhalten	Wunsch des Kindes	nicht entscheidend	Letztlich ist der Wunsch des Kindes nicht entscheidend.	Der Wunsch des Kindes darf nicht so ernst genommen werden. Die Kinder können mit neun oder zehn die Situation noch überhaupt nicht überblicken. […] Sie sind auch sehr von ihren Eltern beeinflusst. (BY, 1011, W2)
		mitentscheidend	Letztlich ist der Wunsch des Kindes mitentscheidend.	Sagen wir mal so, ich berücksichtige es. Ich frage die Kinder, was sie für Ziele und Wünsche haben. […] Wenn allerdings die Voraussetzungen nicht vorhanden sind, dann wäre das natürlich schlecht. Aber ich versuche, dem Wunsch des Kindes entgegen zu kommen. (BY, 3011, W2)
		entscheidend	Letztlich ist der Wunsch des Kindes entscheidend.	Bei einem Mädchen war es der Wunsch des Kindes. Ich denke, dass die Eltern das Schulsystem nicht begreifen. Sie hat es entschieden, dass sie noch ein Jahr auf der Hauptschule bleibt und danach wechselt. (BY, 1091, W2)
	Empfehlungsverhalten gegenüber den Eltern	flexibel	Das Empfehlungsverhalten der Lehrkraft gegenüber den Eltern ist flexibel.	Na ja, ich meine, ich will den Kindern ja keine Steine in den Weg legen, sie können sich ja noch entwickeln und dann bin ich derjenige, der Schuld hat. […] Dann lassen wir ihn halt gehen. Er soll seine Chancen haben. (BY, 3141, W1)
		restriktiv	Das Empfehlungsverhalten der Lehrkraft gegenüber den Eltern ist restriktiv.	Bei einem Kind denke ich, dass es Probleme geben wird, weil die Mutter möchte, dass ihr Kind auf eine weiterführende Schule geht, aber der wird es nicht schaffen. […] Ich kann mir vorstellen, dass es da noch Konfliktsituationen gibt. (BY, 1091, W1)
Handlungsleitende Kognitionen	Kausalattribution Leistung	Kausalattributionen spielen eine Rolle	Kausalattributionen werden bei der Entscheidung für eine Empfehlung berücksichtigt.	Dieses Mittelfeld, wo ich manchmal nicht weiß, wie viel Mühe steckt von den Eltern noch dahinter. Inwieweit sind die Eltern in dem Jahr dahinter gewesen oder wie viel kam von dem Kind alleine. Das sind dann schon Grenzfälle. (BY, 4111, W1)
	Bezugsnormorientierung	sachlich/ kriterial	Die Lehrkraft orientiert sich an einer sachlichen Bezugsnorm.	Das haben wir in der Konferenz festgelegt. Zum Beispiel bei Diktaten die Fehlerzahl im Vergleich zur Wörteranzahl und bei Mathe ist dann mit Prozenten. (HE, 5081, W1)
		individuell	Die Lehrkraft orientiert sich an einer individuellen Bezugsnorm.	Auf der Vorderseite des Zeugnisses machen wir unsere Verbalbeurteilung und die Ziffernnoten gibt es auf der Rückseite. Bei einem Verbalzeugnis kann man gucken, wo liegen die Stärken, was wollen wir eben besonders in diesem Zeugnis hervorheben, ganz individuell. Wir haben verschiedene Kriterien, die wir bei jedem Kind durchspielen und überlegen, wo steht das Kind. (HE, 8011, W1)
		klasseninternes Bezugssystem	Die Lehrkraft orientiert sich an einem klasseninternen Bezugssystem.	Die Norm ist immer die Klasse. […] Wir sind ein schwacher Einzugsbereich und es kann sein, dass manche Kinder recht gute Noten haben, weil sie aus der Klasse positiv herausragen. (HE, 6012, W1)
	typisches Gymnasialkind	AV & kognitive Fähigkeiten	Die Lehrkraft betont AV und kognitive Fähigkeiten.	Das Kind muss logisch denken können, es muss ein Arbeitsverhalten haben, das tadellos ist, es muss motiviert sein bis in die Haarspitzen, das ist doch ganz klar. (BY, 3061, W1)
		familiärer Hintergrund	Die Lehrkraft betont Unterstützungsmöglichkeiten durch den familiären Hintergrund.	Solche Kinder arbeiten selbständig, klar. […] Aber wenn sie Probleme haben, dann muss jemand zu Hause helfen. Das Kind muss aufgenommen werden, auch wenn es einmal nicht so klappt. (BY, 3061, W1).
		Charaktereigenschaften & SV	Die Lehrkraft betont Charaktereigenschaften und Sozialverhalten.	Ein typischer Gymnasiast ist für mich ein Kind, das […] sozial mit anderen im Team arbeiten kann, die richtige Arbeitseinstellung hat, d.h. zuverlässig seine Hausaufgaben erledigt und selbstbewusst ist. (BY, 1091, 1)

Ergebnisse

Kategorie		Ausprägung	Codierregel	Textbeispiel
	typisches Realschulkind	geringer Unterschied zu GY-Kind	Die Lehrkraft betont den geringen Unterschied zum typischen Gymnasialkind.	Ja gut, es hat ähnliche Eigenschaften wie ein Gymnasialkind. Vielleicht, dass es sich ein bisschen weniger zutraut leistungsmäßig und ein bisschen vorsichtiger ist, denke ich mal. (HE, 7072, W1)
		AV & kognitive Grenzen	Die Lehrkraft betont das AV und kognitive Grenzen.	Realschulkinder sind zwar fleißig und bemühen sich wirklich, aber stehen dann immer wieder so da und gucken einen mit großen Augen an. Ihnen muss man einfach alles noch einmal privat erklären. (BY, 1102, W1)
	typisches Hauptschulkind	kognitive Grenzen	Die Lehrkraft betont kognitive Grenzen und schwache Leistungen.	Hauptschulkinder haben Defizite in allen Bereichen. [...] In der Rechtschreibung, Zahlenvorstellung und Lesen. Sie sind geistig nicht so flexibel. (BY, 3141, W1)
		praktische Begabung	Die Lehrkraft betont die praktische Begabung.	Das sind Kinder, die mehr durch das Haptische lernen, die mehr praktische Erfahrungen sammeln müssen, um einen Lernzuwachs zu erhalten. (BY, 3011, W1)
		geringe Motivation	Die Lehrkraft betont die geringe Motivation.	Hauptschulkinder sind absolut unmotiviert. Früher hätte man sie faul genannt. Wo ich mir denke, die hätten vielleicht mehr drauf, können sich selber aber nicht motivieren und ich schaffe es auch nicht. (BY, 2023, W1)
	allgemeine Schülerkategorisierungen	allgemeine Einteilung in Schülertypen	Die Lehrkraft nimmt Kategorisierungen der Schüler beim Übergang vor.	Bei manchen Kindern ist es klar, dass sie auf das Gymnasium können oder nicht. Und bei manchen ist es so ein bisschen an der Grenze, dass man nicht weiß, schaffen sie es oder schaffen sie es nicht. (HE, 5081, W1)
Selbstbezogene Kognitionen und Emotionen	Wahrnehmung der eigenen Rolle	frustriert/fühlt sich nicht ernst genommen	Die Lehrkraft fühlt sich von den Eltern nicht ernst genommen und ist frustriert.	Wenn ich etwas sage, wird das teilweise nicht ernst genommen. Ich sage bei vielen Eltern, dass ihr Kind nicht reif ist, und sie versuchen es doch auf das Gymnasium zu schicken. (BY, 1011, W1)
		unsicher/ defensiv	Die Lehrkraft nimmt ihre Rolle gegenüber den Eltern defensiv wahr und fühlt sich unsicher.	Ich neige dazu, in eine Verteidigungsposition abzurutschen. [...] Ich versuche dann so den Weg zu finden, dass ich mich nicht verteidigen muss, sondern dass ich meine Bewertung klar darlegen muss. (BY, 2023, W1)
		formaldistanziert	Die Lehrkraft nimmt ihre Rolle gegenüber den Eltern als distanziert wahr.	Manche Eltern lassen sich nichts sagen. [...] Das hilft dann auch nichts, irgendwie noch viele Gespräche zu führen. Die wollen es so und lassen sich da auch nicht überzeugen. (HE, 5081, W1)
		zugewandt, kooperativ	Die Lehrkraft nimmt ihre Rolle gegenüber den Eltern als zugewandt und kooperativ wahr.	Ich gehe gern nachmittags in die Schule oder ich treffe mich mit Eltern nach dem Unterricht. [...] Ich bin jederzeit zu einem Gespräch bereit. [...] Ich verstehe die Sorge der Eltern und versuche dem auch gerecht zu werden. (BY, 3011, W1)
	Verspüren von Belastungen/ Druck	Verspüren von Druck	Die Lehrkraft fühlt sich stark belastet und/oder von den Eltern unter Druck gesetzt.	Man wird schon unter Druck gesetzt. Ich weiß, jeder Punkt muss stimmen. Das führt auch dazu, dass man oft mit den Parallelkollegen die Proben durchgeht. (BY, 4111, W1)
		kein Verspüren von Druck	Die Lehrkraft fühlt sich etwas oder nicht belastet bzw. unter Druck gesetzt.	Auf mich, muss ich sagen, hat eigentlich noch niemand Druck ausgeübt. (BY, 3092, W1)

	Kategorie	Ausprägung	Codierregel	Textbeispiel
Wahrgenommene Kosten- und Nutzenaspekte	Kosten- und Nutzenaspekte für Kinder	Nutzen	Die Lehrkraft nimmt Nutzenaspekte für die Kinder wahr.	Wichtig ist, dass man für das Kind die richtige Schulwahl trifft, wo es sich auch wohl fühlt, wo es sich entfalten kann, wo es nicht überfordert ist und auch nicht unterfordert ist. (BY, 3011, W1)
		Kosten	Die Lehrkraft nimmt Kostenaspekte für die Kinder wahr.	Es ist ganz oft eine Überforderung für die Kinder, eine wahnsinnige Überforderung. Sie werden unheimlich unter Druck gesetzt. (BY, 1102, W1)
	Kosten- und Nutzenaspekte für die eigene Person	Nutzen	Die Lehrkraft nimmt Nutzenaspekte für die eigene Person wahr.	Wenn ich den Weg des geringsten Widerstandes gehe, dann erfülle ich den Wunsch der Eltern und gebe die Verantwortung ab. (BY, 2021, W1)
		Kosten	Die Lehrkraft nimmt Kostenaspekte für die eigene Person wahr.	Der Übergang bedeutet für mich viel Arbeit. Viele Gedanken, die ich mir über einige Kinder gemacht habe […]. Auch zu merken, wie die Kinder und Eltern unter Druck stehen, ist eine Belastung. (BY, 1132, W2)
Wahrnehmung der rechtlichen Vorgaben	Einstellung zu rechtlichen Regelungen	Lehrerempfehlung bindend	Die Lehrkraft befürwortet eine bindende Lehrerempfehlung als Entscheidungskriterium.	Wenn ich es ändern könnte, würde ich es so machen, dass der Lehrerwille entscheidet. [...] Eltern sehen ihre Kinder oft zu positiv. Als Lehrer kann man das gut einschätzen, wie gewillt ein Kind ist sich anzustrengen, um das zu erreichen. (HE, 6033, W1)
		Elternwille	Die Lehrkraft befürwortet den Elternwillen als Entscheidungskriterium.	Mir wäre es lieber, wenn die Eltern die Entscheidung treffen würden. Ich hätte gerne, dass der Lehrer beratend zur Seite steht, die Empfehlung ausspricht und die Eltern die Entscheidung treffen. (BY, 3011, W1)
		Aufnahmeprüfungen	Die Lehrkraft befürwortet Aufnahmeprüfungen als Entscheidungskriterium.	Es wäre doch besser, wieder zu diesen alten Aufnahmeprüfungen zurückzukehren. Bei der Prüfung wurde entschieden, bestanden oder nicht. Dann wäre die Entscheidung verlagert. Es wäre vielleicht auch der Weg des geringsten Widerstandes. (BY, 2021, W2)

6.1.2 Ergebnisse der komparativen Analyse: Die Formation der Übergangsempfehlung und relevante Einflussgrößen

6.1.2.1 Empfehlungskriterien

In der empirischen Bildungsforschung wurde mehrfach belegt, dass die Leistungsbewertung von Lehrkräften durch Informationen über den sozialen Hintergrund eines Schülers beeinflusst wird und leistungsferne Kriterien (z.b. Charaktereigenschaften) bei der Erteilung der Empfehlung am Ende der Grundschulzeit von Lehrkräften berücksichtigt werden (vgl. Weiss 1965; Steinkamp 1967). Auch neuere Untersuchungen (vgl. Bos u.a. 2003, 2004, 2007) weisen darauf hin, dass Lehrerempfehlungen durch leistungsfremde Kriterien verzerrt sind (vgl. Kap. 3.1.2).

Aufgrund dieser Vorüberlegungen und der Zielsetzung, nähere Informationen über das Zustandekommen der Lehrerempfehlung zu erhalten, wurde im Rahmen des ersten Interviews der Prozess der Entscheidungsfindung thematisiert, indem die Lehrkräfte zunächst offen gefragt wurden, auf welche Weise und anhand welcher Kriterien sich ihre Empfehlung herausbildet. Im Anschluss daran wurden sie gezielt gefragt, inwieweit sie einzelne Kriterien (z.B. Persönlichkeit des Schülers, Charaktereigenschaften, familiärer Hintergrund, Lernentwicklung) bei ihrer Empfehlung berücksichtigen. Dadurch wurde sichergestellt, dass von allen Lehrkräften Äußerungen zu dieser Thematik vorlagen. Darüber hinaus war es auf diese Weise möglich, in den Interviews vertieft das Problem der Entscheidungsformation zu thematisieren, wobei Beweggründe und Motive der Lehrer deutlich zur Sprache kamen. Auch Widersprüche in den Äußerungen der Lehrkräfte konnten aufgedeckt werden und gaben Anstoß zur Interpretation und Diskussion im Rahmen des Auswertungsprozesses.

Übereinstimmend betonen die Lehrkräfte die Bedeutung von arbeitsbezogenen Kompetenzen und motivationalen Aspekten für die Genese ihrer Empfehlung. Die Motivation der Kinder, Interesse sowie ordentliches Arbeiten, Lerntempo, Fleiß und Sauberkeit werden von den Lehrern als Grundlage für eine erfolgreiche Schullaufbahn in der Sekundarstufe angesehen und dementsprechend bei der Empfehlung berücksichtigt:

> Die Arbeitshaltung, Arbeitseinstellung, wie ein Schüler an die Sachen rangeht, ob er sehr selbständig ist, zügig arbeitet, ordentlich arbeitet, sich auch mal selbst mit einem Problem beschäftigt oder selbst mal irgendein Buch mitbringt und was vorzeigt. Das spielt schon sehr mit rein, denn das ist auch das, was letztlich auch das Handwerkszeug ist für die höhere Schule, dass man nicht erst sagen muss, das musst du machen, sondern dass das Kind von selbst einen Weg entwickelt. Und das ist schon sehr ausschlaggebend. (BY, 4012, W1)

Unterschiede zwischen den Lehrkräften ließen sich hinsichtlich ihrer Aussagen finden, inwieweit sie bei ihrer Entscheidungsfindung die Noten bzw. weitere leistungsnahe und -ferne Kriterien (z.B. familiärer Hintergrund, Persönlichkeitsmerkmale) berücksichtigen. Anhand ihrer Aussagen konnten die Lehrkräfte in drei Gruppen unterteilt werden (vorrangig an Noten orientiert; teils an Noten, teils an weiteren Kriterien orientiert; vorrangig an weiteren Kriterien orientiert). Der rechtlichen Vorgaben in Bayern entsprechend gehören der vorrangig an Noten orientierten Lehrergruppe ausschließlich bayerische Lehrkräfte an. Dagegen lassen sich nur hessische Lehrer finden, die primär weitere Kriterien für ihre Empfehlung heranziehen. Der Gruppe, die teils an Noten und teils an weiteren Kriterien orientiert ist, konnten Lehrkräfte aus beiden Bundesländern zugeordnet werden.

Die Schilderungen der ersten Gruppe deuten darauf hin, dass sie bei ihrer Entscheidungsfindung vorrangig am Notendurchschnitt orientiert sind, während andere Kriterien eine weitaus geringere Rolle spielen. Diese Lehrer geben an, sich bei ihrer Empfehlung in erster Linie nach den Noten der Hauptfächer Deutsch, Mathematik und Sachunterricht zu richten, so dass die Berechnung des Notendurchschnitts die Grundlage für ihre Empfehlung darstellt:

> Ich richte mich nach dem Notendurchschnitt, der sich aus den Noten errechnet. Ich gehe dann nach den Noten, und wenn ich mir nicht sicher bin, da muss er halt die Aufnahmeprüfung machen. [...] Es ist eine mathematische Zahl und danach richtet sich das. (BY, 3141, W1)

Auffällig ist die Leistungsorientierung einiger dieser Lehrkräfte, die sie neben den rechtlichen Vorgaben als Beweggrund für ihr Handeln nennen. Die Leistungsbewertung wird hier als Sozialisationsfunktion, als Vorbereitung auf das Leistungsprinzip der Gesellschaft interpretiert:

> Es geht um die Leistungen. Es wird Leistung gefordert, und was nützt es, wenn ein Kind besonders lieb ist, brav ist, nett ist, aber nicht das Einmaleins kann? Wir sind halt eine Leistungsgesellschaft und Leistung wird gefordert. (BY, 3141, W1)

Auch auf Nachfragen, ob sie bei ihrer Empfehlung Persönlichkeitsmerkmale der Schüler einfließen lassen, betonen diese Lehrer die Berechnung des Notendurchschnitts als alleiniges Kriterium und verneinen die Berücksichtigung weiterer, leistungsferner Aspekte:

> Der Charakter oder das Verhalten spielt für mich jetzt keine Rolle. Wenn der Schnitt gegeben ist, dann steht halt drin, das Kind ist geeignet. (BY, 4111, W1)

Den familiären Hintergrund, der hinsichtlich der häuslichen Unterstützung oder der Finanzierung von Nachhilfe bei der Empfehlung eine Rolle spielen könnte, lassen diese Lehrer nach eigenen Angaben als Entscheidungskriterium ebenfalls außen vor:

Ergebnisse 107

Den familiären Einblick habe ich nicht. Wenn jemand Nachhilfeunterricht braucht oder durch die Unterstützung der Eltern seine Leistungen anheben kann, dann ist er für das Gymnasium nicht geeignet, weil irgendwann die Eltern auch nicht mehr mithelfen können und dann sind sie allein auf sich gestellt. (BY, 3141, W1)

Neben diesen vorrangig am Notendurchschnitt orientierten Lehrkräften kristallisierte sich eine zweite Gruppe heraus, die bei ihrer Entscheidungsfindung nicht nur die Noten als Kriterien betont, sondern angibt, auch weitere Aspekte in ihre Empfehlung einfließen zu lassen. Sie betonen leistungsnahe, kognitive Fähigkeiten, wie Konzentration, Ausdauer, Durchhaltevermögen, Gedächtnisleistung sowie die psychische Eignung des Kindes, inwieweit es stressresistent, ängstlich oder schüchtern ist:

Es kommt natürlich darauf an, wie das Kind ist. Ist es ein Kind, das mit dem Stress zurechtkommt? Gerade bei den schulängstlichen Kindern ist oft mein Ratschlag, nicht unbedingt Gymnasium. Denn wenn ich sehe, dass das Kind hier in der vierten Klasse bei Probearbeiten so viele Probleme psychischer Art hat, dann glaube ich, dass ihm nicht damit gedient ist, wenn man das Höchste verlangt und die Möglichkeit des Scheiterns doch relativ groß ist. (BY, 3061, W1)

Eine andere Lehrkraft stellt das Selbstvertrauen und die Frustrationstoleranz bei Misserfolgserlebnissen im Schulalltag als Kriterium für die Empfehlung heraus. Diese Aspekte werden als „unglaublich wichtig" angesehen, denn Kinder, die bei einer schlechten Note weinen und für die „dann eine Welt zusammenbricht" (BY, 3152, W1), werden ihrer Ansicht nach auch auf einer weiterführenden Schule Probleme bekommen. Während einige Lehrkräfte direkt und offen äußern, dass für sie neben den Noten weitere Kriterien bei der Entscheidungsfindung relevant sind, äußern sich andere zurückhaltend und antworten zunächst sozial erwünscht im Sinne der rechtlichen Vorgaben. Erst im Gesprächsverlauf und durch das gezielte Nachfragen weisen ihre Aussagen darauf hin, dass der Notendurchschnitt nicht das alleinige Kriterium für ihre Empfehlung darstellt:

Grundsätzlich handhaben wir es so, dass wir die Noten bis zur Übergangsempfehlung nehmen und einfach den Schnitt errechnen, so wie wenn wir die Zeugnisnote errechnen würden. [...] Aber ich für meinen Teil unterscheide schon sehr wohl zwischen Notenleistung und sonstiger Leistung, bzw. für mich ist auch diese psychische Eignung wichtig. Es gibt immer wieder Kinder, die leistungsmäßig schon für das Gymnasium geeignet wären, wo ich mir aber denke, also jetzt mit dem G8 [...]. Ich sage immer, es ist kein Spaß mehr auf das Gymnasium zu gehen. Ich sage den Eltern dann auch, ob das Kind vom Leistungsverhalten, vom Motivationsverhalten, vom Durchhaltevermögen geeignet ist, das finde ich, ist auch sehr wichtig. Für meine Empfehlung gehe ich dann in mich und entscheide es dann so, wie ich denke. (BY, 2023, W1)

Von den bereits genannten Lehrergruppen ließen sich andere Lehrer abgrenzen, deren Ausführungen darauf hindeuten, dass sie ebenfalls neben den Noten weitere Kriterien für ihre Empfehlung heranziehen, diese aber noch stärker bei der Entscheidungsfindung in den Vordergrund rücken. In dieser Gruppe sind ausschließlich hessische Lehrkräfte zu finden, die nach der Rechtsgrundlage ihres Bundeslandes nicht an einen vorgegebenen Notendurchschnitt gebunden sind. Obwohl auch diese Lehrer die Noten der vierten Klasse nicht ignorieren können, geben sie an, der Gewichtung anderer Kriterien wie Selbstständigkeit, dem Arbeits- und Sozialverhalten sowie der Lernbereitschaft der Schüler eine große Bedeutung beizumessen und sich bei ihrer Empfehlung nach diesen Merkmalen zu richten. Schwächere Leistungen in manchen Fächern erachten diese Lehrer nicht als Hinderungsgrund, das Kind trotzdem für eine gymnasiale Laufbahn zu empfehlen, wenn der Gesamteindruck der letzten drei Grundschuljahre dies zulässt:

> Auch wenn ein Kind Dreier hat, ist es meiner Meinung nach immer noch möglich, das Kind auf das Gymnasium zu schicken. Es muss jetzt kein reines Zweierzeugnis sein, weil ein Kind hat Stärken und Schwächen. (HE, 5113, W1)

Diese Lehrer betonen stärker als die beiden anderen Gruppen den Blick auf das Kind mit seinem individuellen Leistungsprofil. Obwohl sie angeben, die Noten für die Entscheidungsfindung nicht vollständig auszuklammern, stellt die Entwicklung des Kindes in der gesamten Grundschulzeit ein bedeutsames Kriterium für ihre Empfehlung dar:

> Ich würde schon sagen, dass der Gesamteindruck zählt, dass man die letzten drei Jahre einfach nimmt. In den Beratungsgesprächen sage ich auch noch einmal, im ersten Schuljahr haben wir dies und jenes angesprochen und das hat sich dann auch in die Richtung entwickelt, oder aber, na ja, da haben wir schon so oft drüber gesprochen, das ist aber immer noch so. Dass einfach die gesamte Grundschulzeit mit reinspielt, dass es nicht nur eine Entscheidung ist am Anfang des vierten Schuljahres, sondern eine Gesamtentwicklung. (HE, 5113, W1)

In den Aussagen der Lehrkräfte der beiden letztgenannten Gruppen, die bei ihrer Entscheidungsfindung nicht ausschließlich an den Noten orientiert sind, wird deutlich, dass sie neben weiteren leistungsnahen Kriterien auch leistungsfremde Aspekte wie Sozialverhalten (z.B. Teamfähigkeit) und Charaktereigenschaften der Schüler (z.B. Ehrlichkeit, Höflichkeit) in ihre Empfehlung einfließen lassen.

Die Mehrheit der Lehrer, die nicht vorrangig an Noten orientiert ist, stellt heraus, auch verhaltens- und persönlichkeitsbezogene Merkmale in ihre Entscheidungssituation einzubeziehen. Vor allem bei Extremfällen scheinen diese Aspekte eine Rolle zu spielen:

> Das spielt auf jeden Fall sehr mit rein. Ich hatte im letzten Jahrgang ein Kind, das sehr gut war, aber vom Sozialverhalten katastrophal [...]. Das Kind konnte sich nicht

Ergebnisse 109

in die Klassengemeinschaft einfügen, hat immer aus dem Rahmen getanzt und ständig die ganze Aufmerksamkeit des Lehrers im Endeffekt beansprucht. Solche Sachen werden dann schon mit abgebildet. (BY, 4012, W1)

Die Aussagen der Lehrkräfte weisen darauf hin, dass durch die Berücksichtigung dieser persönlichkeitsbezogenen Kriterien die Noten als Kriterien für ihre Empfehlung nicht ihr Gewicht verlieren. Letztere bilden die Grundlage, wobei Sozialverhalten bzw. Charakterzüge eines Kindes ergänzend hinzugezogen werden und letztlich den Ausschlag geben können:

> Ich habe auch Kinder, die zwischen vier und fünf stehen, wo ich aber bei der einen sage, vom Charakter und Sozialverhalten super, der Traum eines jeden Arbeitgebers. Aber ich kann sie natürlich trotzdem nicht für das Gymnasium empfehlen, weil ich genau weiß, das schaffen sie vom Intellektuellen nicht. Aber gut, am Rande und bei diesen Grenzfällen, da zählt es natürlich. (BY, 1102, W1)

Einige Lehrer äußern explizit, dass das Sozialverhalten bereits bei der Leistungsbewertung einbezogen wird und auf diese Weise „vorgeschaltet" eine Rolle für die Empfehlung spielt:

> Das Sozialverhalten ist das, womit sich viele Kinder ihre Noten insgesamt kaputt machen. Und von daher schlägt sich das in die Noten [...] und auch in der Empfehlung nieder. (HE, 6012, W1)

Neben diesen verhaltensbezogenen Kriterien wird auch die Lernentwicklung der Schüler als Kriterium genannt, das neben den Noten bei der Formation ihrer Empfehlung eine Rolle spielt. Insbesondere die hessischen Lehrkräfte betonen die Berücksichtigung der Lernentwicklung bei ihrer Entscheidungsfindung, aber auch einige bayerische Lehrkräfte beziehen diesen Aspekt ein, um ihre Entscheidung auf umfangreichere Informationen stützen zu können:

> Ich schaue mir meine Aufzeichnungen an, meine Karteikarten, was ich an Bemerkungen über das Kind gesammelt habe über die zwei Jahre oder über das letzte Jahr, wie hat es sich entwickelt und was denke ich, wird dann wohl das Richtige sein. (BY, 2023, W1)

Allerdings geben einzelne Lehrer auch offen zu, die Lernentwicklung bei der Formation ihrer Empfehlung unberücksichtigt zu lassen:

> Das mit der Lernentwicklung ist zwar schön und gut immer, aber ich denke, das wird einfach nicht so berücksichtigt. Es kann nicht so berücksichtigt werden, weil wir ja die Kinder in eine andere Schule entlassen. Wir können ja nicht auf unsere Empfehlung schreiben, das Kind hat sich von einem Fünferschüler zu einem Viererschüler entwickelt. Das geht bestimmt jetzt weiter, dass es nächstes Jahr Dreier hat, oder so. (HE, 6033, W1)

Neben den bereits genannten Einflussgrößen spielen auch die wahrgenommenen Unterstützungsmöglichkeiten durch das Elternhaus bei der Empfehlung eine Rolle. Die meisten Lehrer, die nicht ausschließlich an den Noten orientiert sind, geben an, auch den familiären Hintergrund bei ihrer Empfehlung zu berücksichtigen. Die Relevanz des familiären Hintergrundes für die Entscheidungsfindung wird teilweise vorsichtig angesprochen:

> Ich fühle mich natürlich wohler, wenn ich weiß, es sind z.b. Akademikereltern da, die dem Kind am Nachmittag einfach mal mit Rat und Tat zur Seite stehen können. Aber letztendlich ist es nicht entscheidend. Wie gesagt, es ist ein gutes Gefühl zu wissen, dass jemand da ist, damit fällt natürlich einiges schon leichter. Insoweit spielt es vielleicht im Hinterkopf eine kleine Rolle. (BY, 3011, W1)

Andere Lehrkräfte stehen offen dazu und äußern explizit, dass sie sich bei ihrer Entscheidungsfindung am familiären Hintergrund orientieren. Besonders im Hinblick auf eine gymnasiale Schulform sind in den Augen der meisten Lehrkräfte ein hohes Bildungsniveau der Eltern zur häuslichen Unterstützung oder finanzielle Ressourcen zur Finanzierung von Nachhilfe notwendig, um die Anforderungen dieser Schullaufbahn erfolgreich bewältigen zu können:

> Ich denke, es sollte wohl nicht so sein, aber die Realität ist so. Die Kinder brauchen Unterstützung. Wenn es ein Kind ist, das es z.B. auch alleine schafft, dann habe ich keinerlei Bedenken, auch wenn die Eltern nicht helfen. Dann ist es ja egal. Aber bei den meisten ist es so, dass man sich Gedanken macht. Da spielt das schon eine Rolle, ob die Eltern unterstützen können oder ob sie die finanziellen Möglichkeiten haben, eine Unterstützung zu bieten. Auf alle Fälle. (BY, 3092, W1)

Neben den Empfehlungskriterien, welche die Lehrer in der Regel ihrem Entscheidungsprozess zugrunde legen, wurde auch explizit ihr Umgang mit Schülern erhoben, deren Leistungen den Grenzwerten zwischen zwei Schulformen entsprechen. Darauf wird im folgenden Abschnitt eingegangen.

Zum Umgang mit „Grenzfällen"

Während im Rahmen des ersten Interviews allgemein erhoben wurde, an welchen Kriterien sich die Lehrer bei ihrer Entscheidungsfindung orientieren, wurde zum zweiten Erhebungszeitpunkt explizit ihr Umgang mit „Grenzfällen" im Entscheidungsprozess angesprochen. Es wurde davon ausgegangen, dass erst in den Fällen, in denen die Kriterien der Entscheidungsfindung zunächst nicht eindeutig genug sind, eine besonders herausfordernde Entscheidungssituation im Sinne einer komplexen Abwägung aus Sicht der Lehrkräfte zustande kommt (vgl. Kap. 3.1.2). Daher bestand ein weiteres Ziel der Analyse darin, den Umgang der Lehrkräfte mit so genannten „Grenzfällen" nachzuzeichnen, d.h. mit Schülern, deren Leistungsprofil zunächst keine klare Zuordnung zu einer Schulform ermöglichte. Während wiederum anfangs offen gefragt wurde, welche Faktoren die Lehrkräfte für ihre Entscheidung in diesen Fällen heranziehen, wurden im Anschluss die verschiedenen Kriterien einzeln thematisiert, um eine Vergleichbarkeit der Interviews zu gewährleisten.

Als wesentliche Orientierungsgrößen stellen die Lehrkräfte in ihren Aussagen das Arbeitsverhalten sowie leistungsbezogene Kriterien, wie die mündlichen und schriftlichen Leistungen bzw. die Noten, heraus. Hinsichtlich der arbeitsbezogenen Kompetenzen nennt die Mehrheit der Lehrer den Lernwillen, die Zielstrebigkeit sowie das Interesse des Kindes, was in „Grenzfällen" ausschlaggebend für ihre Entscheidung ist:

> Die Arbeitshaltung ist für mich das A und O. Wenn das Kind von den Noten her kippelig ist, also wenn es z.B. viele Dreier in Deutsch hat, wo man sagt, okay, das ist nicht so das Wahre, […] ich aber dann sehe, das Kind will etwas erreichen, […] möchte etwas leisten und arbeiten, es ist am Unterrichtsgespräch interessiert und beteiligt, dann sage ich schon, ja okay, es kriegt die Empfehlung. (BY, 3152, W2)

Die Motivation und der Leistungswille gelten in den Augen der meisten Lehrkräfte als bedeutendes Fundament für ein erfolgreiches Durchlaufen der anspruchsvolleren weiterführenden Schulformen. Neben der Leistungsbereitschaft und Motivation eines Schülers werden auch Selbstständigkeit, Ausdauer, diszipliniertes und konzentriertes Arbeiten als bestimmende Entscheidungsmomente genannt:

> Für mich sind nicht unbedingt die Noten ausschlaggebend, sondern die Arbeitshaltung und die Neugierde, die Motivation, die Ausdauer der Kinder und das Konzentrationsvermögen. Auch die Hausaufgabensituation und die Disziplin, was das Lernen betrifft, spielt eine Rolle. (BY, 1132, W2)

Darüber hinaus beziehen einige Lehrkräfte die Arbeitshaltung auch auf die Zuverlässigkeit und Gewissenhaftigkeit, mit der die Hausaufgaben erledigt werden. Die regelmäßige Bearbeitung der häuslichen Aufgaben stellt für einen Teil der Lehrkräfte die Voraussetzung für eine erfolgreiche höhere Sekundarschullaufbahn dar und wird letztlich als entscheidendes Kriterium berücksichtigt:

> Der Junge, bei dem ich mich für die Realschule und nicht für das Gymnasium entschieden habe, hat in 50 Prozent der Fälle keine Hausaufgaben und das ist für mich keine Voraussetzung für ein Gymnasium. Ich weiß, wie es auf dem Gymnasium ist. Wenn man es schon in der Grundschule nicht schafft, die paar Minuten Hausaufgaben zu machen, dann wird das nichts. Das sind solche ausschlaggebenden Faktoren, finde ich. (HE, 6033, W2)

Neben der Arbeitshaltung werden die Noten als wesentliches Entscheidungskriterium im Umgang mit „Grenzfällen" genannt, wobei einige Lehrkräfte angeben, sich im Zweifelsfall für die bessere Note zu entscheiden. Auffällig ist, dass sie die Relevanz der mündlichen und schriftlichen Noten differenziert sehen und bei ihrer Entscheidung unterschiedlich gewichten:

> Die schriftlichen Noten haben natürlich schon mehr Gewicht, weil man es auch den Eltern gegenüber klarer dokumentieren kann [...]. In Mathematik sind es die Sachaufgaben, die im Schriftlichen gewichtet werden. Kann ein Kind logisch denken, kann es strukturieren, kann es komplexe Probleme angehen? Und das wird es wohl müssen, wenn es in das Gymnasium geht. Im Sprachlichen sind es die Aufsätze und teilweise Diktate. Kann sich ein Kind sprachlich verständlich ausdrücken, hat es Phantasie, ist es originell, ist es kreativ? (BY, 3152, W2)

Die Ausführungen weisen darauf hin, dass die schriftlichen Leistungen für ihre Empfehlung maßgeblich sind, wohingegen die mündlichen Noten weniger berücksichtigt werden. In mehreren Äußerungen der Lehrkräfte wird deutlich, dass sie die mündliche Leistung als uneindeutig und wenig verbindlich für die Empfehlung beurteilen. Stattdessen ist in den Aussagen erkennbar, dass die Lehrer die Leistungen der mündlichen Mitarbeit in die Bewertung der Arbeitshaltung einfließen lassen:

> Eine mündliche Note ist eigentlich der Tropfen auf den heißen Stein, der reißt nicht groß was raus. Das Entscheidende sind die schriftlichen Noten. Und das andere, was ich für die Empfehlung heranziehe, ist, ob das Kind gut mitmacht, gut mitarbeitet, fleißig und zügig arbeitet. Das ist das, was in das Arbeitsverhalten mit reinspielt. (BY, 4012, W2)

Die Schilderungen der Lehrkräfte verdeutlichen auch, dass für eine Empfehlung in „Grenzfällen" häufig nicht nur ein einziges Kriterium ausschlaggebend ist. Für die Mehrheit der Lehrer ist bei ihrer Entscheidung letztlich das Zusammenspiel von Arbeitshaltung sowie schriftlicher Leistungen entscheidend. Dabei werden die Einflussgrößen nicht bei allen Kindern in gleicher Weise berücksichtigt, sondern überwiegend individuell in Abhängigkeit vom jeweiligen Leistungsprofil des Schülers. Die folgende Äußerung macht deutlich, dass die Lehrkraft in einem Fall die kognitiven Fähigkeiten des Kindes als Entscheidungskriterium anlegt, während bei den anderen Fällen die Arbeitshaltung und der Leistungswille den Ausschlag geben:

> In dem einen Fall habe ich mich trotzdem für das Gymnasium entschieden, weil sie einfach ein logisches Verständnis hat und sich das erarbeiten kann, sie braucht nur ein bisschen länger Zeit. Der Bereich Rechtschreibung ist zwar schwach, aber ich denke, das ist ja nicht alles, sie kann da mit Mathe ganz viel ausgleichen. Aber da habe ich lange überlegt. [...] Bei den anderen beiden Fällen war hauptsächlich das Arbeitsverhalten der ausschlaggebende Punkt, wo ich gedacht habe, okay, die sind so von den Noten in Mathe, Deutsch, Sachunterricht zwischen Gymnasial- und Realschulkind und auch von der Auffassungsgabe her. Dann habe ich beim Arbeitsverhalten gesehen, dass sie eigentlich kein Interesse haben und alles von den Eltern aufgedrückt bekommen. Sie müssen die Hausaufgaben machen, sie müssen lernen, aber sie wollen das nicht von sich aus. Da habe ich gesagt, sie sind wahrscheinlich

Ergebnisse 113

auf der Realschule erst einmal besser aufgehoben, bis sich der Leistungswille ein bisschen mehr zeigt. (HE, 7041, W2)

Das Zusammenwirken und die Abwägung mehrerer Einflussgrößen, die letzten Endes zu einer Entscheidung führen, werden auch in folgender Äußerung deutlich. Wenn die Noten kein eindeutiges Bild abgeben, werden weitere Kriterien wie Arbeitshaltung, eigenständige Denkleistung des Kindes sowie Charakterzüge in die Überlegungen einbezogen:

> Es geht fast immer um die Arbeitbereitschaft des Kindes. [...] Dann fließt aber auch ein, wie die Denkleistung des Kindes ist, wie es mit Problemen umgeht, ob es schnell resigniert oder sich eigene Lösungswege sucht. Diese Faktoren zusammen geben dann ein relativ klares Votum, wobei das sehr unterschiedlich sein kann. Wir haben Kinder, in denen eine Menge Potenzial steckt, aber das Arbeitsverhalten so niedrig ist, dass gar nicht daran zu denken ist, dass sie es schaffen werden. Umgekehrt gibt es auch Beispiele. Dann muss man versuchen zu ermessen, ist es erweiterungsfähig, d.h. lässt sich ein Kind motivieren oder wird es schnell resignieren, und daraus ergibt sich die Empfehlung. So eindeutig ist es ganz selten. (HE, 6012, W2)

Neben der Arbeitshaltung sowie den mündlichen und schriftlichen Leistungen wurde auch die Relevanz weiterer Kriterien thematisiert. So äußern einige Lehrer die Tendenz, die Entscheidung an die Eltern zu übertragen und sich bei ihrer Empfehlung am Elternwunsch zu orientieren:

> Wo es Zweifel gibt, müssen die Eltern das selbst wissen. Man kann wirklich nur etwas raten nach dem Gefühl, was man im Moment hat. Gerade auch mit zehn Jahren, die Kinder ändern sich noch sehr und entwickeln sich weiter, manche machen auch noch später einen Sprung. (HE, 5081, W2)

Demgegenüber stellt etwa die Hälfte der Lehrer heraus, dass der Wunsch der Eltern bei der Formation ihrer Entscheidung, auch bei „unklaren" Fällen, keine Rolle spielt:

> Für meine Empfehlung spielt der Wunsch der Eltern keine Rolle. Ich denke, ich bin ja dafür da, um mit denen zu reden, weil ich ja darstelle, wie ich das Kind sehe und was ich vom Kind halte. (BY, 3092, W2)

Die in den Äußerungen einiger Lehrkräfte spürbare Verunsicherung und Ungewissheit, mit ihrer Empfehlung eine verlässliche Prognose abgeben zu können, bewegt sie dazu, nicht nur den Elternwunsch, sondern auch die Präferenz des Kindes in „Grenzfällen" zu berücksichtigen. Dagegen wird von der Mehrheit der Lehrer eingewendet, dass die Wünsche der Kinder nicht berücksichtigt werden dürften. Ihrer Meinung nach sind diese zu stark von den Eltern beeinflusst und selbst noch zu jung, um die Erwartungen und Anforderungen der weiterführenden Schulen überblicken zu können.

Nicht nur die Wünsche der Eltern und Kinder, sondern auch das Bildungsniveau der Eltern sowie ihre Unterstützungsmöglichkeiten fließen bei „unklaren" Fällen in die Entscheidung einiger Lehrkräfte ein. Für die Mehrheit dieser Lehrer ist die Reaktion der Eltern auf ihre Empfehlung entscheidend sowie ihre Einschätzung, inwieweit die Eltern ihr Kind bei Misserfolgserlebnissen auffangen und hinsichtlich der Lerninhalte unterstützen können.

Daneben wird von fast der Hälfte der Lehrkräfte in „Grenzfällen" auch die individuelle Lernentwicklung der Schüler berücksichtigt. Insbesondere die hessischen Lehrer betonen diesen Aspekt, da sie die Kinder in der Regel die gesamte Grundschulzeit, über vier Jahre hinweg, unterrichten. Darüber hinaus sind für einige Lehrer letztlich das Sozialverhalten, Charakterzüge und die emotionale Stabilität der Schüler ausschlaggebend, selbst wenn die Noten in eine andere Richtung weisen:

> Letztes Jahr hätten wir ein Kind von den Noten her auf das Gymnasium schicken müssen. Aber das Kind hat Tiefen erlebt, hatte kein Selbstbewusstsein, ist weinend morgens in die Schule gekommen, wenn wir Arbeiten geschrieben haben, so dass wir mit den Eltern gesprochen haben. [...] Das haben die Eltern dann auch so gesehen und haben das Kind auf die Realschule geschickt. (HE, 8011, W2)

Andere Lehrkräfte berichten von ähnlichen „Grenzfällen". Obwohl aufgrund der Noten der Übergang auf eine weiterführende Schulform möglich ist, lassen Sozialverhalten und Charakterzüge der Kinder die Lehrer zweifeln, ob sie die weiterführende Schulform ohne Probleme durchlaufen werden. In der folgenden Äußerung sind die Persönlichkeitseigenschaften letztlich zwar nicht ausschlaggebend, fließen aber dennoch in die Abwägung der Entscheidungssituation ein:

> Im Prinzip haben sie die Leistungen dazu, dass der Übertritt jetzt klappt, aber ich weiß nicht, wie selbstständig sie sind. [...] Bei dem einen Kind ist es so, dass es total unsicher, zurückhaltend und schüchtern ist und sich verrückt macht und Panik schiebt vor Proben. Ich weiß nicht, ob die mit dem Druck fertig wird. (BY, 3092, W2)

Dagegen haben für knapp die Hälfte der Lehrkräfte Persönlichkeitseigenschaften und Charakterzüge nichts mit ihrer Übergangsempfehlung zu tun, so dass sie diese Entscheidungsmomente unberücksichtigt lassen.

Über diese explizit thematisierten Kriterien hinaus wurden von den Lehrkräften weitere Aspekte angesprochen, die für sie in „Grenzfällen" ausschlaggebend sind. Unabhängig von den mündlichen und schriftlichen Leistungen ist die Orientierung der Lehrer an den kognitiven „Reserven" der Schüler auffällig. Dies impliziert insbesondere das Hinterfragen der Noten in den Hauptfächern. Während manche Schüler aufgrund höchster Anstrengung und häuslicher Übung Zweien in den Hauptfächern aufweisen, gelangen andere ohne Mühen und zusätzliche Unterstützung zu den gleichen Noten. In „Grenzfällen" rücken daher Ursachenzuschreibungen für die erbrachten Leistungen in den Vordergrund:

> Ich habe natürlich Kinder mit dem gleichen Schnitt. […] Wenn ich sehe, dass manche nur durch Auswendiglernen und viel Fleiß auf ihre Zweier kommen, haben sie es auf dem Gymnasium natürlich viel schwerer als jemand, der einfach die Auffassungsgabe und Verständnis für solche Sachen hat. Die haben es dann natürlich viel leichter. (HE, 7041, W2)

Die Ungewissheit, inwieweit das Kind bereits mit den Anforderungen in der Grundschule an seine Grenzen gestoßen ist oder in der Lage wäre, noch mehr zu leisten, spielt stark in die Abwägungen der Lehrkräfte hinein:

> Arbeitsverhalten und ein Stück Reserve sind das Wichtigste. Eine Reserve, die man mitbringt, wo man sich noch steigern kann. [...] Die Frage ist, hat das Kind noch Potenzial? Ist es mit dem Übertritt schon am Limit und nur mit Hilfe der Eltern angekommen, oder hat es noch Potenzial? (BY, 4111, W2)

Neben dem kognitiven Potenzial der Kinder werden vor dem Hintergrund der gestiegenen Anforderungen aufgrund des achtjährigen Gymnasiums von einzelnen Lehrkräften die psychische Verfassung und emotionale Stabilität der Kinder als ausschlaggebende Entscheidungsaspekte genannt. Ebenso werden Frustrationstoleranz und die Fähigkeit, Misserfolgserlebnisse zu bewältigen, angeführt. Auch die Frage, ob bereits Geschwisterkinder eine höhere weiterführende Schule besuchen, ist für manche Lehrkräfte bei ihrer Entscheidung relevant, da dies Auskunft über die Informiertheit der Eltern hinsichtlich der weiterführenden Schulformen gibt. Eine Lehrkraft führt darüber hinaus die Bedeutung des Aussehens eines Kindes für ihre Entscheidung an:

> Wenn ein Kind z.B. auf 2,5 steht und es macht im Unterricht richtig mit […] und sieht immer gut und ordentlich aus, dann gibt es ein Lob, also einen Pluspunkt. Mehr Möglichkeiten habe ich nicht. (BY, 2021, W2)

Eine andere Lehrkraft lässt die körperliche Entwicklung der Kinder, die gegenüber ihren Klassenkameraden weit zurück sind, in ihre Überlegungen und Abwägungen einfließen. Aufgrund der kognitiven Fähigkeiten der Kinder ist dieser Aspekt für ihre Entscheidung letztlich jedoch nicht ausschlaggebend:

> In meiner Klasse hatte ich zwei Kinder, die die zweite Klasse übersprungen haben. Da merkt man deutlich, dass die vom Körperlichen den anderen Kindern sehr unterlegen sind. Sie sind sehr klein und zierlich. […] Das ist ein Problem, wenn das Kind auf das Gymnasium geht. Die langen Wege, ständig den Weg von einem Klassenzimmer in das andere, und an alle Schulsachen denken. Andererseits, wenn ich so ein Kind, das wirklich geistig fit ist, an die Hauptschule stecke, bloß damit es sich noch ein Jahr körperlich entwickeln kann, dann setze ich natürlich auch nicht unbedingt positive Grundsätze. […] Aber das Problem war einfach die körperliche Reife,

und deswegen spielt dieses Entwicklungsmäßige schon eine große Rolle. (BY, 4012, W2)

Von dem Vorgehen, bei allen Schülern zur Absicherung ihrer Leistungsbeurteilung am Ende der vierten Klasse psychologische Testverfahren durchzuführen, die insbesondere bei „Grenzfällen" die Entscheidung beeinflussen, berichtet eine weitere Lehrkraft. Bei den eingesetzten Testverfahren handelt es sich um den kognitiven Fähigkeitstest (KFT) sowie den Allgemeinen Schulleistungstest (AST) für vierte Klassen:

> Im Januar haben wir diesen AST und KFT gemacht, das sind Tests, die wir machen, um einfach zu sehen, passt das zu dem Bild, das wir haben oder nicht. [...] Die haben wir für uns als Sicherheit eingeführt. Wir haben zwar hier die Noten und denken, es müsste passen, aber so sieht man einfach, ob es Fleiß oder das Denkvermögen ist. Das beruhigt uns bei der Entscheidung. (HE, 8011, W2)

Weiterhin betont ein Teil der Lehrkräfte bei unklaren Fällen die Abstimmung der Lehrkräfte im Rahmen der Klassenkonferenz, die letztlich zu einer Entscheidung führt. Eine weitere Möglichkeit des Umgangs mit „Grenzfällen", die nahezu alle hessischen Lehrkräfte äußern, besteht darin, eine Entscheidung nach der vierten Jahrgangsstufe zu vermeiden, indem sie eine Empfehlung für die integrierte Gesamtschule aussprechen:

> Ich mache das ganz clever, dann nehmen wir die integrierte Gesamtschule. Da muss man sich nicht für einen Schulzweig entscheiden. Das ist eigentlich eine sehr schöne Lösung. (HE, 5113, W1)

6.1.2.2 Empfehlungsverhalten gegenüber den Eltern

Ich denke, es ist immer auch eine Frage, wie man selber damit umgeht, ob man das lockerer sieht oder ob man da so ganz strikt ist. (BY, 3092, W2)

Neben den Kriterien, die die Lehrkräfte bei der Herausbildung ihrer Empfehlung berücksichtigen, weisen sie bezüglich ihres Empfehlungsverhaltens gegenüber den Eltern Unterschiede auf. Das Empfehlungsverhalten wurde nicht direkt erfragt, sondern im Verlauf des Auswertungsprozesses als relevante Dimension erarbeitet. Die Analyse des Fallvergleichs ergab, dass die Lehrer unabhängig von den bundeslandspezifischen Regelungen ein differentes Empfehlungsverhalten zeigen. Obwohl sie ihrer Entscheidungsfindung ähnliche Kriterien zugrunde legen, messen sie der Verbindlichkeit ihrer Empfehlung eine unterschiedliche Bedeutung bei und vertreten sie gegenüber den Eltern in unterschiedlicher Weise. Eine Gruppe der Lehrkräfte zeichnet sich dadurch aus, dass sie sich im Anschluss an ihren Entscheidungsprozess auf eine Empfehlung festlegt. Da diese Lehrer ihre Empfehlung auch trotz gegenteiliger Elternpräferenz beibehalten, kann ihr Empfehlungsverhalten als „restriktiv" bezeichnet werden. Dabei handelt es sich ausschließlich um Situationen, in denen Eltern die höhere Schullaufbahn für ihr Kind durchsetzen möchten, die Lehrkräfte aber ihre Empfehlung für die niedrigere Schulform gegen den Wunsch der Eltern aufrechterhalten.

Im Gegensatz zu diesem restriktiven Vorgehen ist für andere Lehrer ein flexibles Empfehlungsverhalten kennzeichnend. Diese lassen sich von den Elternwünschen und deren Ansprüchen beeinflussen, indem sie ihre Empfehlung noch einmal überdenken und häufig – sofern sie es verantworten können – im Sinne der Elternwünsche korrigieren. Diese „flexiblen" Lehrkräfte empfehlen in Zweifelsfällen die höhere Schulform bzw. geben in Konfliktfällen der Elternpräferenz nach. Die hessischen Lehrer unter ihnen legen bei Nichtübereinstimmung zwischen Lehrerempfehlung und Elternwunsch keinen Widerspruch ein. Auch die bayerischen Lehrer mit einem solchen Empfehlungsverhalten haben nicht den Anspruch, über die weitere Schullaufbahn des Kindes zu entscheiden, sondern sehen sich im Übergangsprozess in einer Beratungsfunktion, wobei sie ihren pädagogischen Freiraum betonen. Während die Lehrer in Bayern teils ein restriktives und teils ein flexibles Empfehlungsverhalten zeigen, gehen die hessischen Lehrer überwiegend restriktiv mit ihrer Empfehlung um.

Flexibles Empfehlungsverhalten

Die Äußerungen der Lehrkräfte mit einem flexiblen Empfehlungsverhalten weisen darauf hin, dass sie bei der Leitungsbewertung den Kindern entgegenkommen und ihnen – insbesondere dann, wenn deren Leistungen den Grenzwerten zwischen zwei Schulformen entsprechen – eine höhere Schullaufbahn nicht verwehren. Außerdem vertreten diese Lehrer die Ansicht, dass die letzte Verantwortung über den weiteren Bildungsweg bei den Eltern liegt und daher auch sie diejenigen sein sollten, die über die Schullaufbahn ihres Kindes entscheiden. Bemerkenswerter Weise sind auch einige der bayerischen Lehrkräfte dieser Meinung, obwohl deren rechtliche Vorgaben dem Elternwillen nur wenig Entscheidungsbefugnis zugestehen:

> Mir ist der Elternwille wichtiger, muss ich sagen. Weil ich kenne das Kind nur über zwei Jahre, die Eltern kennen es doch länger, wissen vielleicht auch besser, was sie dem Kind zutrauen können, und ich möchte eigentlich keinem Kind im Wege stehen. (BY, 3092, W1)

Andere Lehrkräfte mit einem flexiblen Empfehlungsverhalten betonen zusätzlich ihren pädagogischen Freiraum bei der Entscheidung. Wenn sich Auseinandersetzungen mit den Eltern anbahnen, wird „zu Gunsten des Kindes" entschieden, so dass in der Regel keine Konflikte zwischen Lehrern und Eltern entstehen. Als Argument führen diese Lehrkräfte ihre eigene Unsicherheit an:

> Es kann ja sein, dass ich mich täusche. Ich will die Zukunft des Kindes nicht verbauen. An einem oder zwei Zehntel soll es ja nicht liegen. Kann ja sein, dass er an einem Probetag einen schlechten Tag hatte. Das muss man ja auch mal berücksichtigen. Oder dass die Probearbeit immer nahe bei der besseren war. [...] Ein bisschen pädagogischer Freiraum muss schon da sein. (BY, 3141, W1)

Während in dieser Aussage deutlich wird, dass der Lehrer die Empfehlung im Nachhinein zugunsten des Kindes modifiziert, berichten andere Lehrkräfte davon, dass sie dem Druck der Eltern nachgeben und bereits im Vorhinein die Noten anpassen, damit diese zu der gewünschten Empfehlung führen. Weitere Lehrkräfte haben die Zukunft der Kinder bzw. ihre Berufsaussichten im Blick und versuchen, eine Hauptschullaufbahn für sie zu vermeiden. Außerdem versuchen sie, die Anforderungen der Klassenarbeiten in der vierten Klasse gering zu halten, um die höchstmögliche Empfehlung, die bei dem jeweiligen Leistungsprofil in Frage kommt, abgeben zu können:

> Warum soll ich die Anforderungen in den Probearbeiten hochschrauben auf Kosten der Kinder? Dann bin ich doch so, ach komm, sollen sie gehen. [...] Oder wenn ich auch sehe, wie das weitergehen würde mit den Kindern, die dann an die Hauptschule gehen. Das muss man ja auch irgendwie berücksichtigen. (BY, 2021, W2)

Ihre Anpassung der Empfehlung an die Ansprüche der Eltern führt bei den bayerischen Lehrern zu einer geringeren Anzahl an Auseinandersetzungen, während ihre hessischen Kollegen das Einlegen des Widerspruchs gegen die Entscheidung der Eltern vermeiden.

In den Äußerungen hinsichtlich des Empfehlungsverhaltens lassen sich auch Widersprüchlichkeiten finden. Die Aussagen der Lehrer zu ihren Einstellungen decken sich nicht immer mit den Schilderungen ihres Handelns in konkreten Situationen. In den folgenden Ausführungen berichtet die Lehrkraft von einem Fall in der Vergangenheit, bei dem sie flexibel mit ihrer Empfehlung umgegangen ist und auf das Drängen einer Mutter die höhere Schulform empfohlen hat. Im Nachhinein hat sich diese Empfehlung als falsch herausgestellt und das flexible Empfehlungsverhalten wurde von der Lehrkraft selbstkritisch bewertet:

> Ich habe es einmal gemacht, das ist schon Jahre her, da hat mich die Mutter sehr bekniet für das Gymnasium. Sie hat gesagt, ‚geben Sie ihr doch die Note', und da habe ich es gemacht. Das Kind hat dann [...] nach der sechsten Klasse wieder auf die Realschule gewechselt. Ich dachte, siehst du, wärst du bei deiner Empfehlung geblieben und hättest nicht das berühmte Auge zugedrückt. Es wäre besser gewesen. (BY, 2021, W1)

Trotz dieser Erfahrung und der negativen Beurteilung des eigenen Handelns zeigt die Lehrkraft keine Veränderung ihres Verhaltens und beschreibt zum zweiten Interviewzeitpunkt wiederum ein flexibles Empfehlungsverhalten:

Meine Entscheidungen gingen letztlich zu Gunsten der Kinder. Wenn es halbwegs ging, habe ich die Noten so gegeben, dass sie ohne den Probeunterricht gehen konnten. (BY, 2021,W2)

Restriktives Empfehlungsverhalten

Von der Gruppe der Lehrkräfte mit einem flexiblen Empfehlungsverhalten lassen sich die Lehrer unterscheiden, deren Aussagen auf einen restriktiven Umgang mit ihrer Empfehlung hinweisen. Anders als die „flexiblen" Lehrer zeigen sich diese Lehrkräfte in ihrem Verhalten von den Wünschen und Ansprüchen der Eltern unbeeindruckt und behalten ihre Empfehlung für die niedrigere Schulform bei. Die hessischen Lehrer unter ihnen legen bei Nichtübereinstimmung zwischen Elternwille und Lehrerempfehlung, sofern sie die Elternpräferenz nicht verantworten können, einen Widerspruch ein:

> Ich sehe das als sehr problematisch an, weil die Kinder in diese Laufbahn treten und wir große Bedenken haben, wie die das schaffen sollen. Bei manchen war es ziemlich eindeutig, dass wir da nicht gerne zugestimmt haben. […] Wir müssen immer schriftlich formulieren, warum wir Widerspruch einlegen. Das heißt, die Eltern haben etwas gewünscht, was die Konferenz der unterrichtenden Lehrkräfte nicht unterstützen kann. Wir zeigen damit, dass wir dem Wunsch der Eltern nicht zustimmen, und das passiert pro Klasse in ein bis zwei Fällen. (HE, 6012, W2)

Die „restriktiven" Lehrer streben ebenso wie die Lehrkräfte, die ein flexibles Empfehlungsverhalten zeigen, nach der bestmöglichen Förderung der Kinder. Allerdings ist ihrer Ansicht nach die bestmögliche Förderung nicht gleichbedeutend mit der Empfehlung für die anspruchsvollste Schulform. Stattdessen orientieren sie sich bei ihrer Empfehlung an der Sekundarschulform, die dem Leistungsprofil des Kindes am ehesten entspricht:

> Das pädagogische Leitbild sollte sein, dass alle Kinder den bestmöglichen Bildungsgang erhalten, und bestmöglich ist das, was am besten zum Kind passt. Die Eltern sind sich oft nicht über die Konsequenzen im Klaren und wollen das Beste für ihr Kind bzw. das, was sie für das Beste halten, nämlich den bestmöglichen Bildungsgang, auch wenn er für das Kind nicht geeignet ist. (HE, 6012, W2)

Diese pädagogische Orientierung impliziert einen ganzheitlichen Blick auf das Kind:

> Ich denke, da muss man so den Blick zurück auf das Kind setzen und auch gucken, wie kann das gefördert werden und was tut meinem Kind wirklich gut? Wie kann es lernen und erfolgreich bestehen, ohne mit Leistungsdruck umgehen zu müssen und daran zu scheitern? (HE, 8011, W1)

Die „restriktiven" Lehrer halten das Schulsystem für nach „oben" durchlässig. Für sie bedeutet die Empfehlung für eine weniger anspruchsvolle Schulform die Möglichkeit, sich im Verlauf der Schulzeit zu verbessern und in eine höhere Schulform zu wechseln. Außerdem haben sie den Anspruch, die Kinder vor Misserfolgserlebnissen und Überforderung zu bewahren:

> Ich bedauere die Kinder, weil ich denke, es kann dem Kind nur schaden, wenn es nur Misserfolge erlebt. Ich habe es selbst auf dem umgekehrten Weg gemacht, ich habe erst die Realschule, dann das Gymnasium gemacht und von meiner Warte aus ist das immer der bessere Weg, weil es ja ein Erfolgserlebnis birgt. […] Mir tun dann immer die Kinder leid, weil ich denke, die haben es schwer. (HE, 7041, W1)

Während ihres Prozesses der Entscheidungsfindung zeigen sich die Lehrkräfte mit einem restriktiven Empfehlungsverhalten nicht von den Wünschen und Ansprüchen der Eltern beeinflusst und sehen sich nicht dazu veranlasst, von ihren Vorstellungen abzuweichen:

> Die Mutter ist stur auf ihrem Wunsch nach dem Gymnasiumszweig stehen geblieben und ich stur auf meiner Realschulempfehlung. Wir haben dann den Zettel ausgefüllt, dass ich nicht damit übereinstimme. […] Ich musste ihr dann noch einmal anbieten, ein Gespräch zu führen, und da haben wir beide gesagt, wir gehen nicht von unseren Vorstellungen ab. Ich habe gesagt, dann müssen wir auch kein Gespräch führen. Wir haben es sowieso schon tot geredet. (HE, 6033, W2)

Wie die andere Lehrergruppe schildern auch die „restriktiven" Lehrkräfte ihre Erfahrungen mit den Eltern, die versuchen, mit ihnen zu verhandeln und ihre Leistungsbewertung anzufechten. Anders als die „flexiblen" Lehrer zeigen sie sich in ihrem Handeln jedoch nicht von den Erwartungen der Eltern beeinflusst. Dadurch lastet ein größerer Druck auf ihnen. Außerdem sind Konfliktsituationen und Auseinandersetzungen mit Eltern keine Seltenheit. Das restriktive Empfehlungsverhalten führt dazu, dass die Lehrer ihre Empfehlung einschließlich der Noten und ihrer Leistungsbeurteilung stärker vor den Eltern rechtfertigen müssen:

> Ich habe mich noch einmal hingesetzt und alle Noten durchgerechnet, denn es hätte ja auch sein können, dass ich einen Rechenfehler gemacht habe. (BY, 1132, W2)

Um ihre Empfehlung vor ihnen verantworten zu können, geben die Lehrer an, sich Unterstützung von Kollegen oder der Schulleitung zu holen. Als Konsequenz auf das Drängen der Eltern und den dadurch entstehenden Rechtfertigungsdruck wird das eigene Empfehlungsverhalten von einigen Lehrern kritisch reflektiert. Denn die für die Lehrkraft entstehenden Kosten im Zusammenhang mit einem restriktiven Entscheidungsverhalten sind hoch, während ein flexibler Umgang mit der Empfehlung eine geringere Belastung für die Lehrer bedeutet.

Ergebnisse

6.1.2.3 Handlungsleitende Kognitionen

Das Ziel der vorliegenden Arbeit besteht darin, das Handeln der Lehrkräfte sowie die zugrunde liegenden subjektiven Zielsetzungen und Überzeugungen im Kontext des Übergangsgeschehens nachzuvollziehen. In der Aufarbeitung des Forschungsstandes wurde auf Lehrerkognitionen eingegangen, denen eine handlungsleitende Funktion zugeschrieben wird (vgl. Kap. 3.3.4). Inwieweit sich diese in den Ausführungen der befragten Lehrer finden ließen und Einfluss auf deren Handeln im Übergangsgeschehen nehmen, wird in diesem Kapitel thematisiert.

Kausalattributionen

In den Schilderungen der Lehrkräfte zur Formation ihrer Übergangsempfehlung erwiesen sich Leistungsattributionen, ihre Erklärungen und Begründungen von leistungsbezogenem Verhalten und deren Auslöser und Konsequenzen, als bedeutsam. Ihr Bemühen wurde deutlich, aus den Leistungen der Kinder Rückschlüsse auf zugrunde liegende Fähigkeiten zu ziehen, um die Leistungsentwicklung einordnen zu können. Dies führt dazu, dass die Mehrheit der Lehrkräfte das Zustandekommen der Noten hinterfragt und bestrebt ist, die Ursachen für die Leistungen der Schüler aufzuklären. Je nachdem, wie die Lehrkräfte die Herausbildung der Noten erklären, kann dies die Entscheidung über die weitere Schullaufbahn eines Kindes positiv oder negativ beeinflussen. Die Mehrheit der Lehrkräfte zieht stabile Faktoren wie Intelligenz, Begabung und häusliche Unterstützung als Ursachen für gute Leistungen heran:

> Ich habe jetzt eine Schülerin, die hat in Heimat- und Sachunterricht die Note Eins, auch in Mathe und Deutsch, weil die Mutter zu Hause sehr viel mit dem Kind arbeitet. Aber andere Kinder, die haben die Note Eins einfach aufgrund ihrer Begabung oder ihren intellektuellen Fähigkeiten. Und beides ist die Note Eins. (BY, 2021, W1)

Die unterschiedlichen Erklärungen, die von den Lehrkräften als Ursache für die Leistungen der Schüler herangezogen werden, wirken sich auf die Einschätzung der Leistungsentwicklung in den weiterführenden Schulformen und damit auch auf die Empfehlung der Lehrkräfte aus:

> Man weiß nicht, ob sie schon am Maximum angelangt sind durch den Drill der Eltern daheim und durch das ständige Wiederholen und durch ständiges Arbeiten und Lernen, dass ich dann schon Bedenken habe, ob sie noch eines draufsetzen können oder ob sie dann scheitern. Deswegen habe ich versucht, die Eltern zu noch einem Jahr Hauptschule zu überzeugen. (BY, 4012, W2)

Die kognitiven Fähigkeiten und die Intelligenz der Schüler werden von den Lehrkräften übereinstimmend als stabile Ursachen angesehen und als Voraussetzung für eine anspruchsvolle höhere Schullaufbahn bewertet. Da gute Noten auch aufgrund auswendig gelernter Inhalte sowie durch variable Faktoren, wie Fleiß oder Interesse, zustande kommen können, kann dies zu einem Spannungsverhältnis zwischen Noten und tatsächlicher Denkleistung bzw. kognitiven Fähigkeiten führen. Mehrere kritische Reflexionen der Lehrkräfte machen deutlich, dass sie dieses Spannungsverhältnis wahrnehmen und sich der Problematik bewusst sind:

> Das Kind ist sehr fleißig, aber es ist sehr wenig eigene Denkleistung vorhanden. Es soll nun auf das Gymnasium und da befürchte ich, dass das nicht lange halten wird. Den Eltern klar zu machen, dass dieses Kind zwar in der Grundschule gute bis sehr gute Leistungen hat, aber dass das alles eingeübte Sachen sind und dass man im Gymnasium von mehr ausgehen muss, das kann man eigentlich nur in einem Gespräch vermitteln. (HE, 6012, W2)

Die Schwierigkeit, die Empfehlung vor den Eltern zu rechtfertigen, wenn die Noten nicht die angenommenen tatsächlichen kognitiven Fähigkeiten des Kindes abbilden, wird auch in der folgenden Ausführung deutlich:

> Es gibt einfach Kinder, bei denen ich genau weiß, da machen die Eltern daheim viel mit ihnen, aber die Kinder haben eine beschränkte Kapazität. Das den Eltern klar zu machen und zu sagen: ‚Ihr Kind tut und macht, und das ist prima. Es ist eifrig und fleißig, aber das ist nicht alles, was für das Gymnasium reicht, sondern es gibt noch andere Qualifikationen und das schafft Ihr Kind nicht.' Das zu akzeptieren ist für Eltern schwer und für Lehrer ist es schwer, das rüberzubringen. [...] Die Kinder sind oft sehr willig und sehr anstrengungsbereit, aber da ist einfach eine Kapazitätsgrenze vorhanden. (BY, 1102, W1)

In den Ausführungen der Lehrkräfte wird erkennbar, dass ihre Prognose deutlich positiver ausfällt, wenn sie stabile Faktoren als Ursachen für die Leistungen ansehen, als wenn sie diese auf variable Einflüsse zurückführen. Sofern intellektuelle Fähigkeiten und die Begabung eines Kindes als Ursache für schwache Leistungen angesehen werden, äußern die Lehrkräfte tendenziell eine negative Erwartung über die weitere Lernentwicklung. Eine geringe Intelligenz und eingeschränkte kognitive Fähigkeiten werden als stabil angesehen, die auch durch Anstrengungsbereitschaft und Fleiß als nicht veränderbar beurteilt werden:

> Die Kinder sind sehr leistungsschwach, aber wahnsinnig fleißig und motiviert. [...] Aber die kriegen das rein intellektuell einfach nicht besser hin. (BY, 2023, W1)

Von den Lehrern werden jedoch nicht nur zeitkonstante Faktoren als Gründe für schwache Leistungen herangezogen. Auch variable Ursachen, wie Glück, Zufall oder Ursachen, welche die schwache Leistung eines Schülers als „einen Ausrutscher" erklären oder diese auf „einen schlechten Tag" des Schülers zurückführen (BY, 3152, W1), spielen eine Rolle. Daneben wird das Arbeitsverhalten eines Schülers als variabel angesehen, das sich im Laufe der Zeit steigern kann:

Ergebnisse 123

Ein Kind, das fit ist, aber sich einfach nicht hinsetzt, würde ich prinzipiell für das Gymnasium geeignet halten, es muss dann lernen, sich hinzusetzen. Aber wenn man vom Geistigen her nicht fit ist, das kann man nicht ändern. Eine Arbeitshaltung kann man aufbauen, aber wenn es im Verstehen langsamer ist, das kann man nicht ändern. (BY, 3092, W1)

Bezugsnormorientierung

Bezugsnormorientierungen der Lehrkräfte werden häufig herangezogen, um die unterschiedlichen Ursachenzuschreibungen von Lehrern für Schülerleistungen zu erklären (vgl. Kap. 3.3.4). Bei Bezugsnormen handelt es sich um Standards, mit denen man ein vorliegendes Resultat vergleicht, wenn man beurteilen möchte, ob eine gute oder eine schlechte Leistung vorliegt (vgl. Rheinberg 1980, 2001). Diese Standards können aus qualitativ verschiedenen Bezugssystemen stammen. Die Aussagen der Lehrkräfte weisen darauf hin, dass sie in erster Linie die Leistungen innerhalb der Schülergruppe miteinander vergleichen, also an einem klasseninternen sozialen Bezugssystem orientiert sind:

Die Klasse, also die Lerngruppe, setzt die Norm, was gut ist und was nicht so gut ist und was sich in der Mitte ansiedelt. Das ergibt dann die Notenbreite. (HE, 6012, W1)

Über die Fehlbeurteilungen, zu denen das klasseninterne Bezugssystem führen kann, sind sich die Lehrkräfte größtenteils bewusst. Je nachdem, ob der Schüler in einer leistungsstarken oder leistungsschwachen Schulklasse ist, kann die gleiche Leistung als „gut" oder „mangelhaft" beurteilt werden (vgl. Ingenkamp 1971). Dies ist hinsichtlich ihrer Empfehlung problematisch, weil von solchen Beurteilungen Berechtigungen über den Zugang zu weiterführenden Schulformen abhängen:

An den Stadtrandschulen haben sie einen ganz anderen Anspruch als bei uns. Die Kinder, die bei uns auf das Gymnasium gehen, hätten am Stadtrand wahrscheinlich überhaupt keine Chance, nicht nur vielleicht, sondern sicher. Aber gleichzeitig, wenn ich die Ansprüche so hoch setzen würde wie am Stadtrand, hätte ich bei meinen normalen Proben einen Schnitt von 5,0. Ich kriege es momentan mit, weil mein eigener Sohn auch in der vierten Klasse ist, am Stadtrand. Ich sehe genau die Parallelen, und das sind einfach zwei Welten. (BY, 1102, W1)

Vor allem die Lehrkräfte an Brennpunktschulen und in leistungsschwachen Klassen mit einem hohen Migrantenanteil berichten von dieser Problematik:

Wir haben hier einen hohen Migrationsanteil, mehr als 85 Prozent. Da sind zum Beispiel Kinder, die aus deutschen Elternhäusern kommen, einfach aufgrund ihrer Sprache im Vorteil, weil sie diese Sprachhandicaps nicht haben. Sie können nur deshalb bessere Noten erreichen, aber nicht, weil sie die Befähigung für einen gymnasialen Bildungsweg haben. (HE, 6012, W1)

Das klasseninterne Bezugssystem wird insbesondere dann zum Problem, wenn der Übergang ansteht und die Lehrer mit ihrer Empfehlung den Weg zu weiterführenden Schulformen ebnen oder versperren. Die Lehrkräfte müssen häufig auf das Spannungsverhältnis zwischen den Noten, die größtenteils auf dem Vergleich innerhalb der Lerngruppe basieren, und der Leistung, die auf den weiterführenden Schulen erwartet wird, reagieren:

> Ich versuche, die Leistungsanforderungen dahingehend zu verändern, dass die Noten nicht zu gut sind, dass man versucht, die Noten so zu machen, dass ein Notenbild nachher herauskommt, was meinem Gefühl auch für die tatsächlichen Leistungen der Kinder entspricht. Es kann daher schon zu einem Leistungsabfall bei manchen Kindern kommen, weil ich weniger Rücksicht auf die Lerngruppe nehme, sondern es ein bisschen mehr anpasse, wie es sein sollte. Das heißt, die Zweien werden etwas seltener, die Mittelgruppe wird stärker, also so soll es ja eigentlich sein. Aber man muss immer versuchen, wie man es hinkriegt, dass die nicht von Anfang an alle Vieren und Fünfen haben. [...] Es ist wirklich eine Realitätsanpassung nach einer gewissen Schonzeit. (HE, 6012, W1)

In einigen Aussagen der Lehrkräfte wird erkennbar, dass durch die soziale Bezugsnorm der gemeinsame Lernzuwachs der Schüler unsichtbar wird. Die Schüler mit schlechten Leistungen haben gleich bleibend „schlechte Leistungen", obwohl auch sie über die Zeit vermutlich einen Lernzuwachs aufweisen. Obgleich sich einige Schüler anstrengen und fleißig sind, bekommen sie konstant schwache Leistungen zurückgemeldet. Die Konsistenz der Urteile liegt darin begründet, dass diese Lehrer gute oder schlechte Leistungen mit zeitstabilen Erklärungen, wie der Fähigkeit oder der Begabung eines Schülers, begründen:

> Die Kinder sind an sich alle lernwillig und vielleicht auch fleißig, aber wenn ich es nicht kann und nicht verstehe, dann nützt mir alles Lernen nichts. [...] Wenn immer nur solche Noten rauskommen, dann liegt es nicht daran, dass ein Kind schlechter drauf war und einmal krank war, sondern es liegt einfach daran, dass die Kinder es nicht können, sie können es einfach nicht. Sie bemühen sich alle, aber sie kapieren es einfach nicht. (BY, 1011, W1)

Neben dem klasseninternen Bezugssystem geben einige Lehrer an, zusätzlich an der individuellen Bezugsnorm orientiert zu sein. Indem im zeitlichen Längsschnitt ein erzieltes Ergebnis daran gemessen wird, was ein Schüler auf diesem Gebiet zuvor erreicht hat, geht der individuelle Lernzuwachs direkt in die Leistungsbeurteilung ein und wird besonders hervorgehoben. Der individuelle Leistungszuwachs wird den Schülern überwiegend in Gesprächen und in Verbalbeurteilungen zurückgemeldet:

> Verbalbeurteilungen sind sehr wichtig, weil man dem Kind gerechter wird und viel aussagekräftiger unterstreichen kann, wie sich das Kind entwickelt hat. Eine Note

stellt eine Zahl dar, und wenn ich in Deutsch eine Drei vergebe, dann steht keine Aussage dahinter, wie gut das Kind lesen kann, rechtschreiben kann, Geschichten erzählen kann und so weiter. [...] Die Entwicklung wird nicht durch die Note ersichtlich, deswegen gucken wir immer, was wir zu dieser Note gerne sagen wollen. Das sagen wir natürlich auch den Kindern, aber wir möchten es auch noch einmal festhalten, weil dadurch klarer ist, wo die Kinder ihre Stärken oder auch ihre Schwächen haben. (HE, 8011, W1)

Anders als bei den Lehrern, die ausschließlich am klasseninternen Bezugssystem orientiert sind, wird sowohl der gemeinsame Lernzuwachs aller sichtbar als auch die Variabilität der individuellen Leistungsentwicklung. Außerdem wird in den Äußerungen dieser Lehrkräfte deutlich, dass sie vorwiegend zeitvariable Faktoren, wie Anstrengung, Fleiß oder aktuelles Interesse, als Ursachen für Schülerleistungen ansehen. Trotz des intraindividuellen Vergleichs einiger Lehrkräfte blenden sie jedoch weder das klasseninterne Bezugssystem noch sachliche Bezugsnormen aus. Denn die Situation des Klassenverbandes sowie die Vergabe von Noten und das Treffen von Übergangsentscheidungen lassen dies ihrer Ansicht nach nicht zu:

Leistung ist etwas, was über einen längeren Zeitraum erbracht wird, wo die Kinder sich Themen auswählen können oder selbst Schwerpunkte setzen können. Das sind so Sachen, wo jedes Kind gute Leistungen bringt, aber jedes Kind auf der Ebene, auf der es sich gerade befindet. Ich habe Kinder, die waren völlig erstaunt, dass man mit Sand den Rost von einem Metallstück lösen kann. Es gibt andere Kinder, die solche Erfahrungen schon im Kindergarten gemacht haben. Für die ist das überhaupt kein Thema mehr, sondern die beschäftigen sich mit anderen Sachen. Das Problem ist nur, dass wir uns anmaßen zu sagen, das ist eine tolle Leistung, das ist keine so tolle Leistung. Eigentlich ist die Leistung von einem Kind, das so Primärerfahrungen macht, auch etwas Tolles, weil diese Kinder solche Erfahrungen nicht haben, das heißt, auf deren Stufe ist das eine tolle Leistung. Aber für den Übertritt kann ich eine solche Leistung natürlich nicht als diese würdigen, was sie eigentlich ist. (BY, 1102, W1)

Die Berücksichtigung der individuellen Bezugsnorm wird zwar von einigen Lehrern als wichtig erachtet, die Mehrheit der Lehrkräfte gibt jedoch an, am intraindividuellen Vergleich weniger orientiert zu sein:

Die individuelle Bewertung findet da eigentlich kaum statt, weil letztendlich müssen sie diesen Schnitt haben, den wir bei dem Übertritt rechtfertigen müssen. An den müssen wir uns halten. [...] Von daher ist mit individueller Bewertung da recht wenig. (BY, 3092, W1)

Von den bereits beschriebenen Realnormen, die auf tatsächlichen Ergebnissen basieren – entweder als Durchschnittsresultat oder als früheres Resultat eines Schülers – lassen sich sog. Idealnormen unterscheiden (vgl. Rheinberg 2001). Der Vergleichsstandard liegt nicht in bereits erbrachten eigenen oder fremden Leistungen, sondern in Anforderungen, die in der Sache selbst liegen. Für solche sachlichen Bezugsnormen, die inhaltlich verankert sind, bildet meist der Lehrplan die Grundlage. Ebenso wie bei der Ausrichtung am klasseninternen Bezugssystem äußert die Mehrheit der Lehrkräfte eine Orientierung an der sachlichen Bezugsnorm. Fast alle Lehrkräfte führen schulinterne Standards bei der Leistungsbewertung oder regional festgelegte Notenschlüssel an. Sie haben insbesondere für die Hauptfächer solche Standards, die festlegen, „wie viel Proben wir ungefähr pro Jahr schreiben und wie das auch gewichtet wird" (BY, 4111, W1).

Andere Lehrkräfte nennen keine schulinternen Standards, sondern orientieren sich an Vorgaben des zuständigen Schulamts oder an Notenschlüsseln des Bayerischen Lehrer- und Lehrerinnenverbandes (BLLV), die sie beispielsweise auf Fortbildungen erhalten haben. Allerdings sind die beschrieben Notenbestimmungen sehr unspezifisch und werden von den Lehrern weniger verbindlich, sondern eher als Orientierung aufgefasst. Die Suche nach einer sachlichen Norm ist zwar bei den Lehrern vorhanden, gleichzeitig bleibt jedoch das klasseninterne Bezugssystem die primäre Orientierungsgröße:

> Wir sprechen das ab. Wir haben zwar so bestimmte Punkteverteilungslisten, aber es besteht noch kein richtiger Konsens. Es wurde jetzt angesprochen bei einer Lehrerkonferenz, dass wir eigentlich einen festen Punkteverteilungsspiegel erarbeiten sollten. Wobei ich nicht so begeistert davon bin, ehrlich gesagt. Weil wir haben jetzt z.B. eine Probe in Sprache geschrieben und haben dann festgestellt – wir haben die alle drei parallel geschrieben –, dass die mit einer Aufgabe alle wahnsinnige Schwierigkeiten hatten. Wenn wir alle den normalen Verteilungspunkterahmen benutzt hätten, dann wäre die Probe viel zu schlecht ausgefallen. (BY, 2023, W1)

Wäre die Notengebung tatsächlich an eine sachliche Bezugsnorm geknüpft, müssten die beurteilenden Lehrkräfte pro Fach, Jahrgangsstufe und Schulform sehr genau informiert sein, was jemand können muss, um ein „ausreichend" oder ein „gut" zu bekommen. Dabei könnte es dann tatsächlich geschehen, dass ganze Schulklassen ein „gut" oder auch ganze Schulklassen, vielleicht auch ganze Schulen eines Schulbezirks nur „mangelhaft" oder „ungenügend" erhielten (vgl. Rheinberg 2001). Solange sachliche Bezugsnormen innerhalb des klasseninternen Bezugssystems angewendet werden und sachliche Bezugsnormen und darauf abgestimmte Messverfahren nicht eindeutig vorgegeben sind, können die Notendefinitionen nur als provisorischer Versuch gelten, Zensuren über solche sachlichen Bezugsnormen zu bestimmen. Dieser Versuch wird in den Ausführungen der Lehrkräfte mehrheitlich erkennbar:

> Die Standards, die es eigentlich gibt, sind nicht festgelegt. Ich kann eine ganz leichte Probe schreiben, wo die Kinder sehr gute Noten bekommen und alle Eltern zufrieden sind, weil die Kinder an das Gymnasium wechseln können. Oder ich kann sagen, ich weiß, was am Gymnasium gefordert wird, und ich schreibe dementspre-

Ergebnisse 127

chend schwierige Proben. [...] Es gibt keine landesweiten oder bundesweiten Standards, wo feststeht, dieses Kind ist auf diesem und jenem Niveau und hat letztendlich die Fähigkeiten, am Gymnasium zu bestehen. Das ist sicherlich die große Problematik, dass wir den Eltern keine Zahlen liefern und sagen können: ‚Schauen Sie her, Ihr Kind ist im Bayernranking auf Platz 2785.' Das gibt es nicht. Letztendlich ist es oft eine subjektive Beurteilung des Lehrers. (BY, 3011, W2)

Trotzdem findet sich bei der Mehrheit der Lehrer das Bemühen, zumindest innerhalb derselben Schule gravierende Unterschiede in der Leistungsbeurteilung verschiedener Lehrer zu vermeiden, indem sie regelmäßige Parallelarbeiten in derselben Jahrgangsstufe schreiben, die dann gemeinsam von den beteiligten Fachlehrern korrigiert werden:

Innerhalb der Jahrgangsstufe ist so, wenn einer eine Mathearbeit entwickelt hat, sagt der zum anderen: ‚Die habe ich entwickelt, willst du sie auch schreiben?' Dann unterhalten wir uns natürlich danach, wie die Kinder abgeschnitten haben. [...] Ich mache die Noteneinteilung, bevor ich die Arbeiten angeguckt habe und weiche dann eigentlich auch nicht von ab. Ich gebe meiner Kollegin beispielsweise die Arbeit, aber sage nicht, wie ich die Noteneinteilung mache. Das macht dann jeder für sich und danach sprechen wir uns ab. Dann kann es sein, dass wir sagen: ‚Okay, der hat da jetzt das und das geantwortet, da ist ein halber Punkt Diskrepanz, aber er hat es ja doch richtig verstanden.' Über so etwas stimmen wir uns dann noch einmal ab. Wenn wir schon die gleiche Arbeit geschrieben haben, sollten wir sie auch möglichst gleich bewerten. (HE, 6033, W1)

Schülerkategorisierungen

In der Aufarbeitung des Forschungsstandes wurde auf den Befund hingewiesen, dass Lehrer anhand bestimmter Merkmale Schüler zu Kategorien zusammenfassen (vgl. Kap. 3.3.4). Als Schülerkategorie oder Schülertyp wurde die kognitive Repräsentation einer Menge von Schülern bezeichnet, die aufgrund ihrer Ähnlichkeit in einigen Eigenschaften nicht als gleich, aber als äquivalent angesehen werden. Die Merkmale, nach denen eine Typisierung erfolgt, sind für Lehrer von subjektiver Bedeutsamkeit und in ihrer impliziten Persönlichkeitstheorie enthalten (vgl. Hofer 1986). Vor dem Hintergrund dieser Überlegungen ist es denkbar, dass Lehrkräfte auch bei der Formation ihrer Übergangsempfehlung Schüler anhand einiger Personenmerkmale zu Typen gruppieren. Die Lehrer wurden daher in den Interviews aufgefordert, ein typisches Hauptschul-, Realschul- und Gymnasialkind zu charakterisieren. Durch die Fragestellung wurde den Lehrkräften diese Typisierung zwar nahe gelegt, allerdings zeigte sich in ihren detaillierten Äußerungen, dass sie jeweils über ein präzises Bild dieser Typen verfügen und spezifische Merkmale mit den einzelnen Schülertypen verbinden. Durch die Beschreibung der einzelnen Kategorien sowie deren Unterschiede und Gemeinsamkeiten ließen sich für jeden Typen charakteristische Merkmale finden, von denen angenommen wurde, dass sie auch bei der Formation der Übergangsempfehlung eine Rolle spielen. In manchen Fällen konnten Widersprüche aufgedeckt werden, indem zuvor genannte Entscheidungskriterien durch die Beschreibungen der Typen relativiert oder ergänzt wurden. Während einzelne Lehrkräfte beispielsweise angaben, bei ihrer Empfehlung ausschließlich an den Noten orientiert zu sein, beschrieben sie ein typisches Gymnasialkind anhand von Kriterien, die sich auf Aspekte des Sozialverhaltens, der Persönlichkeit und des familiären Hintergrunds bezogen und bis dahin nicht zur Sprache kamen.

Typisches Gymnasialkind

In den Charakterisierungen eines typischen Gymnasialkindes wird von einem Großteil der Lehrkräfte die Leistungsfähigkeit der Kinder herausgestellt. Daneben gibt es einzelne Lehrer, die ein fürsorgliches häusliches Umfeld als typisch erachten, während ein weiterer Teil die Persönlichkeit des Schülers, einschließlich seiner psychischen und emotionalen Stabilität, als kennzeichnend ansieht. Die Mehrheit akzentuiert die kognitiven Fähigkeiten eines typischen Gymnasialkindes und betont dabei weniger die Notenleistung als vielmehr die Fähigkeit eigenständig zu denken und bereits erworbenes Wissen flexibel in neuen Kontexten anzuwenden. Auch sprachliche Kompetenzen sowie die Ausdrucksfähigkeit werden herausgestellt. Darüber hinaus erachten mehrere Lehrkräfte arbeitsbezogene Kompetenzen, wie Disziplin, Ausdauer, Motivation, als charakteristisch für ein typisches Gymnasialkind:

> Fangen wir mal mit einem typischen Gymnasiasten an. Er muss ganz viel Ausdauer mitbringen und Motivation, weil er eine lange Strecke vor sich hat. Er muss über den Stoff hinaus Interesse zeigen, er muss an vielen Dingen interessiert sein und er muss auch zeigen, dass er interessiert ist. Er muss diszipliniert sein, also er muss es auch schaffen, Inhalte zu erledigen, die ihn vielleicht überhaupt nicht interessieren. Er muss Denkfähigkeit beweisen, Transferdenken muss möglich sein, und er muss vor allem sprachlich fit sein. (BY, 1132, W1)

Der familiäre Hintergrund wird in mehreren Fällen mit einem klassischen Gymnasialkind in Verbindung gebracht. Teilweise werden sogar die Anforderungen an ein Kind, das eine gymnasiale Laufbahn anstrebt, in Abhängigkeit der häuslichen Rahmenbedingungen und familiären Unterstützungsmöglichkeiten unterschiedlich beschrieben:

> Wenn die Rahmenbedingungen optimal sind, können die Kinder so mittelmäßig sein und [...] nicht absolut spitze. Wenn die Rahmenbedingungen passen, dann würde ich sagen, so ein Kind kann das Gymnasium schon schaffen. Wenn die Rahmenbedingungen schwierig sind, das heißt, wenn das soziale Umfeld eher schwach ist, wenn – was weiß ich – die Eltern sich gerade scheiden lassen, wenn sechs Kinder daheim

sind und die Mutter nicht so viel Zeit hat, dann würde ich sagen, muss das Kind schon sehr motiviert und sehr leistungsstark sein, damit es auch Erfolg hat und kein Misserfolgserlebnis am Gymnasium hat. (BY, 2023, W1)

Neben der Denkfähigkeit, den Notenleistungen und dem familiären Hintergrund hebt ein weiterer Teil der Lehrkräfte emotionale Stabilität, Selbstvertrauen, Eigenständigkeit, Ehrgeiz und Frustrationstoleranz als Merkmale eines typischen Gymnasialkindes heraus:

> Ich denke, zunächst muss es in seinem gesamten Verhalten sehr stabil sein. Es kann mal Frustrationen aushalten und Enttäuschungen erdulden. Es muss ein sehr großes Interesse an allem haben, eine sehr große Eigenverantwortung und Eigeninitiative zeigen. Es muss sich etwas vornehmen können und das auch durchsetzen können. Es muss vor allen Dingen auch wissen, dass es das für sich selber macht und nicht für den Lehrer oder die Mama oder für sonst jemanden, so eine gewisse Eigenständigkeit, eine Unabhängigkeit von Freundinnen und Freunden. [...] Es muss solche Eigenschaften haben wie verantwortungsbewusst, zuverlässig, vom Sozialverhalten offen, es muss auf andere zugehen können, auch ein gewisser Mut muss vorhanden sein. Ein gewisses Selbstvertrauen, ich gehe jetzt in die Situation rein und ich will das und dann kriege ich das auch hin. (HE, 5113, W1)

<u>Typisches Realschulkind</u>

Während die Mehrheit der Lehrkräfte die Merkmale eines typischen Gymnasialschülers konkret formulieren kann, sind die Beschreibungen eines realschulgeeigneten Kindes überwiegend diffus. Dies könnte Ausdruck des unpräzisen Anforderungsprofils der Realschule und ihrer Mittelstellung zwischen Gymnasium und Hauptschule sein. Folgende Äußerung stellt einen Versuch dar, ein typisches Realschulkind zu charakterisieren:

> Es ist ein Kind, das einerseits schon diese Anstrengungsbereitschaft zeigt, wo man aber merkt, trotz der Anstrengungsbereitschaft geht nicht mehr. In der Umgangssprache würde man sagen, das sind die Dreierschüler. Ja, das ist schwierig in Worte zu fassen. Aber das sind so die Kinder, von denen manche motiviert sind und nicht mehr können, und manche mehr könnten, aber nicht motiviert genug sind. Es ist so diese Mittel, was sich einpendelt, was man nicht genau festmachen kann an bestimmten Charaktereigenschaften oder an bestimmten, was weiß ich, an bestimmten motivationalen Faktoren. Es ist so ein Mittelding einfach. (BY, 2023, W1)

Die meisten Lehrkräfte beschreiben ein klassisches Realschulkind in Abgrenzung zu typischen Gymnasialschülern. Während in einigen Äußerungen die Differenz zwischen beiden Kategorien unspezifisch bleibt und angegeben wird, dass alle Eigenschaften des gymnasial geeigneten Kindes „in einer abgeschwächten Form" auch auf das Realschulkind zutreffen, weil das Gymnasium „nur einen Tick anspruchsvoller" ist (BY, 4012, W1), verfügen andere Lehrkräfte über zwei klar abgrenzbare Kategorien. Im Vergleich zu Gymnasialkindern werden die realschulgeeigneten Kinder als unsicherer, weniger selbstbewusst und vorsichtiger beschrieben. Die Denkfähigkeit und das kognitive Potenzial sind geringer ausgeprägt, und auch der familiäre Hintergrund wird als weniger unterstützend und fördernd eingeschätzt. Trotz der kognitiven Grenzen und Leistungen im mittleren Bereich sowie einem langsameren Lerntempo wird ihnen von einem Teil der Lehrer eine hohe Anstrengungsbereitschaft und ein positives Arbeitsverhalten zugeschrieben:

> Ein Realschüler ist jemand, der im Verstehen nicht ganz so schnell oder nicht ganz so fit ist wie ein Kind, das ich für das Gymnasium empfehle. Es ist aber wahnsinnig fleißig und erarbeitet sich sehr viel. (BY, 3092, W1)

Andere Lehrkräfte dagegen beschreiben Realschulkinder als Schüler, für die der Freizeitgedanke im Vordergrund steht. Motivation für die Schule, Ehrgeiz und Lernwille halten sich nach Auffassung der Lehrkräfte bei diesen Kindern in Grenzen:

> Das sind die Kinder, die etwas lernen, wenn sie wissen, es kommt eine Probe. Die nur das Nötigste tun, die sagen, das reicht mir schon, ich habe ja meinen Zweier. Aber wenn einmal eine schwere Aufgabe kommt, dann steigen sie aus. Das ist ihnen zu schwer, da denken sie auch gar nicht drüber nach, weil es ja nicht zwingend ist, dass man das machen muss. Bei den Proben sind sie mit Zweiern und Dreiern zufrieden, das ist bei mir dann ein typischer Realschüler. Er muss schon etwas können, aber es ist doch keiner, von dem man sagen kann, dass er Sachen durchblickt, die nicht vorgegeben sind. (BY, 1011, W1)

<u>Typisches Hauptschulkind</u>

Während in den Äußerungen der meisten Lehrkräfte nur ein geringer Unterschied zwischen den Kategorien Gymnasial- und Realschulkind wahrnehmbar ist und der Typ „Realschulkind" überwiegend verschwommen als „Mittelding" klassifiziert wird, lässt sich hinsichtlich eines typischen Hauptschulkindes ein eindeutiges Bild in den Aussagen erkennen, das die Lehrer präzise von den beiden anderen Kategorien abgrenzen. Ein Teil der Lehrer betont die geringe Leistungsfähigkeit und eingeschränkte Denkfähigkeit dieser Kinder, die sich in den schlechten Noten widerspiegeln. Neben der niedrigen Intelligenz wird die Vernachlässigung der Hausaufgaben ebenso betont wie insgesamt eine unbefriedigende Arbeitshaltung. Auch die praktische Begabung eines typischen Hauptschulkindes wird von mehreren Lehrkräften herausgestellt. Im Rahmen dieser Fähigkeiten werden die Kinder als engagiert und interessiert beschrieben:

> Zwischen Realschule und Hauptschule ist bei mir ein krasser Unterschied. Die Kinder, die in die Hauptschule gehen, sind wirklich Kinder, die Vierer und Fünfer haben. Typische Hauptschüler sind Kinder, die oft praktisch begabt sind, die gerne ma-

len, die gerne spielen, die machen viel bei mir in der Gartengruppe und sind da engagiert. Es sind mehr die praktisch veranlagten Kinder, die mit Lesen und mit Kopfarbeit überhaupt nichts am Hut haben, die oft auch nicht fähig sind, eine Hausaufgabe allein zu machen. (BY, 1011, W1)

Aufgrund der geringeren kognitiven Fähigkeiten benötigen diese Kinder eine besondere Unterstützung und individuelle Förderung im täglichen Unterricht, wie einige Lehrer betonen:

Ich sehe jetzt nicht so, dass Hauptschüler zum Beispiel aggressiver sind oder von ihrem Sozialverhalten schlechter sind, sondern auch die kann man sehr gut fördern. Sie haben einfach nicht die Fähigkeiten, theoretisierte Inhalte zu verstehen, sondern sie brauchen einfach konkrete Lernmaterialien, konkrete Anhaltspunkte, um letztendlich Lernzuwachs zu haben. (BY, 3011, W1)

Während ein Teil der Lehrkräfte die kognitiven Grenzen der Schüler herausstellt, innerhalb derer sie mit einem guten Arbeitsverhalten positive Leistungen erbringen können, definiert ein anderer Teil der Lehrkräfte typische Hauptschulkinder weniger über ihre Leistungsfähigkeit, sondern in erster Linie über ihr Sozialverhalten. Letztere charakterisieren diese Kinder als „unmotiviert", „chaotisch", „unanständig" und „faul". Sie werden als der „Rest" und „Lauser" charakterisiert, die „arm dran" sind. Insgesamt scheinen die Lehrkräfte über zwei verschiedene Kategorien eines Hauptschulkindes zu verfügen, was eine Lehrkraft zusammenfassend auf den Punkt bringt:

Ich finde an der Hauptschule gibt es zwei Typen von Kindern. Die einen, die einfach sehr leistungsschwach, aber wahnsinnig fleißig sind. Da gibt es ganz viele. Die kriegen das einfach rein intellektuell nicht besser hin. Für die, denke ich, ist die Hauptschule gut, weil sie dann durch Fleiß, denke ich, ganz gut vorankommen. Und dann gibt es die Kinder, die absolut unmotiviert sind. Früher hätte man sie faul genannt. Wo ich mir denke, die hätten vielleicht mehr drauf, können sich selber aber nicht motivieren, und ich schaffe es auch nicht. (BY, 2023, W1)

In den Äußerungen der Befragten ließen sich weitere Hinweise finden, dass Lehrkräfte über Schülertypen verfügen. Ein Teil der Lehrer erklärt, bereits kurz nach der Übernahme einer neuen Klasse die Schüler in Schulformkategorien (Gymnasial-, Realschul- und Gymnasialkind) einzuordnen. Dies ist vor allem bei den bayerischen Lehrkräften der Fall, die nach dem Lehrerwechsel in der dritten Jahrgangsstufe eine Klasse neu übernehmen:

Es ist schwer zu sagen, aber aus dem Bauch heraus sehe ich sie schon in der dritten Klasse und bilde mir eine Meinung. Und leider ist es so, ich ordne die Kinder schon ein bisschen ein. Schon wenn ich sie neu übernehme. Wer könnte denn? Man hat das immer im Hinterkopf. (BY, 2021, W1)

Die Schilderungen weisen darauf hin, dass sie die Informationen über die Kinder anhand bereits vorhandener Kategorien verarbeiten. Die Eigenschaften der neuen Schüler werden mit den Merkmalen der Kategorie verglichen, wodurch sich die Lehrkräfte einen Eindruck bilden (vgl. Kap. 3.3.4). Wenn anhand der Ähnlichkeit eine Entscheidung über die Zugehörigkeit einer Kategorie getroffen wurde, haben sie sich einen Eindruck über die neuen Schüler gebildet. In den meisten Fällen scheint sich dieser Eindruck, welches Kind eine anspruchsvollere weiterführende Schule besuchen könnte, zu verfestigen:

> In der dritten Klasse hat man ja schon so eine Ahnung, wer könnte auf das Gymnasium gehen, und das bestätigt sich jetzt in der Vierten wieder. (BY, 1091, W1)

Neben den Schulformtypen scheinen die Lehrkräfte über weitere Kategorien von Schülern zu verfügen, die sich insbesondere am Sozialverhalten und an den Charakterzügen der Schüler festmachen lassen. Wenn beispielsweise „ein Kind ein Schlägertyp ist, wird er auch keine guten Leistungen haben, denn das passt gar nicht zusammen" (BY, 3141, W1). Bei der Typisierung fällt auf, dass die Lehrkräfte mit den Schülerkategorisierungen bestimmte Verhaltensweisen verknüpfen. Sie verfügen über ein Wenn-Dann-Wissen und setzen dieses in Erwartungen um, d.h. sie treffen Aussagen über die Wahrscheinlichkeit des Eintreffens eines Ereignisses:

> Ich denke, die netten, aufgeschlossenen, sportlichen Schüler, die mag jeder sofort. Die sind auch wieder die Kings im Gymnasium, habe ich festgestellt. Die werden auch gleich Klassensprecher. (BY, 3152, W1)

6.1.2.4 Selbstbezogene Kognitionen und Emotionen

Um Lehrerhandeln beschreiben und erklären zu können, müssen neben kognitiven Faktoren auch emotionale Prozesse Beachtung finden. Emotionen können nachfolgende Kognitionen beeinflussen und umgekehrt können kognitive Prozesse emotionale Reaktionen auslösen (vgl. Bromme & Rheinberg 2006). Um das Lehrerhandeln im Kontext des Übergangsgeschehens erklären und die Formation der Übergangsempfehlung nachvollziehen zu können, müssen auch emotionale Aspekte berücksichtigt werden.

Über die explizit formulierten Fragen zum Erleben bestimmter Situationen hinaus waren die Ausführungen der Lehrkräfte häufig von emotionalen Reaktionen begleitet. Die vierte Klasse wurde beispielsweise insgesamt als sehr belastend, arbeitsaufwendig und „unheimlich schwierig" beschrieben, die viel Stress mit „besorgten Eltern und aufgeregten Kindern" bedeutet (BY, 2021, W1). Außerdem wurde der Übergang für die Kinder als ein „einschneidendes Erlebnis" und „ziemlicher Bruch" beurteilt, der „über allem wie ein Damoklesschwert schwebt" (BY, 1132, W1). Neben der Belastung, die mit dem Übergangsgeschehen in Verbindung gebracht wird, impliziert die Formation der Übergangsempfehlung für die Lehrkräfte

Zielkonflikte, die bei manchen von ihnen zu Entschlusslosigkeit oder Ratlosigkeit führen. Die Lehrkräfte sollen die Schüler optimal fördern und zugleich eine Selektionsentscheidung treffen. Diese Antinomie von Fördern und Auslesen stellt einen unaufhebbaren strukturellen Konflikt der Grundschule dar.

In welcher Intensität solche und ähnliche Emotionen auftreten, ist wiederum von der subjektiven Bedeutsamkeit der angestrebten Ziele und vom persönlichen Anspruchsniveau des Lehrers sowie von seinem allgemeinen psychischen und physischen Zustand abhängig. Bei der Formation der Übergangsempfehlung, die in einem Beratungsgespräch mit den Eltern mündet, kommt der Wahrnehmung der Eltern durch die Lehrer eine bedeutende Rolle zu. Da in der Literatur häufig von Kompetenzkonflikten die Rede ist (vgl. Ulich 1993; Krumm 2001; Wild 2003), wurde in den Interviews die Lehrer-Eltern-Interaktion, die im Rahmen des Übergangsgeschehens auch als Aushandlungsprozess zwischen Elternwille und Lehrerempfehlung aufgefasst werden kann (vgl. Kap. 3.1.1), ausdrücklich angesprochen. Um nachvollziehen zu können, ob und inwieweit die Wahrnehmung der Eltern die Formation der Empfehlung und das Empfehlungsverhalten beeinflusst, wurden die Lehrkräfte explizit nach ihrem emotionalen Empfinden bei Elterngesprächen oder möglichen Auseinandersetzungen gefragt. Außerdem wurde ihr eigenes Rollenverständnis gegenüber den Eltern thematisiert.

Wahrnehmung der eigenen Rolle

In den Ausführungen der Lehrkräfte wurde deutlich, dass die Wahrnehmung ihrer eigenen Rolle gegenüber den Eltern in hohem Maße von der Einschätzung ihres Verhältnisses zu den Eltern abhängt. Ein Teil der Lehrkräfte beschreibt ihr Verhältnis als angenehm, vertrauensvoll und konfliktfrei, wobei die Elterngespräche „in einer sehr konstruktiven Art und Weise, auch in einer sehr angenehmen und offenen Atmosphäre" ablaufen. In den Beratungsgesprächen legen diese Eltern Wert auf das Lehrerurteil und sind „auch wirklich bereit, sich beraten zu lassen und auch zu gucken, was es noch für Möglichkeiten gibt" (HE, 5113, W1). Die Lehrkräfte, die ihre Beziehung zu den Eltern auf diese Weise charakterisieren, nehmen ihre Rolle ihnen gegenüber als sehr partnerschaftlich wahr. Sie fühlen sich von den Eltern akzeptiert und in ihrer Kompetenz ernst genommen. Außerdem gehen sie auf die Eltern ein, versuchen sie zu beruhigen und durch ihre Beratung zu unterstützen. Hinsichtlich ihrer Empfehlung sind diese Lehrer mehrheitlich selbstkritisch und zweifeln an der prognostischen Validität ihrer Übergangsempfehlung. Daher sieht sich ein Teil dieser Lehrkräfte nicht als „Entscheidungsträger", sondern überlässt letztlich den Eltern die Entscheidung über die weiterführende Schullaufbahn ihres Kindes. Ihre Argumentationen weisen dabei überwiegend auf ein flexibles Empfehlungsverhalten hin:

> Aber ich denke, viele Eltern sind verunsichert. Ich versuche ihnen schon zu helfen. [...] Aber es ist letztendlich die Entscheidung der Eltern. [...] Ich als Lehrer möchte auch keinem Kind bewusst oder böswillig irgendwo die Chance verweigern oder irgendetwas verbauen, weil keiner ist Papst oder so. Das Kind kann sich ja immer noch entwickeln. Ich kann meine Sicht der Dinge schildern, aber nie würde ich sagen: ‚Nein, das packst du nicht.' Da bin ich so, dass ich sage, da kann sich noch viel ändern. (BY, 3152, W1)

Bei anderen Lehrkräften dagegen ist das Sicherheitsempfinden hinsichtlich ihrer Entscheidung stark ausgeprägt. Sie verweisen auf ihre berufliche Qualifikation, auf ihre Erfahrung und sind der Ansicht, als „Experten" einschätzen zu können, „wer mit Erfolg rübergehen kann und wer nicht" (BY, 1102, W1). Diese Lehrer nehmen sich selbst als so kompetent wahr, dass sie der Ansicht sind, die Kinder besser als die Eltern beurteilen zu können, weil sie beispielsweise die Schüler im Klassenkontext sehen und ihre Lernentwicklung verfolgen konnten. Darüber hinaus heben sie die Objektivität ihrer Beurteilungen hervor, auch wenn sie einschränkend hinzufügen, dass „sicher ein Stück weit Subjektivität dabei" ist (BY, 1132, W1). Anders als die Lehrkräfte, die ihr Verhältnis gegenüber den Eltern als vertrauensvoll schildern und ihnen gegenüber eine kooperative, zugewandte Haltung zeigen, fühlen sich diese Lehrer von den Eltern größtenteils nicht ernst genommen und nehmen eine Geringschätzung ihrer Kompetenz wahr:

> Bei dem Gespräch vor dem Übertritt legen wir die Noten offen dar und dann begründe ich auch meine Empfehlung. Aber da werde ich nicht sonderlich ernst genommen, muss ich ganz ehrlich sagen. Da wird dem Lehrer immer relativ schnell unterstellt, dass er solche Sachen nicht beurteilen kann. (BY, 1102, W1)

In den Aussagen dieser Lehrkräfte wird eine kritische Haltung erkennbar. Wenn Lehrerempfehlung und Elternwunsch nicht übereinstimmen, nehmen sie sich selbst als „Buhmann" wahr, der den „schwarzen Peter" zugeschoben bekommt. Denn wenn Eltern unbedingt eine bestimmte Schulform für ihr Kind erreichen wollen, sind sie davon nicht abzubringen und versuchen bei der Leistungsbewertung „um Punkte zu feilschen" und im Anschluss daran das Kind bestmöglich auf den Probeunterricht vorzubereiten. Das Übergehen ihrer Empfehlung wird von diesen Lehrkräften als frustrierend empfunden, weil „damit auch immer zusätzliche Arbeit, zusätzliche Gespräche verbunden sind und wir letzten Endes auch wenig Rückmeldung bekommen, ob es geklappt hat" (HE, 6012, W1). Außerdem empfinden einige dieses Verhalten der Eltern sowohl als Missachtung ihrer Fachkompetenz als auch schlecht für die Kinder, „die ihren Lebensweg zum Misserfolg weiterführen müssen" (HE, 6012, W1). Die Ignoranz der Eltern führt bei einigen Lehrkräften zu Resignation und Gleichgültigkeit:

> Es geht manchmal im Kollegium rum, dass man sagt: ‚Mensch, wenn ihr wollt, geht, macht, da habt ihr eure zwei Zweier und schaut, wo ihr hinkommt.' Dass man wirklich gefrustet ist, weil man sich abstrampelt und das Beste versucht und die Eltern letztlich nicht darauf hören. (BY, 4012, W1)

Die Wandlung des Lehrer-Eltern-Verhältnisses von einer vertrauensvollen Beziehung hin zu einer belastenden Verbindung, je näher der Übergang rückt, nehmen diese Lehrkräfte als enttäuschend wahr. Einzelne befürchten, dass es „mit einigen Eltern einen Kampf geben wird" (HE, 7041, W1). Gleichzeitig ist ihr Wunsch erkennbar, als Experte ernst genommen zu werden:

> Zunächst sehe ich mich als Partner, solange alles glatt läuft. Als Partner, als Berater, als Fachmann, der eine Empfehlung ausgibt für den weiteren Bildungsweg. Irgendwann, denke ich, werden die Eltern einen als Gegner sehen, wenn man dann anfängt zu kämpfen, weil man einfach meint, man möchte dem Kind den Misserfolg ersparen. (HE, 6012, W1)

Eine dritte Gruppe von Lehrern fühlt sich gegenüber den Forderungen der Eltern in eine defensive Position gedrängt. Durch Absprachen mit Kollegen, der gemeinsamen Planung von Klassenarbeiten und einem einheitlichen Bewertungsschlüssel versuchen sie weitestgehend, ihre Notengebung abzusichern. Ihre defensive Haltung gegenüber den Eltern reflektieren die Lehrkräfte überwiegend selbstkritisch. Sie berichten von Bemühungen, während der Elterngespräche ihre Argumente sachlich vorzubringen, ohne in eine Verteidigungsposition zu rutschen und sich angegriffen zu fühlen:

> Ich bin am Arbeiten an mir selber, weil ich denke, man entwickelt sich auch weiter. Man gewinnt an Erfahrung und damit auch an Selbstsicherheit. Früher hatte ich noch eher das Bedürfnis, mich verteidigen zu müssen, und jetzt, wie gesagt, versuche ich das in solchen Gesprächen zu reflektieren, und wenn ich merke, ich rutsche in diese Verteidigungshaltung, dann versuche ich, das umzubiegen und sachlich argumentativ meine Kriterien darzulegen. (BY, 2023, W1)

Die Unsicherheit und Besorgtheit dieser Lehrkräfte liegt größtenteils in ihrer geringen Berufserfahrung begründet. Der bevorstehende Übergang wie auch anstehende Klassenarbeiten lösen bei einigen von ihnen Aufgeregtheit und „immer mal wieder ein bisschen Angst" aus, ob sie alles korrekt machen und „auch immer die richtige Entscheidung" treffen (HE, 7041, W1):

> Für mich ist es schon das ganze Schuljahr präsent. [...] Es ist ja einfach eine Laufbahnentscheidung. Natürlich lässt es sich ändern, aber es ist erst einmal so und da habe ich schon Angst davor, dass es dann die falsche Entscheidung war, weil es jetzt auch das erste Mal ist. (HE, 7041, W1)

Daneben lassen sich Lehrkräfte finden, die gegenüber den Eltern eine distanzierte Haltung zeigen und ihr Verhältnis als sachlich, ohne besondere emotionale Bewertungen schildern. Bei diesen handelt es sich ausschließlich um hessische Lehrer, die aufgrund der rechtlichen Vorgaben ihres Bundeslandes eine beratende Funktion einnehmen und selbst nicht über die weiterführende Schullaufbahn eines Kindes entscheiden. Dementsprechend lässt sich ihr Verhältnis gegenüber den Eltern als überwiegend distanziert und gelassen beschreiben. Denn die Lehrkräfte beraten „mit bestem Wissen und Gewissen", aber „die Eltern müssen sehen, was sie daraus machen" (HE, 8011, W1). Wenn sich die Eltern über ihre Empfehlung hinwegsetzen, müssen sie selbst diese Entscheidung verantworten:

> Wenn ihnen meine Meinung nicht so wichtig ist, dann ist das ihr Problem. Mir tut es natürlich für das Kind leid, aber ich bekomme andere Kinder und für mich sind sie dann weg. Die Eltern müssen aber noch weitere acht, neun Jahre damit leben. (HE, 5081, W1)

Verspüren von Belastungen und Druck

Die Äußerungen der meisten Lehrkräfte zeigen, dass für sie das Thema „Übergang" überwiegend einen „extrem negativen Stellenwert" hat, der mit jährlich steigendem Druck verbunden ist. Sie müssen die Stofffülle der vierten Klasse bewältigen und die Kinder auf den Übergang vorbereiten, weil „man den Kindern den Übertritt auch nicht verpatzen will" (BY, 2023, W2). Vor allem das Verhalten der Eltern, die schon früh „mit panischer Angst an die Sache herangehen" (BY, 4012, W1), setzt einige Lehrkräfte stark unter Druck. Wenn Elternwunsch und Lehrerempfehlung nicht in Einklang zu bringen sind, wird den Lehrkräften teilweise ihre Qualifikation abgesprochen, indem Eltern behaupten, dass der Lehrer „nicht erkennt, wie intelligent das Kind ist, und grundsätzlich zu schwierige Sachen im Unterricht macht" (BY, 1102, W2). Diese Ausübung von Druck durch die Eltern hat nach Aussagen einiger Lehrkräfte in den letzten Jahren deutlich zugenommen, was bei einigen von ihnen zu einer resignativen, abgestumpften Haltung geführt hat. Während diese Lehrer angeben, sich früher noch mehr Gedanken gemacht zu haben, übertragen einige inzwischen ihre Verantwortung an die Eltern. Letztlich können sie nach eigenen Angaben nicht mehr tun, als den Eltern ihre Bedenken und Einschätzungen mitzuteilen:

> Inzwischen bin ich so weit, dass ich sage, letztlich habe ich mit den Kindern dann nichts mehr zu tun. Die Eltern müssen die Entscheidung dann tragen. [...] Früher hätte ich mir vielleicht noch mehr Gedanken gemacht, aber inzwischen sage ich, die Eltern sind selbst verantwortlich, sie haben die nächsten Jahre die Schwierigkeit oder nicht. (BY, 4111, W2)

Insbesondere das Bestreben der Eltern, die Leistungsbewertung zu beeinflussen, um sich im Vorfeld der gewünschten Empfehlung anzunähern, wird von mehreren Lehrkräften als Belastung empfunden. Indem die Eltern durch Gespräche, Betteln und Jammern versuchen, die bessere Note für ihr Kind zu erreichen, rufen sie bei einzelnen Lehrkräften Mitleid und ein schlechtes Gewissen hervor. Dies führt dazu, dass diese Lehrer im Zweifelsfall entweder durch zusätzliche Referate die bessere Note vergeben oder sich die Klassenarbeiten noch einmal genauer ansehen und nachrechnen, ob „nicht doch noch ein Punkt möglich wäre gerade bei diesen wackeligen Fällen" (BY, 2023, W1). Als Reaktion auf den Notendruck und die Belastung durch die Eltern arbeitet ein Teil der Lehrkräfte verstärkt mit Kollegen zusammen. Die gemeinsame Planung, Durchführung und Bewertung von Klassenarbeiten, mit der man den Eltern „gleich den Wind aus den Segeln nehmen kann, weil die Voraussetzungen, so gut es geht, gleich sind" (BY, 3061, W1), wird als überaus wichtig angesehen:

> Die Proben müssen gleich sein, die Pünktchen gleich. Ab der vierten Klasse muss jedes Pünktchen, jedes halbe Pünktchen stimmen. [...] Die Abstimmung muss man machen, weil sonst die Eltern auf die Idee kommen, wenn mein Kind in der 4a oder 4b wäre, dann hätte es 2,33. (BY, 4111, W2)

Eine hohe Belastung geht auch von der Verantwortung aus, welche die Lehrkräfte mit ihrer Empfehlung verspüren. Die Selektion wird als „viel zu frühe Teilung" und „schreckliches Aussieben" wahrgenommen, bei der man sich „in jungen Jahren schon so schwerwiegend festlegen muss" (BY, 3092, W1). Die Durchlässigkeit des Schulsystems wird überwiegend als gering eingeschätzt, was ihre Entscheidung noch bedeutsamer und belastender macht. Die Vorstellung, das Potenzial eines Kindes nicht gesehen und eine falsche Empfehlung gegeben zu haben, wird von einzelnen Lehrkräften als bedrückend empfunden:

> Ich finde es schon schwierig bei 20 Kindern für ihre weitere Laufbahn die Verantwortung zu übernehmen. Natürlich ist immer ein Wechsel möglich, aber ich denke, er ist in vielen Fällen schwierig und jetzt gerade mit unseren zwölf Jahren bis zum Abitur ist dieser Wechsel noch schwieriger geworden. Ich habe die Befürchtung, einfach falsch zu liegen, und das Kind entwickelt sich noch, und ein Elternteil hat es vielleicht doch richtig gesehen, hat gesagt, das steckt noch in meinem Kind, und ich habe es nicht gesehen. (HE, 7041, W1)

Die Lehrkräfte, die sich von den Eltern unter Druck gesetzt fühlen, unterrichten überwiegend in Bayern, wo eine restriktive Notenvorgabe den Übergang bestimmt. Obwohl einige hessische Lehrer es als frustrierend und ärgerlich empfinden, wenn Eltern sich über ihre Empfehlung hinwegsetzen, verspüren sie keinen Druck, was sie auf die hessischen Übergangsregelungen zurückführen.

6.1.2.5 Wahrgenommene Kosten- und Nutzenaspekte

In Anlehnung an die Wert-Erwartungs-Theorie kann Bildungsverhalten als ein Prozess des Abwägens der erwarteten Kosten und Erträge sowie der Erfolgswahrscheinlichkeit verstanden werden (vgl. Kap. 3.2.2). Als Entscheidungskriterium für Handlungen wird der subjektiv erwartete Nutzen angesehen (vgl. Esser 1999). Während der resultierende Nutzen aus Sicht der Eltern primär auf den Erhalt oder die Verbesserung der sozialen Position zielt, indem durch den Erwerb höherer Bildungstitel Privilegien und Gratifikationen erreicht werden können, lassen sich als Kosten Zumutungen, Entbehrungen sowie materielle Kosten verstehen. Die erwarteten Kosten- und Nutzenaspekte aus Lehrersicht sind dagegen weitgehend ungeklärt. Es kann davon ausgegangen werden, dass sich nicht nur Eltern, sondern auch Lehrkräfte um eine bestmögliche Entscheidung im Interesse jedes einzelnen Schülers bemühen, wobei sie die zu erwartenden weiteren schulischen und beruflichen Chancen gegen das Leistungspotenzial abwägen (vgl. Ditton 2004). Die Äußerungen der Lehrkräfte wurden vor dem Hintergrund der Frage analysiert, welche Kosten- und Nutzenaspekte von ihnen beim Prozess der Entscheidungsfindung berücksichtigt werden. Als Bezugspunkt ihrer Kalkulationen konnten sowohl die einzelnen Schüler als auch sie selbst als Lehrperson identifiziert werden.

Wahrgenommene Kosten- und Nutzenaspekte für das Kind

Obwohl für Eltern und Lehrkräfte gleichermaßen die bestmögliche Entscheidung im Interesse jedes einzelnen Kindes von Bedeutung ist, scheinen Differenzen darin zu bestehen, was bei der Entscheidung für eine weiterführende Schullaufbahn als „bestmöglich" angesehen wird. Während für die Eltern in der Regel ein möglichst hoher Schulabschluss im Vordergrund steht, durch den ihre soziale Position gesichert oder verbessert wird, spielt in den Überlegungen der Lehrkräfte weniger das Ergebnis, sondern der Lernprozess des Kindes eine wesentliche Rolle. Sie relativieren mehrheitlich in ihren Äußerungen die Bedeutung eines hohen Schulabschlusses sowie die Relevanz guter Berufschancen und stellen als Nutzen eine kindgerechte Förderung in einer Lernumgebung heraus, die der Leistungsfähigkeit des Kindes entspricht und in der Erfolgserlebnisse möglich sind:

> Ich finde es wichtig, ein bisschen mehr auf das Kind zu gucken und nicht nur auf die Chancen des Kindes. Ich denke, wenn es auf dem Gymnasium scheitert und da nur eine Niederlage nach der anderen erlebt und unglücklich ist, ist es für ein Kind schlechter, als wenn es in der Realschule bei den Besten dabei wäre und einfach immer nur positive Erfahrungen macht. (BY, 3092, W2)

Die Kosten für das Kind, welche die Lehrkräfte bei ihrer Kalkulation für eine Entscheidung berücksichtigen, beziehen sich insbesondere auf eine Überforderung der Kinder, die zu Motivationsverlust und Misserfolgserlebnissen führen können. Auch die Wahrnehmung der Schulformen, insbesondere des achtjährigen Gymnasiums, wo der Alltag „aus Vokabeln pauken oder Aufsatzschreiben" besteht, wo „über 30 Kinder in der Klasse" sind und mit „immensem Druck" gelernt wird, spielen in ihre Abwägungen mit hinein. Besonders bei psychisch und emotional labilen Kindern, für die der anstehende Übergang eine hohe Belastung darstellt, neigen die Lehrkräfte dazu, aufgrund des wahrgenommenen hohen Leistungsdrucks durch die achtjährige gymnasiale Schulzeit eine niedrigere Schulform zu empfehlen:

> Es gibt immer wieder Kinder, die leistungsmäßig schon für das Gymnasium geeignet wären. Jetzt mit dem G8 ist es aber kein Spaß mehr, auf das Gymnasium zu gehen. Es führt bei den Kindern zu noch mehr Verzweiflung. Wenn man Proben schreibt und dann Noten verteilt, gibt es Kinder, die sind zutiefst verzweifelt und brechen zusammen, wenn sie eine Drei haben, weil sie Angst haben. Einer hat jetzt nach der letzten Probe geweint und gesagt, ich habe Angst, dass ich den Übertritt nicht schaffe. (BY, 2023, W1)

Wenn die Eltern sich über ihre Empfehlung hinwegsetzen bzw. die Kinder in Bayern den Probeunterricht bestehen, bedauern einige Lehrkräfte diese Schüler, da „es dem Kind nur schaden kann, wenn es zu hoch eingestuft wird und dann nur Misserfolge erlebt" (HE, 7041, W1). Bei Nichtübereinstimmung zwischen Elternwunsch und Lehrerempfehlung entscheiden in Hessen letztlich die Eltern, allerdings ist bei ausbleibendem Erfolg eine Querversetzung möglich. Nahezu alle hessischen Lehrkräfte sprechen dieses Vorgehen an, das sie als „extremen Schock" für die Kinder und „schlimmer als Sitzenbleiben" beurteilen. Während sie einerseits diese Argumente in ihre Kalkulation einfließen lassen, räumen sie andererseits ein, dass sich die Kinder noch entwickeln werden und sie als Lehrkräfte „nicht hellsehen" können.

Wahrgenommene eigene Kosten- und Nutzenaspekte

Bei der Kalkulation ihrer Entscheidung wägen die Lehrkräfte nicht nur zwischen Erträgen und Kosten ab, die sich auf ihre Schüler beziehen. Sie berücksichtigen in ihren Überlegungen auch Aspekte, die ihre eigene Person betreffen. Die Klassenführung einer vierten Klasse bedeutet „viel Stress" und „zusätzliche Arbeit, weil man jeden einzeln beraten muss" (HE, 7072, W1). Hinzu kommt das Bestreben der Eltern, eine möglichst hohe Schullaufbahn für ihr Kind erreichen zu wollen. Dies wird von den Eltern in Abhängigkeit ihres sozialen Status mit einer unterschiedlichen Dringlichkeit gegenüber den Lehrern thematisiert. Mit den Eltern höherer Sozialschichten gibt es aus der Sicht einiger Lehrer vermehrt Auseinandersetzungen, da sie weniger als Eltern niedriger Schichten eine Empfehlung, die nicht ihren Vorstellungen entspricht, akzeptieren und hinnehmen:

Es sind oft Eltern aus, sage ich jetzt mal, aus intellektuellen Familien, die das nicht akzeptieren wollen, dass das eigene Kind vielleicht nicht gymnasial geeignet ist. [...] Das sind die Eltern, wo es Probleme gibt, die das nicht akzeptieren wollen. (BY, 2023, W1)

Diese Eltern, die „mit allen Mitteln versuchen, ihr Kind auf die entsprechenden Schulen zu bringen" (BY, 4111, W1), üben Druck auf die Lehrkräfte aus und machen ihnen deutlich, dass bei einer ihrer Ansicht nach nicht angemessenen Empfehlung Widerstand zu erwarten ist. Um den Konflikten und Auseinandersetzungen mit den Eltern aus dem Weg zu gehen und die eigenen Kosten zu minimieren, orientieren sich einige Lehrkräfte bei ihrer Empfehlung am Wunsch der Eltern oder vergeben im Vorfeld die Noten, die zu der gewünschten Empfehlung führen. Selbst in Hessen, wo die Freigabe des Elternwillens den Konflikten die Schärfe nimmt und die Lehrkräfte bei Nichtübereinstimmung zwischen Elternwunsch und Lehrerempfehlung „nur" einen Widerspruch einlegen müssen, damit bei ausbleibendem Erfolg eine spätere Querversetzung möglich ist, wird von einzelnen Lehrern der Weg des geringsten Aufwandes gewählt. Den Präferenzen der Eltern nachzugeben und die gewünschte Empfehlung auszusprechen, obwohl diese Lehrkräfte die Entscheidung der Eltern nicht rechtfertigen können, stellt für sie einen geringeren Arbeitsaufwand und insofern einen Nutzen dar:

Der wollte sein Kind in das Gymnasium schicken. Ich war die ganze Zeit der Meinung, dass es eher ein Hauptschüler ist. Dann habe ich gesagt, also maximal Gesamtschule. Ich habe ihn zwar versucht zu überzeugen, aber der Vater war nicht einsichtig. Die Eltern wollten ihn dann in die Realschule tun. [...] Ich habe gesagt Gesamtschule, und ich hätte dann Widerspruch einlegen müssen. [...] Dann habe ich gesagt, okay, er geht in die Realschule, aber mit Riesenfragezeichen. (HE, 7072, W2)

Auch die Antizipation der elterlichen Erwartungen an das Kind und die Einschätzung ihrer Möglichkeiten zur Förderung des Schulerfolgs sind für die Abwägungen der Lehrkräfte bedeutsam. Für ihre Entscheidung stellt es einen Nutzen dar, wenn von den Eltern die entstehenden Kosten bei der Wahl einer Bildungslaufbahn getragen werden können und sie in der Lage sind, den Erfolg ihres Kindes auf einer weiterführenden Schule durch eigene Initiative oder Nachhilfe zu stützen:

Meistens habe ich es von den Eltern abhängig gemacht. Und mein Ratschlag hat sich danach gerichtet, wie die Resonanz vom Elternhaus war. Ob da Unterstützung möglich war oder ob keine da war. Ich hatte schon Fälle, wo ich gesagt habe, ich kann das Kind beruhigt in das Gymnasium lassen, auch wenn es den Probeunterricht machen muss. Ich wusste von der Elternseite aus, das sind keine leeren Versprechungen, da wird etwas gemacht. Das Kind wird, wenn es Schwierigkeiten hat, unterstützt. Und in anderen Fällen wusste ich, dass da keine Unterstützung da war und dass das Kind sich sehr schwer tut, und da warne ich vor. (BY, 3061, W1)

6.1.2.6 Einstellung der Lehrkräfte zu den Übergangsregelungen in Bayern und Hessen

Die formal-rechtlichen Regelungen des Übergangsverfahrens gestehen je nach Bundesland entweder der Schule oder den Eltern mehr Entscheidungsbefugnis zu und stellen die strukturellen Rahmenbedingungen für die Genese der Lehrerempfehlung dar (vgl. Kap. 2.2). Die Ausführungen der Lehrkräfte zeigen, dass sie die Vorgaben ihres Bundeslandes unterschiedlich wahrnehmen. Während die hessischen Lehrkräfte die rechtlichen Regelungen ihres Bundeslandes tendenziell befürworten und überwiegend erleichtert sind, dass der Elternwille letztlich ausschlaggebend ist, stehen die bayerischen Lehrer den Vorgaben ihres Bundeslandes skeptischer gegenüber. Ein häufig genannter Kritikpunkt der Lehrkräfte in Bayern ist der geringe Unterschied in den Zugangsvoraussetzungen zwischen Gymnasium und Realschule, die wenig Spielraum zulassen. Bei einem Notendurchschnitt von 2,66 ist ein Kind beispielsweise für die Realschule „bedingt" geeignet, gleichzeitig kann es aber bei diesem Notendurchschnitt und bestandener Aufnahmeprüfung auch das Gymnasium besuchen:

> Die Regelungen sind völliger Quatsch, insofern, als diese Grenze zwischen Gymnasium und Realschule einfach viel zu eng ist. Dieser Grad dazwischen, der lässt eigentlich überhaupt gar keinen Spielraum zu. Dieses 2,66 mit dem Elternwillen ist ja eigentlich das Gleiche wie Realschule. Da geht keiner auf die Realschule, weil alle sagen, wenn ich da entscheiden kann, dann soll es [das Kind] gleich auf das Gymnasium. (BY, 1102, W1)

Daneben wird von den bayerischen Lehrern die geringe Gewichtung des Wortgutachtens teilweise negativ beurteilt. Sofern der Notendurchschnitt vorhanden ist, spielt das Gutachten in der Praxis keine Rolle mehr:

> Das Wortgutachten zählt relativ wenig bis gar nichts. Wenn ein Kind von den Noten her übertreten könnte und ein negatives Wortgutachten hat, hat es sich so eingebürgert, dass man dem Kind trotzdem ein ‚empfehlenswert' ausspricht. Denn wenn die Eltern das anklagen, anzweifeln und sagen, das pädagogische Wortgutachten zählt zu viel, ist es fast unmöglich das nachzuweisen. Ich müsste das ja alles belegen. Kann ich natürlich schon in Form von gewissen Schülerbeobachtungen, aber da kann man einem so leicht einen Strick draus drehen, dass das eigentlich – soweit ich weiß – keiner macht. (BY, 1102, W1)

Auch der Druck, der auf den Kindern lastet sowie die Belastung, die einige Lehrkräfte durch ihre bindende Empfehlung verspüren, werden kritisiert:

> Es setzt uns natürlich in gewisser Weise unter Druck und auch für die Kinder ist der Druck immens […] Oft ist es natürlich auch so, dass man sich in der Zeit viel mit Eltern herumstreiten muss, die unbedingt darauf beharren. Sie wollen das Kind auf das Gymnasium und die Realschule schicken, und wenn man selber nicht der Mei-

nung ist, dann ist es natürlich schon ein negativer Touch, den diese ganze Sache mit sich bringt. (BY, 4012, W1)

Hinsichtlich der Verteilung des Entscheidungsrechts sind die Meinungen unter den bayerischen Lehrkräften geteilt. Während einzelne trotz möglicher Konflikte mit den Eltern eine bindende Lehrerempfehlung befürworten, weil viele Eltern ihre Kinder in Unterrichtssituationen nicht kennen und nicht richtig einschätzen könnten, befürworten andere die Freigabe des Elternwillens und sind der Ansicht, dass die Verantwortung für den weiteren Bildungsweg der Kinder bei den Eltern liegen sollte, da sie ihre Kinder besser und länger kennen. Daneben gibt es auch Lehrkräfte, die eine Aufnahmeprüfung an der jeweiligen weiterführenden Schule befürworten. Im Gegensatz zu der kritischen Haltung der Lehrkräfte in Bayern sind die hessischen Lehrer mehrheitlich mit den rechtlichen Regelungen ihres Bundeslandes zufrieden. Die Freigabe des Elternwillens bei der Entscheidung bedeutet für die Mehrheit der hessischen Lehrer eine Entlastung ihrer Arbeit, da es sie von der Pflicht entbindet, allein über die weitere Schullaufbahn zu entscheiden. Außerdem nimmt diese Regelung den Druck von den Lehrern und mindert Konflikte zwischen Lehrern und Eltern im Übergangsprozess:

> Ich denke, bei unserem System hier in Hessen hat man einfach mehr Möglichkeit, mit den Eltern zu kooperieren. Wenn ich denen irgendwelche Noten und Stellen hinter dem Komma um die Ohren haue, ich glaube, da können Eltern eher blockieren als hier, wo man irgendwo mehr Gutachten heranziehen kann und auch verbale Beurteilungen berücksichtigen kann. (HE, 5113, W1)

Ihre Zufriedenheit mit der Verteilung des Entscheidungsrechts und ihre Erleichterung, dass die Verantwortung über den weiteren Bildungsweg der Kinder bei den Eltern liegt, kommen in einigen Interviews zum Ausdruck, wobei trotz positiver Aspekte auch die Nachteile dieser Regelung betont werden. Diese kommen vor allem dann zum Tragen, wenn Lehrerempfehlung und Elternwunsch nicht übereinstimmen. Die hessischen Lehrkräfte können zwar einen Widerspruch gegen den Wunsch der Eltern einlegen, was bei fehlendem Erfolg auf der weiterführenden Schule zu einer „Querversetzung" führen kann, nicht jedoch die Entscheidung der Eltern verhindern. Daher wünschen sich die hessischen Lehrer in diesen Fällen eine etwas stärker bindende Funktion ihrer Empfehlung. Nahezu alle Lehrer kritisieren den frühen Zeitpunkt des Übergangs, zu dem ihrer Meinung nach kaum verlässliche Prognosen möglich sind. Daher befürworten sie über die Bundesländer hinweg ein längeres gemeinsames Lernen von mindestens sechs oder acht Schuljahren. Im Unterschied zu den bayerischen Lehrkräften haben ihre hessischen Kollegen die Möglichkeit, Schülern eine Empfehlung für die Gesamtschule zu erteilen und dadurch Konflikte zu vermeiden. Diese Vorgehensweise wird von den hessischen Lehrern positiv wahrgenommen und als Erleichterung empfunden. Nahezu alle be-

Ergebnisse 143

fragten hessischen Lehrer geben an, diese Option insbesondere in Zweifelsfällen zu nutzen:

> Ein zehnjähriges Kind kann sich in jede Richtung entwickeln. Deshalb würde ich ein Kind, wo es unklar ist, in welche Richtung es sich entwickelt, immer für die Gesamtschule empfehlen oder mindestens den Förderstufenbereich, also diese zwei Jahre, die es dann noch zur Entwicklung hat. (HE, 6012, W1)

Sowohl die Mehrheit der bayerischen als auch ein Teil der hessischen Lehrer berichten von Eltern, die sie bereits vor Beginn der vierten Klasse auf die Thematik des Übergangs ansprechen. Allerdings scheint auf den Eltern in Bayern ein größerer Druck zu liegen, der in den Elterngesprächen für die bayerischen Lehrer spürbar ist. Auch dies lässt sich auf die rechtlichen Rahmenbedingungen in Bayern bzw. die bindende Grundschulempfehlung zurückführen:

> Ich habe den Eindruck, dass der Druck mittlerweile immer früher beginnt. Ich habe teilweise Eltern, die Anfang der dritten Klasse schon nachfragen: ‚Schafft es mein Kind auf das Gymnasium oder nicht?' Dieser Druck entsteht für die Eltern immer früher. (BY, 3011, W1)

Die meisten bayerischen Lehrkräfte berichten auch von der Anspannung der Kinder, den Ansprüchen ihrer Eltern gerecht zu werden und den Übergang auf das Gymnasium zu schaffen. Die Fixierung der Schüler auf die Noten und ihre Verunsicherung bei den Proben, die ebenfalls in der bundeslandspezifischen Regelung begründet liegen, führen teilweise dazu, dass sie in ihrer Leistungsfähigkeit eingeschränkt sind:

> Man hat gemerkt, dass sie teilweise psychisch überfordert gewesen sind. Man hat gemerkt, die haben ihre Leistung nicht erbracht. Da waren Blockaden da, weil wahrscheinlich im Hinterkopf die Bremse war, jetzt bin ich in der vierten Klasse und jetzt kommt es darauf an, jetzt muss es klappen. Und dann hat es nicht so gut geklappt. (BY, 3061, W1)

6.1.3 Zusammenfassung der komparativen Analyse

Die komparative Analyse der Interviews ermöglichte einen Überblick über Ähnlichkeiten und Unterschiede im Datenmaterial. Insgesamt wurde in allen Interviews deutlich, dass es sich bei der Erteilung der Übergangsempfehlung um eine *bewusste Entscheidung* der Lehrkräfte handelt. Die Empfehlung ergibt sich nicht „von allein" am Ende der vierten Klasse, sondern setzt rationale Abwägungsprozesse und Überlegungen der Lehrer voraus, die von ihren pädagogischen Überzeugungen und Einstellungen geleitet sind.

Es konnten verschiedene Vorgehensweisen der Lehrkräfte bei der Formation ihrer Übergangsempfehlung aufgedeckt werden und ihre Erfahrungen und Begründungsmuster in diesem Zusammenhang beleuchtet werden. Aus den Überlegungen und Hintergrundannahmen der Lehrkräfte, welche ihr Verhalten im Übergangsgeschehen steuern und rechtfertigen, ließen sich relativ stabile kognitive Strukturen rekonstruieren, die als Subjektive Theorien bezeichnet werden können. Es wurde deutlich, dass die Lehrkräfte aus unterschiedlichen Motiven verschiedene *Kriterien* für ihre Empfehlung heranziehen (vgl. Kap. 6.1.2.1). Während alle Lehrkräfte übereinstimmend die Relevanz der arbeitsbezogenen Kompetenzen für ihre Empfehlung betonen, lassen sie mit unterschiedlicher Gewichtung neben den Noten auch weitere Kriterien einfließen. Während ein Teil der bayerischen Lehrkräfte eine starke Orientierung an den rechtlichen Vorgaben ihres Bundeslandes zeigt und angibt, bei ihrer Empfehlung ausschließlich an den Noten orientiert zu sein, sind für andere Lehrer neben den Noten zusätzliche Einflussgrößen relevant. Ihrer Ansicht nach spiegeln die Noten nur ein begrenztes Bild des Leistungsprofils der Schüler wider und genügen allein nicht, um verlässliche Prognosen über die Lernentwicklung in den höheren Schulen der Sekundarstufe zu treffen. Um die Anforderungen der weiterführenden Schulen, insbesondere einer achtjährigen Gymnasialzeit, bewältigen zu können, sind ihrer Auffassung nach auch bestimmte Persönlichkeitsmerkmale (z.B. Teamfähigkeit, Zuverlässigkeit), eine hohe Frustrationstoleranz sowie eine verlässliche familiäre Unterstützung notwendig. Während einige Lehrkräfte neben den Noten diese leistungsfernen Kriterien ergänzend in ihre Empfehlung einfließen lassen, betonen andere in noch stärkerem Maße die Bedeutsamkeit dieser Aspekte und relativieren den Einfluss der Noten. Bei einem unklaren Leistungsprofil eines Schülers, das dem Grenzbereich zwischen zwei Schulformen entspricht, sind für die Lehrkräfte übereinstimmend arbeitsbezogene Kompetenzen sowie schriftliche Leistungen in den Hauptfächern ausschlaggebend. In einigen Fällen werden zusätzlich weitere Faktoren, wie z.B. der Wunsch der Eltern oder des Kindes, berücksichtigt.

In den Äußerungen der Lehrkräfte ließen sich neben ihren Überzeugungen über relevante Einflussgrößen weitere für die Genese ihrer Empfehlung bedeutsame Subjektive Theorien aufzeigen, die sich auf ihr *Empfehlungsverhalten* gegenüber den Eltern beziehen (vgl. Kap. 6.1.2.2). Während ein Teil der Lehrkräfte gegenüber den Eltern ein flexibles Empfehlungsverhalten zeigt, das sich durch eine Orientierung an den Schulformwünschen der Eltern auszeichnet, lässt sich bei anderen ein restriktives Empfehlungsverhalten erkennen. Die „restriktiven" Lehrkräfte zeigen sich unbeeindruckt von den Präferenzen der Eltern und vertreten bzw. rechtfertigen ihre Empfehlung für eine niedrigere Schulform, ohne davon abzuweichen. Dieses Verhalten geht mit der Einstellung vieler Lehrer einher, eine Empfehlung für eine zu hohe Schullaufbahn führe zu Misserfolgserlebnissen und wirke nicht motivierend auf die Kinder. Demgegenüber möchten die „flexiblen" Lehrkräfte keinem Kind den Weg in eine höhere Sekundarschulform versperren und sprechen im

Ergebnisse 145

Zweifelsfall eine Empfehlung für die höhere Schulform aus. Da diese Lehrer in den meisten Fällen von der Passung ihrer Empfehlung nicht überzeugt sind, sehen sie sich – darunter auch einige bayerische Lehrkräfte – überwiegend in der Rolle eines Beraters, der seine Einschätzung mitteilt, die endgültige Entscheidung aber den Eltern überlässt. Während dieses Verhalten die Lehrer-Eltern-Beziehung entlastet, sind Spannungen und Auseinandersetzungen zwischen Eltern und „restriktiven" Lehrkräften keine Seltenheit.

Neben dem unterschiedlichen Empfehlungsverhalten der Lehrkräfte konnten *Kausalattributionen* als ein wichtiges Verbindungsglied zwischen der Wahrnehmung einer bestimmten Schülerleistung und der Erwartungsbildung bzw. Prognosesicherheit der Lehrkräfte aufgedeckt werden (vgl. Kap. 6.1.2.3). Die Lehrkräfte ziehen für Schülerleistungen vorrangig zeitstabile Ursachen (z.B. Begabung, häusliches Milieu) und seltener variable Erklärungsmuster (z.B. Interesse, Arbeitseifer) heran. Dabei fällt ihre Prognose über den Schulerfolg in der Sekundarstufe tendenziell positiver aus, wenn sie zeitstabile Faktoren für gute Schülerleistungen vermuten.

Als eine andere Einflussgröße, die sich auf die Formation der Lehrerempfehlung indirekt auswirkt und mit den Ursachenzuschreibungen eng zusammenhängt, konnte die *Bezugsnormorientierung* der Lehrkräfte identifiziert werden. Während die Mehrheit der befragten Lehrkräfte das klasseninterne Bezugssystem als Orientierungsgröße nennt, berücksichtigen einige zusätzlich den intraindividuellen Vergleich. Außerdem ist die Mehrheit der Lehrkräfte bemüht, sich bei ihrer Leistungsbewertung durch parallele Klassenarbeiten und einen gemeinsamen Bewertungsschlüssel klassenübergreifend abzusichern. Trotzdem bleibt der klasseninterne Vergleich der zentrale Bezugspunkt, da vorhandene Notentabellen und Bewertungsschlüssel auf die Lerngruppe angewendet werden.

Durch die Beschreibung der verschiedenen *Schülertypen* ließen sich über die bereits thematisierten Kriterien hinaus weitere Aspekte explizieren, welche bei der Formation ihrer Empfehlung eine Rolle spielen. Während einige Lehrer angaben, bei ihrer Empfehlung ausschließlich an Noten orientiert zu sein, heben einzelne bei der Charakterisierung eines typischen Gymnasialkindes neben Noten und kognitiven Fähigkeiten auch einen unterstützenden familiären Hintergrund oder positive Charaktereigenschaften als Kennzeichen dieses Typs hervor. In diesen Fällen wurde davon ausgegangen, dass diese im Nachhinein genannten leistungsfremden Kriterien bei ihrer Empfehlung ebenfalls eine Rolle spielen.

Durch die Analyse der Interviews konnten außerdem die *Wahrnehmung der eigenen Rolle gegenüber den Eltern* sowie die *Belastungen der Lehrkräfte* bei der Genese ihrer Empfehlung präzisiert werden (vgl. Kap. 6.1.2.4). Einige Lehrkräfte berichten von einer positiven, zugewandten und vertrauensvollen Lehrer-Eltern-Beziehung, wohingegen sich andere von den Eltern nicht ernst genommen fühlen und sich über das Verhalten der Eltern, das um so bedrückender empfunden wird, je näher der Übergang rückt, enttäuscht und frustriert äußern. Daneben gibt es Lehrkräfte, die sich in einer Verteidigungsposition gegenüber den Eltern fühlen, während eine weitere Gruppe eine distanzierte, abgeklärte Haltung gegenüber den Eltern zeigt. Insbesondere die bayerischen Lehrkräfte empfinden ihre bindende Empfehlung belastend und verspüren Druck, der von Elternseite auf sie ausgeübt wird. Diese Anspannungen und Belastungen konnten als *Kosten für die Lehrkräfte* im Kontext des Übergangsgeschehens interpretiert werden, denen einzelne aus dem Weg gehen, indem sie ihre Empfehlung der Elternpräferenz unterordnen oder „vorgeschaltet" die Leistungsbewertung an die gewünschte Empfehlung anpassen. Als *Kosten auf Seiten der Schüler* wurden aus Sicht der Lehrer vor allem Misserfolgserlebnisse und Überforderung in den weiterführenden Schulformen angeführt (vgl. Kap. 6.1.2.5).

In den Erklärungs- und Begründungsmustern der Lehrkräfte ließen sich wiederholt Bezüge zu den *formal-rechtlichen Vorgaben* ihres Bundeslandes finden, die als Grundlage für die Formation der Übergangsempfehlung und die damit verbundenen kognitiven Prozesse angesehen werden können (vgl. Kap. 6.1.2.6). Obwohl alle Lehrkräfte über die Bundesländer hinweg den Zeitpunkt in der vierten Klasse als zu früh beurteilen und sich ein längeres gemeinsames Lernen wünschen, äußern sie sich zu den rechtlichen Vorgaben ihres Bundeslandes unterschiedlich. Während die hessischen Lehrkräfte im Großen und Ganzen mit den rechtlichen Regelungen ihres Bundeslandes zufrieden sind, sehen die bayerischen Lehrkräfte die Vorgaben ihres Bundeslandes überwiegend kritisch und lehnen ihre Funktion als Entscheidungsträger mehrheitlich ab. Stattdessen wünschen sie sich aufgrund der hohen Belastung, die sie insbesondere durch Auseinandersetzungen mit Eltern wahrnehmen, mehrheitlich die Freigabe des Elternwillens oder Aufnahmeprüfungen für alle Kinder an den weiterführenden Schulen.

Ergebnisse 147

6.2 Die typologische Analyse

Im vorliegenden Kapitel stehen die zentralen Ergebnisse der Typenkonstruktion im Vordergrund. Zunächst werden die relevanten Vergleichsdimensionen und das dem Prozess der Typenbildung zugrunde liegende Konzept des Merkmalsraums dargestellt. Die gebildeten einzelnen Gruppen werden auf der Ebene des Typus charakterisiert und anhand ausführlicher Falldarstellungen veranschaulicht. Abschließend folgt eine Analyse der Gemeinsamkeiten und Unterschiede der ermittelten Typen.

6.2.1 Gruppierung der Einzelfälle, Analyse der empirischen Regelmäßigkeiten und Typisierung

Im Anschluss an die komparative Analyse wurden die Einzelfälle gruppiert, um die gesammelten Informationen weiter zu strukturieren und aufeinander zu beziehen. Die typologische Analyse folgte methodisch dem Konstruktionsprozess, den Kelle und Kluge (1999) zur empirisch begründeten Typenbildung vorschlagen (vgl. Kap. 5.4.2). Für den ersten Schritt der Typenbildung, die Erarbeitung relevanter Vergleichsdimensionen, bildete die komparative Analyse der Interviews die Grundlage (vgl. Kap. 6.1). Die dort entwickelten Kategorien und ihre Ausprägungen bilden eine erste grobe Einteilung der Interviews. Als Vergleichsdimensionen wurden die Kategorien der komparativen Analyse ausgewählt, die sich aufgrund der Forschungsfragen als besonders relevant erwiesen und die zugleich die im Untersuchungsfeld tatsächlich bestehenden Ähnlichkeiten (interne Homogenität) und Unterschiede (externe Heterogenität) zwischen den Lehrkräften deutlich machten und möglichst exakt beschrieben. Durch die Kombination dieser Merkmale ließ sich ein Merkmalsraum bilden, in dem die verschiedenen Typen angeordnet wurden. Das Konzept des Merkmalsraums ermöglichte einen Überblick sowohl über alle potenziellen Kombinationsmöglichkeiten als auch über die konkrete empirische Verteilung der Fälle auf die Merkmalskombinationen. Im dritten Schritt wurden die einer Merkmalskombination zugeordneten Fälle miteinander verglichen und mit den Fällen anderer Gruppen kontrastiert, wobei neben den zentralen Merkmalen weitere relevante Kategorien hinzugezogen wurden. Auf dieser Stufe, auf der ähnliche Gruppen zusammengefasst werden konnten, bestand das Ziel darin, eine maximale Homogenität der Fälle innerhalb eines Typus und eine maximale Heterogenität zwischen den Typen zu erreichen. Die spezifischen Merkmalskombinationen eines Typus konnten Hinweise auf regelmäßige Beziehungen und inhaltliche Zusammenhänge aufdecken. Allerdings musste berücksichtigt werden, dass sich die Elemente eines Typus nur in den wichtigsten Merkmalen ähneln und nicht wie bei einer Klassifikation identisch sind. Wenn sich die Fälle eines Typus in vielen Merkmalen ähneln, wurde davon ausgegangen, dass die Zusammenhänge nicht zufällig sind, sondern in einem inhaltlich sinnvollen Zusammenhang stehen, der für die weitere Hypothesen- und Theoriebildung von Bedeutung ist (vgl. Kelle & Kluge 1999). Im letzten Schritt wurden die konstruierten Typen anhand ihrer Merkmalskombinationen sowie der inhaltlichen Zusammenhänge charakterisiert, wobei Prototypen beschrieben wurden. Insgesamt wurden bei jedem Schritt sowohl relevante theoretische Vorannahmen berücksichtigt, die das Material strukturieren, als auch sich direkt aus dem Material ergebende Aspekte aufgenommen.

Im Rahmen der vergleichenden Analyse wurde herausgearbeitet, dass die Lehrkräfte bei der Formation ihrer Empfehlung ein unterschiedliches Vorgehen zeigen und verschiedene Einflussgrößen berücksichtigen. Es standen sich drei deutlich voneinander abgrenzbare Gruppen gegenüber (vgl. Tab. 8). Die Kategorie „*Empfehlungskriterien*" wurde sowohl anhand theoretischer Vorüberlegungen als auch aufgrund der Analyse des empirischen Datenmaterials gebildet und ist für die Fragestellung der Untersuchung von wesentlicher Bedeutung. Daher wurde sie als erste zentrale Merkmalsdimension für die Typenbildung mit folgenden Ausprägungen bestimmt: *vorrangig an Noten orientiert; teils an Noten, teils an weiteren Kriterien orientiert; vorrangig an weiteren Kriterien orientiert*. Die Interviews ließen sich entsprechend in drei Gruppen einteilen.

Tab. 8: Erster Schritt zur Konstruktion des Merkmalsraums

Empfehlungskriterien		
vorrangig an Noten orientiert	teils an Noten, teils an weiteren Kriterien orientiert	vorrangig an weiteren Kriterien orientiert
1011, 3141, 4111	1011, 1091, 1132, 2021, 2023, 3011, 3092, 3152, 4012, 5081, 6033, 7072, 6012	5113, 7041, 8011, 1102

Anschließend wurden die Fälle der drei Gruppen untereinander verglichen. Dabei zeigte sich, dass die Gruppen intern noch nicht homogen waren. Da durch die komparative Analyse deutlich wurde, dass sich die Lehrkräfte nicht nur durch die Kriterien unterscheiden, die sie bei der Genese ihrer Empfehlung heranziehen, sondern ihrem Entscheidungsprozess auch ein unterschiedliches Empfehlungsverhalten zugrunde liegt, wurde als weiteres Vergleichsmerkmal die Kategorie „*Empfehlungsverhalten*" aufgenommen. Anhand der Ausprägungen *flexibel* und *restriktiv* wurden die Interviews noch einmal danach unterteilt, durch welches Empfehlungsverhalten sich das Handeln der Lehrkräfte gegenüber den Eltern auszeichnet. Nun ergab sich folgende Aufteilung.

Ergebnisse 149

Tab. 9: Zweiter Schritt zur Konstruktion des Merkmalsraums

		Empfehlungskriterien		
		vorrangig an Noten orientiert	teils an Noten, teils an weiteren Kriterien orientiert	vorrangig an weiteren Kriterien orientiert
Empfehlungsverhalten	flexibel	1011, 3141, 4111	3011, 3092, 3152, 7072	5113
	restriktiv		1091, 1132, 2021, 2023, 3061, 4012, 5081, 6012, 6033	1102, 7041, 8011

Diese Aufteilung zeigte bereits, dass die Mehrheit der Lehrkräfte bei der Formation ihrer Empfehlung nicht nur die Noten der Schüler, sondern darüber hinaus auch weitere leistungsnahe und -ferne Kriterien berücksichtigt und überwiegend ein restriktives Empfehlungsverhalten zeigt. Um eine maximale Homogenität der Fälle innerhalb eines Typus zu erreichen und zu einer maximalen Heterogenität zwischen den Typen zu gelangen, wurden bereits in diesem Schritt die Fälle, die ein flexibles bzw. restriktives Empfehlungsverhalten zeigen und entweder teilweise oder vorrangig an weiteren Kriterien bei ihrer Entscheidungsfindung orientiert sind, zusammengefasst.

Im Anschluss daran ließ sich durch den Vergleich der Fälle noch immer eine mangelnde interne Homogenität der Gruppen feststellen, so dass weitere Merkmale hinzugezogen wurden, um die Ähnlichkeit der Fälle innerhalb einer Gruppe zu erhöhen. Da die Äußerungen der Lehrkräfte hinsichtlich ihrer selbstbezogenen Kognitionen und Emotionen eine hohe Varianz aufweisen und sich zeigte, dass sie für die Formation ihrer Empfehlung von Bedeutung sind, wurden die dazugehörigen Kategorien „*Wahrnehmung der eigenen Rolle*" und „*Verspüren von Belastungen/Druck*" mit ihren jeweiligen Ausprägungen als weitere Vergleichsmerkmale herangezogen. Nun ergab sich folgendes Bild.

Tab. 10: Dritter Schritt zur Konstruktion des Merkmalsraums

Selbstbezogene Kognitionen		Empfehlungskriterien & Empfehlungsverhalten			
Verspüren von Belastungen/ Druck	Wahrnehmung der eigenen Rolle	vorrangig an Noten orientiert		teils an Noten, teils an weiteren Kriterien orientiert	
		flexibel	restriktiv	flexibel	restriktiv
Verspüren von Druck	frustriert/ fühlt sich nicht ernst genommen	1011, 3141, 4111			1102, 1132, 2021, 3061
	unsicher/ defensiv				1091, 2023, 7041, 4012
Kein Verspüren von Druck	formal/ distanziert				5081, 6012, 6033, 8011
	zugewandt/ kooperativ			3011, 3092, 3152, 5113, 7072	

Eine weitere Kontrastierung der Gruppen zeigte, dass die externe Heterogenität auf der Ebene der Typologie noch nicht ausreichend war. Deshalb wurden zwei Gruppen, die sich ausschließlich in der Dimension „*Wahrnehmung der eigenen Rolle*" unterschieden und sonst sehr ähnliche Merkmale aufwiesen, zusammengefasst. In der Kombination dieser vier Dimensionen und ihren Ausprägungen entstand der nachfolgend dargestellte Merkmalsraum, mit dem alle vier in den Interviews vertretenen Lehrertypen beschrieben und klar voneinander abgegrenzt werden konnten.

Tab. 11: Übersicht über die gebildeten Lehrertypen

Selbstbezogene Kognitionen		Empfehlungskriterien & Empfehlungsverhalten			
Verspüren von Belastungen/ Druck	Wahrnehmung der eigenen Rolle	vorrangig an Noten orientiert		teils an Noten, teils an weiteren Kriterien orientiert	
		flexibel	restriktiv	flexibel	restriktiv
Verspüren von Druck	frustriert/ fühlt sich nicht ernst genommen/ unsicher	1011, 3141, 4111 Typ 1: resigniert-konfliktmeidend			1102, 1091, 1132, 2021, 2023, 3061, 4012, 7041 Typ 2: kritisch-konfliktoffen
Kein Verspüren von Druck	formal/ distanziert				5081, 6012, 6033, 8011 Typ 4: formal-distanziert
	zugewandt/ kooperativ			3011, 3092, 3152, 5113, 7072 Typ 3: zugewandt-kooperativ	

Der Vergleich der Fälle eines Typus sowie der Vergleich der gebildeten Gruppen machten deutlich, dass sowohl die interne Homogenität auf der Ebene des Typus als auch die externe Heterogenität auf der Ebene der Typologie gewährleistet ist. Der Prozess der Typenbildung endete mit einer umfassenden Charakterisierung der konstruierten Typen anhand der spezifischen Merkmalskombinationen und der rekonstruierten Sinnzusammenhänge. Da die Fälle eines Typus in ihren Merkmalen nicht identisch sind, sondern sich nur ähneln, wird das „Gemeinsame" der Fälle in der Forschungspraxis häufig durch sog. Prototypen, d.h. durch reale Fälle dargestellt, welche die Charakteristika jedes Typus am besten repräsentieren. Anhand von Prototypen kann das Typische aufgezeigt und gleichzeitig können die individuellen Besonderheiten dagegen abgegrenzt werden (vgl. Kelle & Kluge 1999, S. 94). Von Bedeutung ist dabei, sich zu vergegenwärtigen, dass der Prototyp nicht der Typus *ist*, sondern ihm lediglich *entspricht* (vgl. von Zerssen 1973, S. 131; Kelle & Kluge 1999, S. 95). Dieses methodische Vorgehen wurde auch in der vorliegenden Forschungszusammenhang gewählt. Bei der Auswahl und Beschreibung der prototypischen Fälle wurde darauf geachtet, das Typische hervorzuheben, damit es nicht „durch ein Zuviel von unzugehörigen individuellen Zügen verwässert wird" (von Zerssen 1973, S. 78).

Ergebnisse 151

6.2.2 Ergebnisse der typologischen Analyse: Lehrertypen unterschiedlichen Empfehlungsverhaltens

Durch den vierstufigen Konstruktionsprozess ließen sich insgesamt vier Lehrertypen bilden und deutlich voneinander abgrenzen. Die Gruppen erhalten folgende Bezeichnungen: Resigniert-konfliktmeidender Typ, kritisch-konfliktoffener Typ, zugewandt-kooperativer Typ und formal-distanzierter Typ.

Die folgende Tabelle gibt einen ersten Überblick über die Zuordnung der Lehrkräfte zu den gebildeten Typen in Verbindung mit ausgewählten Merkmalen. Die markierten Fälle wurden als Prototypen ausgewählt und werden im Anschluss näher beschrieben.

Tab. 12: Zuordnung der Lehrkräfte zu den Typen unterschiedlichen Empfehlungsverhaltens

Lehrertyp	ID	Bundesland	Unterrichtsjahre an Grundschule	Veränderung Empfehlungsverhalten	Wahrnehmung Eltern	Einstellung rechtliche Vorgaben
Resigniert-konfliktmeidend	1011	Bayern	28 Jahre	verändert: gleichgültiger	positiv	Aufnahmeprüfung
	3141	Bayern	16 Jahre	k.N.	teils-teils	Empfehlung bindend
	4111	Bayern	17 Jahre	verändert: gleichgültiger	teils-teils	Elternwille
Kritisch-konfliktoffen	1091	Bayern	4 Jahre	unverändert	kritisch	Empfehlung bindend
	1102	Bayern	10 Jahre	verändert: berücksichtigt stärker alternative Kriterien bei Leistungsbewertung	kritisch	Empfehlung bindend
	1132	Bayern	20 Jahre	verändert: gleichgültiger	kritisch	Aufnahmeprüfung
	2021	Bayern	25 Jahre	unverändert	kritisch	Aufnahmeprüfung
	2023	Bayern	1 Jahr	unverändert	kritisch	Empfehlung bindend
	3061	Bayern	25 Jahre	unverändert	kritisch	Aufnahmeprüfung
	4012	Bayern	3 Jahre	unverändert	teils-teils	Empfehlung bindend
	7041	Hessen	1 Jahr	unverändert	teils-teils	Empfehlung bindend
Zugewandt-kooperativ	3011	Bayern	13 Jahre	verändert: höhere Leistungsanforderungen	positiv	Elternwille
	3092	Bayern	6 Jahre	unverändert	positiv	Elternwille
	3152	Bayern	18 Jahre	unverändert	positiv	Elternwille
	5113	Hessen	26 Jahre	k.N.	positiv	Elternwille
	7072	Hessen	11 Jahre	unverändert	teils-teils	Elternwille
Formal-distanziert	5081	Hessen	12 Jahre	unverändert	teils-teils	Elternwille
	6012	Hessen	30 Jahre	verändert: akzeptiert Elternscheidung leichter	teils-teils	Elternwille
	6033	Hessen	2 Jahre	unverändert	positiv	Empfehlung bindend
	8011	Hessen	7 Jahre	unverändert	positiv	Elternwille

6.2.2.1 Der resigniert-konfliktmeidende Typ

Der resigniert-konfliktmeidende Typ ist insgesamt drei Mal in der Stichprobe vertreten. Es handelt sich ausschließlich um Lehrkräfte, die in Bayern unterrichten und über eine langjährige Berufserfahrung von durchschnittlich 20 Jahren verfügen. Kennzeichnend für diese Gruppe ist, dass sie bei der Formation ihrer Übergangsempfehlung vorrangig an Noten orientiert ist und zugleich ein flexibles Empfehlungsverhalten zeigt. Die Lehrkräfte sind bei ihrer Empfehlung den rechtlichen Vorgaben ihres Bundeslandes entsprechend in erster Linie an den Noten orientiert, wobei der errechnete Notendurchschnitt der Hauptfächer letztlich ausschlaggebend ist. Ihr flexibles Empfehlungsverhalten erscheint zunächst widersprüchlich, lässt sich aber durch die Analyse der selbstbezogenen Kognitionen und Emotionen erklären. Die Angehörigen dieser Gruppe fühlen sich stark von den Ansprüchen der Eltern unter Druck gesetzt und in ihrer Rolle nicht ernst genommen. Sie haben die Erfahrung gemacht, dass die Eltern, insbesondere bei uneindeutigen Fällen, auf ihren Interessen beharren und letztlich die gewünschte weiterführende Schulform für ihr Kind durchsetzen. Die rechtlichen Vorgaben bezeichnen sie als uneindeutig, wobei hauptsächlich die Grenze zwischen einer Gymnasial- und Realschulempfehlung einen zu großen Spielraum zulässt. Um Konflikten mit Eltern aus dem Weg zu gehen, versuchen diese Lehrkräfte die Noten der Schüler im Vorhinein an die gewünschte Empfehlung anzupassen.

Zur Illustration wurde als Prototyp der folgende Fall (ID 1011) ausgewählt, weil sich hier das für diesen Typ charakteristische Empfehlungsverhalten und die damit verbundenen kognitiven Prozesse beispielhaft zeigen. Es handelt sich um eine Lehrerin, die in Bayern unterrichtet und über eine lange Berufserfahrung von 28 Jahren verfügt. In dieser Zeit hat sie den Übergang auf die weiterführenden Sekundarschulformen 15 Mal begleitet. Ihre vierte Klasse hat sie zu Beginn der dritten Jahrgangsstufe übernommen. Durch ihre langjährige Tätigkeit hat sich im Laufe der Jahre bei *Lehrerin A* eine gleichgültige Haltung herausgebildet. Während ihrer Ansicht nach die Übergangsentscheidung vor 20 Jahren stärker von der Lehrerempfehlung determiniert war, versuchen die Eltern gegenwärtig zunehmend ihre eigenen Vorstellungen durchzusetzen. Um Konflikte mit den Eltern zu vermeiden, versucht die Lehrerin – sofern sie es verantworten kann – mit ihrer Empfehlung den Wünschen der Eltern entgegenzukommen, indem sie vorgeschaltet die entsprechenden Noten vergibt.

Prototypische Fallbeschreibung: Lehrerin A (ID 1011)

> Ich sage immer, wenn einer den Notendurchschnitt bei mir hat, dann ist es mir egal. [...] Wenn jetzt ein Kind mehr auf Drei steht, dann versucht man mit einem Referat oder mit einer mündlichen Note, ehrlich gesagt, die bessere Note irgendwie zu bekommen, obwohl es eigentlich nicht richtig ist. (BY, 1011, W1)

Empfehlungskriterien

Bei der Formation der Übergangsempfehlung ist Frau A vorrangig an den Noten orientiert. Das Übertrittszeugnis entspricht weitestgehend dem Zwischenzeugnis, wobei „in jedem Fach mindestens noch ein bis zwei Noten hinzukommen. Das wird dann alles zusammengezählt und ergibt die Übertrittsnote" (BY, 1011, W1). Andere Kriterien, wie das Arbeits- und Sozialverhalten spielen bei ihrer Empfehlung eine untergeordnete Rolle. Im Hinblick auf die Eltern stellt Frau A deren starke Orientierung an den Noten heraus: Sofern ein Kind den Notendurchschnitt erreicht hat, der den Übergang auf eine gymnasiale Schulform gestattet, wird eine andere Empfehlung ignoriert, und Beratungsgespräche, die eine niedrigere Schulform nahe legen, werden von den Eltern missachtet. Als Folge dieses Verhaltens investiert Lehrerin A weniger Zeit in die Elternberatung und setzt das Erreichen des Notendurchschnitts als alleiniges Kriterium für ihre Empfehlung an, während sie zu Beginn ihrer Berufszeit zwischen Durchschnittnote und logischem Denkvermögen bzw. kognitiven Reserven des Kindes differenziert hat. Lehrerin A rechtfertigt ihr vorrangig am Notendurchschnitt orientiertes Vorgehen und die Nichtberücksichtigung weiterer Aspekte mit dem Verweis auf die rechtlichen Vorgaben ihres Bundeslandes. Außerdem betont sie ihre Skepsis, am Ende der vierten Klasse eine zuverlässige Prognose abgeben zu können:

> Es ist schwierig, weil es ja sein kann, dass die Kinder, die ich für geeignet halte, durch die Pubertät oder durch sonst irgendetwas in zwei Jahren das Ganze schmeißen und keine Lust mehr haben, etwas zu tun. Während andere Kinder, die jetzt das Niveau nicht mitbringen, aber fleißiger sind als andere, vielleicht irgendwann durch Fleiß oder zusätzliche Hilfen das doch packen können. Die Eltern müssen es dann entscheiden. Sie haben ihr Kind und müssen schauen, wie sie damit zurecht kommen die nächsten Jahre. (BY, 1011, W1)

Empfehlungsverhalten gegenüber den Eltern

Das flexible Empfehlungsverhalten der Lehrerin, das zunächst ihrer Orientierung am Notendurchschnitt zu widersprechen scheint, kann als resignierte Gesinnung und Folge des elterlichen Verhaltens interpretiert werden. Lehrerin A schildert ein zunehmend starkes Bemühen der Eltern, nach Klassenarbeiten die Bewertung kritisch zu begutachten und die bestmögliche Note „auszuhandeln":

Die Eltern versuchen natürlich, Punkte rauszuschinden. Wenn es bei einer Probe um einen Punkt geht, versuchen die Eltern zu sagen: ‚Aber eigentlich ist das doch die Note. Könnten Sie da nicht ein Auge zudrücken?' Oder: ‚Das hat doch das Kind so gemeint, es hat es nur nicht so geschrieben, aber hat es so gemeint.' Da kann es schon vorkommen, dass man Probleme kriegt. (BY, 1011, W1)

Dies wird von ihr, die sich selbst als „Buhmann der vierten Klasse" wahrnimmt, als belastend empfunden. Dem Druck steuert sie entgegen, indem sie im Vorfeld Konflikte durch ein flexibles Empfehlungsverhalten entschärft und in uneindeutigen Fällen die bessere Note vergibt. Dieses Vorgehen stellt für Lehrerin A einen Nutzen dar, denn ihr gelingt es dadurch, die für sie entstehenden Kosten in Form von Konflikten und Meinungsverschiedenheiten mit den Eltern zu minimieren:

> Die Eltern versuchen mit allen Mitteln die bessere Note zu bekommen. Dann kriegt man als Lehrer schon ein schlechtes Gewissen und denkt, mein Gott, verbauen will man es den Kindern auch nicht. (BY, 1011, W1)

Selbstbezogene Kognitionen und Emotionen

Während zu Beginn ihrer Tätigkeit die Eltern der Lehrerempfehlung gefolgt sind und ihre Meinung als „Expertin" hoch geschätzt haben, distanzieren sie sich zunehmend von ihren Ratschlägen. Wenn es aufgrund der äußeren Umstände möglich ist, realisieren sie ihre Vorstellungen von der weiterführenden Schullaufbahn für das Kind, unabhängig vom Standpunkt der Lehrerin:

> Einige Eltern glauben das, was man ihnen sagt. Aber die Zahl hat sich im Laufe der letzten Jahrzehnte schon geändert. Früher hieß es, das, was der Lehrer sagt, ist richtig. Das ist natürlich auch nicht richtig, aber es war früher zumindest anders. Und jetzt ist es so, dass nicht mehr der Lehrer die Gewichtung hat für das spätere Leben, sondern die Eltern bestimmen und es mit allen Mitteln probieren. (BY, 1011, W1)

Da ihre Beratung ohnehin bei vielen Eltern auf Gleichgültigkeit stößt, überträgt sie die Verantwortung an die Eltern, wenn ein Kind die entsprechenden Noten für eine weiterführende Schule hat. Das Dilemma, dass die Noten teilweise nicht die tatsächlich angenommenen kognitiven Fähigkeiten des Kindes abbilden, nimmt sie dabei hin:

> Das Problem ist, dass die Noten bei mir in der Klasse relativ gut sind. Dann denken die Eltern automatisch, dass ihr Kind klug ist und auch in einer höheren Schule gute Noten schreibt. [...] Daher denke ich, dass manche Eltern bestimmt meinem Rat nicht folgen werden. Ich kenne aber die Kinder und weiß, ob jemand logisch denken kann. [...] Darum sage ich ja auch immer, wer den Notendurchschnitt bei mir hat, kann gehen. Die Eltern müssen es dann entscheiden, und wenn die Kinder es dann nicht packen, müssen sie sich etwas anderes überlegen. (BY, 1011, W1)

Ergebnisse 155

In den Ausführungen wird ihre pessimistische Haltung deutlich. Sie lässt das ihrer Ansicht nach für die Bewältigung einer weiterführenden Schullaufbahn notwendige logische Denkvermögen des Kindes als Kriterium für ihre Empfehlung unberücksichtigt. Daneben zeigen ihre Erfahrungen, dass dieses Vorgehen meist das Scheitern des Kindes an der anspruchsvolleren Schulform impliziert:

> Ich habe es in früheren Jahren bei etlichen erlebt, die zwischen zwei Noten standen, dass ich Realschule empfohlen habe und die Eltern ihr Kind heimlich doch auf das Gymnasium getan haben. Und ein Jahr später kamen sie wieder zurück, die Kinder. (BY, 1011, W1)

Einstellung zu den rechtlichen Regelungen

Als Ursache für das Verhalten der Eltern führt Lehrerin A die rechtlichen Vorgaben ihres Bundeslandes an, die sie als zu „schwammig" bezeichnet. Bei einem Notendurchschnitt von 2,33 ist ein Kind für die Realschule geeignet, kann aber ebenso nach einem weiteren obligatorischen Beratungsgespräch ohne Probeunterricht auf das Gymnasium wechseln, selbst wenn die Lehrkraft eine Realschulempfehlung ausspricht:

> Bei uns in XY ist es so, dass der Elternwille etwa 95 Prozent ausmacht. Selbst wenn ich etwas sage, wird das teilweise nicht ernst genommen. Ich sage bei vielen Eltern, dass ihr Kind nicht reif für das Gymnasium ist, und sie versuchen doch mit allen Mitteln, das Kind in das Gymnasium zu schicken. (BY, 1011, W1)

Lehrerin A würde es begrüßen, wenn die Eltern bei der Übergangsentscheidung „nicht so viel mitzureden hätten" und befürwortet stattdessen Aufnahmeprüfungen für alle Kinder an den weiterführenden Schulen:

> So, wie es im Augenblick ist, ist es schlecht. Früher war es besser, als man die Aufnahmeprüfung gemacht hat. Diejenigen, die das machen wollten, die sind an drei Tagen an die betreffende Schule gekommen und haben dort drei Tage eine Aufnahmeprüfung gemacht. Dann wurde ausgesiebt und so waren auch nur die allerbesten drin, die es dann aber auch geschafft haben. (BY, 1011, W1)

Das starke Bestreben der Eltern, eine möglichst hohe Schullaufbahn für ihr Kind durchzusetzen und die Hauptschule zu vermeiden, hängt nach Ansicht der Lehrerin mit der gesellschaftlichen Situation zusammen: „Die Hauptschule garantiert keinen Arbeitsplatz, und deshalb haben die Eltern Angst davor."

Zusammenfassung

Während Lehrerin A zu Beginn ihrer Tätigkeit mehr Zeit und Mühe in die Beratungsgespräche investiert hat, da die Eltern ihrer Empfehlung gefolgt sind, steht inzwischen für die Eltern nicht mehr die Beratung, sondern ausschließlich das Erreichen des Notendurchschnitts im Vordergrund. Die Ignoranz der Eltern gegenüber ihrer Empfehlung bzw. ihrer Beratung hat bei Lehrerin A zu einer resignierten Haltung geführt. Die Schullaufbahnpräferenzen der Eltern nimmt die Lehrerin bereits vor ihrer Festlegung der Entscheidung wahr und orientiert sich bei ihrem Handeln insbesondere bei Schülern, deren Leistungen den Grenzwerten zwischen zwei Schulformen entsprechen, an den Elternwünschen. Da die Eltern ihrer Ansicht nach bei „Grenzfällen" ohnehin ihre Präferenzen durchsetzen, indem sie die in den rechtlichen Regelungen vorhandenen „Schlupflöcher" nutzen, reagiert sie auf die wahrgenommenen Forderungen und Ansprüche der Eltern im Vorhinein, indem sie gewissermaßen „vorgeschaltet" die Noten an die gewünschte Empfehlung anpasst. Aus diesem Grund kommt es in den obligatorischen Beratungsgesprächen nicht zu Uneinstimmigkeiten oder Auseinandersetzungen, so dass Lehrerin A dementsprechend von einem positiven Verhältnis zu den Eltern berichtet.

6.2.2.2 Der kritisch-konfliktoffene Typ

Diesem Typ, dem insgesamt acht Fälle angehören, wurden überwiegend bayerische Lehrkräfte zugeordnet, von denen manche auf eine langjährige Berufserfahrung von etwa 20 Jahren zurückblicken, während es sich bei anderen um Berufsanfänger handelt, die teilweise den Übergang zum ersten Mal begleiten. Beide Gruppen wurden beim dritten Schritt der Konstruktion des Merkmalsraums zusammengefasst, da sie sich in den meisten Merkmalen stark ähneln und ausschließlich die eigene Rolle unterschiedlich wahrnehmen. Auf diese Weise konnte die Heterogenität zwischen den Typen erhöht werden.

Die Lehrer dieser Gruppe orientieren sich bei der Formation ihrer Empfehlung nicht vorrangig am Notendurchschnitt, sondern lassen auch leistungsferne Aspekte, wie Frustrationstoleranz oder Charaktereigenschaften, in ihre Empfehlung einfließen. Eine ausschließliche Orientierung am Notendurchschnitt sehen die Vertreter dieses Typs mehrheitlich kritisch aufgrund des klasseninternen Bezugssystems, das je nach Lerngruppe ein unterschiedliches Notenbild generiert. Daher betonen sie im Hinblick auf den Übergang eine Modifizierung der Noten, indem sie den Klassenkontext weniger berücksichtigen und die Leistungen der Schüler im Verlauf der vierten Klasse zunehmend vor dem Hintergrund einer sachlichen Norm bewerten. Alle Mitglieder des kritisch-konfliktoffenen Typs zeigen ein restriktives Empfehlungsverhalten und sind von den Präferenzen der Eltern weitgehend unbeeinflusst. Wie die Angehörigen des resigniert-konfliktmeidenden Typs berichten sie von dem Bestreben der Eltern, eine Hauptschulempfehlung für ihr Kind zu vermeiden und eine gymnasiale Empfehlung durchzusetzen. Ihr restriktives Empfehlungsverhalten führt häufig zu Auseinandersetzungen und Meinungsverschiedenheiten mit den Eltern, was die Lehrkräfte dieser Gruppe als belastend wahrnehmen. Auch die Berufsanfänger dieses Typs befürchten Konflikte mit den Eltern und nehmen das Ver-

Ergebnisse 157

hältnis zu ihnen umso kritischer wahr, je näher der Übergang rückt. Ebenso wie die Lehrkräfte, die dem resigniert-konfliktmeidenden Typ angehören, kritisieren die Lehrkräfte des kritisch-konfliktoffenen Typs die rechtlichen Regelungen in Bayern und wünschen sich ein stärkeres Mitspracherecht der Schulen bei der Übergangsentscheidung. Sie befürworten entweder eine höhere Verbindlichkeit ihrer Empfehlung oder Aufnahmeprüfungen an den weiterführenden Schulen für alle Schüler, die eine gymnasiale Laufbahn einschlagen möchten.

Die folgende Falldarstellung (ID 1132) wurde ausgewählt, weil das Empfehlungsverhalten dieser bayerischen Lehrerin in prototypischer Weise dem Vorgehen des kritisch-konfliktoffenen Typs entspricht. Sie orientiert sich bei ihrer Entscheidungsfindung sowohl an den Noten als auch an anderen Kriterien, die sie für die Bewältigung der weiterführenden Schullaufbahn als bedeutsam ansieht. Da sie ihren Standpunkt klar vor den Eltern vertritt, wird sie in hohem Maße von ihnen unter Druck gesetzt. *Lehrerin B* hat ihre vierte Klasse in der dritten Jahrgangsstufe übernommen und in ihrer zehnjährigen Tätigkeit den Übergang fünf Mal begleitet.

Prototypische Fallbeschreibung: Lehrerin B (ID 1132)

> *Ich habe erlebt, dass Eltern wegen halben Punkten ganze Büchereien wälzen, um mir zu beweisen, dass hier noch ein halber Punkt mehr zu geben wäre. Das mache ich dann aber auch. [...] Dass die Fronten verhärtet sind, kommt bestimmt in jeder vierten Klasse vor. Also alle zwei Jahre. (BY, 1132, W1)*

Empfehlungskriterien

Obwohl Lehrerin B bei der Formation ihrer Übergangsempfehlung auch leistungsfremden Kriterien eine Bedeutung beimisst, stellt sie zunächst die Relevanz der Noten für ihre Empfehlung heraus:

> Es kann sein, dass ein Kind sehr gute Noten hat, ich aber einfach Bedenken habe wegen der Konzentration oder auch wegen der Motivation, dass ich das schon auch berücksichtige. Aber bei der Empfehlung kann ich eigentlich nur von den Noten ausgehen. (BY, 1132, W1)

Sie betont insbesondere die Deutschnote als wichtige Einflussgröße für die Genese ihrer Empfehlung:

> Für mich ist in Deutsch vor allem die Ausdrucksfähigkeit wichtig in schriftlicher Form, d.h. Aufsatz ist für mich ein starkes Kriterium, um Kinder bedenkenlos auf die höhere Schule gehen zu lassen. (BY, 1132, W1)

In den weiteren Ausführungen erwähnt Lehrerin B darüber hinaus die Bedeutung eines positiven Sozialverhaltens und beschreibt Teamfähigkeit als wichtige Eigenschaft, da „sie im Berufsleben immer mehr gefordert ist." Auch der familiäre Hintergrund hat Einfluss auf ihre Empfehlung. Sie betont weniger die finanzielle Situation als den Bildungsstand der Eltern, der vor allem bei Kindern, die leistungsmäßig zwischen zwei Schulformen stehen, bei ihrer Entscheidung ins Gewicht fällt. Ihre Einschätzung, ob die Familie das Kind in Hausaufgabensituationen unterstützen und bei Misserfolgserlebnissen psychisch auffangen kann, ist dabei relevant. Daneben sind insbesondere ihre Unterrichtsbeobachtungen hinsichtlich Arbeitshaltung, Ausdauer und Disziplin in ihren Abwägungen für oder gegen eine Empfehlung von Bedeutung:

> Für mich sind nicht unbedingt die Noten ausschlaggebend, sondern die Arbeitshaltung und die Neugierde, Motivation, Ausdauer der Kinder, Konzentrationsvermögen, auch die Hausaufgabensituation und die Disziplin, was jetzt das Lernen betrifft, auch die Eigenständigkeit des Schülers. Das sind alles Dinge, die ich so im Unterricht beobachte, die für mich eigentlich wichtiger sind als die Note, wobei für mich natürlich eine Deutschnote schon auch eine Gewichtung hat. (BY, 1132, W2)

Empfehlungsverhalten gegenüber den Eltern

Die Empfehlung, die sich bei Lehrerin B auf die oben beschriebene Weise herausbildet, teilt sie den Eltern ihrer Klasse mit und lässt sich nicht von ihrem Standpunkt abbringen. Sofern sie ein Kind für eine gymnasiale Laufbahn ungeeignet hält, äußert sie ihre Ansicht „klipp und klar" vor den Eltern und empfiehlt ihnen, sich diese weiterführende Schule für das Kind „aus dem Kopf zu schlagen." Ihr restriktives Empfehlungsverhalten kann daher bei einem Dissens zu Konflikten mit den Eltern führen, die ihr häufig das Gefühl geben, unzufrieden mit ihren Beurteilungen zu sein:

> Ich habe ein Kind dabei, das ich vom Intellekt her für eine höhere Schule geeignet halte. Der Schüler kann sich aber einfach noch nicht konzentrieren und hat noch keine Arbeitshaltung entwickelt. Ich denke, dass es ihm gut tun würde, wenn er noch ein Jahr auf die Hauptschule geht. Aber die Eltern sehen das gar nicht so. Die wollten ihn jetzt sofort auf dem Gymnasium haben und haben ihn und auch mich sehr unter Druck gesetzt. [...] Er hat dann die Aufnahmeprüfung für das Gymnasium gemacht, aber zwei Fünfer geschrieben. Er sollte dann noch den Probeunterricht für die Realschule nachholen, aber die Realschule, auf die er gehen wollte, ist voll. Er geht jetzt noch ein Jahr auf die Hauptschule, was die Eltern nicht für ihn wollten. Ich habe das Gefühl, dass die Eltern sehr unzufrieden mit meiner Beurteilung sind. (BY, 1132, W2)

Ähnlich wie Lehrerin A hat auch Frau B die Erfahrung gemacht, dass die Noten die alleinige Orientierungsgröße der Eltern sind. Wenn das Kind den Durchschnitt erreicht hat, wird eine andere Lehrerempfehlung ignoriert und weitere Beratungsgespräche sind „für die Katz". Lehrerin B berichtet von einem Kind, das sie trotz seines guten Notendurchschnitts nicht für eine gymnasiale Schullaufbahn geeignet hält. Da der Schüler aber aufgrund seiner Noten die Zugangsvoraussetzungen für das Gymnasium erfüllt, wechselt er auf diese Schulform, obwohl die Lehrerin wegen seinen Leistungen in Deutsch bereits gegenüber den Eltern große Sorgen und Zweifel geäußert hat:

> Manche Kinder haben die Noten für das Gymnasium. Aber ich habe dennoch Bedenken. Der sprachliche Bereich ist bei dem einen Schüler sehr schwach. Er geht sogar in einen privaten Nachhilfeunterricht, jetzt schon in der Grundschule, weil er da große Defizite hat. In der Familie ist der Druck hoch. Zwei Schwestern gehen auch auf das Gymnasium und auch im Freundeskreis gehen alle. Da habe ich Bauchweh, wenn ich mir das Kind anschaue. Ich habe den Eltern deutlich gesagt, wenn der Junge mein Junge wäre, würde ich ihn nicht auf das Gymnasium tun. Aber er wird gehen. Für die Eltern ist es einfach, wenn die Noten da sind, dann ist es das Kriterium. (BY, 1132, W2)

Selbstbezogene Kognitionen und Emotionen

Die Haltung der Eltern und die Art und Weise ihres Auftretens können als Folge von deren hohen Bildungsaspirationen und des restriktiven Empfehlungsverhaltens der Lehrerin interpretiert werden. Die Forderungen der Eltern und das durch Spannungen geprägte Verhältnis zu ihnen werden von der Lehrkraft als starke Belastung wahrgenommen. Ein solches Verhalten der Eltern hat Lehrerin B in dieser Weise noch nicht erlebt:

> Ich kann mich nicht erinnern, dass ich am Anfang meiner Berufstätigkeit, das ist jetzt 20 Jahre her, in irgendeiner Form den Druck gespürt habe, den ich jetzt in einer vierten Klasse spüre. (BY, 1132, W2)

Es wird von Elternseite, vor allem von „Akademikereltern, die sich überhaupt nicht vorstellen können, dass ihr Kind eine Hauptschule besucht" erheblicher Druck auf sie ausgeübt. Insbesondere diese Eltern versuchen die Lehrerin zu beeinflussen und bei der Notengebung durch Bitten und gutes Zureden ihre Wünsche durchzusetzen:

> Ich habe in diesem Jahr auch erlebt, dass versucht wurde, mit mir ein bisschen zu verhandeln, ob man nicht ein halben Punkt mehr geben könnte. So ungefähr, ich weiß doch, worauf es ankommt, und ob ich da nicht ein Auge zu drücken kann. Also solche Dinge kamen vor. (BY, 1132, W2)

Lehrerin B hält es für verwerflich, dass „das Kind als solches mit seiner Leistungsfähigkeit ganz in den Hintergrund tritt" und der Elternwunsch im Vordergrund steht. Zugleich hat sie aber auch Verständnis für das Bestreben der Eltern:

> Ich verstehe das auch, denn wenn man in die Presse reinschaut und Berichte über die Möglichkeiten liest einen Beruf zu finden, heißt es eigentlich immer: Hauptschüler finden keine Arbeit. Und ich glaube, dass diese Angst bei den Eltern permanent da

ist, dass für sie Hauptschule eigentlich gar nicht mehr in Frage kommt. (BY, 1132, W1)

Die Feststellung, dass „für die Eltern die Hauptschule gar nicht mehr existiert", spielt auch bei ihren Abwägungen für oder gegen eine Empfehlung eine Rolle. Denn durch die starke Nachfrage der Eltern nach höheren qualifizierten Abschlüssen sind Haupt- und Realschule mit Bestandsproblemen konfrontiert. Dementsprechend sind die Bestandsinteressen dieser Schulformen für Frau B bei der Übergangsentscheidung von Bedeutung:

> Ich muss mir häufiger Gedanken machen, ob mir der Schüler dann für die Hauptschule oder für die Realschule fehlen würde. Dieser Druck ist auch da. (BY, 1132, W2)

Das Drängen der Eltern führt bei der Lehrerin dazu, dass sie Bewertungen von Klassenarbeiten mit Kollegen durchspricht, um sich auf diese Weise Rückendeckung zu holen und den Forderungen der Eltern sicherer zu begegnen. Trotzdem gehen einige Eltern so weit, dass sie die Lehrerin kurz nach Schulschluss telefonisch belästigen. Lehrerin B berichtet von Eltern, die sie nach der Zeugnisausgabe an demselben Tag telefonisch kontaktiert haben. Die Lehrerin wurde mit Fragen, die ihre Leistungsbewertung betreffen, konfrontiert und in eine Rechtfertigungsposition gedrängt:

> Ich habe auch Telefonanrufe bekommen. Die Eltern wollten wissen, warum die Noten so ausgefallen sind. Das ist natürlich schon hart. Der Telefonanruf kam fünf Minuten später, nachdem ich daheim war und das Zeugnis ausgeteilt hatte. Ich habe mir daraufhin viele Gedanken gemacht und mich sowohl mit der Schulleitung wie auch mit anderen Lehrern besprochen, die auch das Kind unterrichten, und sie gefragt, ob sie denken, dass ich zu streng war, oder ob sie meinen, dass ich die richtige Beurteilung abgegeben habe. Aber sie haben mich darin bestärkt, wie ich es durchgezogen habe. (BY, 1132, W2)

Bei den Anmaßungen der Eltern und dem starken Rechtfertigungsdruck fällt es Lehrerin B manchmal schwer, ihr restriktives Empfehlungsverhalten, das hohe Kosten in Form von Arbeits- und Zeitaufwand durch mühsame Elterngespräche und Konflikte impliziert, beizubehalten. Wenn sie in Konfliktfällen dem Wunsch der Eltern nachgeben würde, läge ein geringerer Druck auf ihr, was sie explizit anspricht:

> Mein Mann hat mir schon gesagt, was machst du dir da für Gedanken! Gib doch dem Jungen die Note und dann ist Ruhe! Man setzt sich nämlich schon unter Stress, weil man das Kind gut beurteilen will. Das Kind geht mir jetzt immer noch durch den Kopf und das Ganze ist vier oder fünf Wochen her. (BY, 1132, W2)

Ergebnisse 161

Einstellung zu den rechtlichen Regelungen

Lehrerin B befürwortet wie die Vertreterin des resigniert-konfliktmeidenden Typs Aufnahmeprüfungen für alle Kinder, die nach der vierten Klasse auf das Gymnasium oder die Realschule wechseln möchten. Die Freigabe des Elternwillens hält sie für illusorisch, denn dies würde einen „Run auf das Gymnasium" bedeuten und die Abbrecherquote deutlich verstärken. Eine Aufnahmeprüfung für alle Kinder und die Verlagerung der Entscheidung auf die weiterführenden Schulen würde stattdessen nach ihrer Einschätzung zu einer Erleichterung ihrer täglichen Unterrichtsarbeit führen und die Anspannung der Eltern und Kinder reduzieren. Auch der Druck, den die Lehrerin durch das Drängen der Eltern verspürt, würde ihrer Ansicht nach auf diese Weise verschwinden:

> Ich würde mir wünschen, dass alle Kinder, die auf eine weiterführende Schule gehen, auf die Realschule oder auf das Gymnasium, einen Probeunterricht machen müssen. Es würde mir ganz viel Stress abnehmen, denn die Kinder müssen zu Beginn der 4. Klasse ihre guten Noten bringen, damit sie ihr 2,33 oder 2,66 schaffen. Wenn alle Kinder in einen Probeunterricht gehen und dann die aufnehmende Schule entscheidet, ob sie den Schüler nimmt oder nicht, ist eigentlich in der vierten Klasse ein viel entspannteres Arbeiten möglich, was jetzt den Notendruck betrifft. (BY, 1132, W1)

Zusammenfassung

Lehrerin B als prototypische Vertreterin des kritisch-konfliktoffenen Typs orientiert sich bei der Genese ihrer Empfehlung an leistungsnahen Kriterien, wobei der Performanz im sprachlichen Bereich eine herausragende Bedeutung zukommt. Daneben fließen aber auch anders als beim resigniert-konfliktmeidenden Typ leistungsferne Kriterien in die Entscheidung ein. Die Lehrerin führt die Unterstützungsmöglichkeiten des familiären Hintergrunds oder auch das Sozialverhalten der Schüler als relevante Aspekte für ihre Empfehlung an. Die durch diese Einflussgrößen formierte Empfehlung vertritt die Lehrerin vor den Eltern in einer restriktiven Weise, die dem Betteln der Eltern um eine bessere Note keine Chance einräumt. Da Lehrerin B sich nicht von ihrem Standpunkt abbringen lässt und das Ziel der meisten Eltern darin besteht, eine Gymnasialempfehlung für ihr Kind durchzusetzen, kommt es nahezu alle zwei Jahre, wenn sie den Übergang begleitet, zu Konflikten mit den Eltern. Dementsprechend nimmt sie ihr Verhältnis zu diesen als kritisch und angespannt wahr. Wenn die Schüler den Notendurchschnitt für das Gymnasium erreicht haben, kann jedoch auch Lehrerin B nicht die Eltern daran hindern, eine gymnasiale Laufbahn für ihr Kind zu realisieren. Obwohl sie das Handeln der Eltern nachvollziehen kann, kritisiert sie ebenso wie die Vertreterin des resigniert-konfliktmeidenden Typs das ausschließlich an den Noten orientierte Verhalten der

Eltern und deren Bestreben, unbedingt eine gymnasiale Laufbahn für ihr Kind durchzusetzen. Infolgedessen lehnt sie die Freigabe des Elternwillens ab und befürwortet Aufnahmeprüfungen an den weiterführenden Schulen für alle Kinder, die auf die Realschule oder das Gymnasium wechseln möchten. Indem sie auf diese Weise nicht die Verantwortung für die Entscheidung tragen würde, erhofft sie sich durch eine solche Regelung ein entspannteres Arbeiten und ein positiveres Verhältnis zu den Eltern.

6.2.2.3 Der zugewandt-kooperative Typ

Dem zugewandt-kooperativen Typ konnten drei Fälle aus Bayern und zwei aus Hessen zugeordnet werden. Die Angehörigen dieses Typs weisen eine durchschnittliche Berufserfahrung von 15 Jahren auf und befürworten übereinstimmend den Elternwillen als Entscheidungskriterium beim Übergang in die Sekundarstufe. Dementsprechend kritisieren die bayerischen Lehrkräfte die in ihrem Bundesland vorgesehene bindende Lehrerempfehlung, während ihre hessischen Kollegen die Verteilung des Entscheidungsrechts in Hessen befürworten. Bei der Formation ihrer Empfehlung berücksichtigen sie wie die Mitglieder des kritisch-konfliktoffenen Typs neben den im Zeugnis aufgeführten Leistungen weitere Kriterien bei ihrem Entscheidungsprozess und haben das Kind als ganze Person mit seinen Stärken und Schwächen im Blick. Sie betonen bei der Genese ihrer Empfehlung den pädagogischen Freiraum, den sie bereits im Vorfeld bei der Leistungsbewertung nutzen, wenn sie zusätzliche Kriterien, wie Arbeitshaltung und Motivation, heranziehen. Sie zeichnen sich durch ein flexibles Empfehlungsverhalten aus, das sich auch auf ihr Verhältnis zu den Eltern auswirkt. Da sich die Lehrkräfte des zugewandt-kooperativen Typs in einer Beratungsfunktion sehen und nicht als entscheidende Instanz wahrnehmen, beharren sie gegenüber den Eltern nicht auf einer vorher festgelegten Entscheidung, sondern gelangen im Beratungsgespräch gemeinsam mit ihnen zu einer einvernehmlichen Lösung. Im Zweifelsfall möchten die Mitglieder dieses Typs Eltern und Kindern bei der Entscheidung keine Steine in den Weg legen, so dass sie in Grenzfällen eine Empfehlung für die höhere Schulform aussprechen. Demzufolge berichten sie von einem überwiegend positiven Verhältnis zu den Eltern, das weniger durch Streitigkeiten, sondern vielmehr von gegenseitigem Respekt und Vertrauen geprägt ist.

Bei dem im Folgenden beschriebenen Fall (ID 3011) handelt es sich um einen in Bayern unterrichtenden Lehrer, der in seiner knapp fünfzehnjährigen Tätigkeit den Übergang sechs Mal durchgeführt hat. Der Lehrer wurde ausgewählt, weil seine Ausführungen zum Übergangsgeschehen die Merkmale des zugewandt-kooperativen Typs prototypisch beschreiben. Sein flexibles Empfehlungsverhalten liegt in der Ablehnung der rechtlichen Vorgaben des Übertrittsverfahrens in Bayern begründet. Er möchte nicht über die weiterführende Schullaufbahn eines Kindes entscheiden und versucht deshalb mit den Eltern gemeinsam einen Entschluss im Interesse aller Beteiligten zu finden. **Lehrer C** berücksichtigt bereits bei der Notengebung weitere leistungsnahe und -ferne Kriterien, wobei den arbeitsbezogenen Kompetenzen ein bedeutender Stellenwert zukommt. Außerdem betont er seinen pädagogischen Freiraum sowie die Absicht, niemandem den Weg in eine höhere Schulform verwehren zu wollen.

Prototypische Fallbeschreibung: Lehrer C (ID 3011)

> *Ich möchte nur beraten und die Eltern entscheiden lassen. Das ist für mich wichtig. Vielleicht ist das auch der zentrale Punkt, warum ich mit Eltern weniger Schwierigkeiten habe. [...] Es kommt auch nicht auf ein Zehntel im Notenschnitt an, sondern man muss das Kind einfach in seiner Gesamtheit beurteilen. (BY, 3011, W2)*

Empfehlungskriterien

Für seine Übergangsempfehlung berücksichtigt Herr C neben den Noten vor allem die Arbeitshaltung eines Schülers. Motivation, Interesse, Fleiß und Ordnung stehen für ihn im Vordergrund. Darüber hinaus werden die kognitiven Fähigkeiten und die Gedächtnisleistung der Kinder als wichtige Kriterien herausgestellt:

> Eine wichtige Grundlage für mich ist die Gedächtnisleistung. Denn man merkt ganz schnell, ob sich Kinder Informationen auch längerfristig einprägen können oder nicht. Auch die Intelligenz ist für mich wichtig. Dann ist die Arbeitshaltung ein ganz wichtiges Kriterium, wie fleißig die Kinder sind. Man kann mit Fleiß sehr viel ausgleichen. Dann ist wichtig, inwieweit sie ihre Hefte sauber führen können, ob sie übersichtlich arbeiten und eine gewisse Struktur in ihrer Heftführung haben. Und die Eigenmotivation. Man merkt ganz schnell, ob Kinder von sich aus lernen möchten oder nicht. Ich gebe Eltern den Tipp, dass man nur die Kinder auf das Gymnasium schicken sollte, die auch lernen wollen und von sich aus die Motivation besitzen, Neues dazuzulernen. (BY, 3011, W1)

Bereits im Vorfeld der Übergangsempfehlung gehen in die Notengebung nicht nur die mündliche Mitarbeit und die schriftlichen Leistungen der Klassenarbeiten, sondern auch Arbeitshaltung, Konzentrationsfähigkeit und Heftführung mit ein. Diesen Kriterien misst Herr C eine entscheidende Bedeutung bei, so dass sie zur Verbesserung oder Verschlechterung einer Note führen können:

> Es werden schriftliche Leistungen abgenommen. Dann beurteile ich die Mitarbeit im Unterricht, die Aufmerksamkeit, die Konzentrationsfähigkeit, ob ein Kind einen gesamten Unterrichtsvormittag bewältigen kann, konzentriert ist oder immer wieder abschaltet. Ich beurteile die Heftführung. Das geht alles in meine Beurteilung ein. In

der Grundschule ist es ja Gott sei Dank noch so, dass wir einen pädagogischen Freiraum haben. Ich kann also aufgrund von Mitarbeit oder guter Arbeitshaltung ohne weiteres eine Notenstufe besser geben. Wir sind nicht auf Zahlen festgelegt, sondern wir haben diesen pädagogischen Spielraum, aufgrund von Verhaltensweisen eine Notenstufe besser oder eine Notenstufe schlechter geben zu können. (BY, 3011, W2)

Bei seiner Entscheidungsfindung kommt auch dem Wunsch des Kindes und dem der Eltern insbesondere in Grenzfällen eine Bedeutung zu:

Ich setze mich in den Beratungsgesprächen mit den Eltern zusammen und versuche auch herauszufinden, was die Meinung des Kindes ist. Für mich steht der Wunsch des Kindes im Vordergrund. (BY, 3011, W2)

Wenn Herr C in der dritten Jahrgangsstufe eine Klasse übernimmt, kann er „im Laufe dieser zwei Jahre sehr schnell feststellen, ob jemand etwas schnell erfasst und das aufnehmen kann." Außerdem findet er „schnell heraus, ob jemand genügend Intelligenz besitzt, um logische Folgerungen zu schließen" (BY, 3011, W2). Auch das Arbeitsverhalten und die Motivation eines Schülers lassen sich seiner Ansicht nach relativ schnell einschätzen. Insgesamt hat Herr C auf diese Weise „im Hinterkopf sehr, sehr viele Kriterien", die er bei der Elternberatung heranziehen kann. Den familiären Hintergrund bezeichnet Herr C bei seinen Abwägungen hinsichtlich einer Empfehlung als nicht entscheidend. Trotzdem fließt die Wahrnehmung der familiären Unterstützungsmöglichkeiten in seine Überlegungen ein und kann insbesondere bei Grenzfällen den Ausschlag geben:

Kinder von Akademikereltern können wesentlich mehr Unterstützung bekommen als Kinder, deren Eltern gerade die Hauptschule bewältigt haben. Das spreche ich auch in den Elterngesprächen an, ob die Eltern ihr Kind unterstützen können. Ich bespreche das mit den Eltern, aber letztendlich entscheidend ist das nicht. Es macht mir die Entscheidung ein bisschen leichter. Wenn ich Zweifel hätte, dann hätte ich ein besseres Gefühl, wenn das Akademikereltern wären, weil ich weiß, die könnten ihr Kind unterstützen. Aber sonst versuche ich das außen vor zu lassen. (BY, 3011, W2)

Aufgrund der hohen Leistungsanforderungen in den weiterführenden Schulen betont Herr C, dass seine Ansprüche an die Schüler der vierten Klassen in den letzten Jahren gestiegen sind. Um sie auf die weitere Schullaufbahn bestmöglich vorzubereiten, stellt er inzwischen höhere Anforderungen an die Kinder:

Ich bin wahrscheinlich im Laufe der Jahre strenger geworden, was den Schwierigkeitsgrad der Proben und die Übertrittsempfehlungen betrifft. Ich weiß auch durch meine eigenen Kinder, was an den weiterführenden Schulen gefordert wird und ich versuche, die Kinder in der vierten Klasse bestmöglich darauf vorzubereiten. [...] Es ist schwieriger geworden, gute Noten zu erreichen und somit auch die Möglichkeit überzutreten. (BY, 3011, W2)

Empfehlungsverhalten gegenüber den Eltern

Anders als die Angehörigen des kritisch-konfliktoffenen Typs geht Herr C mit seiner Empfehlung gegenüber den Eltern nicht restriktiv um, sondern sucht während seines Entscheidungsprozesses das Gespräch mit ihnen. Ihm ist viel daran gelegen, gemeinsam mit den Eltern zu einer „einvernehmlichen Lösung" zu gelangen und sich bei seiner Empfehlung nicht strikt nach dem Notendurchschnitt zu richten. Herr C lehnt seine Funktion als Entscheidungsträger ab und wehrt sich dagegen, anhand eines Zehntels des Notendurchschnitts diese weit reichende Laufbahnentscheidung zu treffen:

> Ich bin nicht jemand, der auf den Punkt genau entscheidet. Wenn der Notenschnitt bei einem Kind z.B. bei 2,33 liegt, sage ich nicht: ‚Ihr Kind hat in Deutsch eine Drei, also ist es nur bedingt für das Gymnasium geeignet und muss den Probeunterricht machen.' Der Typ bin ich nicht. Ich sage, man kann über alles sprechen, und ich bin der Meinung, die Eltern sollten das entscheiden. Außerdem ist es wichtig, welche Entwicklung das Kind in den zwei Jahren durchgemacht hat. Ich möchte die Entscheidung nicht genau auf einen gewissen Punkt bringen, und sagen, bis dahin ist ein Kind geeignet und ab da ist es nicht mehr geeignet. Das kann ja eigentlich nicht sein. (BY, 3011, W2)

Aus dem Vorgehen von Herrn C und dem gemeinsamen Prozess der Entscheidungsfindung zwischen Lehrer und Eltern resultiert ein positives, vertrauensvolles Verhältnis zwischen beiden: „Die Eltern haben sehr viel Vertrauen in mich gesteckt und waren eigentlich alle mit der Entscheidung zufrieden" (BY, 3011, W2). Bei den Beratungsgesprächen mit den Eltern spielt für Herrn C sein „gesunder Menschenverstand" eine wichtige Rolle, auf dessen Grundlage eine gemeinsame Entscheidung getroffen wird:

> Es ist ein gewisser gesunder Menschenverstand, sich mit den Eltern zusammenzusetzen, um zu einer gemeinsamen Lösung zu kommen. Das wäre für mich eigentlich auch das Ziel, dass es nicht einen Entscheidungsträger gibt und einen, der das Ganze hinnehmen muss. Ich setze mich mit den Eltern zusammen und berate mit ihnen. (BY, 3011, W2)

Befürchtungen, dass es im Verlauf des Übergangsgeschehens zu Schwierigkeiten oder Konflikten kommen könnte, hat Herr C nicht:

> Ich habe eine sehr kollegiale Elternschaft, die sehr gut mitwirkt, und ich denke, dass man da sicherlich eine sinnvolle Regelung findet und sich einigen kann. (BY, 3011, W1)

Beim Prozess seiner Entscheidungsfindung spielt der Wunsch des Kindes eine entscheidende Rolle. Herr C möchte keinem Kind, das den Willen und das Bestreben hat, eine höhere weiterführende Schule zu besuchen, den Weg versperren. Denn

„wenn ein Kind ein bestimmtes Ziel hat, dann möchte ich als Pädagoge nicht hergehen und sagen, nein, diesen Weg versperr ich dir. Ich werde immer Kinder unterstützen, die sagen, ich möchte an das Gymnasium, ich will es probieren" (BY, 3011, W2). Wenn der Entschluss des Kindes und sein Streben nach einer gymnasialen Laufbahn vorhanden sind, kann dies in Zweifelsfällen im Vorfeld die Notengebung beeinflussen und somit für eine Empfehlung das ausschlaggebende Kriterium sein:

> Ich verstehe es nicht, warum ich ein Kind daran hindern sollte auf das Gymnasium zu gehen, wenn es ganz knapp steht. Ich bin kein Seher, der in die Zukunft sehen kann und weiß, wie wird das Kind in ein, zwei Jahren sein. Daher steht für mich der Wunsch des Kindes und der Elternwunsch im Vordergrund und ich hätte absolut kein Problem zu sagen, wenn es knapp steht, dann gebe ich aufgrund dieser Gründe die bessere Note. (BY, 3011, W2)

Rückblickend bewertet Herr C den letzten Übergang als problemlos, da seine Empfehlungen mit den Wünschen der Eltern „ziemlich konform" lagen. In einem Fall gab es allerdings Schwierigkeiten, da die Eltern von ihrer gemeinsamen Entscheidung, das Kind trotz gymnasialem Notendurchschnitt die Realschule besuchen zu lassen, im letzten Moment abgewichen sind:

> Wir haben uns vorab in einem Gespräch geeinigt, in welcher Form ich das Übertrittszeugnis ausstellen werde, also im Hinblick auf die Realschule. Das konnte ich dann natürlich, sage ich mal, positiver formulieren. Wenn ich weiß, es wechselt an die Realschule, kann ich vielleicht das eine oder andere Defizit verschweigen. Aber dann ist die Mutter im Nachhinein gekommen und hat gesagt, wir wechseln jetzt doch an das Gymnasium und das Übertrittszeugnis war aber schon fertig. (BY, 3011, W2)

Aufgrund dieser Elternentscheidung hätte Herr C das Übertrittszeugnis an die „gymnasiale Form" anpassen müssen, denn er darf „natürlich kein Kind mit bestimmten Defiziten, die nicht erwähnt werden, dort hinschicken." Den durch den zusätzlichen Aufwand entstehenden Kosten ging Herr C aus dem Weg, indem er das Gutachten nicht noch einmal umformulierte, sondern das Kind mit dem positiv formulierten Zeugnis auf das Gymnasium übertreten ließ. Da die rechtlichen Vorgaben des Übertritts und die bindende Lehrerempfehlung ohnehin nicht seinen Überzeugungen entsprechen, nahm er das Zeugnis nicht noch einmal an sich, sondern ließ den Vorfall auf sich beruhen. Sein Vorgehen spiegelt das flexible Empfehlungsverhalten deutlich wider:

> Ich habe es nicht noch einmal formuliert. Ich habe mich eigentlich damit abgefunden, auch immer mit dem Hintergedanken, dass ich mit dieser Verwaltungssituation nicht konform laufe. Das ist nicht meine Überzeugung, sondern meine Überzeugung ist, dass Lehrer beratend zur Seite stehen und letztendlich die Eltern entscheiden

sollten. Ich habe mich ein bisschen hintergangen gefühlt, aber habe es letztendlich vor diesem Hintergrund auf sich beruhen lassen. (BY, 3011, W2)

Selbstbezogene Kognitionen und Emotionen

Obwohl Herr C den Druck wahrnimmt, der auf den Eltern und Kindern in der vierten Klasse lastet, um die Noten und damit den Zugang zu einer weiterführenden Schule zu erreichen, hat er mit den Eltern „im Großen und Ganzen wenig Probleme." Dies liegt vermutlich in seinem Empfehlungsverhalten und der Wahrnehmung seiner eigenen Rolle als Berater begründet. Er kann die Sorgen der Eltern verstehen und ist neben den Sprechstundenzeiten „jederzeit zu einem Gespräch bereit", so dass er „gern nachmittags in die Schule geht", um sich mit den Eltern zu treffen. Durch seine Überzeugung, die Eltern nicht vor „vollendete Tatsachen" zu stellen, sondern im Beratungsgespräch gemeinsam eine Entscheidung herbeizuführen, ist er in der Elternschaft sehr beliebt und genießt ein hohes Ansehen. Dies führt seiner Ansicht nach dazu, dass die Eltern mehrheitlich seinen Ratschlägen folgen:

> Ich muss vielleicht vorwegschicken, dass ich hier in XY einen sehr, sehr guten Ruf genieße und diese Probleme mit den Eltern nicht habe. Wenn ich Aussagen treffe, dann stimmen die meisten Eltern zu. Wenn man als Lehrer einen guten Ruf besitzt, spricht sich das unter den Eltern rum. Es spricht sich rum, ob jemand viel macht, wenig macht, wie die Proben sind, ob sich jemand engagiert. Wenn man selbst einen guten Ruf genießt, tut man sich da schon leichter, dann lassen sich die Eltern eher etwas sagen und lassen sich beeinflussen. Wenn jemand keinen guten Ruf hat, dann tut er sich sehr, sehr schwer. (BY, 3011, W2)

Trotz seiner Beliebtheit nimmt Herr C den Druck wahr, der von den Eltern auf ihn als Lehrperson übertragen wird. Obgleich er das Verhalten der Eltern nicht als Belastung empfindet, würde er sich wünschen, sich auf das Lehren konzentrieren zu können, ohne das Thema Übergang ständig im Hinterkopf zu haben:

> Das wäre für mich eine ganz wichtige Sache und ich würde mir selber als Lehrer wünschen, dass der Leistungsdruck, der von Kindern und Eltern und vielleicht auch von der Schule ausgeht, nicht vorhanden ist, sondern dass Lernen einfach des Lernens wegen stattfinden kann und nicht, um letztendlich an eine weiterführende Schule zu kommen. Die Kinder und Eltern denken immer an die Noten, die in den Proben geschrieben werden, und entscheiden nach jeder Probe, ob die Qualifikation für eine weiterführende Schule erreicht ist oder nicht. (BY, 3011, W1)

Herr C gesteht ein, dass man im Übergangsgeschehen als Lehrkraft ein „dickes Fell" und eine „gewisse Abgeklärtheit" haben muss. Da er aber die Sorgen der Eltern nachvollziehen kann und seine Empfehlung – soweit es möglich ist – an deren Wünschen ausrichtet, fühlt er sich von dem Auftreten der Eltern nicht unter Druck gesetzt:

> Ich persönlich muss ganz ehrlich sagen, dass ich mir diesen Druck nicht aufbürde. Ich habe zwei Jahre Zeit, um ein Kind zu beurteilen und beobachte es vom ersten bis zum letzten Schultag und es entsteht an sich kein Druck. Der Druck entsteht eigentlich nur dann, wenn die Leistungen der Schüler nicht entsprechend sind. Da entsteht Druck, es kommt zu Lehrer-Eltern-Gesprächen, wobei ich persönlich das nicht als Druck empfinde. Ich verstehe die Sorgen der Eltern und versuche dem auch gerecht zu werden, aber so ein Druck entsteht für mich nicht. (BY, 3011, W1)

Herr C ist sich darüber bewusst, dass sein positives Verhältnis zu den Eltern und die geringen Schwierigkeiten beim Übergang mit ihnen auf sein Empfehlungsverhalten und seine pädagogische Orientierung zurückzuführen sind. Dass dies nicht die Regel ist, sondern Eltern häufig die Lehrerempfehlung nicht beachten und sich darüber hinwegsetzen, liegt seiner Auffassung nach im geringen Ansehen der Lehrkräfte in der Gesellschaft begründet:

> Ich denke, der zentrale Punkt ist einfach, dass die Eltern viele Lehrer für nicht befähigt halten, ihr Kind gut zu beurteilen. Das ist das große Minus, denke ich, das wir haben. Der Status, den wir in der Gesellschaft haben, und auch die Meinung, die Eltern von den Lehrern haben, sind nicht besonders gut. (BY, 3011, W2)

Einstellung zu den rechtlichen Regelungen

Wie bereits deutlich wurde, lehnt Herr C die rechtlichen Vorgaben seines Bundeslandes, d.h. die bindende Lehrerempfehlung, ab und befürwortet die Freigabe des Elternwillens:

> Mir wäre es lieber, wenn die Eltern die Entscheidung treffen würden. Ich hätte gerne, dass der Lehrer beratend zur Seite steht, die Empfehlung ausspricht, und die Eltern letztendlich die Entscheidung treffen, so, wie es in anderen Bundesländern auch der Fall ist. (BY, 3011, W1)

Der Lehrer kann die Regelung in Bayern mit seiner pädagogischen Überzeugung nicht vereinbaren, da es seiner Ansicht nach nicht möglich ist, dass ein Zehntel mehr oder weniger etwas über die Eignung für das Gymnasium oder die Realschule aussagt. Daher legt Herr C viel Wert auf das Gespräch mit den Eltern und versucht, deren Präferenzen bei seiner Empfehlung zu berücksichtigen. Neben der Verteilung des Entscheidungsrechts bemängelt er das dreigliedrige Schulsystem, das die individuellen Stärken eines Schülers übersieht:

> Wenn man lange im Schuldienst ist, dann bekommt man mit, dass ganz viele Talente auf der Strecke bleiben. Ich bin mir sicher, dass es für unsere Wirtschaft sehr gute Mathematiker gäbe, die den Sprung an das Gymnasium nicht schaffen, weil Deutsch und HSU abgefragt wird. Es gibt mit Sicherheit sehr gute Fremdsprachenschüler, die auf der Strecke bleiben, weil sie auch Mathe haben. Ich würde mir wünschen, dass

unser Schulsystem offener wird, dass man früher Wahlfächer belegen kann, um auch Fachleute auszubilden, die unserer Wirtschaft ganz einfach fehlen. (BY, 3011, W1) Außerdem beurteilt Herr C die „Abgründe zwischen den einzelnen Schulformen" als zu tief und schwer überbrückbar. „Die Kluft" zwischen den weiterführenden Schulen der Sekundarstufe wird insbesondere dann deutlich, wenn ein Kind die Schulform wechseln möchte:

> Ich würde mir wünschen, dass die Übergänge zwischen den einzelnen Schularten nicht so gravierend sind wie momentan. Ein Beispiel nur: Wenn ein Kind im Gymnasium mit Latein anfängt, dann hat es sehr große Probleme, wieder an die Realschule zu wechseln, weil sie ein ganzes Jahr Englisch nachlernen müssen. Das ist schon mal ein Punkt, der gar nicht sein darf. Oder dass Lehrpläne zwischen den Schularten nicht übereinstimmen, darf auch nicht sein. Es muss einheitliche Lehrpläne geben. Wenn ein Kind z.B. in der siebten Klasse Hauptschule ist und man feststellt, es ist unwahrscheinlich intelligent und hätte die Fähigkeiten, an das Gymnasium zu wechseln, dann muss es für solche Kinder auch die Möglichkeit geben, an die achte Klasse Gymnasium zu wechseln. Das muss einfach möglich sein, und das ist bei Weitem nicht so. (BY, 3011, W2)

Zusammenfassung

Herr C als prototypischer Vertreter des zugewandt-kooperativen Typs zeichnet sich durch ein flexibles Empfehlungsverhalten gegenüber den Eltern aus. Er errechnet weder den Notendurchschnitt wie der resigniert-konfliktmeidende Typ, noch vertritt er seine Empfehlung gegenüber den Eltern mit der Vehemenz des kritisch-konfliktoffenen Typs. Bei der Formation seiner Empfehlung hat er stattdessen neben den Noten und weiteren leistungsnahen und -fernen Kriterien die Schüler in ihrer Gesamtheit im Blick, da er die Aussagekraft der Zensuren anzweifelt und es für absurd hält, den bis auf die zweite Dezimalstelle errechneten Notendurchschnitt über die Eignung eines Schülers entscheiden zu lassen. Darüber hinaus spielen die Ansprüche und Wünsche der Eltern eine wesentliche Rolle. Herr C kann die Rechtsgrundlage zum Übertritt in Bayern nicht mit seinen Grundsätzen vereinbaren, da seiner Ansicht nach die Entscheidungsbefugnis nicht bei der Schule bzw. bei den Lehrkräften, sondern bei den Eltern liegen sollte. Insofern sieht es der Lehrer nicht ausschließlich als seine Aufgabe an, die Empfehlung zu generieren. Im Beratungsgespräch, bei dem er Verständnis für die Sorgen der Eltern hat und auf deren Wünsche eingeht, versucht er vielmehr kooperativ mit den Eltern zu einer Entscheidung zu gelangen. Er möchte die Eltern nicht als Entscheidungsträger mit einer Empfehlung konfrontieren, die sie daraufhin entweder annehmen oder anfechten können, sondern gemeinschaftlich, beratend eine Entscheidung herbeiführen.

Da die Eltern ihre Ansprüche und Präferenzen im Beratungsgespräch explizieren, fließen sie in die Abwägungen des Lehrers und damit in seine Empfehlung ein. Die überwiegend positive Resonanz der Eltern auf sein Vorgehen, deren Orientierung an seiner Empfehlung und sein entspanntes, vertrauensvolles Verhältnis zu ihnen können als Resultate seines flexiblen Empfehlungsverhaltens aufgefasst werden. Herr C selbst führt sein Vorgehen bei der Entscheidungsfindung als Ursache für sein unbeschwertes Verhältnis zu den Eltern an und weist darauf hin, dass er sich den Druck im Übergangsgeschehen nicht aufladen möchte. Dies führt dazu, dass er sich bei einem Dissens nachgiebig zeigt und das Verhalten der Eltern toleriert.

6.2.2.4 Der formal-distanzierte Typ

Insgesamt ließen sich vier hessische Lehrerinnen, bei denen es sich teilweise um Berufsanfänger und teilweise um Lehrkräfte mit langjähriger Berufserfahrung handelt, dem formal-distanzierten Typ zuordnen. Anders als die Mitglieder des zugewandt-kooperativen Typs zeigen die Angehörigen dieses Typs ein restriktives Empfehlungsverhalten und lassen bei der Formation ihrer Empfehlung die Ansprüche und Wünsche der Eltern außer Acht. Dies führt gelegentlich zu Diskrepanzen zwischen Lehrerempfehlung und Elternwunsch, die sich aber nicht zu Konflikten ausweiten, da die Verantwortung in Hessen bei den Eltern liegt. Ihrer Empfehlung legen die Lehrerinnen die Noten, aber auch andere Kriterien zugrunde. Eine wichtige Rolle spielen beispielsweise Arbeitshaltung und Lernentwicklung des Kindes sowie leistungsferne Merkmale, wie Charaktereigenschaften und Sozialverhalten, die zum Teil bereits vorgeschaltet in die Noten einfließen. Die Lehrerinnen zeigen gegenüber den Eltern eine distanzierte Haltung, nehmen ihr Verhältnis zu ihnen aber nicht als belastend wahr. Bei Differenzen zwischen Lehrerempfehlung und Elternpräferenz weichen die Lehrkräfte nicht von ihrer Empfehlung ab, sondern beraten in der Klassenkonferenz über die Diskrepanzen und legen ggf. nach Abstimmung Widerspruch gegen die Entscheidung der Eltern ein. Obwohl es einige Lehrkräfte als ärgerlich empfinden, wenn sie viel Zeit in Beratungsgespräche investieren, ohne dass die Eltern die Hinweise bei ihrer Entscheidung berücksichtigen, fühlen sie sich nicht von ihnen bedrängt. Indem die rechtlichen Vorgaben in Hessen die Eltern als Entscheidungsträger vorsehen, was die Mitglieder dieses Typs mehrheitlich begrüßen, entsteht kein Druck auf Seiten der Lehrkräfte.

Der Fall (ID 6012) wurde als prototypisch ausgewählt, weil sich anhand dieser Interviews die Charakteristika des Typs anschaulich aufzeigen lassen. Es handelt sich um eine hessische, an einer Brennpunktschule unterrichtende Lehrerin, die den Übergang insgesamt sechs Mal in ihrer dreißigjährigen Tätigkeit begleitet hat. Neben ihrer momentanen Funktion als Klassenlehrerin der vierten Klasse hat *Lehre-*

Ergebnisse 171

rin D das Amt der Schulleiterin inne. In ihrer jetzigen Klasse unterrichtet sie seit der ersten Jahrgangsstufe. Ihrer Ansicht nach stellen nicht die Noten, sondern andere Kriterien wie Lernentwicklung und Denkfähigkeit wichtige Entscheidungsgrößen für die Übergangsempfehlung dar. Ihr restriktives Empfehlungsverhalten führt zu einer distanzierten Haltung gegenüber den Eltern. Obwohl die meisten Eltern ihrer Empfehlung folgen, muss sie in nahezu jeder vierten Klasse ein bis zwei Mal Widerspruch gegenüber dem Elternwunsch einlegen. Trotzdem befürwortet sie die Freigabe des Elternwillens und empfindet es als Entlastung, nicht allein über die weiterführende Schullaufbahn entscheiden zu müssen.

Prototypische Fallbeschreibung: Lehrerin D (ID 6012)

> *Die Noten sind eine Grundlage, aber ausschlaggebend sind diese anderen Dinge. [...] Wir versuchen so gut wie möglich zu beraten. Dass die Eltern dann letztendlich bei Ihrer Entscheidung bleiben, finde ich okay, weil sie dann damit leben müssen. (HE, 6012, W1)*

Empfehlungskriterien

In ihren Ausführungen zum Prozess der Entscheidungsfindung unterscheidet Frau D zwischen den Noten und der tatsächlichen Denkleistung eines Schülers. Außerdem berücksichtigt sie insbesondere die Arbeitshaltung und die Lernentwicklung eines Kindes. In ihren Augen geben Noten nur in begrenztem Maße Aufschluss über die Leistungen und sind daher als relevante Entscheidungsgröße nur bedingt tauglich. Dies den Eltern zu vermitteln, empfindet sie als schwierig, denn die Noten „sind für die Eltern das sichtbare Zeichen, an das sie sich klammern":

> Wir hätten sicher Kinder, die von ihren Noten her die Bedingung erfüllen könnten, aber von ihrem Arbeitsverhalten oder von ihrer von uns angenommenen Denkfähigkeit her eigentlich keine Gymnasialkinder sind. Die Noten, denke ich, drücken nur sehr begrenzt etwas aus, und teilen etwas mit über fleißige Eltern, über gewissenhafte Betreuung und etwas darüber, was ein Kind im Augenblick in der Grundschule zu leisten in der Lage ist. Aber sie drücken letzten Endes nicht das aus, was das Kind wahrscheinlich später leisten wird. (HE, 6012, W1)

Als Schwierigkeit, die Noten als Kriterium für die Übergangsempfehlung zugrunde zu legen, führt sie das klasseninterne Bezugssystem bei der Leistungsbewertung an. Je nach Leistungsniveau der Lerngruppe ist es für die Kinder verschiedener Klassen unterschiedlich schwer, eine gute Note zu erreichen. In ihrer Klasse heben sich einige Kinder durch gute Noten von anderen nur deshalb ab, weil die Lerngruppe insgesamt ein überaus geringes Anspruchsniveau aufweist, und nicht deshalb, weil die Leistungen Ausdruck gymnasialer Fähigkeiten sind. Die Diskrepanz zwischen

Noten und kognitiven Fähigkeiten den Eltern klar zu machen empfindet Frau D als schwierig:

> Wir sind ein schwacher Einzugsbereich und da kann es sein, dass manche Kinder recht gute Noten haben, weil sie aus der Klasse positiv herausragen. Ich denke aber, dass sie aufgrund ihrer Denkfähigkeit gar nicht für das Gymnasium geeignet sind. Das ist die Schwierigkeit, denn wir geben ja Noten auf die Lerngruppe bezogen, aber das ist nicht unbedingt eine Gruppe, wo man gymnasiale Fähigkeiten sieht. So kommt es immer wieder vor, dass wir eigentlich wissen, dass es für das Kind schlecht sein wird im Gymnasium, aber unsere Beratungen da nicht helfen und die Eltern dann das Kind oft doch dahin schicken. (HE, 6012, W1)

Dementsprechend erachtet es Frau D als wichtig, bei der Genese ihrer Empfehlung die Noten zu hinterfragen. Sie hält es für bedeutsam, das Zustandekommen der Noten bzw. die Ursachen der Leistungen zu analysieren. Es macht für sie beispielsweise einen beträchtlichen Unterschied, ob sich eine Note aufgrund häuslicher Unterstützung und Fleiß oder aufgrund eigner Denkleistung und ohne familiäre Hilfen herausgebildet hat:

> Wenn es vielleicht in einem Fach eine Drei ist und in den anderen Fächern eine Zwei, dann würde ich überlegen, warum ist da die Drei, ist das jetzt eine spezielle Schwäche oder sind die Zweien nur da, weil das Dinge sind, die man bis zum Abwinken auswendig lernen kann, und alles, wo eine Eigenleistung gefragt wird, ist nicht so gut. [...] Wenn ein Kind positive Noten erreicht hat, ohne die Zuwendung des Elternhauses, dann würde ich das höher bewerten, als wenn ich weiß, dass da von morgens bis abends jemand mit dem Kind gebüffelt hat. (HE, 6012, W1)

Als wichtiges Kriterium betont Frau D darüber hinaus die Lernentwicklung sowie die Arbeitshaltung eines Kindes, wozu auch das regelmäßige und zuverlässige Erledigen der Hausaufgaben zählt. Das Sozialverhalten führt die Lehrerin zunächst als Kriterium für die Notengebung an, so dass es indirekt auf die Empfehlung wirkt:

> Oft schlägt sich das Sozialverhalten in den Noten nieder. Ein Kind, was ununterbrochen andere ärgert, anstatt selbst aufzupassen, hat im Allgemeinen nicht die Noten, die es für irgendetwas braucht. (HE, 6012, W1)

Insbesondere bei einer Haupt- und Realschulempfehlung ist es bei Frau D „die Verhaltenskomponente, die den Ausschlag gibt." Im Kontext des Übergangsgeschehens betont die Lehrerin die Relevanz der Charaktereigenschaften und des sozialen Verhaltens hauptsächlich bei der Beratung für eine spezielle Schule:

> Charaktereigenschaften könnten mit einfließen, wenn man nachher aussucht, welche Schule es sein wird, also nicht welche Schulart, sondern welche Schule. Dann würde ich vielleicht sagen, für dieses relativ ängstliche, zurückgezogene Kind versucht man eine möglichst kleine Schule zu finden, wo es nicht so verloren geht. [...] Bei

einem Kind mit negativem Sozialverhalten, das aktiv ist und sich jedem Schlägertrupp anschließt, würde ich sagen, man nimmt eine Schule in dem Bereich, wo man hoffen kann, dass es nicht sofort Gleichgesinnte trifft. Da hätte es eine bessere Chance als da, wo man schon weiß, dass da mehrere zusammenkommen. (HE, 6012, W1)

Nicht nur vorgeschaltet durch die Noten und bei der Beratung über die konkrete Schule berücksichtigt Frau D die sozialen Verhaltensmuster eines Schülers. Auch bei ihrer Empfehlung sind diese verhaltensbezogenen Merkmale von hoher Bedeutsamkeit. Die Lehrerin schildert einen Fall, bei dem nicht die Leistungen bzw. kognitiven Fähigkeiten des Kindes, sondern die Verhaltenskomponente ausschlaggebend war:

Ich habe nur eine einzige Gymnasialempfehlung gegeben und die auch mit Bedenken. Eine weitere hätte ich ohne Schwierigkeiten geben können, aber das Kind hat wieder eine andere Problematik, die Verhaltensproblematik. Daher haben wir dann den etwas weniger leistungsstarken Weg, also die Realschule, gewählt. (HE, 6012, W2)

Bei Kindern, bei denen die Lehrerin die weitere Entwicklung nicht abschätzen kann, empfiehlt Frau D vorrangig die Gesamtschule „oder mindestens den Förderstufenbereich, damit es noch diese zwei Jahre zur Entwicklung hat." Der Prozess der Entscheidungsfindung fällt der Lehrerin insbesondere bei Kindern schwer, die Defizite aufgrund ihrer Sprachkenntnisse haben:

Schwierig ist es bei Kindern, bei denen man sieht, dass es vor allem an der Sprache liegt. Da ist es sehr schwierig, weil man nicht weiß, wie lange können sie sich über Wasser halten, bevor sie das Sprachproblem bewältigt haben und ihre ganze Leistungsmöglichkeit einbringen können. Das ist schwierig zu ermessen. Schaffen sie es über die ersten zwei Jahre ganz einfach mit Fleiß, ohne dass die sprachliche Komponente so bedeutungsvoll ist? Wie wird an den Schulen darauf eingegangen? Das finde ich sehr schwer, da eine Entscheidung zu treffen. (HE, 6012, W2)

Empfehlungsverhalten gegenüber den Eltern

Wie bereits erwähnt, zeigt Frau D als Vertreterin des formal-distanzierten Typs ein restriktives Empfehlungsverhalten, das ihrem Entscheidungsprozess zugrunde liegt. Im Beratungsgespräch teilt sie den Eltern ihre Empfehlung mit, während diese kurze Zeit später ihre Entscheidung kundtun. Anders als die Angehörigen des zugewandt-kooperativen Typs aus Hessen lässt Frau D hinsichtlich ihrer Empfehlung nicht mit sich verhandeln, um dem Einspruch und dem Verfassen eines Gegengutachtens aus dem Weg zu gehen. Die Diskrepanzen zwischen Elternwille und Lehrerempfehlung werden stattdessen in der Klassenkonferenz gemeinsam mit allen in dieser Klasse unterrichtenden Lehrkräften diskutiert, und es wird über eine endgültige Entscheidung von Seiten der Schule beraten. Die Lehrkräfte haben die Möglichkeit, Einspruch zu erheben und der Entscheidung der Eltern zu widersprechen, was bei ausbleibendem Erfolg zu einer Querversetzung des Kindes führen kann. Daneben ist es in Zweifelsfällen üblich, nicht gegen die Entscheidung der Eltern Einspruch zu erheben, sondern nur Bedenken hinsichtlich der elterlichen Entscheidung zu äußern:

> Die Konferenz tagt unmittelbar, nachdem die Eltern ihre Wünsche abgegeben haben. Alle unterrichtenden Lehrkräfte sind sich da fast immer einig, ob ein Kind das schafft oder nicht. Es gibt Zweifelsfälle, wo wir schreiben, dass wir eine andere Wahl getroffen hätten, aber nicht Einspruch erhoben haben. Da ging es zum Beispiel bei einer Gymnasialentscheidung um ein sehr fleißiges kleines Mädchen, das überall auch gute Noten hat. Aber wir haben festgestellt, dass da sehr wenig eigene Denkleistung ist. Und da befürchte ich, dass das nicht lange halten wird. Aber da hatten wir keine Einspruchsmöglichkeit, weil die Noten gut sind. (HE, 6012, W2)

Um sich in der Klassenkonferenz angemessen austauschen zu können, erachtet Frau D es als wichtig, dass auch andere Lehrkräfte in den vierten Klassen unterrichten, so dass die Empfehlung nicht nur von einer Person abhängt:

> Wir finden es immer angenehm, wenn mehrere Lehrer in einer Klasse unterrichten, damit sich die Entscheidungen dann decken. Das haben wir öfter, dass jemand anders Mathematik unterrichtet, also einer zum Beispiel Deutsch und Sachunterricht und der andere Mathematik, so dass sich das Bild nicht nur von einem Lehrer ergibt, sondern dass es sich summiert. (HE, 6012, W1)

Durch die Rechtsgrundlage in Hessen, die den Eltern die Entscheidungsbefugnis zugesteht, führen unterschiedliche Präferenzen auf Eltern- und Lehrerseite nicht zu Konflikten. Wenn sich einzelne Eltern nicht überzeugen lassen, kann Frau D nur im Rahmen eines weiteren Gesprächs auf das mögliche Scheitern des Kindes an der gewählten Schulform und damit auf die Eventualität einer Querversetzung hinweisen:

> Es sind in dem Sinne keine Konflikte, weil die Eltern letzten Endes entscheiden können. Es geht um Gespräche und oft haben wir die Einsicht der Eltern, weil man alles belegen kann. Aber sie kommen dann eine Woche später wieder und sagen, sie haben es sich noch einmal überlegt oder das Kind wollte doch oder die Frau war nicht damit einverstanden und es soll jetzt doch auf das Gymnasium gehen. Dann müssen wir sagen, unsere Empfehlung steht dagegen. Man kann das dann noch einmal erläutern und sagen: ‚Sie müssen damit rechnen, wenn die Noten schlecht sind, muss das Kind zurück.' Aber dann kommt eben oft, na ja, er soll es versuchen. (HE, 6012, W1)

Die Entscheidung der Eltern muss die Lehrerin letztlich akzeptieren. Dies beschreibt sie als „pädagogisch schmerzlich", was sie am liebsten verhindern würde, da das Scheitern des Kindes abzusehen ist (HE, 6012, W1). Zu Uneinstimmigkeiten bzw. zum Einlegen des Widerspruchs kommt es ihrer Erfahrung nach durchschnittlich ein bis zwei Mal pro Übertritt. Frau D befürwortet zwar die Freigabe des Elternwillens, beurteilt es aber dennoch als ärgerlich, Widerspruch einlegen zu müssen. Außerdem beschreibt die Lehrerin es als äußerst kritisch, wenn die Eltern die Anmeldung für die gewünschte weiterführende Schule abgeben, ohne am Beratungsgespräch teilgenommen zu haben. Als Beispiel für ein solches Vorgehen skizziert Frau D folgenden Fall:

> Ich habe einen türkischen Jungen, der schon in der Grundschule eine Klasse wiederholen musste, was gerade in unserem Gebiet, wo wir uns um die Förderung bemühen, schon außergewöhnlich ist. Er hat sich dann recht gut gemacht und erfolgreich die Klasse wiederholt. Aber jetzt soll er eine Realschullaufbahn anstreben, und das ist einfach nach unserem Gefühl nicht drin. Realschule erscheint mir aussichtslos. [...] Ich habe die Eltern versucht zu überzeugen, d.h. sie sind zu dem ersten Beratungsgespräch gar nicht erschienen, wo fast alle Eltern erschienen sind. Sie haben mir nur ihre Entscheidung abgegeben, haben dann den Widerspruch der Konferenz bekommen, und dann ist die Mutter noch einmal gekommen, um mir klar zu machen, dass sie das unbedingt wollen. Ich habe ihr dann gesagt, dass Elternwunsch eben vor der Entscheidung der Lehrkräfte steht, dass ich aber sehr dagegen bin. Das war aber nichtig, also das ist gar nicht weiter registriert worden. [...] Das finde ich okay, aber vorher nicht zur Beratung zu kommen, das finde ich nicht gut. Das empfinde ich als ärgerlich. (HE, 6012, W2)

Die Schwierigkeit, zu einer Empfehlung zu gelangen, besteht nach Frau D in dem Zwiespalt, das Kind einerseits auf einer möglichst anspruchsvollen Schulform bestmöglich zu fördern und es andererseits vor Überforderung und Misserfolgserlebnissen zu schützen. Besonders schwer fallen Frau D Empfehlungen für Kinder, die über kognitive Möglichkeiten verfügen, aber noch nicht in der Lage sind, diese zu zeigen:

> Das macht die Übergangsempfehlung so schwierig, weil wir bei manchen Kindern denken, dass da noch etwas drinsteckt, was nur noch nicht da ist. Man will dem Kind einerseits nichts verbauen und andererseits weiß man, dass die weiterführenden Schulen gnadenlos sein können in der Rückführung, und damit ist auch nichts gewonnen. Die Kinder bräuchten längere Entwicklungszeiten und dann wäre es auch leichter festzustellen, wohin sie sich entwickeln. (HE, 6012, W2)

Die vierjährige Grundschulzeit hält Frau D für zu kurz, um die Entwicklung eines Kindes absehen und ihm mit einer Empfehlung gerecht werden zu können. Als pädagogische Prämisse betont sie die Kompensation des Leistungsrückstandes von Kindern aus bildungsfernen Familien bzw. sozial schwachen Einzugsgebieten im Laufe der Grundschulzeit. Auch um dieser Zielsetzung gerecht zu werden, stellen ihrer Ansicht nach vier Grundschuljahre einen zu kurzen Zeitraum dar:

Um diese Anregungsarmut in den Familien in der Grundschule wieder nacharbeiten zu können und ein vergleichbares Podest zu Kindern aus anderen Einzugsgebieten zu schaffen, bräuchte man einen längeren Zeitraum, weil die vier Jahre, wo die Kinder bei uns sind, sind zu kurz. Das ist sehr schwer. Das wäre unser pädagogisches Konzept, dass wir versuchen, das ein bisschen aufzufangen, was den Kindern in den Elternhäusern fehlt. Wir haben auch im Schulprogramm versucht, verschiedene Sachen einzuarbeiten, um genau das zu erreichen, nur das geht nicht so schnell. (HE, 6012, W2)

Selbstbezogene Kognitionen und Emotionen

Ähnlich wie für die Angehörigen der anderen Gruppen ist auch für Frau D der Übergang eine „ziemlich zeitintensive Sache" und „zwischen Herbst und Ostern ein ziemlich intensives Thema" (HE, 6012, W2). Im Gegensatz zu den Lehrkräften des resigniert-konfliktmeidenden Typs und den Angehörigen der kritisch-konfliktoffenen Gruppe fühlt sich Frau D von den Eltern nicht unter Druck gesetzt. Dies führt sie auf das in Hessen geltende Elternrecht zurück, das sie ihrer Ansicht nach von dem Druck befreit:

Das ist eine Sache, warum ich das mit dem Elternwunsch befürworte, der Druck ist dadurch weg. Dass man letzten Endes sagen kann, ich sage Ihnen noch einmal klar und deutlich, unserer Meinung nach ist es nicht der richtige Bildungsweg. Aber es steht Ihnen frei als Eltern, das trotzdem zu versuchen. Das nimmt diesen Druck raus. Ich denke, man würde sich sonst schon unter Druck gesetzt fühlen. (HE, 6012, W1)

Wenn ausschließlich die Grundschule über die weiterführende Schullaufbahn entscheidet und somit die Lehrerempfehlung bindend ist, müsste Frau D „natürlich noch sehr viel vorsichtiger sein und wirklich gucken, dass man auch niemandem etwas verbaut, der noch irgendwas erreichen könnte" (HE, 6012, W2). Neben der Entlastung, die die Regelung des Elternwillens für Frau D impliziert, nimmt sie auch die negativen Aspekte dieser Bestimmungen wahr. Zum einen gehen ihrer Ansicht nach diese Regelungen „zu Lasten der Kinder", da den Lehrkräften keine andere Möglichkeit bleibt, als den Eltern ihre Bedenken mitzuteilen. Zum anderen hat das Verhalten der Eltern, sofern sie sich über die Lehrerempfehlung hinwegsetzen, negative Auswirkungen auf ihre Beziehung zu den Eltern und auf die Wahrnehmung der eigenen Rolle:

Es ist ein bisschen ärgerlich, weil das Vertrauensverhältnis, was man eigentlich gedacht hat zu den Eltern zu haben, Schaden nimmt und sich zeigt, dass man als Fachfrau eigentlich nicht so ernst genommen wird. […] Es ist die Missachtung der persönlichen Empfehlung, also der Fachkompetenz, und ein bisschen traurig für die Kinder. (HE, 6012, W1)

Ergebnisse 177

Frau D erhofft sich stattdessen eine realistischere Beurteilung durch die Eltern und auf deren Seite ein Interesse, das die Entwicklung der Kinder nicht nur hinsichtlich des Übergangs, sondern insgesamt und längerfristig im Blick hat. Außerdem wünscht sie sich, dass sich die Eltern insgesamt stärker an ihrer Empfehlung orientieren und ihre Beratung sowie sie als Fachfrau ernst nehmen:

> Das Engagement der Eltern ist besonders stark zu Beginn des vierten Schuljahres, weil sich alle Eltern erhoffen, damit noch irgendetwas beeinflussen zu können. Ich würde mir ein Engagement wünschen, was nicht unbedingt schon zielgerichtet ist auf das, was das Kind irgendwann mal erreichen können soll, sondern mehr ein allgemeines Interesse am Kind, ein realistisches Einschätzen, ein Vergleichen auch. Ich würde mir wünschen, dass Lehrer wirklich als Fachleute gesehen würden und die Eltern das dann auch entsprechend machen würden. (HE, 6012, W1)

Im Verlauf ihrer langjährigen Berufserfahrung hat Frau D ihr Empfehlungsverhalten sowie die Wahrnehmung ihrer eigenen Rolle verändert. Sie sieht ihre Empfehlung selbstkritischer und kann es leichter als zu Beginn ihrer Tätigkeit akzeptieren, wenn Eltern nicht ihrer Empfehlung folgen:

> Für mich hat sich einfach nur geändert, dass ich nicht immer denke, ich hätte Recht. Wenn die Eltern eine halbwegs begründete Vorstellung davon haben, warum sie ein Kind auf diese Schulform geben wollen und nicht auf die, die ich empfohlen habe, kann ich das leichter hinnehmen als früher. Ich habe Fälle gehabt aus einem früheren Durchgang, wo ich die Kinder nur mir großen Bedenken auf das Gymnasium empfohlen habe und die sind immerhin jetzt noch da, obwohl das schon sechs Jahre her ist. Die haben sich über einen Zeitraum da gehalten, obwohl ich ein gewisses Misstrauen hatte. Von daher zeigt es sich doch, dass man – wenn die Eltern bereit sind, da noch ein bisschen zu leisten – der Entscheidung der Eltern durchaus trauen kann, auch wenn man selbst etwas anderes empfohlen hätte. Insgesamt werte ich die Entscheidung der Eltern höher, als ich das vielleicht früher gemacht habe. (HE, 6012, W2)

Einstellung zu den rechtlichen Regelungen

Hinsichtlich der Verteilung des Entscheidungsrechts wurde bereits deutlich, dass Frau D, wie die meisten Mitglieder des formal-distanzierten Typs, trotz einiger Kritikpunkte die Freigabe des Elternwillens befürwortet. Ihrer Ansicht nach sollten „die Eltern für die Erziehung und den Bildungsgang ihrer Kinder selbst verantwortlich sein":

> Ich finde die Regelung, wie wir sie jetzt hier in Hessen haben, nicht schlecht. Die Noten spielen eine Rolle, man kann sie den Eltern vorlegen und kann noch andere Hinweise geben. Aber letzten Endes können die Eltern dann doch, wenn sie denken, ihr Kind besser zu kennen als die Lehrer, den von ihnen gewünschten Bildungsgang nehmen. Ich finde diese Regelung vom Prinzip her eine gute Lösung, von der

Durchführung ist es oft traurig, weil wir sehen, dass Kinder, denen wir gerne diesen Misserfolg ersparen würden, auf das Gymnasium geschickt werden. [...] Was ich mir wünschen würde, wäre mehr Vertrauen der Eltern auf die Empfehlung. Vor allem, weil wir oft Elternhäuser haben, wo die Ehre, ein Gymnasium zu besuchen, über der Vernunft steht. (HE, 6012, W1)

Neben der Verteilung des Entscheidungsrechts stellt Frau D ihre Einstellung zum Zeitpunkt des Übertritts deutlich heraus. Sie bezeichnet sich selbst als „starke Befürworterin einer sechsjährigen Grundschule" und verstärkt diese Aussage, indem sie ergänzt, dass in ihrem Kollegium „nahezu jeder so denkt" (HE, 6012, W1). Vor dem Hintergrund ihrer spezifischen Grundschule und dem sozial schwachen, bildungsfernen Einzugsgebiet misst sie einer längeren Grundschulzeit eine besondere Bedeutung bei. Aufgrund mangelnder häuslicher Anregungen sind die Kinder bildungsferner Schichten bereits zu Schulbeginn gegenüber Kindern aus bildungsnahen Elternhäusern im „Rückstand". Um den Entwicklungsrückstand aufzuholen bzw. zu kompensieren, ist ihrer Ansicht nach ein längeres gemeinsames Lernen in der Grundschule notwendig:

> Mein sehr großer Wunsch ist nach wie vor, dass die Grundschulzeit verlängert wird, gerade für Kinder aus solchen Gebieten. Sie kommen mit anderen Voraussetzungen in die Schule, müssen viele Sachen erst erwerben und von daher ist die Grundschulzeit einfach zu kurz. Ich denke, es wäre sehr viel gerechter, wenn Kinder aus Elternhäusern, die nicht so viele Anregungen bieten, die Möglichkeit hätten, in der Schule stärker gefördert zu werden, damit auch klar ist, was sie zu leisten in der Lage sind. Insgesamt ist mir die Entscheidung zu früh. Ich hätte gerne entweder eine längere Grundschule oder eine verbindliche Förderstufe für alle Kinder und dann eine Entscheidung. (HE, 6012, W2)

Zusammenfassung

Frau D als prototypische Vertreterin des formal-distanzierten Typs zeigt ein restriktives Empfehlungsverhalten, was zwar teilweise zu Diskrepanzen zwischen Lehrerempfehlung und Elternwillen führt, sich jedoch nicht zu Konflikten ausweitet, da in Hessen das Elternrecht gilt. Auch die Belastungen und der Druck, denen sich die Lehrerin ausgesetzt fühlt, sind gering. Insofern befürwortet Frau D die rechtlichen Vorgaben in Hessen, obwohl sie es teilweise als ärgerlich empfindet, wenn ihrer Empfehlung keine Bedeutung beigemessen wird. Gegenüber den Eltern zeigt sie ein distanziertes Verhalten, indem sie diesen in den vorgesehenen Beratungsgesprächen Probleme sowie Vor- und Nachteile aufzeigt. Wenn die Eltern sich über ihre Empfehlung hinwegsetzen, kann sie nur nachdrücklich auf ihre Bedenken hinweisen und auf eine mögliche Querversetzung aufmerksam machen.

Im Verlauf ihrer beruflichen Tätigkeit hat sie ihr Empfehlungsverhalten dahingehend geändert, dass sie es leichter akzeptieren kann, wenn die Eltern eine Entscheidung realisieren, die nicht ihrer Empfehlung entspricht. Anders als die Angehörigen des resigniert-konfliktmeidenden Typs ist dieses Verhalten nicht als Gleichgültigkeit in Folge von Frustrationen zu interpretieren, sondern hat sich aufgrund ihrer Erfahrung herausgebildet. Die Erkenntnis, dass ihre Empfehlung nicht notwendigerweise richtig sein muss und auch Schüler, bei denen sie starke Zweifel hatte, auf einer gymnasialen Schulform bestehen konnten, hat sich im Laufe der Zeit durchgesetzt. Das Vorgehen bei ihrer Entscheidungsfindung ist zwar an den Noten der Schüler orientiert, trotzdem kommt darüber hinaus weiteren Kriterien eine bedeutsame Rolle zu. Die begrenzte Aussagekraft der Noten aufgrund des klasseninternen Bezugssystems wird von Frau D vor dem Hintergrund des sozial schwachen Einzugsgebiets ihrer Brennpunktschule besonders herausgestellt. Neben dem Sozial- und Arbeitsverhalten kommt der Lernentwicklung eine hohe Bedeutsamkeit bei der Genese ihrer Übergangsempfehlung zu. Auch Kausalattributionen spielen dabei eine Rolle. Beispielsweise misst Frau D einer guten Note, die durch große Anstrengung und häusliche Unterstützung zustande gekommen ist, eine geringere Bedeutung bei als einer Leistung, die allein aufgrund der kognitiven Möglichkeiten des Kindes ohne familiäre Hilfen erreicht wurde. Den Zeitpunkt des Übergangs kritisiert Frau D als zu früh. Um auch Kindern aus bildungsfernen und anregungsarmen Elternhäusern die Möglichkeit zu bieten, Entwicklungsrückstände aufzuholen, befürwortet sie eine längere gemeinsame Grundschulzeit.

6.2.3 Gemeinsamkeiten und Differenzen zwischen den Typen

Sowohl die Mitglieder des resigniert-konfliktmeidenden Typs als auch die Angehörigen des kritisch-konfliktoffenen Typs fühlen sich im Kontext des Übergangsgeschehens von den Ansprüchen der Eltern unter Druck gesetzt und in besonderer Weise belastet. Sie zeigen sich beim Prozess der Entscheidungsfindung in hohem Maße angespannt und durch die Forderungen der Eltern in Anspruch genommen. Der Unterschied zwischen beiden Typen spiegelt sich in der Art und Weise des Umgangs mit der Belastung wider. Beim resigniert-konfliktmeidenden Typ resultiert aus der starken Beanspruchung eine resignierte, gleichgültige Haltung, die in einem flexiblen Empfehlungsverhalten mündet und als Konfliktvermeidungsstrategie interpretiert werden kann. Demgegenüber führen beim kritisch-konfliktoffenen Typ die durch die Forderungen der Eltern empfundenen Frustrationen nicht zu einer resignierten Einstellung, sondern zu einem engagierten, motivierten Auftreten, bei dem diese Lehrer bestrebt sind, die eigene Empfehlung unabhängig von den Präferenzen der Eltern durchzusetzen. Die folgende Skizze zeigt die Merkmale des resigniert-konfliktmeidenden und kritisch-konfliktoffenen Typs im Vergleich.

180   Ergebnisse

| Resigniert-
konfliktmeidender
Typ | Verspüren von Druck/
Belastungen durch das
Verhalten der Eltern | → | Resignierte,
gleichgültige
Grundhaltung | → | Flexibles Empfehlungs-
verhalten (konfliktmei-
dend) |

| Kritisch-
konfliktoffener Typ | Verspüren von Druck/
Belastungen durch das
Verhalten der Eltern | → | Kritische,
engagierte
Grundhaltung | → | Restriktives Empfehlungs-
verhalten (konfliktoffen) |

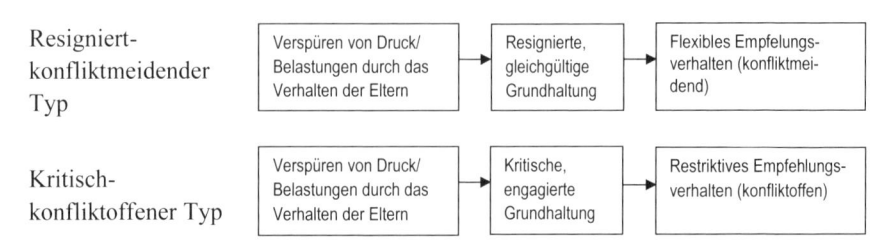

Abb. 1: Resigniert-konfliktmeidender und kritisch-konfliktoffener Typ im Vergleich

Durch die langjährige Berufserfahrung des *resigniert-konfliktmeidenden Typs* und die Erkenntnis, dass die Eltern in der Regel Mittel und Wege finden, ihre Präferenzen durchzusetzen, zeigt diese Gruppe eine resignierte Grundhaltung und versucht – sofern sie es pädagogisch rechtfertigen können – dem Wunsch der Eltern nachzugeben, um Auseinandersetzungen mit ihnen zu vermeiden. Da es sich bei den Angehörigen dieses Typs ausschließlich um bayerische Lehrkräfte handelt, sind sie an die Vorgabe des Notendurchschnitts bei der Empfehlung gebunden. Um Konfliktfällen vorzubeugen, versuchen die Lehrkräfte mehrheitlich durch zusätzliche Arbeiten, Referate oder kleine Tests die Noten im Vorfeld so zu vergeben, dass ein mit dem Elternwunsch kompatibles Notenbild entsteht, welches zur präferierten Empfehlung führt. Aufgrund des elterlichen Drängens und den auf die Lehrkräfte ausgeübten Druck lassen sich die Angehörigen des resigniert-konfliktmeidenden Typs erweichen und tendieren dazu, die jeweils bestmögliche Note zu vergeben. Folgendes Modell gibt einen Überblick über das Empfehlungsverhalten des resigniert-konfliktmeidenden Typs.

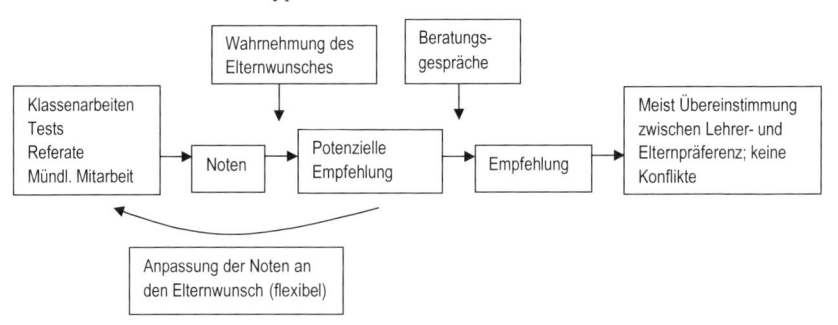

```
                          Wahrnehmung des      Beratungs-
                          Elternwunsches       gespräche
                                 ↓                 ↓
 Klassenarbeiten                                                                Meist Übereinstimmung
 Tests                                    Potenzielle                           zwischen Lehrer- und
 Referate          →   Noten   →         Empfehlung        →   Empfehlung   →   Elternpräferenz; keine
 Mündl. Mitarbeit                                                               Konflikte

                          Anpassung der Noten an
                          den Elternwunsch (flexibel)
```

Abb. 2: Empfehlungsverhalten des resigniert-konfliktmeidenden Typs

Im Gegensatz zum resigniert-konfliktmeidenden Typ zeigen sich die Angehörigen des *kritisch-konfliktoffenen Typs* von den Überredungsversuchen der Eltern unbeeinflusst und vertreten ihre Empfehlung vor diesen. Das Empfehlungsverhalten

Ergebnisse 181

führt bei den überwiegend bayerischen Lehrern dieser Gruppe häufig zu Auseinandersetzungen mit den Eltern, die durch die bindende Lehrerempfehlung in Bayern eine besondere Schärfe erhalten. Wenn die Präferenzen der Eltern nicht mit ihrer Empfehlung in Einklang zu bringen sind, scheuen sie die Konsequenzen nicht und zeigen eine konfliktoffene Haltung. Zugleich empfinden sie die geringe Akzeptanz, auf die ihre Empfehlung bei den Eltern stößt, als frustrierend. Falls nötig, rechtfertigen sie ihre Notengebung vor den Eltern und sichern sich durch parallele Klassenarbeiten und eine abgesprochene Leistungsbewertung mit den Kollegen einer Jahrgangsstufe ab. Auch führen sie ggf. Gespräche mit der Schulleitung und fragen die in der Klasse unterrichtenden Fachlehrer nach ihrer Meinung, um sich Rückendeckung zu holen. Anders als beim resigniert-konfliktmeidenden Typ entstehen für den kritisch-konfliktoffenen Typ erhebliche Kosten im Übergangsgeschehen. Dies ist der Grund, warum manche Lehrkräfte dieser Gruppe ihr Empfehlungsverhalten in Frage stellen und ein flexibles Vorgehen wie z.B. das des resigniert-konfliktmeidenden Typs in Erwägung ziehen, das eine gleichgültigere Haltung und einen geringeren Aufwand impliziert. Die Mitglieder des kritisch-konfliktoffenen Typs berücksichtigen neben den Noten weitere leistungsnahe und -ferne Kriterien und nehmen eine Differenzierung zwischen Noten und angenommener tatsächlicher Denkleistung vor. Insbesondere die an Brennpunktschulen unterrichtenden Lehrkräfte dieses Typs distanzieren sich im Sinne einer „Realitätsanpassung" zunehmend vom klasseninternen Bezugssystem und relativieren die Noten im Hinblick auf den Übergang, indem sie bei ihrer Bewertung stärker eine sachliche Norm in der Vordergrund rücken. Die folgende Übersicht zeigt modellhaft die Formation der Übergangsempfehlung beim kritisch-konfliktoffenen Typ.

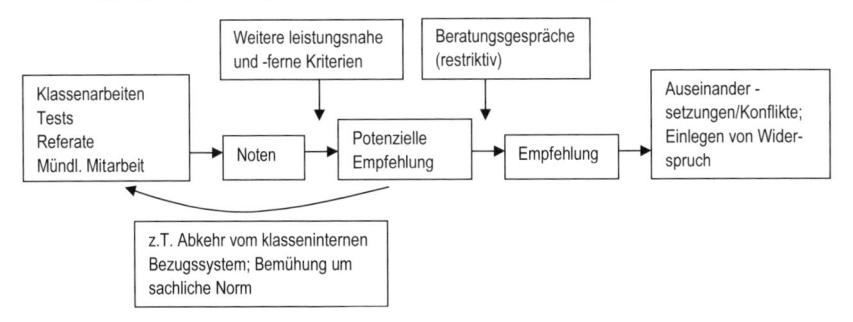

Abb. 3: Empfehlungsverhalten des *kritisch-konfliktoffenen Typs*

Als Kontrast zu den beiden bisher beschriebenen Typen zeigt der *zugewandtkooperative Typ* eine andere Grundhaltung, auf der seine Entscheidungsfindung basiert. Sowohl der resigniert-konfliktmeidende Typ als auch der kritisch-konfliktoffene Typ haben grundsätzlich den Anspruch, als Entscheidungsträger über die weiterführende Schullaufbahn eines Kindes zu entscheiden. Ihr Wunsch nach rigideren rechtlichen Vorgaben, die dem Elternwillen weniger Freiraum zugestehen oder ihre Befürwortung verbindlicher Aufnahmeprüfungen für alle Kinder weisen darauf hin. Von dieser Einstellung unterscheidet sich deutlich der Standpunkt des zugewandt-kooperativen Typs. Sowohl die hessischen als auch die bayerischen Mitglieder dieser Gruppe nehmen sich nicht als entscheidende Instanz wahr, deren Empfehlung letztlich ausschlaggebend ist, sondern folgen der Prämisse, im Rahmen der Elternberatung gemeinschaftlich eine Empfehlung zu generieren. Eine potenzielle Anpassung ihrer Empfehlung an den Elternwunsch rechtfertigen sie mit ihrem pädagogischen Freiraum, den sie sowohl bei der Notengebung als auch bei der Formation ihrer Empfehlung anführen. Anders als beim resigniert-konfliktmeidenden Typ ist dieses Verhalten nicht Ausdruck von Gleichgültigkeit aufgrund einer resignierten Grundhaltung, sondern Widerspiegelung ihrer Überzeugung, dass verlässliche Prognosen am Ende der vierten Jahrgangsstufe nur schwer zu treffen sind und die Eltern für diese Entscheidung verantwortlich sein sollten. Demzufolge befürworten die Anhänger dieses Typs einstimmig die Freigabe des Elternwillens als rechtliche Grundlage. Diese Einstellung und Vorgehensweise ist insbesondere bei den bayerischen Lehrkräften, die auf diese Weise nicht den rechtlichen Vorgaben ihres Bundeslandes entsprechend handeln, überraschend und wird unerwartet deutlich artikuliert. Bei den hessischen Mitgliedern dieses Typs führt die Überzeugung dazu, dass sie gegen den Elternwunsch keinen Widerspruch einlegen, sondern die Elternpräferenz bei ihrer Empfehlung berücksichtigen, woraus ein positives Verhältnis zu den Eltern resultiert. Anders als beim kritisch-konfliktoffenen Typ haben die Eltern keinen Anlass, die Empfehlung anzufechten oder die Kompetenz der Lehrkraft in Frage zu stellen. Da aus diesem Grund keine Auseinandersetzungen oder Konflikte auftreten, fühlen sich die Angehörigen des zugewandt-kooperativen Typs im Vergleich zu den beiden bisher beschriebenen Typen nicht unter Druck gesetzt oder in vergleichbarer Weise belastet. Das folgende Modell gibt das Empfehlungsverhalten des zugewandt-kooperativen Typs wider.

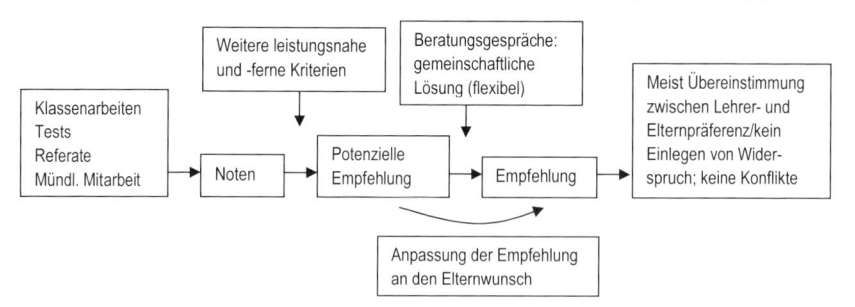

Abb. 4: Empfehlungsverhalten des *zugewandt-kooperativen Typs*

Ergebnisse 183

Ebenso wie die Mitglieder des zugewandt-kooperativen Typs fühlen sich die Angehörigen des *formal-distanzierten Typs*, bei denen es sich ausschließlich um hessische Lehrkräfte handelt, nicht von den Eltern unter Druck gesetzt. Die Ursache dafür liegt jedoch nicht wie beim zugewandt-kooperativen Typ in ihrem Empfehlungsverhalten begründet, sondern ist Ausdruck der rechtlichen Vorgaben Hessens. Anders als der zugewandt-kooperative Typ geht der formal-distanzierte Typ mit seiner Empfehlung restriktiv um. Die Lehrkräfte dieses Typs ignorieren, wie die Anhänger des kritisch-konfliktoffenen Typs, die Präferenzen der Eltern bei der Genese ihrer Empfehlung und zeigen sich auch bei Uneinstimmigkeiten von den elterlichen Forderungen unbeeinflusst. Falls notwendig, verfassen sie ein Gegengutachten zur Entscheidung der Eltern und legen Widerspruch ein.

Sowohl die Mitglieder des kritisch-konfliktoffenen Typs als auch die Angehörigen des formal-distanzierten Typs zeigen ein restriktives Empfehlungsverhalten und berücksichtigen neben den Noten weitere Kriterien, da sie die Aussagekraft der Noten für die Prognose einer weiterführenden Schullaufbahn anzweifeln. Im Hinblick auf den Übergang sind beide Gruppen verstärkt um eine sachliche Bezugsnorm bemüht und relativieren überwiegend das auf der Grundlage des klasseninternen Bezugssystems entstandene Notenbild. Das Vorgehen des formal-distanzierten Typs wird in der folgenden Abbildung veranschaulicht.

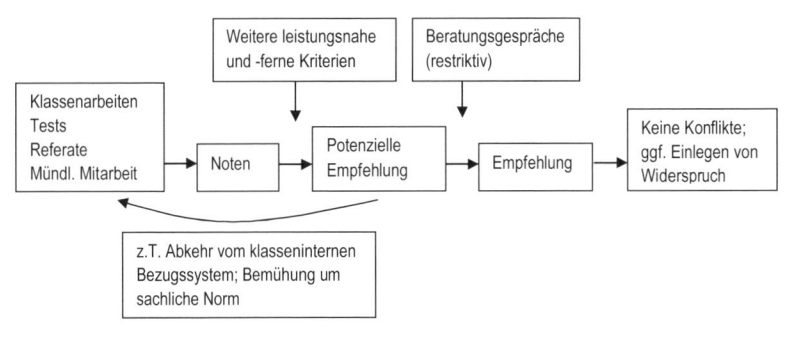

Abb. 5: Empfehlungsverhalten des *formal-distanzierten Typs*

Obwohl die Angehörigen des formal-distanzierten Typs ein ähnliches Vorgehen bei der Entscheidungsfindung zeigen wie die Mitglieder des kritisch-konfliktoffenen Typs, unterscheiden sie sich deutlich hinsichtlich ihrer selbstbezogenen Kognitionen und in ihrem Verhältnis zu den Eltern. Anders als die Lehrkräfte des kritisch-konfliktoffenen Typs fühlen sich die Anhänger des formal-distanzierten Typs aufgrund der rechtlichen Vorgaben in Hessen nicht von den Eltern unter Druck gesetzt und zeigen insgesamt eine gelassenere Haltung. Folgende Abbildung hebt die Unterschiede dieser beiden Typen graphisch hervor.

184   Ergebnisse

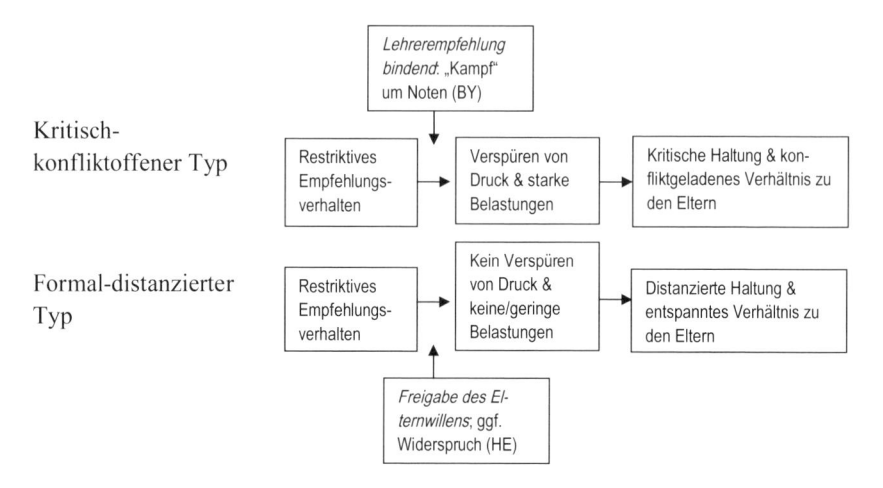

```
                                        ┌─────────────────┐
                                        │ Lehrempfehlung  │
                                        │ bindend: „Kampf"│
                                        │ um Noten (BY)   │
                                        └────────┬────────┘
                                                 ▼
Kritisch-           ┌──────────────┐   ┌──────────────┐   ┌──────────────────┐
konfliktoffener Typ │ Restriktives │   │ Verspüren von│   │ Kritische Haltung│
                    │ Empfehlungs- │──▶│ Druck & starke│──▶│ & konfliktgelade-│
                    │ verhalten    │   │ Belastungen  │   │ nes Verhältnis zu│
                    └──────────────┘   └──────────────┘   │ den Eltern       │
                                                          └──────────────────┘

                                        ┌──────────────┐
                                        │ Kein Verspüren│
Formal-distanzierter┌──────────────┐   │ von Druck &  │   ┌──────────────────┐
Typ                 │ Restriktives │   │ keine/geringe│   │ Distanzierte     │
                    │ Empfehlungs- │──▶│ Belastungen  │──▶│ Haltung & ent-   │
                    │ verhalten    │   │              │   │ spanntes Verhält-│
                    └──────────────┘   └──────────────┘   │ nis zu den Eltern│
                                               ▲          └──────────────────┘
                                        ┌──────┴───────┐
                                        │ Freigabe des │
                                        │ Elternwillens;│
                                        │ ggf. Wider-  │
                                        │ spruch (HE)  │
                                        └──────────────┘
```

Abb. 6: Formal-distanzierter und kritisch-konfliktoffener Typ im Vergleich

Die Mitglieder des formal-distanzierten Typs sind nicht gleichgültig und resigniert wie die Angehörigen des resigniert-konfliktmeidenden Typs, sondern zeigen sich gegenüber den Eltern bestimmt, zugleich aber distanziert, weil die Eltern nach dem obligatorischen Beratungsgespräch selbst die Entscheidung treffen. Falls sie es als notwendig erachten, widersprechen die Lehrkräfte nach erneuter Beratung und anschließender Klassenkonferenz deren Entscheidung. Durch das sachlich-distanzierte Vorgehen gemäß den hessischen Rechtsgrundlagen weiten sich mögliche Meinungsverschiedenheiten zwischen Eltern und Lehrkräften jedoch nicht zu Konflikten aus.

6.2.4 Zusammenfassung der typologischen Analyse

In diesem Teil des Ergebniskapitels standen die Befunde der typologischen Analyse im Vordergrund. Die Typenbildung wurde methodisch nach dem vierstufigen Konstruktionsprozess von Kelle und Kluge (1999) zur empirisch begründeten Typenbildung durchgeführt. Als Grundlage für den Gruppierungsprozess konnten die in der komparativen Analyse erarbeiteten Vergleichsdimensionen herangezogen werden. Dabei handelte es sich um die Kategorien, die sich aufgrund der Forschungsfragen als besonders relevant erwiesen und die im Untersuchungsfeld tatsächlich bestehenden Ähnlichkeiten bzw. Unterschiede zwischen den Lehrkräften deutlich machten. Durch die Kombination dieser Merkmale entstand ein Merkmalsraum, in dem sich die verschiedenen Typen anordnen ließen, wobei das Ziel darin bestand, eine maximale Homogenität der Fälle innerhalb eines Typus und eine maximale Heterogenität zwischen den Typen zu erreichen.

Folgende Vergleichsdimensionen wurden mit ihren jeweiligen Ausprägungen in der nachstehenden Reihenfolge in den Merkmalsraum integriert: 1) *„Empfehlungskriterien"*, 2) *„Empfehlungsverhalten"*, 3) *„Wahrnehmung der eigenen Rolle"* und 4) *„Verspüren von Belastungen/Druck"*. Teilweise wurden Gruppen, die sich sehr ähnlich waren und nur in wenigen Merkmalen unterschieden, zusammengefasst, wobei sich im Anschluss daran folgende vier Typen unterschiedlichen Empfehlungsverhalten bilden ließen: 1) der *resigniert-konfliktmeidende Typ*, 2) der *kritisch-konfliktoffene Typ*, 3) der *zugewandt-kooperative Typ* sowie 4) der *formal-distanzierte Typ*. Diese Typen, denen alle 20 Lehrkräfte zugeordnet werden konnten, wurden umfassend anhand der Merkmalskombinationen und rekonstruierten Sinnzusammenhänge charakterisiert, wobei jeweils ein Fall als Prototyp ausgewählt wurde. Abschließend wurden die gebildeten Typen in einer Zusammenschau miteinander verglichen und Gemeinsamkeiten und Unterschiede herausgearbeitet. Außerdem wurde das charakteristische Empfehlungsverhalten jeder Gruppe modellhaft zusammengefasst.

Durch den Gruppierungsprozess der typologischen Analyse konnten die Lehrkräfte, deren Vorgehen bei der Empfehlungsformation jeweils von spezifischen Überzeugungen, Erfahrungen und Zielsetzungen geleitet ist, den genannten Typen zugeordnet werden. Es ließen sich die dem Handeln der Typen zugrunde liegenden Subjektiven Theorien nachvollziehen und damit die inhaltlichen Sinnzusammenhänge der Merkmalskombinationen aufdecken.

6.3 Entwicklung eines Modells zur Formation der Übergangsempfehlung

6.3.1 Ausgangspunkt der Überlegungen

Bei der Aufarbeitung des Forschungsstandes wurde die Bedeutung eines theoretischen Modells bei der Analyse von Bildungsentscheidungen betont und die Relevanz soziologischer Wert-Erwartungs-Modelle herausgestellt (vgl. Kap. 3.2.2). Es wurde auf die Möglichkeit der Verknüpfung soziologischer und psychologischer Ansätze hingewiesen, um verstärkt individuelle Komponenten und innere Prozesse berücksichtigen zu können. Mit dem Ziel, das Handeln der Lehrkräfte bei der Empfehlungsformation zu erklären, wurde das auf der Wert-Erwartungs-Theorie basierende Handlungsmodell von Hofer und Dobrick (1981; vgl. Hofer 1986) herangezogen. Danach werden Lehrkräfte als zielgerichtet Handelnde aufgefasst, die sich unter mehreren Handlungsalternativen nach dem Mittel-Zweck-Prinzip für eine Alternative entscheiden. Im Theorieteil wurden bereits Überlegungen angestellt, das Modell auf die Übergangsentscheidung am Ende der Grundschulzeit zu übertragen (vgl. Kap. 3.2.4). Die bei der Entscheidungsfindung relevanten Kosten- und Nutzenaspekte, pädagogischen Orientierungen und Zielsetzungen der Lehrkräfte sowie andere Hintergrundvariablen ließen sich jedoch noch nicht näher spezifizieren. Das im Folgenden dargestellte Modell präzisiert die miteinander in Wechselwirkung stehenden relevanten Aspekte, die in Abhängigkeit von ihren pädagogischen Überzeugungen mit einer unterschiedlichen Gewichtung in die Entscheidung einfließen. Diese ließen sich durch die vergleichende Analyse identifizieren und durch die aufgedeckten Sinnzusammenhänge im Rahmen der Typenbildung analysieren.

Es kann davon ausgegangen werden, dass sich bestimmte Handlungsmuster der Lehrkräfte – sofern sie sich durch Abwägen verschiedener Entscheidungsaspekte für die regelmäßig anstehende Übergangsentscheidung bewährt haben – beibehalten werden. Erst wenn diese Handlungsweisen nicht mehr ideal erscheinen, um die Entscheidung zu erleichtern, müssen die Lehrkräfte erneut zwischen mehreren Alternativen abwägen. Das folgende Modell lässt sich entsprechend als Ausgangspunkt verstehen, auf dessen Grundlage sich bewährte Handlungsmuster entwickeln und verfestigen, so dass die Lehrkräfte bei ihrer regelmäßig anstehenden Bildungsentscheidung darauf zurückgreifen können.

6.3.2 Entscheidungsmodell für eine Übergangsempfehlung

Nach den Grundannahmen der Wert-Erwartungs-Theorie ist die Entscheidung für eine Empfehlung abhängig von der subjektiv eingeschätzten Erfolgswahrscheinlichkeit, dass das Kind die Anforderungen der empfohlenen Schulform bewältigen kann, und dem subjektiven Wert, den die Lehrkraft mit der Übergangsempfehlung verbunden sieht (vgl. Kap. 3.2.2). Das folgende Modell zeigt zusammenfassend den Entscheidungsraum der Lehrkräfte für eine Übergangsempfehlung (vgl. Abb. 7).

Die drei Komponenten „Sozialer Hintergrund des Schülers", „Individuelle Merkmale des Schülers" sowie „Formal-rechtliche Regelungen der Bundesländer Bayern und Hessen" liegen dem Entscheidungsprozess als zentrale Rahmenvariablen zugrunde. Entsprechend der Wert-Erwartungs-Theorie wird die Entscheidung direkt von der Erwartungs- und der Wertkomponente beeinflusst. Der *Erwartungsaspekt* bezieht sich auf die Erfolgswahrscheinlichkeit bzw. die Beurteilung der Realisierungschancen, inwieweit der betreffende Schüler die Anforderungen der weiterführenden Schulform bewältigen wird. Die *Wertkomponente* wurde in Anlehnung an Wert-Erwartungs-Modelle aus der Psychologie erweitert (vgl. Eccles u.a. 1983; Maaz u.a. 2006) und in drei Komponenten untergliedert. Sie umfasst zum einen die *subjektive Wichtigkeit*, also die persönliche Bedeutung, welche die Lehrkräfte ihrer Empfehlung beimessen. Diese spiegelt sich auch in der pädagogischen Orientierung der Lehrer, insbesondere im *individuellen Empfehlungsverhalten* wider, das wiederum von weiteren Hintergrundvariablen determiniert ist (z.B. Wahrnehmung der Eltern, eigenes Rollenverständnis, Einstellung zu den rechtlichen Vorgaben). Die Wertkomponente umfasst zum anderen *Kosten- und Nutzenaspekte*, die mit der Entscheidung in Verbindung gebracht werden. Die Begriffe „Kosten" und „Nutzen" bezüglich der Folgenbewertungen bedeuten keineswegs, dass die Bewertungen nach den Kriterien des persönlichen Nutzens erfolgen müssen (vgl. Kap. 3.2.3). Die Bewertung der Lehrer kann beispielsweise auch positiv ausfallen, wenn die Handlung nicht ihren eigenen Interessen dient, sondern denen anderer Menschen, z.B. den Interessen der Schüler oder Eltern (vgl. Kraak 1987). Die Relevanz der Wertkomponente resultiert auch aus dem methodischen Vorgehen dieser Arbeit, das der Theorierichtung des *Symbolischen Interaktionismus* entspricht. Danach handeln Menschen aufgrund der Bedeutungen, die „Dinge" (Menschen, Institutionen, Situationen) für sie besitzen. Solche Dinge erlangen ihre Bedeutung dann, wenn sie in Interaktionsprozessen thematisiert werden. Die Bedeutungen der Dinge werden in einem interpretativen Prozess, den die Person in der Auseinandersetzung mit den ihr begegnenden Dingen benutzt, gehandhabt und geändert (vgl. Blumer 1973; Wilson 1973). Bezogen auf den Übergang bedeutet dies, dass die Bedeutung bzw. die Wichtigkeit, die Lehrkräfte mit ihrer Empfehlung verbinden, aus ihrer Erfahrung und den Interaktionen mit Kollegen, Eltern und Schülern resultiert. Diese Bedeutungen können je nach Lehrer verschiedenartig sein, weil die der Interaktion zugrunde liegenden interpretativen Prozesse zu einer unterschiedlichen Wahrnehmung führen können. Daher ist es wesentlich, die Herausbildung der Übergangsempfehlung vor dem Hintergrund des subjektiven Wertes, also der Relevanz, die Lehrer diesem Prozess beimessen, nachzuvollziehen. Darin drückt sich der Versuch aus, „Verhalten […] mit den Bedeutungen zu erfassen, mit denen es von den jeweiligen Akteuren belegt ist" (Rüther 1975, S. 26).

Die Ausprägungen der Wert- und Erwartungskomponente sind das Ergebnis eines komplexen Zusammenspiels weiterer Variablen, die gleichzeitig den Einfluss der Hintergrundvariablen vermitteln. Die relevanten Entscheidungskomponenten beziehen sich auf die *Einschätzung der Situation*, die *Wahrnehmung der Schüler* und deren *vorausgegangenes Verhalten*, das *Vorgehen bei der Entscheidungsfindung* sowie auf die *selbstbezogenen Kognitionen* der Lehrkraft. Die Einschätzung der Situation impliziert beispielsweise die Bewertung der formal-rechtlichen Regelungen und die Wahrnehmung des Schulsystems. Die Einstellung zu den Übertrittsvorgaben ihres Bundeslandes, die Bewertung der Durchlässigkeit zwischen den Schulformen sowie die Gestaltung des Übergangs an der jeweiligen Grundschule und das Vorhandensein von Unterstützungsmöglichkeiten im Kollegium beeinflussen ebenso die Wertkomponente wie die selbstbezogenen Kognitionen der Lehrkraft. Umgekehrt kann beispielsweise auch die pädagogische Orientierung unter Einfluss der Elternreaktionen auf die Wahrnehmung der eigenen Rolle wirken. Zur besseren Übersichtlichkeit sind in dem Modell jedoch nur die zentralen Pfeile eingezeichnet, obwohl zwischen allen Entscheidungsgrößen Wechselwirkungen bestehen. Das Vorgehen bei der Entscheidungsfindung bezieht sich auf die für die

Lehrkraft bedeutsamen Kriterien, die ebenfalls über das professionelle Wissen auf die Wertkomponente wirken, aber umgekehrt auch auf diesen Wissensbeständen basieren und sich durch dieses Wissen herausgebildet haben.

Die qualitative Analyse der Interviews hat gezeigt, dass dem Handeln der Lehrkräfte unterschiedliche pädagogische Überzeugungen zugrunde liegen. Während sich manche Lehrer gegenüber den Ansprüchen und Forderungen der Eltern restriktiv verhalten, zeigen sich andere, beeinflusst von den elterlichen Präferenzen, flexibel bei ihrer Entscheidungsfindung. Die rekonstruierten Sinnzusammenhänge der typologischen Analyse deuten darauf hin, dass eine Lehrkraft mit *restriktivem Empfehlungsverhalten* in der Regel ihre Empfehlung stärker wertet als den Elternwillen und die Kosten eines Schülers bei geringer Erfolgswahrscheinlichkeit (Misserfolge aufgrund mangelnder Leistungen) höher einschätzt als den eignen Nutzen, den ein flexibles Empfehlungsverhalten durch geringeren Arbeitsaufwand und ein positives Verhältnis zu den Eltern implizieren würde. Obwohl die „restriktiven" Lehrer ihren Nutzen, entsprechend der eigenen Überzeugungen gehandelt zu haben, höher gewichten als die für sie anfallenden Kosten im Zusammenhang mit den Elternpräferenzen (kritisch-konfliktoffener Typ), werden die Kosten nicht als gering empfunden. Darauf weist auch die hohe Belastung durch die Forderungen der Eltern hin. Teilweise führt dies zu einer Reflexion des eigenen Entscheidungsverhaltens, bei der in Erwägung gezogen wird, zugunsten der Kostenreduzierung auf die Notwendigkeit der Realisierung der eigenen pädagogischen Grundsätze zu verzichten.

Dagegen misst ein Lehrer, der *flexibel* mit seiner Empfehlung umgeht, in den meisten Fällen der Elternpräferenz eine höhere Wertigkeit bei. Die durch Auseinandersetzungen mit Eltern und den höheren Arbeitsaufwand entstehenden eigenen Kosten bei einem restriktiven Empfehlungsverhalten gewichtet er höher als z.B. die Kosten eines Schülers bei mangelnden Erfolgsaussichten (resigniert-konfliktmeidender Typ). Bei geringer Erfolgswahrscheinlichkeit bewertet er den langfristigen Nutzen eines anspruchsvolleren Schulabschlusses höher als eine mögliche Überforderung des Schülers in naher Zukunft und betont das Entwicklungspotenzial eines zehnjährigen Kindes (zugewandt-kooperativer Typ). Diese pädagogischen Orientierungen der Wertkomponente stehen in enger Wechselbeziehung mit weiteren Entscheidungsaspekten, wobei das spezifische Wissen der Lehrkräfte als Basis ihres Handelns zugrunde gelegt wird. Dieses Wissen bildet die Voraussetzung für die beim zielgerichteten Handeln ablaufenden Denkprozesse und handlungsleitenden Kognitionen. Es kann unterteilt werden in das *Handlungs- und Funktionswissen*, die in enger Beziehung zueinander stehen. Diese im Laufe eines längeren Zeitraums aufgebauten kognitiven Strukturen, die von Lehrern zur Interpretation von Situationen, zur Entwicklung von Handlungsplänen, zur Handlungsausführung und bei der Handlungsbewertung herangezogen werden, können als professionelles Wissen bezeichnet werden (vgl. Kap. 3.3.2). Die der Empfehlungsformation zugrunde liegenden *Subjektiven Theorien* der Lehrkräfte sowie deren Motive und Beweggründe lassen sich als Teil des Funktionswissens auffassen (vgl. Kap 3.3.3). Darunter fallen z.b. die Vorstellungen der Lehrkräfte über bestimmte Schulformtypen, der Beurteilungsmaßstab sowie ihre Ursachenzuschreibungen für Schülerleistungen.

Bei der Bildungsentscheidung am Ende der Primarstufe handelt es sich um eine durch hohe Unsicherheit gekennzeichnete Entscheidung, da nicht alle Eventualitäten für die Lehrkraft absehbar sind. Die Lehrer handeln auch nicht aufgrund objektiver Faktoren, sondern aufgrund ihrer mehr oder weniger gut validierten subjektiven Situationsdefinition (vgl. Kap. 3.2.2). Theoretisch begründbar ist der Prozess der Situationsdefinition mit dem Konzept des „Framing" (vgl. Goffman 1977). Die das Handeln eines Akteurs bestimmende Situation besteht aus vielfältigen Bedingungen. Die bewusste Aufnahme (Wahrnehmung) und Verarbeitung (Analyse, Bewertung, Entscheidung) aller Informationen ist jedoch unmöglich, so dass die „unwichtigeren" Situationsbedingungen ausgeblendet und damit die Situationsaspekte reduziert werden (vgl. Hill 2002; Esser 1999). Auf diese Weise geben die Lehrkräfte ihrer Übergangsentscheidung einen bestimmten *„Rahmen"* („Frame") und handeln nach dieser reduzierten Interpretation der sozialen Wirklichkeit. Bei diesem Handeln können sich die Lehrer an erprobten Erfahrungen bzw. an ihrem „Rezeptwissen" orientieren („Habits"). Dies lässt sich als rational bezeichnen, weil die Lehrer auf diese Weise den Aufwand für die regelmäßig anstehenden Übergangsentscheidungen durch den Einsatz bewährten Handelns minimieren (vgl. Esser 1990). In diesen Fällen erfolgt das Handeln bzw. die Entscheidung der Lehrer durch die Verwendung von *Schemata* und *Skripts*, wodurch der Prozess der Informationsverarbeitung stark vereinfacht wird. Schemata repräsentieren das organisierte Wissen, inklusive aller Einstellungen über die Umwelt und die eigene Person. Skripts können als Sonderform von Schemata aufgefasst werden, die das Wissen und die Einstellungen zu Ereignissen oder zum Ablauf von sozialen Prozessen repräsentieren (vgl. Schank & Abelson 1977). Nach Esser (2001, S. 263) ist ein Skript „das Programm des Handelns innerhalb eines bestimmten Frames", das „die auf die Situation bezogenen typischen Erwartungen und Alltagstheorien über die typische Wirksamkeit typischer Mittel" enthält. Die Äußerungen der befragten Lehrer deuten darauf hin, dass sie über Skripts zum Übergang verfügen. Sowohl in „eindeutigen Fällen" als auch in „Grenzfällen" und bei einem möglichen Dissens zwischen Lehrerempfehlung und Elternpräferenz greifen sie je nach pädagogischer Orientierung auf unterschiedliche Handlungsmuster und Strategien zurück, die ihnen den Umgang mit solchen Situationen erleichtern. Das Handeln des *kooperativzugewandten Typs* zielt bei einem Dissens zwischen eigenen Präferenzen und Elternwunsch darauf, mit den Eltern das Gespräch zu suchen, um gemeinsam mit ihnen eine Entscheidung herbeizuführen, während der *kritisch-konfliktoffene Typ* verstärkt eine Unterstützung bzw. Absicherung im Kollegium anstrebt. Der *resigniert-konfliktmeidende Typ* versucht durch die Anpassung seiner Leistungsbewertung an die elterlichen Präferenzen potenzielle Auseinandersetzungen mit den Eltern zu vermeiden. Dabei werden nicht zwangsläufig die äußeren Umstände, wie z.b. die bundeslandspezifischen Rechtsgrundlagen oder die Durchlässigkeit des Schulsystems, reflektiert. Auch findet nicht bei jeder Empfehlung eine umfangreiche Abwägung der Kosten- und Nutzenaspekte statt.

Die in dem Modell zusammengestellten Entscheidungsparameter verkörpern die „Ausgangssituation" der Entscheidung, anhand derer sich bestimmte Handlungsmuster herausbilden und verfestigen können. Welche Entscheidungsgrößen der Empfehlungsformation der Lehrer zugrunde liegen, hängt vom jeweiligen Rahmen ab, von dem das Handeln seinen Ausgangspunkt nimmt. Je nach „Frame" sind andere Handlungen angemessen oder effizient (vgl. Esser 1990). Die empirische Analyse hat deutlich gemacht, dass bestimmte Einstellungen, pädagogische Orientierungen und emotionale Befindlichkeiten der Lehrkräfte wie ein „Frame" wirken können. Für einen Lehrer, der seine bindende Empfehlung durch eine exakte Notenvorgabe nicht mit seinen Überzeugungen vereinbaren kann oder das Schulsystem für wenig durchlässig hält, kommen andere Handlungsalternativen in Frage als für Lehrer, die einen Wechsel in der Sekundarstufe für leicht realisierbar halten und den rechtlichen Vorgaben beipflichten. Auch emotionale Zustände können wie ein „Frame" wirken. Nehmen Lehrkräfte die Eltern als Gegner im Prozess der Entscheidungsfindung wahr, verfügen sie über andere Handlungsalternativen als Lehrer, welche das Verhältnis zu den Eltern als partnerschaftlich ansehen und sich ernst genommen und anerkannt fühlen.

Die Entscheidung der Lehrkräfte mündet in der Mitteilung der Empfehlung im Rahmen der obligatorisch vorgesehenen Beratungsgespräche. Spätestens zu diesem Zeitpunkt legen die Eltern ihre Präferenzen der Schulwahl dar, was die Lehrkraft dazu bewegen kann, die Entscheidung erneut abzuwägen. Während die „flexiblen" Lehrkräfte überwiegend eine Entscheidung im Sinne der Eltern treffen und ihre potenzielle Empfehlung von den Präferenzen der Eltern beeinflusst noch einmal modifizieren, realisieren die Lehrer, die sich restriktiv verhalten, ihre Empfehlung unabhängig vom Standpunkt der Eltern. Die Entscheidung der Eltern, im Sinne der Lehrerempfehlung zu handeln oder das Kind zum Probeunterricht anzumelden (Bayern) bzw. die Anmeldung an einer anderen als der empfohlenen Schulform zu realisieren und eine mögliche Querversetzung des Kindes zu riskieren (Hessen), stellt den letzten Schritt im Kontext der Übergangsgeschehens dar.

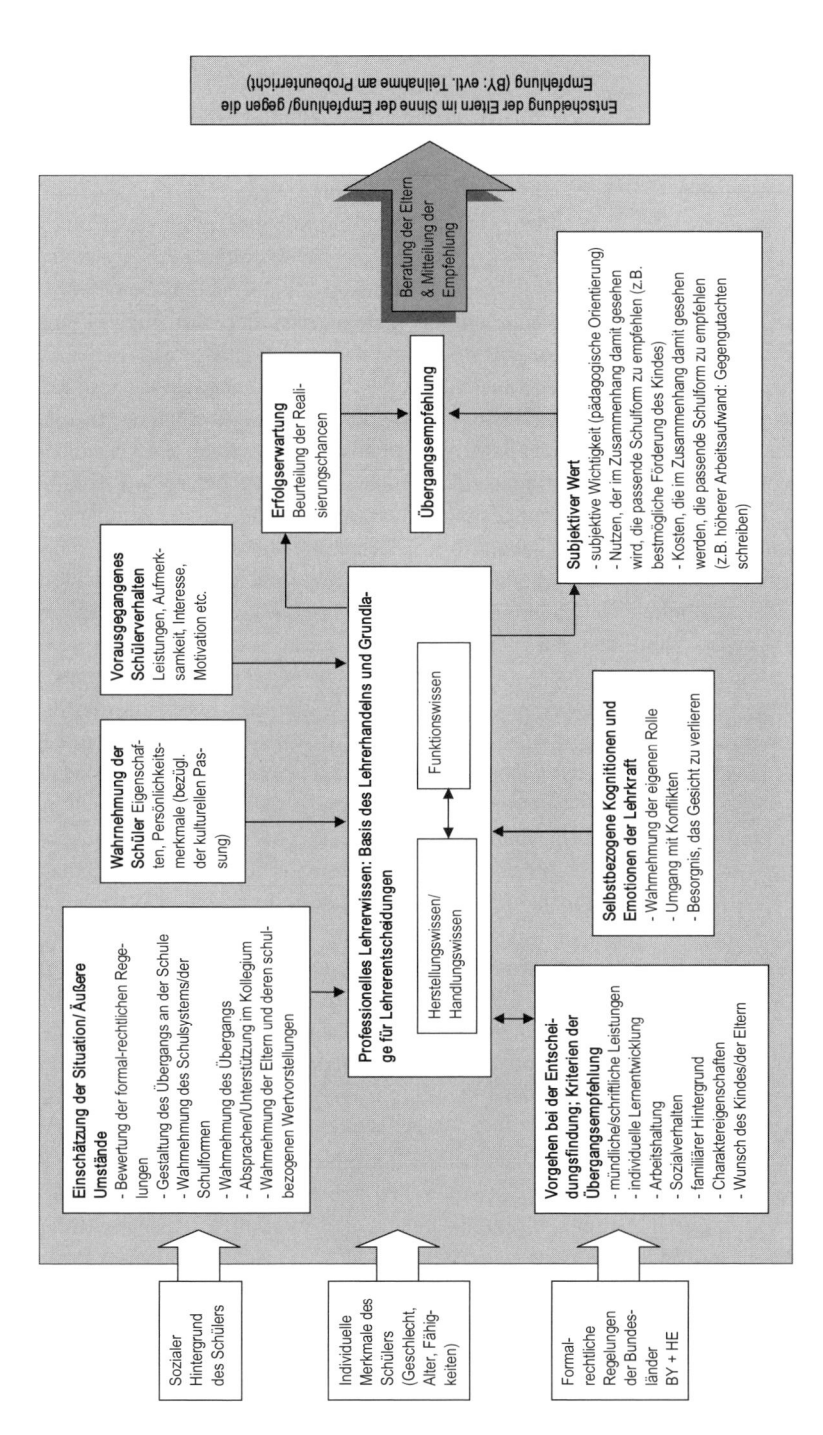

Abb. 7: Entscheidungsraum der Lehrkräfte für eine Übergangsempfehlung

7 Gesamtzusammenfassung und Diskussion der Ergebnisse

Das Ziel der vorliegenden Arbeit war es, mit Hilfe eines qualitativ-inhaltsanalytischen Vorgehens die Formation der Übergangsempfehlung und das damit verbundene professionelle Wissen der Lehrkräfte in Form Subjektiver Theorien aufzudecken. Durch die zweimalige leitfadengestützte Expertenbefragung zu Beginn und am Ende der vierten Jahrgangsstufe konnten Urteilsprozess, pädagogische Orientierungen, Zielsetzungen und Beweggründe der Lehrer unter Berücksichtigung ihrer spezifischen Situation umfassend abgebildet und nachvollzogen werden. Es wurde deutlich, dass es sich bei der Herausbildung der Übergangsempfehlung um eine bewusste Entscheidung der Lehrkräfte handelt, der rationale Abwägungsprozesse zugrunde liegen. Obwohl die Schullaufbahnprognose in Bayern auf der Grundlage des Notendurchschnitts erteilt werden soll, berücksichtigen die befragten Lehrkräfte neben den Noten auch weitere pädagogisch begründete und schwer zu operationalisierende Kriterien, um den Schulerfolg in den weiterführenden Schulen möglichst wahrscheinlich zu machen. Diese strukturellen Freiheitsgrade führen nicht nur zu Chancenungleichheit beim Übergang, sondern auch zu Belastungen der Lehrkräfte und zu Konflikten mit Eltern.

Durch die *komparative Analyse* der Interviews war es möglich, Anhaltspunkte für verschiedene Vorgehensweisen und differente Motive der Lehrkräfte bei der Formation ihrer Empfehlung aufzuzeigen (vgl. Kap. 6.1.2), die sich im Rahmen des Konstruktionsprozesses der *typologischen Analyse* verfestigten und erklären ließen (vgl. Kap. 6.2.2). Es wurden vier verschiedene Typen gebildet, die hinsichtlich ihres Empfehlungsverhaltens am Ende der Primarstufe unterschiedliche Strukturmerkmale bzw. Merkmalskombinationen repräsentieren. Diese Strukturmerkmale lassen sich insofern verallgemeinern, als sie sich auch in der sozialen Welt außerhalb der Stichprobe zeigen („Strukturgeneralisierung"). Generalisierung meint in diesem Zusammenhang, durch Abstraktion das Wesentliche herauszustellen (vgl. Lamnek 2005). Die Formulierung allgemeiner, genereller Aussagen wird durch Induktion, also durch die Abstraktion von konkreten Daten möglich. Diese generelleren Formulierungen können mit anderen, zuvor entwickelten Allgemeinaussagen zu einem Netzwerk von Aussagen – und damit zu einer Theorie – verbunden werden (vgl. Mayring 2007).

Die vorliegende Arbeit leistet damit einen Beitrag zur empirischen Bildungsforschung, indem der Diskurs zur Formation der Lehrerempfehlung am Ende der Grundschulzeit durch qualitative Befunde angereichert wird. Im Folgenden werden die wesentlichen Ergebnisse der empirischen Analyse zusammenfassend dargestellt, diskutiert und mit vorliegenden Forschungsergebnissen verknüpft. Außerdem werden Hypothesen formuliert, die induktiv aus dem untersuchten Feld gewonnen wurden und im Rahmen weiterführender Forschungsfragen mit standardisierten

Methoden überprüft werden können. Die Hypothesengenerierung als Anregung für die weitere quantitative Forschung erfolgt damit methodisch kontrolliert auf der Basis empirischer Daten (vgl. Kelle & Erzberger 1999, 2004).

Durch die komparative Analyse der Interviews konnten unter den befragten Lehrern zunächst verschiedene *Empfehlungskriterien*, die sie bei ihrem Entscheidungsprozess berücksichtigen, aufgedeckt werden (vgl. Kap. 6.1.2.1). Während ein Teil der bayerischen Lehrkräfte betont, vorrangig am Notendurchschnitt orientiert zu sein, stellen andere Lehrkräfte zusätzlich zu den Noten die Bedeutung weiterer leistungsnaher und -ferner Kriterien heraus. Sie messen beispielsweise dem familiären Hintergrund eine wesentliche Bedeutung bei und betonen die Relevanz monetärer Ressourcen der Familie zur Finanzierung von Nachhilfeunterricht sowie ein hohes Bildungsniveau, damit die Eltern selbst unterstützend tätig werden können. Auch das angenommene kognitive Potenzial eines Schülers (z.B. „kognitive Reserven" oder die Gedächtnisleistung) sowie die Arbeitshaltung (z.B. Fleiß oder Ausdauer), die Lernentwicklung, Charaktereigenschaften (z.B. Höflichkeit, Disziplin, Schüchternheit) und das Sozialverhalten (z.B. Teamfähigkeit) werden von den untersuchten Lehrkräften als Einflussgrößen für ihre Empfehlung genannt.

Bereits Steinkamp (1967) untersuchte die „Rolle des Volksschullehrers im schulischen Selektionsprozess" ausführlich und zeigte, dass sich nur 21% der befragten Lehrkräfte ausschließlich an der Leistung orientieren, während 78% daneben noch andere Faktoren wie Arbeitshaltung, Charaktereigenschaften und die Unterstützung durch das Elternhaus berücksichtigen (vgl. Kap. 3.1.2). Aktuelle längsschnittliche Befunde zeigen zum einen, dass die Einschätzung der Unterstützung durch das Elternhaus auch unter Kontrolle von Testleistung und Noten zur Vorhersage der Übergangsempfehlung beiträgt (vgl. Stahl 2007, S. 183), und zum anderen, dass Lehrkräfte hinsichtlich des Sozialverhaltens eine geschlechtsspezifische Einschätzung vornehmen, wobei Mädchen häufiger positiv beurteilt und als „brave" Schülerinnen beschrieben werden. Bezogen auf die Übergangsempfehlung ist das Sozialverhalten für Mädchen weniger wichtig als für Jungen, wobei positiv bewertetes Sozialverhalten von Jungen eher als Grund für eine Gymnasialempfehlung und negativ beurteiltes Sozialverhalten von Jungen eher als Grund für die Hauptschulempfehlung angegeben wird als bei Mädchen (vgl. Ebd. 2007, S. 193).

Die Unterstützungsmöglichkeiten in der Familie bei den Hausaufgaben sind nicht nur für die Lehrkräfte bei der Entscheidungsfindung relevant, sondern spielen offensichtlich auch in den Abwägungen der Eltern eine wesentliche Rolle. In einer Elternbefragung zur Wahl der weiterführenden Bildungslaufbahn ihres Kindes wurde die Befürchtung der Eltern, möglicherweise keine Hilfen bei den Hausaufgaben am Gymnasium geben zu können, als wichtigster Kostenfaktor identifiziert (vgl. Ditton 2007c, S. 94).

Die Relevanz der vorliegenden Arbeit besteht nicht nur darin, die bei der Empfehlungsformation berücksichtigten leistungsnahen und -fernen Merkmale zu identifizieren, sondern auch die Beweggründe der Lehrer für ihr Handeln aufzudecken. Die Berücksichtigung des familiären Hintergrunds ist aus Sicht der Lehrer nachvollziehbar, weil der Schulerfolg auf weiterführenden Schulformen wahrscheinlicher ist, wenn Unterstützungsmöglichkeiten in der Familie vorhanden sind. Ein anderes Motiv einiger Lehrer liegt in dem wahrgenommenen Spannungsverhältnis zwischen Noten und vermuteten kognitiven Fähigkeiten, das ihrer Ansicht nach aus der Orientierung am klasseninternen Bezugssystem resultiert. Die Lehrkräfte sprechen damit die Problematik an, dass je nach Leistungsniveau einer Schulkasse die gleiche Leistung als „gut" oder „mangelhaft" bewertet werden kann, so dass es in einer schwächeren Klasse leichter sein dürfte, eine Gymnasialempfehlung zu erhalten als in einer leistungsstarken Lerngruppe (big-fish-little-pond-effect) (vgl. z.B. Zeinz & Köller 2006). Insbesondere Lehrer an Brennpunktschulen mit sozial schwachen, bildungsfernen Einzugsgebieten nehmen in ihrer Klasse eine Differenz zwischen Noten und eingeschätzten kognitiven Fähigkeiten der Kinder wahr. Obwohl sie einerseits die Leistungen der Schüler möglichst „objektiv" bewerten möchten, verteilen sie nicht dauerhaft schlechte Noten, sondern würdigen vielmehr die individuellen Lernfortschritte unter Berücksichtigung der Lernvoraussetzungen der Schüler. Dies führt dazu, dass die erteilten (guten) Noten in ihren Augen nur beschränkt den wahrgenommenen kognitiven Fähigkeiten entsprechen, die sie zur Bewältigung einer gymnasialen Schulform als notwendig erachten. In der Berücksichtigung weiterer Kriterien als Ergänzung zu den Noten sieht ein Teil der befragten Lehrer eine Chance, die wahrgenommene Differenz zwischen den auf einem klasseninternen Vergleich basierenden Noten sowie den angenommenen kognitiven Fähigkeiten aufzuheben bzw. zu reduzieren. Außerdem weisen diese Lehrer darauf hin, sich im Verlauf der vierten Jahrgangsstufe in zunehmendem Maße an einer kriterialen Bezugsnorm zu orientieren, um eine „Realitätsanpassung" ihrer Leistungsbewertung vorzunehmen.

Hypothese 1: Je deutlicher Lehrkräfte bei der Erteilung ihrer Empfehlung ein Spannungsverhältnis zwischen Noten und kognitiven Fähigkeiten der Schüler aufgrund des klasseninternen Bezugssystems wahrnehmen, desto stärker sind sie bei der Leistungsbewertung in der vierten Jahrgangsstufe an einer kriterialen Bezugsnorm orientiert.

Während die Mehrheit der befragten Lehrkräfte das klasseninterne Bezugssystem als Orientierungsgröße nennt, betonen einige Lehrer zusätzlich die Orientierung am intraindividuellen Vergleich. Die meisten Lehrkräfte sind bemüht, ihre Leistungsbewertung durch parallele Klassenarbeiten in derselben Jahrgangsstufe und gemeinsame Korrekturen mit den beteiligten Lehrkräften abzusichern. Trotzdem bleibt der klasseninterne Vergleich der zentrale Bezugspunkt, da vorhandene Notentabellen und Bewertungsschlüssel auf die Lerngruppe angewendet werden (vgl. Kap. 6.1.2.3). Schrader (2001) weist in diesem Zusammenhang darauf hin, dass Lehrern die Beurteilung eines Schülers innerhalb einer Klasse im Allgemeinen recht gut gelingt, während ihnen die klassenübergreifende Beurteilung nach einem absoluten Maßstab schwer fällt, weil sie nicht über die dazu nötigen Vergleichsinformationen verfügen und derartige Urteile in ihrer alltäglichen Diagnosepraxis nicht auftreten (vgl. Helmke, Hosenfeld & Schrader 2004).

Auffällig ist in diesem Zusammenhang, dass keiner der befragten Lehrer die vorliegenden *Bildungsstandards* für die Jahrgangsstufe vier (Deutsch und Mathematik) erwähnt, auf deren Grundlage Lernergebnisse erfasst und bewertet werden können, indem überprüft wird, ob die angestrebten Kompetenzen tatsächlich erworben wurden (vgl. Klieme u.a. 2007). Die Standards wurden in Reaktion auf die Befunde von PISA und TIMSS (Third International Mathematics and Science Study) im Jahr 2002 von der KMK zur Erarbeitung in Auftrag gegeben und stellen sowohl die Grundlage für eine interne als auch für eine externe Evaluation (z.B. Vergleichsarbeiten) dar. Auf Basis dieser Standards sollen Schulabschlüsse künftig nach bundesweit einheitlichen Anforderungen vergeben werden. Durch die Vergleichsarbeiten, die den Bildungsstandards der KMK entsprechen, wird eine Standortbestimmung durch den Vergleich der Ergebnisse der Klassen untereinander und durch den Vergleich mit den jeweiligen Landesergebnissen ermöglicht, wobei sich durch die Berücksichtigung des schulischen Einzugsgebietes Klassen auch mit Lerngruppen vergleichen lassen, deren Schülerschaft der eigenen Klasse ähnlich ist (vgl. Koch u.a. 2006). Dass die befragten Lehrer weder Bildungsstandards noch Vergleichsarbeiten ansprechen, liegt vermutlich daran, dass sie selbst noch keine Erfahrungen mit den Standards sammeln konnten, da die Durchführung der Vergleichsarbeiten bis zum Zeitpunkt der Erhebungen im Schuljahr 2006/2007 nur in sieben Bundesländern – Bayern und Hessen fallen nicht darunter – realisiert wurde.[12] Darüber hinaus sind die Standards inhaltlich ausgerichtet und zielen weniger auf die individuelle Leistungsbewertung, auf der die Übergangsempfehlung basiert. In der Expertise zur Entwicklung nationaler Standards heißt es dazu, dass die Stan-

---

12 Zwischen 2004 und 2006 wurden die Vergleichsarbeiten in sieben Bundesländern (Berlin, Brandenburg, Bremen, Mecklenburg-Vorpommern, Nordrhein-Westfalen, Rheinland-Pfalz, Schleswig-Holstein) zu Beginn der vierten Klassenstufe geschrieben. Nach Umstellung der Vergleichsarbeiten auf das Ende der dritten Klassenstufe im Jahr 2007 beteiligen sich alle 16 Bundesländer an der Aufgabenentwicklung. An der eigentlichen Durchführung der Vergleichsarbeiten sowie an der internetbasierten Ergebnisrückmeldung nehmen ab 2008 zwölf Bundesländer teil: Baden-Württemberg, Bayern, Berlin, Brandenburg, Bremen, Hamburg, Mecklenburg-Vorpommern, Niedersachsen, Nordrhein-Westfalen, Rheinland-Pfalz, Saarland, Schleswig-Holstein (vgl. Helmke & Hosenfeld 2008).

dards nur Hinweise für die individuelle Diagnostik und Förderung geben können, wobei „von einer Verwendung der Standards bzw. standard-bezogener Tests für Notengebung und Zertifizierung" (Klieme u.a. 2007, S. 10) abgeraten wird.

Neben den Äußerungen der Lehrkräfte über relevante Einflussgrößen und die Problematik des Beurteilungsmaßstabs ließen sich in der vorliegenden Arbeit weitere für die Genese ihrer Empfehlung bedeutsame Subjektive Theorien aufdecken, die das *Empfehlungsverhalten* der Lehrer gegenüber den Eltern zentral betreffen (vgl. Kap. 6.1.2.2). Während einige Lehrkräfte die Präferenzen der Eltern bei ihrer Entscheidungsfindung berücksichtigen, z.b. weil sie der Überzeugung sind, dass das Entscheidungsrecht bzw. die Verantwortung über die weiterführende Schullaufbahn eines Kindes bei den Erziehungsberechtigten liegen sollte, zeigen sich andere Lehrer von den Bildungswünschen und Beeinflussungsversuchen der Eltern unberührt. In diesem Kontext ließen sich Lehrkräfte mit einem *flexiblen* Empfehlungsverhalten von Lehrern unterscheiden, die eine *restriktive* Haltung gegenüber den Eltern im Entscheidungsprozess zeigen. Der in der komparativen Analyse dargestellte Befund, dass überwiegend hessische Lehrkräfte ein restriktives Empfehlungsverhalten vorweisen, liegt vermutlich in den unterschiedlichen Rechtsgrundlagen der Bundesländer begründet. Die strikte Notenvorgabe in Bayern und Überredungsversuche von Eltern setzen die Mehrheit der bayerischen Lehrer stark unter Druck, so dass ein Teil dieser Lehrer durch ein flexibles Empfehlungsverhalten und die Betonung ihres pädagogischen Freiraums versucht, potenziellen Auseinandersetzungen mit den Eltern aus dem Weg zu gehen und das Verhältnis zu ihnen von Spannungen zu befreien. Den hessischen Lehrkräften fällt ein restriktiver Umgang mit ihrer Empfehlung leichter, weil die Eltern ohnehin die von ihnen präferierte Schulformentscheidung realisieren können. Die Herausbildung der Übergangsempfehlung ist demnach nicht nur von der Berücksichtigung der Noten und weiteren leistungsnahen und -fernen Kriterien determiniert, sondern auch von einem unter den Lehrkräften uneinheitlichen Empfehlungsverhalten, das den elterlichen Präferenzen bei der Entscheidung eine unterschiedliche Bedeutung beimisst.

Krüsken (2007) weist darauf hin, dass bei gleichen Leistungen und Fähigkeitsbeurteilungen durch die Lehrer auch die mit dem sozialen Status verbundenen Bildungsaspirationen der Eltern bei der Empfehlung berücksichtigt werden, was zu herkunftsbedingten Disparitäten bei der Erteilung der Empfehlungen führt. Während die Lehrer damit kurzfristig eine Auseinandersetzung mit den Eltern vermeiden, können sie langfristig auch von einer höheren Unterstützung der Eltern für den anspruchsvolleren Bildungsgang ausgehen. Durch die qualitative Analyse der vorliegenden Arbeit lässt sich dieser Befund differenzieren: Inwieweit Lehrkräfte die Aspirationen der Eltern berücksichtigen, hängt auch von den Einstellungen der Lehrer selbst ab. Diese von ihren pädagogischen Orientierungen und individuellen Erfahrungen determinierten Auffassungen offenbaren sich in einem unterschiedlichen Empfehlungsverhalten. Insbesondere in Grenzfällen lassen die „flexiblen" Lehrer unter Bezugnahme auf ihren pädagogischen Freiraum – weil sie z.B. die Rechtsgrundlage zum Übergang in Bayern nicht mit ihren Überzeugungen vereinbaren können, Auseinandersetzungen mit Eltern vermeiden möchten oder das Schulsystem für weniger durchlässig halten – entweder „vorgeschaltet" bei der Leistungsbewertung oder im gemeinsamen Beratungsgespräch die Präferenzen der Eltern in ihre Empfehlung einfließen. Dem Handeln der „restriktiven" Lehrkräfte dagegen liegen andere Überzeugungen zugrunde, weshalb sie von den Elternwünschen unberührt ihre Empfehlung vertreten und vor potenziellen Konflikten mit Eltern nicht zurückweichen. Sie halten das Schulsystem beispielsweise eher für durchlässig, sehen die Gefahr der Überforderung eines Kindes oder betonen die Wichtigkeit, entsprechend der rechtlichen Vorgaben zu handeln.

Obwohl die Schullaufbahnprognose an bundeslandspezifische Rechtsvorschriften gekoppelt ist und in Bayern von konkreten Notendurchschnitten abhängt, enthält die Formation der Empfehlung strukturelle Freiheitsgrade, die zu Chancenungleichheit bei der Erteilung der Übergangsempfehlung führen.

Hypothese 2: Je flexibler das Empfehlungsverhalten einer Lehrkraft ist, desto leichter ist es für Eltern bei gleichen (Gymnasial-)Aspirationen und gleichen (mittleren) Fähigkeitsbeurteilungen ihrer Kinder durch den Lehrer eine Gymnasialempfehlung durchzusetzen.

Insbesondere im Empfehlungsverhalten des zugewandt-kooperativen Typs werden diese strukturellen Freiheitsgrade offensichtlich. Lehrer C als prototypischer Vertreter dieser Gruppe argumentiert mit dem pädagogischen Freiraum, um sein Handeln im Entscheidungsprozess zu rechtfertigen. Trotzdem erscheint das Vorgehen dieses Lehrers, das den rechtlichen Vorgaben in Bayern widerspricht, als überaus fragwürdig. Stellt man diesem Vorgehen z.B. das des kritisch-konfliktoffenen Typs gegenüber, werden die unterschiedlichen Bedingungen erkennbar, mit denen Eltern und Kinder trotz einheitlicher Rechtsgrundlage im Übergangsgeschehen konfrontiert sind.

Neben dem differierenden Empfehlungsverhalten und den verschiedenen Empfehlungskriterien, welche die Lehrkräfte in ihre Bildungsentscheidung einfließen lassen, konnten *Kausalattributionen* als ein Verbindungsglied zwischen der Wahrnehmung einer bestimmten Schülerleistung und der Erwartungsbildung bzw. Prognosesicherheit der Lehrkräfte aufgedeckt werden (vgl. Kap. 6.1.2.3). Die Äußerungen der Lehrer weisen mehrheitlich darauf hin, dass sie für die Leistungen der Schüler vorrangig internale Faktoren heranziehen, wobei es sich in erster Linie um zeitstabile Ursachen (z.B. Begabung, häusliches Milieu) und seltener um variable Erklärungsmuster (z.B. Interesse, Arbeitseifer) handelt. Ihre Prognose bezüglich des Schulerfolgs in der Sekundarstufe fällt tendenziell positiver aus, wenn sie zeitstabile Faktoren für gute Schülerleistungen vermuten. Lehrkräfte müssen bei der Formation ihrer Übergangsempfehlung aus den Leistungen der Schüler Rückschlüsse auf zugrunde liegende Fähigkeiten ziehen, um die Leistungsentwicklung in den weiterführenden Schulen einschätzen zu können. Dies könnte erklären, warum sie in der vorliegenden Untersuchung in erster Linie internal-stabile Ursachen und weniger variable Attributionen nennen, die je nach Fach, Thema und aktuellem Interesse variieren können und daher für die Prognose des Schulerfolgs als weniger aussagekräftig beurteilt werden.

In der qualitativen Analyse ließ sich kein systematischer Unterschied in der Leistungsattribuierung zwischen Lehrkräften mit einem flexiblen und restriktiven Empfehlungsverhalten finden. Trotzdem lässt sich vermuten, dass die „flexiblen" Lehrer, die teilweise explizit ihr Empfehlungsverhalten mit dem Entwicklungspotenzial eines zehnjährigen Kindes rechtfertigen, häufiger als Lehrkräfte mit einem restriktiven Empfehlungsverhalten variable Faktoren zur Erklärung der Schülerleistungen heranziehen.

Hypothese 3: Je stärker Lehrkräfte die Leistungen eines Schülers auf internalstabile Ursachen zurückführen, desto sicherer sind sie sich bei ihrer Übergangsempfehlung und desto eher zeigen sie ein restriktives Empfehlungsverhalten.

Auch die Befunde standardisierter Untersuchungen stellen die Bedeutung internalstabiler Faktoren zur Erklärung von Schülerleistungen heraus. Stahl (2007) konnte sowohl enge Zusammenhänge zwischen dem Begabungsurteil eines Lehrers und den Zensuren nachweisen als auch einen hohen Einfluss der Begabungseinschätzung auf die Übergangsempfehlung. Selbst wenn Testleistung und Noten kontrolliert sind, hat die Beurteilung der Begabung signifikanten Einfluss auf die Übergangsempfehlung.

Hinsichtlich der Rechtsgrundlagen zum Übergang ließ sich insbesondere bei den bayerischen Lehrkräften eine kritische Haltung erkennen (vgl. Kap. 6.1.2.6). Diese empfinden ihre bindende Empfehlung als belastend und verspüren in hohem Maße den Druck, der von Elternseite auf sie ausgeübt wird. Dementsprechend lehnen sie ihre Funktion als Entscheidungsträger überwiegend ab (vgl. Pohlmann 2008). Aufgrund der hohen Belastung, die sie durch die Auseinandersetzungen mit Eltern wahrnehmen, befürworten sie die *Freigabe des Elternwillens, Aufnahmeprüfungen* an den weiterführenden Schulen oder *standardisierte Leistungstests*, die gezielt am Ende der vierten Klasse als Entscheidungskriterium eingesetzt werden und über die Aufnahme an den weiterführenden Schulen entscheiden. Durch klar definierte Vorgaben bzw. Testergebnisse, anhand derer sie ihre Empfehlung vor den Eltern rechtfertigen können und weniger angreifbar sind, verspricht sich ein Teil dieser Lehrer eine Erleichterung ihrer Arbeit. Die Forderung nach standardisierten, verbindlichen Leistungstests resultiert auch aus dem am Ende der vierten

Jahrgangsstufe von einigen Lehrkräften wahrgenommenen Spannungsverhältnis zwischen Noten und subjektiv eingeschätzten kognitiven Fähigkeiten der Schüler. Vor diesem Hintergrund ist der Wunsch einiger Lehrkräfte nach standardisierten Schulleistungstests nachvollziehbar. Allerdings steht dieses Anliegen im Widerspruch zu den Vorgaben der KMK, in denen explizit herausgestellt wird, dass die Übergangsentscheidung am Ende der Primarstufe nicht ausschließlich auf dem Ergebnis einer Prüfung von wenigen Stunden basieren darf. Stattdessen muss sich das Verfahren „über einen längeren Zeitraum erstrecken, der den Lehrern hinreichende Gelegenheit zur Beobachtung des Kindes und zur Beratung der Eltern gibt" (KMK 2006, S. 5).

Neben standardisierten Tests befürworten einige bayerische Lehrkräfte die *Freigabe des Elternwillens* bei der Übergangsentscheidung, und auch ihre hessischen Kollegen sprechen sich für das Elternrecht aus. In diesem Zusammenhang betont Speck-Hamndan (2003), dass eine Delegation der Schullaufbahnentscheidung an die Eltern nicht bedeuten kann, dass die Schule aus der Verantwortung gezogen wird. Vielmehr gewinnt insbesondere bei der Freigabe des Elternwillens die Beratung eine herausragende Bedeutung im Prozess der Entscheidungsfindung. Bereits Pettinger (1985) hat in einer älteren Untersuchung darauf hingewiesen, dass nicht eine bindende Lehrerempfehlung bzw. das Veto-Recht der Schule entscheidend ist, wenn eine überzeugende Elternberatung durch die Lehrkräfte stattfindet.

In den Interviews der vorliegenden Untersuchung wurde jedoch deutlich, dass die Beratung der Eltern für die Lehrkräfte häufig eine schwierige Situation darstellt. Das von den Lehrern geäußerte Bestreben der Eltern, die eigenen Präferenzen bei der Wahl der weiterführenden Schulform durchsetzen zu wollen, liegt zum einen darin begründet, dass die Eltern die Hauptschule als „ausgepowerte Restschule" vermeiden und eine gymnasiale Laufbahn für ihr Kind erreichen möchten (vgl. Kap. 3.1.1). Zum anderen könnte sich in diesem Verhalten ihre Skepsis gegenüber den Beurteilungen der Lehrer widerspiegeln. Mahr-George (1999) konnte ein starkes Misstrauen vieler Eltern gegenüber der Grundschulempfehlung nachweisen. Seine Befragung ergab, dass fast alle Eltern die Wahl der weiterführenden Schule in erster Linie von der Leistung ihrer Kinder abhängig machen, aber nur zwei Drittel meinen, die Leistung würde von der Schule korrekt eingeschätzt. Eine ebenfalls große Rolle spielen der Wunsch des Kindes, schulstrukturelle Gesichtspunkte (z.B. angebotene Schulabschlüsse, Erreichbarkeit) sowie das pädagogische Konzept der Schule. Erst an sechster Stelle wurde die Empfehlung des Klassenlehrers genannt. Ditton (2007c) konnte als die wichtigsten Aspekte für die Wahl der weiterführenden Schule aus Sicht der Eltern die beruflichen Chancen, die der Schulbesuch eröffnet, sowie das Ansehen und Renommee der Schule nachweisen, wobei die gute Erreichbarkeit der Schule um einiges weniger wichtig bewertet wurde.

Untersuchungen, welche die Verteilung des Entscheidungsrechts von Eltern und Lehrkräften im Blick haben, weisen auf die Möglichkeit des sozialen Ausgleichs durch die Lehrerempfehlung hin, die weniger an der Herkunft des Schülers, sondern hauptsächlich an den Leistungen und Noten orientiert ist (vgl. Kap. 3.1.2). Durch die Ausrichtung der Bildungswünsche an der eigenen sozialen Herkunft sind die elterlichen Präferenzen sozial selektiver als die Empfehlungen der Lehrkräfte, was durch mehrere Untersuchungen bestätigt wurde (vgl. z.B. Ditton 1989, 1992; Lehmann, Peek & Gänsfuß 1997). Insofern besteht die Chance, durch die Lehrerempfehlung der sozialen Selektivität von Bildungsaspirationen entgegenzuwirken, während die Freigabe des Elternwillens soziale Disparitäten im Bildungswesen weiter steigern und verfestigen könnte. Gegen eine bindende Lehrerempfehlung spricht jedoch das in der vorliegenden Arbeit aufgezeigte differente Vorgehen der Lehrkräfte bei der Entscheidungsfindung, das die elterlichen Präferenzen bei der Empfehlungsformation in unterschiedlichem Maße berücksichtigt und damit zu ungleichen Chancen beim Übergang führt.

In den Interviews der vorliegenden Untersuchung wurden die Lehrkräfte aufgefordert, schulformspezifische *Schülertypen* zu beschreiben. Obwohl die Fragestellung damit eine Typisierung nahe legte, war auffällig, in welchem hohen Maße die Lehrkräfte darauf eingingen. Nahezu alle Lehrer schrieben den einzelnen Typen detailliert spezifische Einstellungen und Charakteristika zu. Es wurde deutlich, dass sie mit einem Gymnasial- und Hauptschulkind spezifische Merkmale verbinden, während ihnen die Abgrenzung zu einem typischen Realschulkind etwas schwerer fällt (vgl. Kap. 6.1.2.3). Dies kann als Hinweis auf das relativ unklare Anforderungsprofil der Realschule und ihre Mittelstellung zwischen den beiden anderen Schulformen interpretiert werden. Ditton (2007c) weist darauf hin, dass Lehrkräften eine Empfehlung für die Realschule im Vergleich zu den beiden anderen Schulformen am schwersten fällt: Denn „es ist am wenigsten klar, worauf genau und woran die Empfehlung für diese Schulform ausgerichtet werden kann" (Ebd. 2007c, S. 112). In den Ausführungen der Lehrer zu den einzelnen Schulformtypen lassen sich Ähnlichkeiten zu den fünf Schülerkategorien finden, die Hofer (1981) clusteranalytisch eruierte (vgl. Kap. 3.3.4). Der Befund der vorliegenden Arbeit, dass Lehrkräfte zwei Typen von Hauptschulkindern unterscheiden, die entweder aufgrund mangelnder kognitiver Fähigkeiten oder aufgrund eines negativen Sozialverhaltens leistungsschwach sind, deckt sich mit den beiden Schülertypen, die Hofer der Gruppe der „schlechten Schüler" zuordnete. Hierunter fallen zum einen Schüler, die von ihren Lehrkräften zwar als hinreichend leistungsfähig identifiziert werden, aber aufgrund von Disziplinproblemen und mangelnder Motivation schlechte Leistungen erbringen. Zum anderen diagnostizieren Lehrer schlechte Schüler, von denen sie glauben, dass diese aufgrund mangelnder kognitiver Ausstattung schwache Leistungen zeigen (vgl. Hofer 1981, 1986).

Auf die Bedeutung der sozial selektiv wirkenden „typologischen Vorstellungen" der Grundschullehrer, welche ihre Empfehlung beeinflussen, wies bereits Latscha (1966) im Rahmen seiner im Schuljahr 1962/1963 durchgeführten Befragung von Viertklasslehrern im Kanton Basel hin. Auf die Frage „Glauben Sie, dass es so etwas wie einen Gymnasial-Typ gibt? Wie könnte er Ihrer Meinung nach in etwa aussehen?" erhielt er von Primarstufenlehrern etwa folgende Antworten:

„Man weiß das schon nach 14 Tagen in der ersten Klasse. Man weiß einfach, es gibt einen Gymnasiasten. Es ist schwer zu definieren, das ganze Gehabe, die Ausdrucksweise [...], der Wortschatz" (Latscha 1966, S. 238).

Die empirische Analyse der vorliegenden Arbeit hat deutlich gemacht, dass vergleichbare Äußerungen auch heute noch vorfindbar sind, sofern den Lehrkräften eine entsprechende Typisierung nahe gelegt wird. Es ließen sich Hinweise finden, dass Lehrer weniger den individuellen Schüler, sondern vielmehr einen bestimmten Schülertyp wahrnehmen, den er widerspiegelt und welcher der Lehrkraft Handlungsentscheidungen und letztlich auch seine Beurteilungen erleichtert (vgl. Schweer & Thies 2000).

Die Zuordnung eines Schülers zu einem Schulformtyp geschieht bereits zu dem Zeitpunkt, wenn Lehrkräfte ihre Klasse neu kennen lernen, indem sie die Eigenschaften der Schüler mit bereits vorhandenen Kategorien vergleichen. Dabei spielen Erwartungen eine bedeutende Rolle, welche die Lehrer im Hinblick auf das Leistungsvermögen verschiedener Schüler haben (vgl. Kap. 3.3.4). Lehrkräfte verfügen über bestimmte Vorstellungen, wie ein Schüler „sein" sollte und besitzen normative Erwartungen an einen „guten" Schüler, die ab der ersten Interaktion den Wahrnehmungsprozess lenken. Der erste Eindruck bzw. die „Ahnung", von der die Lehrer in den Interviews berichten, scheint mehrheitlich stabil und durch neue Informationen nur schwer beeinflussbar zu sein (vgl. Petillon 1982). Dies deutet darauf hin, dass die nachfolgenden Wahrnehmungs- und Handlungsabläufe von diesem ersten Eindruck gesteuert werden und vor allem darauf ausgerichtet sind, das vorhandene Bild zu bestätigen. Im Zusammenhang mit den Studien zum Pygmalioneffekt wurde die Suche nach Mediator-Variablen, durch welche die Erwartungen verhaltenswirksam werden, intensiv betrieben. Nach der „Vier-Faktorentheorie" lassen sich die bedeutsamsten Mediatoren zu den Verhaltensclustern Klima, Feedback, Input und Output zusammenfassen (vgl. Harris & Rosenthal 1985). Demnach erzeugen Lehrer einen positiven Effekt gegenüber Schülern, von denen sie hohe Leistungen erwarten, durch ein förderliches sozio-emotionales Klassenklima, durch differenzierte Leistungsrückmeldung, vermehrtes Anbieten von forderndem Lehrstoff und durch einen gesteigerten Grad, in dem sie Schülern Gelegenheit geben, zu reagieren. In späteren Meta-Analysen stellten sich die Faktoren „Klima" und „Input" als die wichtigsten heraus (vgl. Rosenthal 1993; Ludwig 2001, S. 571). Dementsprechend lässt sich vermuten, dass Lehrkräften den Schülern, die sie frühzeitig anhand bestimmter Merkmale als typische Gymnasialkinder identifizieren, ihre positiven Erwartungen zum Ausdruck bringen, indem sie eine positivere emotionale Beziehung aufbauen und sich in ihrem Lehrverhalten stärker um sie bemühen. Dadurch könnten diese Schüler – z.B. aufgrund günstiger Attributionsmuster – ihr Verhalten auf die Erwartungen der Lehrer abstimmen, so dass für diese weitgehend die Möglichkeit und Notwendigkeit entfällt, die eigenen Erwartungen zu korrigieren. Auch Lehrkräfte, die frühzeitig eine Gruppierung ihrer Schüler in Schulformtypen vornehmen und ihre Erwartungen darauf abstimmen, attribuieren vermutlich Schülerleistungen in der Weise, dass ihr erster Eindruck bzw. das Bild, das sie von dem Schüler haben, bestätigt wird. Da einige der „flexiblen" Lehrer das Entwicklungspotenzial der Viertklässer als Begründung für ihr Empfehlungsverhalten herausstellen, ist nicht nur anzunehmen, dass sie vorrangig variable Faktoren zur Erklärung der Schülerleistungen heranziehen, sondern auch über weniger fest umrissene Schulformtypen verfügen als Lehrkräfte mit einem restriktiven Empfehlungsverhalten.

Hypothese 4: Je ausgeprägter die mental gespeicherten Repräsentationen von Schulformtypen bei Lehrern sind und je früher Lehrkräfte Schüler kognitiv nach Schulformen gruppieren, desto stärker werden ihre nachfolgenden Wahrnehmungs- und Handlungsabläufe von diesen Vorstellungen gesteuert und desto eher erteilen sie in restriktiver Weise die mit der Schülerkategorie verbundene Schulform.

Durch die qualitative Analyse dieser Arbeit wurde außerdem deutlich, dass die *Wahrnehmung der eigenen Rolle* und die *Einschätzung der Eltern* für die Lehrkräfte bei der Formation ihrer Übergangsempfehlung relevant sind. Diese emotional gefärbten Wahrnehmungen beeinflussen das Empfehlungsverhalten und die zugrunde liegenden kognitiven Prozesse, während zugleich auch umgekehrt das Empfehlungsverhalten Auswirkungen auf die Lehrer-Eltern-Beziehung und damit auf die Wahrnehmung der eigenen Rolle hat. Einige Lehrkräfte berichten von einer positiven, zugewandten und vertrauensvollen Lehrer-Eltern-Beziehung, wohingegen andere sich von den Eltern nicht ernst genommen fühlen und deren Verhalten umso bedrückender empfinden, je näher der Übergang rückt. Daneben gibt es Lehrkräfte, die sich in einer Verteidigungsposition gegenüber den Eltern sehen, während eine weitere Gruppe eine distanzierte, neutrale Haltung diesen gegenüber zeigt (vgl. Kap. 6.1.2.4). Im Rahmen der typologischen Analyse wurde herausgearbeitet, dass das Verhältnis zu den Eltern auch mit dem Empfehlungsverhalten der Lehrkräfte zusammenhängt (vgl. Kap. 6.2.2). Es verwundert nicht, dass Lehrer, die ein flexibles Empfehlungsverhalten zeigen und deren Ziel im Übergangsgeschehen darin besteht, gemeinsam mit den Eltern eine Empfehlung zu generieren, von einem positiveren Verhältnis zu den Eltern berichten (kooperativ-zugewandter Typ) als die „restriktiven" Lehrkräfte, die sich bei der Entscheidungsfindung von den Elternpräferenzen unbeeindruckt zeigen (kritisch-konfliktoffener Typ). Umgekehrt kann die als belastend wahrgenommene Lehrer-Eltern-Beziehung auch eine resignierte Grundhaltung in Verbindung mit einem flexiblen Empfehlungsverhalten herbeiführen (resigniert-konfliktmeidender Typ).

Insbesondere die Äußerungen der „restriktiven" Lehrer weisen auf ein Verhältnis zu den Eltern hin, das durch Distanz und Skepsis gekennzeichnet ist. Wild (2003) betont, dass Elternarbeit von Lehrkräften gelegentlich als „nicht honorierte Mehrarbeit eingestuft und die Initiative der Eltern als Einmischung gewertet" wird (Ebd. 2003, S. 515). Die Befunde der qualitativen Analyse deuten darauf hin, dass dies im Kontext des Übergangsgeschehens besonders dann zum Ausdruck kommt, wenn elterliche Zielvorstellungen nicht mit den Übergangsempfehlungen der Lehrer übereinstimmen. Aufgrund der Auseinandersetzungen mit den Eltern sprechen sich einige Lehrer gegen deren Mitspracherecht im Rahmen des Übergangsgeschehens aus. Auch bewertet es ein Teil der Befragten kritisch, dass manche Eltern schon zu Beginn der dritten Klasse die Übergangsentscheidung thematisieren, um die gewünschte Empfehlung gezielt beeinflussen zu können (vgl. Kap. 6.1.2.6).

Kanders, Rösner und Rolff (1996) kommen in ihren Analysen ebenfalls zu dem Ergebnis, dass Lehrer elterliche Kritik häufig als Ausdruck einseitig-egozentrischer Elterninteressen interpretieren und diese zum Anlass nehmen, sich gegen eine Ausweitung der elterlichen Mitwirkung auszusprechen. Auch Krumm (2001) beschreibt die Abneigung der Lehrer gegen die Beteiligung der Eltern an schulischen Belangen, da sie sie in ihrer Handlungsfreiheit einengt und zusätzlich belastet. Die Zurückhaltung der Lehrkräfte bei der Elternarbeit ist nach Krumm auf die traditionelle Trennung von Schule und Familie und das Autonomiebestreben der Lehrer zurückzuführen. Während sich die Lehrkräfte selbst als Experten für „Unterricht", aber nicht für „Erziehung" verstehen, betrachten sie die Eltern in schulischen Angelegenheiten als Laien, für deren Erziehungsprobleme sie nicht zuständig sind. Hinzu kommt, dass Lehrer in ihrer Ausbildung weder auf die Zusammenarbeit mit den Eltern im Allgemeinen noch auf die Elternarbeit im Kontext des Übergangsgeschehens vorbereitet werden und Schulen in der Regel nicht für eine systematische Elternarbeit eingerichtet sind.

Neben den Kompetenzkonflikten zwischen Lehrern und Eltern, die im Kontext des Übergangsgeschehens besonders deutlich werden, zeigen Umfragen bei Lehrern wie auch arbeitsphysiologische Untersuchungen (vgl. z.B. Schaarschmidt, Kieschke & Fischer 1999; Ulich 1996), dass Schwierigkeiten bei der Steuerung des alltäglichen Unterrichtsablaufs sowie Konflikte mit Kollegen und Vorgesetzten zu den besonderen Belastungen des Lehrerberufs gehören. Aber auch weitere Belastungen, Befürchtungen und Unsicherheiten konnten nachgewiesen werden. Die qualitative Analyse hat deutlich gemacht, dass der Übergang von einem Teil der Lehrer nicht nur als belastend wahrgenommen wird, sondern auch von Angstgefühlen begleitet ist. Aus pädagogisch-psychologischer Perspektive handelt es sich bei Angst um eine Emotion, die von Erwartungen (Befürchtungen) begleitet ist (vgl. Bromme & Rheinberg 2006). Im Hinblick auf den Übergang befürchten insbesondere die „restriktiven" Lehrkräfte bei einem Dissens zwischen Lehrer- und Elternpräferenz schwerwiegende Auseinandersetzungen (vgl. Kap. 6.1.2.2). Diese „Konfliktangst" wird bei manchen Lehrern durch eigene Unsicherheiten verstärkt, wie z.b. durch die Ungewissheit, ob sie ein Kind richtig bewertet und sein kognitives Potenzial erkannt haben. Diese Besorgnis lässt sich als „Versagensangst" interpretieren, da insbesondere bei einer bindenden Lehrerempfehlung eine Fehlentscheidung bzw. eine Empfehlung für eine Schulform, welche das Kind nicht angemessen fördert, die unmittelbare Verantwortung der Lehrkraft deutlich macht.

Hypothese 5: Je restriktiver das Empfehlungsverhalten einer Lehrkraft ist, desto belastender und spannungsreicher wird das Verhältnis zu den Eltern wahrgenommen.

Hypothese 6: Je stärker das Verhältnis zu den Eltern sowie die Übergangssituation im Allgemeinen aufgrund des restriktiven Empfehlungsverhaltens als Belastung wahrgenommen wird, desto größer ist die Wahrscheinlichkeit, dass die Lehrkraft ihre Entscheidungsstrategie in Richtung eines flexiblen Empfehlungsverhaltens modifiziert.

Um die Belastungen der Lehrkräfte zu reduzieren, liegt es nahe, bedrückende und spannungsreiche Situationen oder Unterrichtsbedingungen zu analysieren und zu verändern. Es ist aber auch möglich, bei den Lehrkräften selbst anzusetzen und durch spezifische Trainings bzw. durch zielgerichtete und regelmäßige Übung gewünschte Kompetenzen und Handlungstendenzen aufzubauen, zu verbessern oder zu erhalten. Im Kontext des Übergangsgeschehens könnten spezielle Lehrertrainings hilfreich sein, welche die soziale Handlungs- und Kommunikationskompetenz der Lehrkräfte verbessern. Dies wäre von Bedeutung, um Elterngespräche selbstsicherer durchführen und potenziellen Auseinandersetzungen mit Eltern bei differenten Vorstellungen über die weitere Schullaufbahn eines Kindes souveräner begegnen zu können. Auch allgemein könnte der Umgang mit dieser belastend wahrgenommenen Übergangssituation z.B. durch Entspannung- und Stressmanagement-Trainings optimiert werden (vgl. Kretschmann 2000; Schaarschmidt & Fischer 2001).

  Im Anschluss an die komparative und typologische Analyse wurden in der vorliegenden Arbeit die der Empfehlungsformation zugrunde liegenden und in Wechselwirkung stehenden Entscheidungsaspekte in einem Modell nach den Grundannahmen der *Wert-Erwartungs-Theorie* zusammengefasst und systematisiert, wobei auch Personmerkmale, innere Prozesse und emotionale Bedingungen der Lehrer berücksichtigt wurden (vgl. Kap. 6.3.2). Die Wertkomponente umfasst die *Kosten- und Nutzenaspekte*, welche die Lehrkräfte sowohl für die eigene Person als auch für die Schüler berücksichtigen (vgl. Kap. 6.1.2.5). Außerdem sind die pädagogischen Überzeugungen und Einstellungen, die sich in einem spezifischen Empfehlungsverhalten manifestieren, Teil des subjektiven Wertes. Neben der Wertkomponente wirkt die Einschätzung der Erfolgswahrscheinlichkeit direkt auf die Entscheidung der Lehrkräfte ein. Während z.B. die „restriktiven" Lehrer den Nutzen, nämlich die Gewissheit, entsprechend der eigenen Überzeugungen oder im Sinne der Rechtsvorschriften gehandelt zu haben, höher gewichten als die für sie anfallenden Kosten bezogen auf die Auseinandersetzungen mit den Eltern bei einem Dissens (kritisch-konfliktoffener Typ), bewerten die „flexiblen" Lehrkräfte teilweise die Kosten in Form von Belastungen bei potenziellen Konflikten mit den Eltern höher als den Nutzen, sich entsprechend ihrer Grundsätze verhalten zu haben (resigniert-konfliktmeidender Typ).

Im Hinblick auf die Schüler konnten als Nutzenaspekte eine angemessene Förderung sowie ein hoher Schulabschluss identifiziert werden, während als Kosten das Erleben von Misserfolgserlebnissen herausgestellt wurde. Die Erfolgswahrscheinlichkeit, dass ein Schüler die Anforderungen an der weiterführenden Schule bewältigen wird, schätzen beispielsweise die „flexiblen" Lehrer bei Schülern im mittleren Leistungsbereich unter Berufung auf die Entwicklungsmöglichkeiten eines zehnjährigen Kindes positiver ein (zugewandt-kooperativer Typ) als Lehrkräfte mit einem restriktiven Empfehlungsverhalten, die überwiegend die Gefahr der Überforderung betonen (kritisch-konfliktoffener Typ, formal-distanzierter Typ).

Im Kontext der systematischen Zusammenstellung der für die Entscheidung relevanten Aspekte wurde darauf hingewiesen, dass Lehrkräfte aufgrund ihrer knappen Ressourcen bei der unter Unsicherheit stattfindenden komplexen Bildungsentscheidung nicht in der Lage sind, alle entscheidungsrelevanten Parameter zu berücksichtigen (vgl. Kap. 3.2.2). Vielmehr blenden sie „unwichtigere" Situationsaspekte aus und geben der Situation auf diese Weise einen bestimmten Rahmen („Frame"). Dieser vereinfacht die Situation und stellt den Ausgangspunkt für das Handeln der Lehrkräfte dar, wobei je nach „Frame" andere Handlungen in Frage kommen. Einstellungen, pädagogische Überzeugungen und Emotionen können als „Frame" wirken. Auch wurde darauf hingewiesen, dass Lehrkräfte bei der Genese ihrer Übergangsempfehlung, sofern sie sich sicher und hinreichend kompetent fühlen, routinierte Verhaltensweisen anwenden. Das konstruierte Modell wurde als Grundlage aufgefasst, auf deren Basis Lehrkräfte die Situationsaspekte reduzieren und bewährte Handlungsmuster (Skripts) entwickeln, auf die bei der immer wiederkehrenden Bildungsentscheidung zurückgegriffen werden kann.

8 Ausblick

Die Erteilung der Übergangsempfehlung stellt in ihrer gegenwärtigen Form für die Lehrkräfte ein schwieriges Handlungsproblem dar. Obwohl die bundeslandspezifischen Vorgaben eine notwendige Rahmenbedingung bilden und bei der Herausbildung der Empfehlung von großer Wichtigkeit sind, ist auch die pädagogische Freiheit der Lehrkräfte bei der Gewichtung der Kriterien konstitutiv. Dies hat jedoch unweigerlich zur Folge, dass Schüler und Eltern im Übergangsgeschehen auch innerhalb eines Bundeslandes mit unterschiedlichen Bedingungen konfrontiert werden, so dass keine Chancengleichheit gewährleistet ist. Vor allem Eltern hoher sozialer Schichten sind sich der Interpretationsspielräume bei der Erteilung der Empfehlung bewusst und nutzen diese im Übergangsgeschehen, um die Lehrkräfte von ihren Bildungspräferenzen zu überzeugen. Dies führt im Laufe der vierten Jahrgangsstufe häufig zu einem spannungs- und konfliktreichen Verhältnis zwischen Lehrkraft und Eltern.

Um diese angespannte Beziehung zwischen Lehrern und Eltern zu entschärfen und die damit verbundenen Belastungen von Lehrkräften im Übergangsprozess zu reduzieren, sollte eine regelmäßige Elternberatung an Bedeutung gewinnen, die nicht erst in der vierten Klasse beginnt. Eine intensive Beratung der Eltern kann als wichtige Voraussetzung für eine gelungene Bildungsarbeit angesehen werden (vgl. Nickel 1982). Obwohl die Kooperation mit den Eltern sowie die „Bereitschaft und Fähigkeit, auf Eltern eingehen zu können, die Position von Eltern nachvollziehen zu können, mit Eltern vertrauensvoll und zugleich ‚grenzenbewusst' (d.h. unter Abwehr unangemessener oder problematischer Ansprüche von Eltern) zusammenarbeiten zu können" (Terhart 2000, S. 53) als professionelle Kompetenz angesehen wird, werden Lehrkräfte in ihrer Ausbildung darauf nur unzureichend vorbereitet (vgl. Speck-Hamdan 2003). Dementsprechend hoch sind die Anforderungen, die im Rahmen der Elternberatung an die Grundschullehrkräfte gestellt werden. Von Bedeutung wäre ein intensiverer, kontinuierlicher Austausch zwischen Lehrkraft und Eltern. Durch eine frühzeitige Zusammenarbeit mit den Eltern könnten z.B. im Hinblick auf das Lern- und Arbeitsverhalten eines Schülers gemeinsame Absprachen getroffen und Maßnahmen abgestimmt werden. Außerdem ließe sich das frühe Kennenlernen der Eltern und ihrer Beweggründe von der Lehrkraft nutzen, Interventionen einzuleiten, die dazu beitragen, die Wahrnehmung der Eltern zu schulen und eine Annäherung der Perspektiven beider Seiten zu erleichtern. Weichen Lehrer- und Elternpräferenzen hinsichtlich der weiterführenden Schulwahl trotzdem voneinander ab, könnten Unstimmigkeiten benannt und konkretisiert werden, um das Kind anhand bestimmter Kriterien zu beobachten. Durch diese Transparenz ließe sich eine gemeinschaftliche Basis für die weitere Beratung schaffen. Wird trotzdem keine Einigkeit gefunden, könnte z.b. eine Lehrkraft der weiterführenden

Schulen als dritte Instanz involviert werden. Auf diese Weise wäre es nicht nur möglich, zwischen beiden Seiten zu vermitteln, sondern auch Informationen und Perspektiven der weiterführenden Schulformen in den Beratungsprozess zu integrieren (vgl. Harazd 2007; Speck-Hamdan 2003).

Neben einem frühzeitigen Austausch mit den Eltern würde vermutlich auch eine intensivere Kooperation zwischen Grundschule und weiterführender Schule den Übergangsprozess für die Lehrer erleichtern. Insbesondere Berufsanfänger sprechen sich explizit für eine stärkere Zusammenarbeit mit Lehrkräften dieser Schulen aus (vgl. Schürer, Harazd & van Ophuysen 2006). Nicht nur für die Grundschullehrer, sondern auch für Eltern wären z.b. Gespräche mit Lehrkräften der weiterführenden Schulen über die Anforderungen und Erfolgsbedingungen ihrer Schulform hilfreich. Ebenso könnte sich ein Austausch der Lehrer von Primar- und Sekundarstufe über die Leistungsentwicklung einzelner Schüler als sinnvoll erweisen. Auf diese Weise würden Grundschullehrkräfte eine Rückmeldung zu ihrer Empfehlung erhalten, was sie entweder in ihrem Empfehlungsverhalten bestärken oder dazu veranlassen könnte, ihr Vorgehen kritisch zu überdenken und zu ändern.

Zusätzlich zu einer kontinuierlichen, intensiven Zusammenarbeit der Lehrkräfte zwischen Elternhaus und weiterführenden Schulen sind systematische Weiterbildungsmaßnahmen zum Erwerb diagnostischer Kompetenz notwenig und von Bedeutung, um Lehrern ihre Aufgabe im Übergangsgeschehen zu erleichtern. Allgemein könnte die „Output-Orientierung" des Schulsystems für Lehrkräfte beim Übergang eine Hilfe darstellen, wenn z.b. im Rahmen einer Evaluationsstudie standard-bezogene Tests eingesetzt werden und die Lehrer die Chance erhalten, ihr eigenes diagnostisches Urteil mit dem Testergebnis zu vergleichen. Ohne dass dadurch die Noten oder die Übergangsempfehlungen von zentralen Tests abhängig gemacht werden, könnten Lehrkräfte auf diese Weise mit einem externen Maßstab zur Einschätzung der Schülerkompetenzen konfrontiert und ggf. auf mögliche Einseitigkeiten des eigenen Urteils hingewiesen werden. In Folge dessen könnte eine Selbstreflexion über die eigenen Wissensgrundlagen in Gang gesetzt werden und dadurch das Wissen verbessert, präzisiert und aktualisiert werden (vgl. Helmke, Hosenfeld & Schrader 2004). Außerdem sind durch solche Untersuchungen Rückmeldungen über den Erfolg der eigenen pädagogischen Arbeit möglich (vgl. Klieme u.a. 2007). Auch Ziele und Anforderungen der Schule werden für alle Beteiligten transparent.

Im Hinblick auf die von den Lehrkräften geforderte Prognoseleistung sind diagnostisch-psychometrische Analysen von Bedeutung. Die Möglichkeit Schulerfolg vorherzusagen, hängt u.a. davon ab, wie Schulleistung und Schulerfolg operationalisiert werden („Kriterium"), welche Vorhersagevariablen berücksichtigt werden („Prädiktoren"), unter welchen Rahmenbedingungen die Prognose stattfindet und anhand welcher Methoden die Vorhersage erstellt wird. Während einfache Prognosen über korrelative Zusammenhänge zwischen einzelnen Determinanten des Schulerfolgs wenig aussagekräftig sind, können in Strukturmodellen kausale Zusammenhänge im Geflecht der Bedingungsfaktoren aufgedeckt werden. Von Relevanz wären auch Mehrebenenanalysen, in denen nicht nur die Schulleistungen und kognitiven Fähigkeiten der Kinder einbezogen werden, sondern z.b. auch Merkmale der Klasse oder der Schule Berücksichtigung finden (vgl. Thiel 2005). Das damit verbundene pädagogische Ziel besteht darin, absehbare negative Prognosen des Schulerfolgs durch die Verbesserung ungünstiger Merkmalskombinationen zu beseitigen und positive Prognosen des Schulerfolgs durch die Unterstützung günstiger Merkmalskonstellationen zu sichern.

Da viele Berufslaufbahnen in Deutschland an formale Schul- bzw. Hochschulabschlüsse gekoppelt sind, bedeutet die Übergangsentscheidung nach der Grundschule, dass bereits im Alter von zehn oder elf Jahren eine weit reichende Entscheidung für das künftige Berufsleben der Kinder gefällt wird. Gegen diese These wird häufig das Argument der Durchlässigkeit angeführt, d.h. die Möglichkeit, dass Schüler bei einer dauerhaften Veränderung ihres Leistungsbildes innerhalb der Bildungsgänge der Sekundarstufe I auf die dann „angemessene" Schulform wechseln können (vgl. Mauthe & Rösner 1998). Die Durchlässigkeit in der Sekundarstufe I ist jedoch überwiegend in Form von Abwärtsmobilität institutionalisiert: Schulformwechsel verlaufen vor allem von „oben" nach „unten", d.h. von Gymnasium und Realschule in die jeweils weniger anspruchsvollen Bildungsgänge (vgl. Kemnade 1989; Bellenberg & Klemm 1998; Bellenberg 1999; Tillmann & Meier 2001; Schümer, Tillmann & Weiß 2002). Im Jahr 2000 betrug die Mobilitätsquote unter den 15-Jährigen für Deutschland (ohne Bayern, Berlin und Hamburg) 14,4%. In 77% der Fälle lagen Schulformabstiege und in 23% der Fälle Aufstiege vor (vgl. Baumert, Trautwein & Artelt 2003, S. 309). Von Bedeutung ist, dass die Aufstiegsoptionen in der Regel wiederum eher von Schülern aus höheren sozialen Schichten realisiert werden (vgl. Henz 1997a, 1997b). Hinzu kommt, dass die Durchlässigkeit zwischen den Schulformen bzw. die Aufstiegsoption in den meisten Fällen aufgrund mangelnder curricularer Anschlussfähigkeit zwischen den verschiedenen Schulformen nicht möglich ist. Möchte beispielsweise ein Hauptschüler das Abitur nachholen, ergibt sich das Problem der zweiten Fremdsprache, die der Schüler beim Abitur nachweisen muss. Die Möglichkeit eines Jugendlichen, mehrere Jahre Fremdsprachenunterricht nachzuholen, ist vermutlich eher gering und stellt eine große Hürde dar.

Neben dem Argument der Durchlässigkeit wird auch die Entkopplung von Schulabschlüssen und Schulformen genannt, um die Schwächen des Übergangsverfahrens am Ende der Grundschulzeit auszugleichen. Die Entkopplung von Bildungsgang und Schulabschluss ist im Sekundarbereich I so weit fortgeschritten, dass im Jahr 2000 nur noch 58% der Hauptschulabschlüsse an Hauptschulen und

48% der Realschulabschlüsse an Realschulen erworben wurden (vgl. Bundesministerium für Bildung und Forschung 2003, S. 94f.). Dieser Entkopplungsprozess ist nicht nur auf die strukturelle Ausdifferenzierung der Schulen des Sekundarbereichs I zurückzuführen, sondern in starkem Maße auch auf das berufsbildende Schulwesen (vgl. Avenarius u.a. 2003, S. 179f.). Wenn die auf alternativen Wegen gegebene Erreichbarkeit unterschiedlicher Schulabschlüsse die Bedeutung der Übergangsentscheidung entlasten sollte, müsste jedoch sicher gestellt sein, dass hinter gleichen Zertifikaten, die an unterschiedlichen Schulformen erworben werden, gleiche Leistungsniveaus stünden und gleiche Abschlussnoten auch gleiche Kompetenzen bedeuten würden. Verschiedene Befunde weisen allerdings darauf hin, dass identischen Schulabschlüssen erheblich variierende Kompetenzen gegenüberstehen (vgl. Watermann & Baumert 2000; Köller, Baumert & Schnabel 1999). Unter Bezugnahme auf Mathematik und die Naturwissenschaften konstatieren Watermann und Baumert (2000, S. 206) im Rahmen der auf das Ende der Pflichtschulzeit bezogenen TIMS-Studie: „Am leichtesten [...] erwirbt man die Abschlüsse an Gesamtschulen, am strengsten geht das Gymnasium mit seinen Frühabgängern um." Auch im Rahmen der BIJU-Studie, in der mathematische Leistungen in gymnasialen Oberstufen von Gesamtschulen und von Gymnasien Nordrhein-Westfalens verglichen wurden, zeigten sich deutliche Unterschiede. Schüler der Mathematik-Leistungskurse an Gesamtschulen erreichten im Mittel nicht das Leistungsniveau der Grundkurse an Gymnasien (vgl. Köller, Baumert & Schnabel 1999). Insofern führen weder die – ohnehin geringe – Durchlässigkeit der Bildungsgänge noch die Entkopplung von Schulform und Schulabschluss zu grundlegenden Veränderungen des Systems oder zur Verbesserung der Bildungschancen unabhängig von der sozialen Herkunft.

Da die Reproduktion von sozialer Ungleichheit beim Wechsel von der Primar- in die Sekundarstufe zu einem erheblichen Teil durch den „primären Effekt" erfolgt, d.h. durch Unterschiede im erreichten Leistungsstand zwischen den sozialen Gruppen, kann Ungleichheit nur reduziert werden, wenn es gelingt, die Leistungsunterschiede zwischen den sozialen Gruppen zu verringern (vgl. Ditton, Krüsken & Schauenberg 2005). Dies kann im Verlauf der Grundschulzeit – sofern das durchschnittliche Qualifikationsniveau nicht darunter leidet – durch leistungsegalisierende Tendenzen der Lehrkräfte erfolgen, d.h. durch eine gezielte Förderung leistungsschwacher Schüler (vgl. Helmke 1988; Arnold u.a. 2007). Daneben ist auch eine frühe vorschulische Bildung bereits im Kindergarten von Bedeutung, um die Leistungsunterschiede zwischen den sozialen Gruppen zu verringern. Da Lesen, sprachliche Fähigkeiten und Formen des Sprachgebrauchs für den Lernerfolg in der Schule zentral sind, kommt der frühen Diagnose und Förderung sprachlicher Fähigkeiten schon im vorschulischen Bereich eine hohe Bedeutung zu (vgl. Kammermeyer 2007; Bos u.a. 2007). Die Förderung von Vorläuferfähigkeiten bereits im Kindergarten könnte benachteiligte Kinder unterstützen, ihr individuelles Leistungspotenzial zu entfalten. Aktuelle Befunde belegen beispielsweise, dass insbesondere Kinder aus bildungsfernen Familien von einem frühen Kindergartenbesuch profitieren, wodurch das Risiko einer Zurückstellung bei Schuleintritt vermindert wird (vgl. Kratzmann & Schneider 2008). Neben dem „primären Effekt" wären auch Maßnahmen gegen sekundäre Disparitäten denkbar. Bei gleichen Leistungen könnten Eltern niedrigerer sozialer Schichten ermutigt werden, die anspruchsvollere Schulform für ihr Kind zu wählen. Auch könnte die Vertrautheit der Eltern für diese Schulformen in Gesprächen, durch zusätzliche Informationen oder gemeinsame Veranstaltungen mit den weiterführenden Schulformen gefördert werden.

Aufgrund der Befunde verschiedener Schulleistungsstudien (z.B. PISA, BIJU, IGLU) und auch bekräftigt durch die hier berichteten Ergebnisse gibt es gute Gründe dafür, über die Struktur eines schon zu einem frühen Zeitpunkt gegliederten Schulsystems neu nachzudenken. Um die Situation der Lehrer zu erleichtern und die Aufteilung der Schüler länger offen zu halten, wäre es wünschenswert, dass der Übergang nicht wie bisher nach Klasse vier, sondern frühestens nach der sechsten Klasse erfolgt. Eine längere gemeinsame Grundschulzeit, verbunden mit einer intensiven und konsequenten individuellen Förderung, könnte vor allem Kinder aus bildungsfernen und niedrigen sozialen Schichten darin unterstützen, ihr Leistungspotenzial weiter zu entfalten, bevor die Entscheidung getroffen wird. Daneben könnten ein zweigliedriger Sekundarbereich, die Erhöhung der Durchlässigkeit sowie eine Verbesserung der Anschlussfähigkeit der Bildungsgänge die Aufstiegsmöglichkeiten sozial benachteiligter Kinder erhöhen und Korrekturen der eingeschlagenen Bildungswege erleichtern.

Weiterer Forschungsbedarf

Die Befunde der vorliegenden Untersuchung bieten Perspektiven für weiterführende Analysen und legen tiefergehende Fragestellungen nahe. Von besonderer Bedeutung ist die Überprüfung der empirisch begründeten Hypothesen im Rahmen standardisierter Untersuchungen. Es wäre z.B. zu prüfen, ob und inwieweit sich die unterschiedlichen pädagogischen Orientierungen in Form empfehlungsrelevanter Einstellungen in neuen Situationen zeigen. Dazu müssten Skalen entwickelt werden, welche die Einstellungen der Lehrkräfte angemessen abbilden. Wenn neben den erteilten Empfehlungen der Lehrer auch deren Einschätzungen zu verschiedenen Kompetenzbereichen der Kinder, die Noten und objektive Kompetenzmaße sowie Informationen zum sozialen Hintergrund der Schüler und die Aspirationen der Eltern vorliegen, könnte der Frage nachgegangen werden, ob und inwieweit die Subjektiven Theorien von Lehrkräften im Übergangsgeschehen handlungswirksam sind und auf die erteilten Empfehlungen Einfluss nehmen. Dabei wäre ein längsschnittliches Design von Bedeutung, um mögliche Veränderungen im Emp-

Ausblick

fehlungsverhalten – z.b. aufgrund einer spannungs- und konfliktreichen Beziehung zu den Eltern – im Verlauf der vierten Jahrgangsstufe zu erfassen.

Außerdem wäre es möglich, das entworfene werterwartungstheoretische Modell im Hinblick auf die Bildungsentscheidungen der Lehrkräfte einer Überprüfung zu unterziehen. Dazu müssten Erhebungsinstrumente zur Erfassung von Kosten, Nutzen und Erfolgswahrscheinlichkeit entwickelt werden. Die erwarteten Kosten, die bei der Entscheidung für eine Empfehlung anfallen, wären über immaterielle Kosten bzw. Belastungen der Lehrkräfte zu definieren (z.b. Konflikte mit den Eltern, zusätzlicher Zeit- und Arbeitsaufwand). Der erwartete Nutzen könnte dagegen über die subjektiv empfundene Bedeutung, sich auch bei gegensätzlichen Elternpräferenzen um die bestmögliche Entscheidung im Interesse jedes einzelnen Schülers zu bemühen, operationalisiert werden. Die von Lehrkräften erwartete Erfolgswahrscheinlichkeit, mit der ein Schüler die Anforderungen der zur Auswahl stehenden Schulformen bewältigen wird, könnte über eine Skala für den erwarteten Erfolg an der jeweiligen Schulform erfasst werden. Bei der Auswertung wären Strukturgleichungsmodelle denkbar, die eine gute Visualisierung der Zusammenhänge sowie eine Berücksichtigung der Beziehungen zwischen den Prädiktoren erlauben. Da zu erwarten ist, dass die Formation der Übergangsempfehlung nicht nur von den Kosten- und Nutzenabwägungen, sondern daneben z.B. auch von der Einstellung der Lehrkräfte zu den rechtlichen Vorgaben ihres Bundeslandes, ihrer Einschätzung der Möglichkeiten, die einmal eingeschlagene Schullaufbahn nachträglich zu korrigieren und Abschlüsse nachzuholen sowie von deren Beurteilung der Leistungsanforderungen in den weiterführenden Schulen abhängt, müssten auch diese Aspekte in den Analyseverfahren berücksichtigt werden.

9 Verzeichnisse

9.1 Literaturverzeichnis

Alisch, L. & Rössner, L. (1977). *Grundlagen einer generellen Verhaltenstheorie.* München: Reinhardt.

Arnold, K.-H., Bos, W., Richert, P. & Stubbe, T. C. (2007). Schullaufbahnpräferenzen am Ende der vierten Klassenstufe. In W. Bos, S. Hornberg, K.-H. Arnold, G. Faust, L. Fried, E.-M. Lankes, K. Schwippert & R. Valtin (Hrsg.), *IGLU 2006. Lesekompetenzen von Grundschulkindern in Deutschland im internationalen Vergleich* (S. 271-297). Münster: Waxmann.

Atkinson, J. (1957). Motivational determinants of risk-taking behavior. *Psychological Review, 64,* 359-372.

Avenarius, H., Ditton, H., Döbert, H., Klemm, K., Klieme, E., Rürup, M., Tenorth, H.-E., Weishaupt, H. & Weiß, M. (2003). *Bildungsbericht für Deutschland: Erste Befunde.* Opladen: Leske & Budrich.

Avenarius, H. & Jeand'Heur, B. (Hrsg.) (1992). *Elternwille und staatliches Bestimmungsrecht bei der Wahl der Schullaufbahn. Die gesetzlichen Grundlagen und Grenzen der Ausgestaltung von Aufnahme- bzw. Übergangsverfahren für den Besuch weiterführender Schulen.* Berlin: Duncker & Humblot.

Babad, E. (1993). Pygmalion – 25 years after interpersonal expectations in the classroom. In P. Blanck (Ed.), *Interpersonal expectations. Theory, research, and applications* (S. 125-153). University Press.

Bartnitzky, H. (1999). Übergang nach der Grundschule – zu früh und zufallsbestimmt. *Neue deutsche Schule, 51* (5), 12-14.

Baumert, J. & Köller, O. (1998). Nationale und internationale Schulleistungsstudien: Was können sie leisten, wo sind ihre Grenzen? *Pädagogik, 50* (6), 12-18.

Baumert, J., Köller, O. & Schnabel, K. U. (2000). Schulformen als differentielle Entwicklungsmilieus. Eine ungehörige Fragestellung? In Gewerkschaft Erziehung und Wissenschaft (Hrsg.), *Messung sozialer Motivation. Eine Kontroverse* (S. 28-68). Frankfurt a.M.: Bildungs- und Förderwerk der GEW.

Baumert, J. & Schümer, G. (2001). Familiäre Lebensverhältnisse, Bildungsbeteiligung und Kompetenzerwerb. In Deutsches PISA-Konsortium (Hrsg.), *PISA 2000. Basiskompetenzen von Schülerinnen und Schülern im internationalen Vergleich* (S. 323-407). Opladen: Leske & Budrich.

Baumert, J., Trautwein, U. & Artelt, C. (2003). Schulumwelten – institutionelle Bedingungen des Lehrens und Lernens. In Deutsches PISA-Konsortium (Hrsg.), *PISA 2000. Ein differenzierter Blick auf die Länder der Bundesrepublik Deutschland* (S. 261-331). Opladen: Leske & Budrich.

Baumert, J., Watermann, R. & Schümer, G. (2003). Disparitäten der Bildungsbeteiligung und des Kompetenzerwerbs: Ein institutionelles und individuelles Mediationsmodell. *Zeitschrift für Erziehungswissenschaft, 6* (1), 46-71.

Bayerisches Staatsministerium für Unterricht und Kultus (2008). *Schulordnung für die Grund- und Hauptschulen (Volksschulen) in Bayern. Teil 3: Aufnahme und Schulwechsel.* Verfügbar unter: http://www.stmuk.bayern.de/imperia/md/content/pdf/aktuelles/2008/vso_2008_mit_anlagen.pdf [30.09.2008].

Becker, R. (2004). Soziale Ungleichheit von Bildungschancen und Chancengleichheit. In R. Becker & W. Lauterbach (Hrsg.), *Bildung als Privileg? Erklärungen und Befunde zu den Ursachen der Bildungsungleichheit* (S. 161-195). Wiesbaden: VS Verlag.

Becker, R. & Lauterbach, W. (Hrsg.) (2004). *Bildung als Privileg? Erklärungen und Befunde zu den Ursachen der Bildungsungleichheit.* Wiesbaden: VS Verlag.

Bellenberg, G. (1999). *Individuelle Schullaufbahnen. Eine empirische Untersuchung über Bildungsverläufe von der Einschulung bis zum Abschluss.* Weinheim: Juventa.

Bellenberg, G. & Klemm, K. (1998). Von der Einschulung bis zum Abitur: Zur Rekonstruktion von Schullaufbahnen in Nordrhein-Westfalen. *Zeitschrift für Erziehungswissenschaft, 1* (4), 577-596.

Bellenberg, G. & Klemm, K. (2005). Die Grundschule im deutschen Schulsystem. In W. Einsiedler, M. Götz, H. Hacker, J. Kahlert, R. Keck & U. Sandfuchs (Hrsg.), *Handbuch Grundschulpädagogik und Grundschuldidaktik* (2., überarb. Aufl., S. 30-38). Bad Heilbrunn: Klinkhardt.

Berliner, D. C. (1987). Der Experte im Lehrerberuf. Forschungsstrategien und Ergebnisse. *Unterrichtswissenschaft, 15* (3), 295-305.

Berliner, D. C. (1992). The nature of expertise in teaching. In F. Oser, A. Dick & J.-L. Patry (Eds.), *Effective and responsible teaching* (S. 227-248). San Francisco: Jossey-Bass.

Biermann, H. (1992). *Chancengerechtigkeit in der Grundschule: Anspruch und Wirklichkeit.* Frankfurt a.M.: Lang.

Blömeke, S. (2006). Voraussetzungen bei der Lehrperson. In K.-H. Arnold, U. Sandfuchs & J. Wiechmann (Hrsg.), *Handbuch Unterricht* (S. 162-167). Bad Heilbrunn: Klinkhardt.

Blossfeld, H.-P. (1988). Sensible Phasen im Bildungsverlauf. Eine Längsschnittanalyse über die Prägung von Bildungskarrieren durch den gesellschaftlichen Wandel. *Zeitschrift für Pädagogik, 34* (1), 45-64.

Blossfeld, H.-P. & Müller, R. (1996). Sozialstrukturanalyse, Rational Choice Theorie und die Rolle der Zeit: Ein Versuch zur dynamischen Integration zweier Theorieperspektiven. *Soziale Welt, 47* (4), 382-410.

Blossfeld, H.-P. & Shavit, Y. (1993). Dauerhafte Ungleichheiten: Zur Veränderung des Einflusses der sozialen Herkunft auf die Bildungschancen in dreizehn industrialisierten Ländern. *Zeitschrift für Pädagogik, 39* (1), 25-52.

Blumer, H. (1973). Der methodologische Standort des symbolischen Interaktionismus. In Arbeitsgruppe Bielefelder Soziologen (Hrsg.), *Alltagswissen, Interaktion und gesellschaftliche Wirklichkeit* (Bd. 1, S. 80-101). Reinbek: Rowohlt.

Bogner, A. & Menz, W. (2005). Das theoriegenerierende Experteninterview. Erkenntnisinteresse, Wissensformen, Interaktion. In A. Bogner, B. Littig & W. Menz (Hrsg.),

Das Experteninterview. Theorie, Methode, Anwendung (2. Aufl., S. 33-70). Wiesbaden: VS Verlag.

Böhme, J. (2004). Qualitative Schulforschung auf Konsolidierungskurs. Interdisziplinäre Spannungen und Herausforderungen. In W. Helsper & J. Böhme (Hrsg.), *Handbuch der Schulforschung* (S. 127-158). Wiesbaden: VS Verlag.

Bortz, J. & Döring, N. (2002). *Forschungsmethoden und Evaluation für Human- und Sozialwissenschaftler* (4., überarb. Aufl.). Berlin: Springer.

Bos, W., Hornberg, S., Arnold, K.-H., Faust, G., Fried, L., Lankes, E.-M., Schwippert, K. & Valtin, R. (Hrsg.) (2007). *IGLU 2006: Lesekompetenzen von Grundschulkindern in Deutschland im internationalen Vergleich.* Münster: Waxmann.

Bos, W., Lankes, E.-M., Prenzel, M., Schwippert, K., Valtin, R. & Walther, G. (Hrsg.) (2004). *IGLU. Einige Länder der Bundesrepublik Deutschland im nationalen und internationalen Vergleich.* Münster: Waxmann.

Bos, W., Lankes, E.-M., Prenzel, M., Schwippert, K., Walther, G. & Valtin, R. (Hrsg.) (2003). *Erste Ergebnisse aus IGLU: Schülerleistungen am Ende der vierten Jahrgangsstufe im internationalen Vergleich.* Münster: Waxmann.

Bos, W. & Pietsch, M. (2004). *Erste Ergebnisse aus KESS 4: Kurzbericht.* Verfügbar unter: http://www.erzwiss.uni-hamburg.de/kess/kurzbericht.pdf [30.09.2008].

Boudon, R. (1974). *Education, opportunity and social inequality. Changing prospects in western society.* New York: John Wiley & Sons Inc.

Bourdieu, P. (1973). Kulturelle Reproduktion und soziale Reproduktion. In P. Bourdieu & J.-C. Passeron (Hrsg.), *Grundlagen einer Theorie der symbolischen Gewalt* (S. 88-139). Frankfurt a.M.: Suhrkamp.

Brandtstädter, J., Krampen, G. & Schwab, P. (1979). Erweiterung eines instrumentalitätstheoretischen Modells zur Vorhersage pädagogischer Handlungspräferenzen. *Zeitschrift für Entwicklungspsychologie und Pädagogische Psychologie, 11* (1), 43-49.

Brandtstädter, J., Krampen, G. & Weps, B. (1981). Selbstkonzepte als Regulative erzieherischen Handelns. Ein diagnostizitätstheoretischer Ansatz. *Zeitschrift für Entwicklungspsychologie und Pädagogische Psychologie, 13* (3), 207-216.

Breen, R. & Goldthorpe, J. H. (1997). Explaining educational differentials: Towards a formal rational action theory. *Rationality and Society, 9,* 275-305.

Brezinka, W. (1981). *Grundbegriffe der Erziehungswissenschaft* (4. Aufl.). München: Reinhardt.

Bromme, R. (1992). *Der Lehrer als Experte: Zur Psychologie des professionellen Wissens.* Bern: Huber.

Bromme, R. (1997). Kompetenzen, Funktionen und unterrichtliches Handeln des Lehrers. In F. E. Weinert (Hrsg.), *Psychologie des Unterrichts und der Schule* (S. 177-212). Göttingen: Hogrefe.

Bromme, R. (2005). Thinking and knowing about knowledge: A plea for and critical remarks on psychological research programs on epistemological beliefs. In J. Lenhard, M. Hoffmann & F. Seeger (Eds.), *Activity and sign – Grounding mathematics education* (S. 191-201). New York: Springer.

Bromme, R. & Rheinberg, F. (2006). Lehrende in Schulen. In A. Krapp & B. Weidenmann (Hrsg.), *Pädagogische Psychologie. Ein Lehrbuch* (5., überarb. Aufl., S. 296-334). Weinheim & Basel: Beltz.

Brophy, J. E. (Ed.) (1991). *Teachers' knowledge of subject matter as it relates to their teaching practice.* Greenwich: JAI Press.

Brophy, J. E. & Good, T. L. (1976). *Die Lehrer-Schüler-Interaktion. Das Wechselspiel von Erwarten, Verhalten und Erfahren im Klassenzimmer.* München: Urban & Schwarzenberg.

Bruner, J. S. & Tagiuri, R. (1954). The perception of people. In G. Lindzey (Ed.), *Handbook of social psychology* (Bd. 2, S. 634-654). Cambridge, Mass.: Addison-Wesley.

Büchner, P. (2003): Stichwort: Bildung und soziale Ungleichheit. *Zeitschrift für Erziehungswissenschaft 6* (1), 5-24.

Büchner, P. & Koch, K. (2002). Von der Grundschule in die Sekundarstufe. Übergangsprozesse aus der Sicht von Schülerinnen und Eltern. *Die Deutsche Schule, 94* (2), 234-246.

Bundesministerium für Bildung und Forschung (Hrsg.) (2003). *Grund- und Strukturdaten 2001/2002.* Bonn.

Chi, M. T. H., Glaser, R. & Farr, M. (Eds.) (1988). *The nature of expertise.* Hillsdale & New Jersey: Erlbaum.

Christmann, U. & Scheele, B. (1995). Subjektive Theorien über (un-)redliches Argumentieren: Ein Forschungsbeispiel für die kommunikative Valisierung mittels Dialog-Konsens-Hermeneutik. In E. König & P. Zedler (Hrsg.), *Bilanz qualitativer Forschung. Bd. 2: Methoden* (S. 63-101). Weinheim: Deutscher Studien Verlag.

Coleman, J. S. (1988). Social capital in the creation of human capital. *American Journal of Sociology, 94*, 95-120.

Combe, A. & Kolbe, F.-U. (2004). Lehrerprofessionalität. Wissen, Können, Handeln. In W. Helsper & J. Böhme (Hrsg.), *Handbuch der Schulforschung* (S. 833-851). Wiesbaden: VS Verlag.

Cronbach, L. J. (1955). Processes affecting scores on „understanding others" and „assumed similarity". *Psychological Bulletin, 52*, 177-193.

Dann, H.-D. (1989). Was geht im Kopf des Lehrers vor? Lehrerkognitionen und erfolgreiches pädagogisches Handeln. *Psychologie in Erziehung und Unterricht, 36* (2), 81-90.

Dann, H.-D. (1992). Variation von Lege-Strukturen zur Wissensrepräsentation. In B. Scheele (Hrsg.), *Struktur-Lege-Verfahren als Dialog-Konsens-Methodik. Ein Zwischenfazit zur Forschungsentwicklung bei der rekonstruktiven Erhebung Subjektiver Theorien* (S. 2-41). Münster: Aschendorff.

Dann, H.-D. (1994). Pädagogisches Verstehen: Subjektive Theorien und erfolgreiches Handeln von Lehrkräften. In K. Reusser & M. Reusser-Weyeneth (Hrsg.), *Verstehen. Psychologischer Prozess und didaktische Aufgabe* (S. 163-182). Bern: Huber.

Dann, H.-D. (2000). Lehrerkognitionen und Handlungsentscheidungen. In M. Schweer (Hrsg.), *Lehrer-Schüler-Interaktion. Pädagogisch-psychologische Aspekte des Lehrens und Lernens in der Schule* (S. 79-108). Opladen: Leske & Budrich.

Dann, H.-D. & Humpert, W. (1987). Eine empirische Analyse der Handlungswirksamkeit Subjektiver Theorien von Lehrern in aggressionshaltigen Unterrichtssituationen. *Zeitschrift für Sozialpsychologie, 18* (1), 40-49.

Dann, H.-D. & Krause, F. (1988). Subjektive Theorien: Begleitphänomen oder Wissensbasis des Lehrerhandelns bei Unterrichtsstörungen? *Psychologische Beiträge, 30*, 269-291.

Dann, H.-D., Tennstaedt, K.-C., Humpert, W. & Krause, F. (1987). Subjektive Theorien und erfolgreiches Handeln von Lehrer/-inne/n bei Unterrichtskonflikten. *Unterrichtswissenschaft, 15* (3), 306-320.

Deutsches PISA-Konsortium (Hrsg.) (2001). *PISA 2000: Basiskompetenzen von Schülerinnen und Schülern im internationalen Vergleich.* Opladen: Leske & Budrich.

Deutsches PISA-Konsortium (Hrsg.) (2002). *PISA 2000: Die Länder der Bundesrepublik Deutschland im Vergleich.* Opladen: Leske & Budrich.

Deutsches PISA-Konsortium (Hrsg.) (2003). *PISA 2000: Ein differenzierter Blick auf die Länder der Bundesrepublik Deutschland.* Opladen: Leske & Budrich.

Ditton, H. (1987). *Familie und Schule als Bereiche des kindlichen Lebensraumes: Eine empirische Untersuchung.* Frankfurt a.M.: Lang.

Ditton, H. (1989). Determinanten für elterliche Bildungsaspirationen und für Bildungsempfehlungen des Lehrers. *Empirische Pädagogik, 3* (3), 215-231.

Ditton, H. (1992). *Ungleichheit und Mobilität durch Bildung: Theorie und empirische Untersuchung über sozialräumliche Aspekte von Bildungsentscheidungen.* Weinheim: Juventa.

Ditton, H. (2004). Der Beitrag von Schule und Lehrern zur Reproduktion von Bildungsungleichheit. In R. Becker & W. Lauterbach (Hrsg.), *Bildung als Privileg? Erklärungen und Befunde zu den Ursachen der Bildungsungleichheit* (S. 251-279). Wiesbaden: VS Verlag.

Ditton, H. (2007a). Einleitung: Übergänge im Bildungswesen – Ergebnis rationaler Wahlen? In H. Ditton (Hrsg.), *Kompetenzaufbau und Laufbahnen im Schulsystem. Ergebnisse einer Längsschnittuntersuchung an Grundschulen* (S. 9-23). Münster: Waxmann.

Ditton, H. (2007b). Schulübertritte, Geschlecht und soziale Herkunft. In H. Ditton (Hrsg.), *Kompetenzaufbau und Laufbahnen im Schulsystem. Ergebnisse einer Längsschnittuntersuchung an Grundschulen* (S. 63-87). Münster: Waxmann.

Ditton, H. (2007c). Kosten, Nutzen und Erfolgswahrscheinlichkeit. In H. Ditton (Hrsg.), *Kompetenzaufbau und Laufbahnen im Schulsystem. Ergebnisse einer Längsschnittuntersuchung an Grundschulen* (S. 89-116). Münster: Waxmann.

Ditton, H. & Krüsken, J. (2006). Der Übergang von der Grundschule in die Sekundarstufe I. *Zeitschrift für Erziehungswissenschaft, 51* (3), 348-372.

Ditton, H., Krüsken, J. & Schauenberg, M. (2005). Bildungsungleichheit – der Beitrag von Familie und Schule. *Zeitschrift für Erziehungswissenschaft, 8* (2), 285-303.

Dobrick, M. & Hofer, M. (1991). *Aktion und Reaktion: Die Beachtung des Schülers im Handeln des Lehrers.* Göttingen: Hogrefe.

Eccles, J. S. (2005). Subjective task value and the Eccles et al. model of achievement-related choices. In A. Elliot & C. Dweck (Eds.), *Handbook of competence and motivation* (S. 105-121). New York: Guilford Press.

Eccles, J. S., Adler, T. F., Futterman, R., Goff, S. B., Kaczala, C. M., Meece, J. L. & Midgley, C. (1983). Expectancies, values and academic behaviors. In J. T. Spence (Ed.), *Achievement and achievement motivation* (S. 75-146). San Francisco: Freeman.

Edwards, W. (1954). The theory of decision making. *Psychological Bulletin, 51*, 380-412.

Elashoff, J. & Snow, R. E. (1972). *Pygmalion auf dem Prüfstand: Einführung in empirisch-statistische Methoden auf der Grundlage einer kritischen Analyse der Rosenthal-Jacobson-Studie ‚Pygmalion im Klassenzimmer'*. München: Kösel.

Erikson, R. & Jonsson, J. (Eds.) (1996). *Can education be equalized? The Swedish case in comparative perspective.* Boulder: Westview Press.

Esser, H. (1990). „Habits", „Frames" und „Rational Choice": Die Reichweite von Theorien rationaler Wahl. *Zeitschrift für Soziologie, 19* (4), 231-247.

Esser, H. (1999). *Soziologie. Spezielle Grundlagen. Bd. 1: Situationslogik und Handeln.* Frankfurt a.M.: Campus.

Esser, H. (2001). *Soziologie. Spezielle Grundlagen. Bd. 6: Sinn und Kultur.* Frankfurt a.M.: Campus.

Evertson, C., Brophy, J. E. & Good, T. L. (1972). *Communication of teacher expectations: First grade.* University of Texas at Austin.

Fauser, R. & Schreiber, N. (1987). Schulwünsche und Schulwahlentscheidungen in Arbeiterfamilien. In A. Bolder & K. Rodax (Hrsg.), *Das Prinzip der aufge(sc)hobenen Belohnung. Die Sozialisation von Arbeiterkindern für den Beruf* (S. 31-58). Bonn: Neue Gesellschaft.

Faust, G. (2005). Übergänge in den Sekundarbereich. In W. Einsiedler, M. Götz, H. Hacker, J. Kahlert, R. Keck & U. Sandfuchs (Hrsg.), *Handbuch Grundschulpädagogik und Grundschuldidaktik* (2., überarb. Aufl., S. 291-297). Bad Heilbrunn: Klinkhardt.

Feshbach, N. D. (1969). Student-teacher preferences for elementary school pupils varying in personality characteristics. *Journal of Educational Psychology, 60*, 126-132.

Flick, U. (1996). *Qualitative Forschung.* Hamburg: Rowohlt.

Flick, U. (2005). Standards, Kriterien, Strategien: Zur Diskussion über Qualität qualitativer Sozialforschung. *Zeitschrift für qualitative Bildungs-, Beratungs- und Sozialforschung (ZBBS), 6* (2), 191-210.

Friebertshäuser, B. (2003). Interviewtechniken – ein Überblick. In B. Friebertshäuser & A. Prengel (Hrsg.), *Handbuch Qualitative Forschungsmethoden in der Erziehungswissenschaft. Studienausgabe* (S. 371-395). Weinheim & München: Juventa.

Garner, J. & Bing, M. (1973). Inequalities of teacher-pupil contacts. *British Journal of Educational Psychology, 43*, 234-243.

Georg, W. (Hrsg.) (2006). *Soziale Ungleichheit im Bildungssystem: Eine empirisch-theoretische Bestandsaufnahme.* Konstanz: UVK Verlagsgesellschaft.

Gläser, J. & Laudel, G. (2006). *Experteninterviews und qualitative Inhaltsanalyse als Instrument rekonstruierender Untersuchungen* (2. Aufl.). Wiesbaden: VS Verlag.

Goffman, E. (1977). *Rahmen-Analyse. Ein Versuch über die Organisation von Alltagserfahrungen.* Frankfurt a.m.: Suhrkamp.

Gomolla, M. & Radtke, F.-O. (2002). *Institutionelle Diskriminierung. Die Herstellung ethnischer Differenz in der Schule.* Opladen: Leske & Budrich.

Götz, M. & Sandfuchs, U. (2005). Geschichte der Grundschule. In W. Einsiedler, M. Götz, H. Hacker, J. Kahlert, R. Keck, & U. Sandfuchs (Hrsg.), *Handbuch Grundschulpädagogik und Grundschuldidaktik* (2., überarb. Aufl., S. 13-30). Bad Heilbrunn: Klinkhardt.

Gresser-Spitzmüller, R. (1973). *Lehrerurteil und Bildungschancen: Eine Untersuchung über den Einfluss des Grundschullehrers auf die Wahl weiterführender Schulen.* Weinheim & Basel: Beltz.

Grimm, S. (1966). *Die Bildungsabstinenz der Arbeiter. Eine soziologische Untersuchung.* München: Johann Ambrosius Barth.

Groeben, N. (1986). *Handeln, Tun, Verhalten als Einheiten einer verstehend-erklärenden Psychologie: Wissenschaftstheoretischer Überblick und Programmentwurf zur Integration von Hermeneutik und Empirismus.* Tübingen: Francke.

Groeben, N. & Scheele, B. (1977). *Argumente für eine Psychologie des reflexiven Subjekts. Paradigmawechsel vom behavioralen zum epistemologischen Menschenbild.* Darmstadt: Steinkopff.

Groeben, N., Wahl, D., Schlee, J. & Scheele, B. (1988). *Das Forschungsprogramm Subjektive Theorien. Eine Einführung in die Psychologie des reflexiven Subjekts.* Tübingen: Francke.

Gruber, H. (1994). *Expertise. Modelle und empirische Untersuchungen.* Opladen: Westdeutscher Verlag.

Haag, L. & Dann, H.-D. (2001). Lehrerhandeln und Lehrerwissen als Bedingungen erfolgreichen Gruppenunterrichts. *Zeitschrift für Pädagogische Psychologie, 15* (1), 5-15.

Harazd, B. (2007). *Die Bildungsentscheidung. Zur Ablehnung der Schulformempfehlung am Ende der Grundschulzeit.* Münster: Waxmann.

Harris, M. J. & Rosenthal, R. (1985). Mediation of interpersonal expectancy effects: 31 meta-analyses. *Psychological Bulletin, 97*, 363-386.

Heckhausen, H. (1974). Lehrer-Schüler-Interaktion. In F. E. Weinert, C. Graumann, H. Heckhausen & M. Hofer (Hrsg.), *Pädagogische Psychologie* (Bd. 1, S. 549-573). Frankfurt a.M.: Fischer.

Heider, F. (1977). *Psychologie der interpersonalen Beziehungen.* Stuttgart: Klett.

Heller, K. A. (1999). Wissenschaftliche Argumente für eine frühzeitige Schullaufbahnentscheidung. *Schulreport, 3,* 10-13.

Heller, K. A., Rosemann, B. & Steffens K.-H. (1978). *Prognose des Schulerfolgs: Eine Längsschnittstudie zur Schullaufbahnberatung.* Weinheim & Basel: Beltz.

Helmke, A. (1988). Leistungssteigerung und Ausgleich von Leistungsunterschieden in Schulklassen: unvereinbare Ziele? *Zeitschrift für Entwicklungspsychologie und Pädagogische Psychologie, 20* (1), 45-76.

Helmke, A. (2003). *Unterrichtsqualität erfassen, bewerten, verbessern.* Seelze: Kallmeyer.

Helmke, A. & Hosenfeld, I. (2008). *VERA: Vergleichsarbeiten in der Grundschule.* Verfügbar unter: http://www.uni-landau.de/vera/ [29.09.2008].

Helmke, A., Hosenfeld, I. & Schrader, F.-W. (2004). Vergleichsarbeiten als Instrument zur Verbesserung der Diagnosekompetenz von Lehrkräften. In R. Arnold & C. Griese (Hrsg.), *Schulleitung und Schulentwicklung. Voraussetzungen, Bedingungen, Erfahrungen* (S. 119-144). Hohengehren: Schneider Verlag.

Helsper, W., Böhme, J., Kramer, R.-T. & Lingkost, A. (1998). Entwürfe zu einer Theorie der Schulkultur und des Schulmythos – strukturtheoretische, mikropolitische und rekonstruktive Perspektiven. In J. Keuffer, H.-H. Krüger, S. Reinhardt, E. Weise & H. Wenzel (Hrsg.), *Schulkultur als Gestaltungsaufgabe. Partizipation – Management – Lebensweltgestaltung* (S. 29-75). Weinheim: Deutscher Studien Verlag.

Henz, U. (1997a). Der Beitrag von Schulformwechseln zur Offenheit des allgemein bildenden Schulsystems. *Zeitschrift für Soziologie, 26* (1), 53-69.

Henz, U. (1997b). Der nachgeholte Erwerb allgemein bildender Schulabschlüsse: Analysen zur quantitativen Entwicklung und sozialen Selektivität. *Kölner Zeitschrift für Soziologie und Sozialpsychologie, 49* (2), 223-241.

Hessisches Kultusministerium (2005). *Hessisches Schulgesetz (HSchG). 5. Teil, 3. Abschnitt: Wahl des Bildungsganges und Abschlüsse.* Verfügbar unter: http://www.kultusministerum.hessen.de/irj/HKM_Internet?cid=c1f7ee3ac049d51fa1 4df6f30a1b156a [30.09.2008].

Heyer, P., Sack, L. & Preuss-Lausitz, U. (Hrsg.) (2003). *Länger gemeinsam lernen. Positionen – Forschungsergebnisse – Beispiele. Beiträge zur Reform der Grundschule, Bd. 115.* Frankfurt a.M.: Grundschulverband – Arbeitskreis Grundschule.

Hill, P. (2002). *Rational-Choice-Theorie.* Bielefeld: Transcript.

Hillmert, S. (2005). Bildungsentscheidungen und Unsicherheit: Soziologische Aspekte eines vielschichtigen Zusammenhangs. *Zeitschrift für Erziehungswissenschaft, 8* (2), 173-186.

Hinz, T. & Groß, J. (2006). Schulempfehlung und Leseleistung in Abhängigkeit von Bildungsherkunft und kulturellem Kapital. In W. Georg (Hrsg.), *Soziale Ungleichheit im Bildungssystem. Eine empirisch-theoretische Bestandsaufnahme* (S. 199-226). Konstanz: UVK Verlagsgesellschaft.

Hitpass, J. (1965). *Einstellung der Industriearbeiterschaft zu höherer Bildung. Eine Motivuntersuchung.* Ratingen: Aloys Henn.

Hofer, M. (1981). Schülergruppierungen in Urteil und Verhalten des Lehrers. In M. Hofer (Hrsg.), *Informationsverarbeitung und Entscheidungsverhalten von Lehrern. Beiträge zu einer Handlungstheorie des Unterrichtens* (S. 192-221). München: Urban & Schwarzenberg.

Hofer, M. (1986). *Sozialpsychologie erzieherischen Handelns. Wie das Denken und Verhalten von Lehrern organisiert ist.* Göttingen: Hogrefe.

Hofer, M. (1997). Lehrer-Schüler-Interaktion. In F. E. Weinert (Hrsg.), *Psychologie des Unterrichts und der Schule* (S. 213-252). Göttingen: Hogrefe.

Hofer, M. & Dobrick, M. (1978). Die Rolle der Fremdattribution von Ursachen bei der Handlungssteuerung des Lehrers. In D. Görlitz, W.-U. Meyer & B. Weiner (Hrsg.), *Bielefelder Symposium über Attribution* (S. 51-63). Stuttgart: Klett-Cotta.

Hofer, M. & Dobrick, M. (1981). Naive Ursachenzuschreibungen und Lehrerverhalten. In M. Hofer (Hrsg.), *Informationsverarbeitung und Entscheidungsverhalten von Lehrern. Beiträge zu einer Handlungstheorie des Unterrichtens* (S. 109-156). München: Urban & Schwarzenberg.

Hofer, M., Simons, H., Weinert, F. E., Zielinski, W., Dobrick, M., Fimpel, P. & Tacke, G. (1979). *Kognitive Bedingungen individualisierenden Verhaltens von Lehrern.* Heidelberg & Braunschweig: Abschlussbericht an die Deutsche Forschungsgemeinschaft.

Hoge, R. & Coladarci, T. (1989). Teacher-based judgments of academic achievement. A review of literature. *Review of Educational Research, 59* (3), 297-313.

Hurrelmann, K. (1994). *Familienstress, Schulstress, Freizeitstress. Gesundheitsförderung für Kinder und Jugendliche* (2. Aufl.). Weinheim & Basel: Beltz.

Ingenkamp, K. (Hrsg.) (1971). *Die Fragwürdigkeit der Zensurengebung.* Weinheim & Basel: Beltz.

Ingenkamp, K. (1993). Der Prognosewert von Zensuren, Lehrergutachten, Aufnahmeprüfungen und Tests während der Grundschulzeit für den Sekundarschulerfolg. In R. Olechowski & E. Persy (Hrsg.), *Frühe schulische Auslese* (S. 68-85). Frankfurt a.M.: Lang.

Jürgens, E. (1989). Lehrer empfehlen – Eltern entscheiden. Die Bewährung empfohlener und nichtempfohlener Orientierungsstufenschüler im weiterführenden Schulsystem. *Die Deutsche Schule, 81* (3), 388-400.

Jussim, L. (1989). Teacher expectations. Self-fulfilling prophecies, perceptual biases, and accuracy. *Journal of Personality and Social Psychology, 57* (3), 469-480.

Kammermeyer, G. (2000). *Schulfähigkeit. Kriterien und diagnostische/prognostische Kompetenz von Lehrerinnen, Lehrern und Erzieherinnen.* Bad Heilbrunn: Klinkhardt.

Kammermeyer, G. (2007). Mit Kindern Schriftsprache entdecken: Entwicklung, Diagnose und Förderung (schrift-)sprachlicher Fähigkeiten in Kindertagesstätte und Anfangsunterricht. In Stiftung Bildungspakt Bayern (Hrsg.), *Das KIDZ-Handbuch. Grundlagen, Konzepte und Praxisbeispiele aus dem Modellversuch „KIDZ – Kindergarten der Zukunft in Bayern"* (S. 205-263). Köln: Wolters Kluwer.

Kanders, M., Rösner, E. & Rolff, H.-G. (1996). Das Bild der Schule aus der Sicht von Schülern und Lehrern – Ergebnisse zweier IFS-Repräsentativbefragungen. In H.-G. Rolff, K.-O. Bauer, K. Klemm & H. Pfeiffer (Hrsg.), *Jahrbuch der Schulentwicklung. Daten, Beispiele und Perspektiven* (Bd. 9, S. 57-114). Weinheim & München: Juventa.

Kassner, K. & Wassermann, P. (2005). Nicht überall, wo Methode draufsteht, ist auch Methode drin. In A. Bogner, B. Littig & W. Menz (Hrsg.), *Das Experteninterview. Theorie, Methode, Anwendung* (2. Aufl., S. 95-112). Wiesbaden: VS Verlag.

Kelle, U. & Erzberger, C. (1999). Integration qualitativer und quantitativer Methoden: Methodologische Modelle und ihre Bedeutung für die Forschungspraxis. *Kölner Zeitschrift für Soziologie und Sozialpsychologie, 51* (3), 509-531.

Kelle, U. & Erzberger, C. (2004). Qualitative und quantitative Methoden: kein Gegensatz. In U. Flick, E. von Kardorff & I. Steinke (Hrsg.), *Qualitative Forschung. Ein Handbuch* (3. Aufl., S. 299-309). Hamburg: Rowohlt.

Kelle, U. & Kluge, S. (1999). *Vom Einzelfall zum Typus. Fallvergleich und Fallkontrastierung in der qualitativen Sozialforschung.* Opladen: Leske & Budrich.

Kemmler, L. (1967). *Erfolg und Versagen in der Grundschule: Empirische Untersuchungen.* Göttingen: Hogrefe.

Kemnade, I. (1989). *Schullaufbahnen und ihre Durchlässigkeit in der Sekundarstufe I. Empirische Untersuchung von Schülerkarrieren in der Stadt Bremen.* Frankfurt a.M.: Lang.

Klieme, E., Avenarius, H., Blum, W., Döbrich, P., Gruber, H., Prenzel, M., Reiss, K., Riquarts, K., Rost, J., Tenorth, H.-E. & Vollmer, H. J. (2007). *Zur Entwicklung nationaler Bildungsstandards: Eine Expertise.* Bonn & Berlin: Bundesministerium für Bildung und Forschung (BMBF).

Kluge, S. (1999). *Empirisch begründete Typenbildung. Zur Konstruktion von Typen und Typologien in der qualitativen Sozialforschung.* Opladen: Leske & Budrich.

Kob, J. (1963). *Erziehung in Elternhaus und Schule. Eine soziologische Studie.* Stuttgart: Ferdinand Enke Verlag.

Koch, K. (2001). *Von der Grundschule in die Sekundarstufe. Bd. 2: Der Übergang aus der Sicht der Lehrerinnen und Lehrer.* Opladen: Leske & Budrich.

Koch, U., Groß Ophoff, J., Hosenfeld, I. & Helmke, A. (2006). Das Projekt VERA: Von der Evaluation zur Schul- und Unterrichtsentwicklung? *Schulverwaltung. Ausgabe Hessen und Rheinland-Pfalz, 11* (5), 134-137.

Köller, O. & Baumert, J. (2001). Leistungsgruppierungen in der Sekundarstufe I: Ihre Konsequenzen für die Mathematikleistung und das mathematische Selbstkonzept der Begabung. *Zeitschrift für Pädagogische Psychologie, 15* (2), 99-110.

Köller, O., Baumert, J. & Schnabel, K. U. (1999). Wege zur Hochschulreife: Offenheit des Systems und Sicherung vergleichbarer Standards. Analysen am Beispiel der Mathematikleistungen von Oberstufenschülern an Integrierten Gesamtschulen und Gymnasien in Nordrhein-Westfalen. *Zeitschrift für Erziehungswissenschaft, 2* (3), 385-422.

König, E. (2002). Qualitative Forschung im Bereich Subjektiver Theorien. In E. König & P. Zedler (Hrsg.), *Qualitative Forschung* (2., überarb. Aufl., S. 55-68). Weinheim & Basel: Beltz.

Kraak, B. (1987). Was Lehrerinnen und Lehrer denken und tun, erklärt mit der Handlungs-Entscheidungs-Theorie. *Unterrichtswissenschaft, 15* (3), 274-284.

Kraak, B. (1988). Handlungstheorien und Pädagogische Psychologie. *Zeitschrift für Pädagogische Psychologie, 2* (1), 59-71.

Kraak, B. & Nord-Rüdiger, D. (1979). *Bedingungen innovativen Handelns.* Weinheim: Beltz.

Krampen, G. & Brandtstädter, J. (1978). Instrumentalitätstheoretische Vorhersage pädagogischer Handlungspräferenzen. *Zeitschrift für Entwicklungspsychologie und Pädagogische Psychologie, 10* (1), 8-17.

Krampen, G. & Brandtstädter, J. (1981). Kognitionspsychologische Analysen erzieherischen Handelns: Instrumentalitätstheoretische Ansätze. In M. Hofer (Hrsg.), *Informationsverarbeitung und Entscheidungsverhalten von Lehrern. Beiträge zu einer Handlungstheorie des Unterrichtens* (S. 222-254). München: Urban & Schwarzenberg.

Krampen, G., Lehmann, P. & Haag, M. (1980). Instrumentalitätstheoretische Analysen von schulischen Benotungsprozessen. Eine empirische Pilotstudie. *Zeitschrift für Empirische Pädagogik, 4* (1), 29-44.

Kratzmann, J. & Schneider, T. (2008). *Soziale Ungleichheiten beim Schulstart. Empirische Untersuchungen zur Bedeutung der sozialen Herkunft und des Kindergartenbesuchs auf den Zeitpunkt der Einschulung* (SOEP papers on Multidisciplinary Panel Data Research, No. 100). Berlin.

Kretschmann, R. (Hrsg.) (2000). *Stressmanagement für Lehrerinnen und Lehrer. Ein Trainingsbuch mit Kopiervorlagen.* Weinheim & Basel: Beltz.

Krippendorff, K. (1980). *Content analysis. An introduction to its methodology.* Beverly Hills & London: Sage.

Kristen, C. (2002). Hauptschule, Realschule oder Gymnasium? Ethnische Unterschiede am ersten Bildungsübergang. *Kölner Zeitschrift für Soziologie und Sozialpsychologie, 54* (3), 534-552.

Kristen, C. (2006). Ethnische Diskriminierung in der Grundschule? Die Vergabe von Noten und Bildungsempfehlungen. *Kölner Zeitschrift für Soziologie und Sozialpsychologie, 58* (1), 79-97.

Krumm, V. (2001). Elternhaus und Schule. In D. Rost (Hrsg.), *Handwörterbuch Pädagogische Psychologie* (2., überarb. und erw. Aufl., S. 108-115). Weinheim: Beltz.

Krüsken, J. (2007). Entwicklung von Schülerleistungen und Zensuren in der Grundschule. In H. Ditton (Hrsg.), *Kompetenzaufbau und Laufbahnen im Schulsystem. Ergebnisse einer Längsschnittuntersuchung an Grundschulen* (S. 41-61). Münster: Waxmann.

Kultusministerkonferenz (KMK) (2002). *PISA 2000 – Zentrale Handlungsfelder. Zusammenfassende Darstellung der laufenden und geplanten Maßnahmen in den Ländern.* Verfügbar unter: http://www.kmk.org/schul/pisa/massnahmen.pdf [01.10.2008].

Kultusministerkonferenz (KMK) (2006). *Übergang von der Grundschule in die Schulen des Sekundarbereichs I. Informationsgrundlage des Sekretariats der Kultusministerkonferenz.* Verfügbar unter: http://www.kmk.org/doc/publ/ueberg.pdf [25.02.2008].

Kurz, K., Kratzmann, J. & von Maurice, J. (2007). *Die BiKS-Studie. Methodenbericht zur Stichprobenziehung.* Verfügbar unter: http://psydok.sulb.uni-saarland.de/volltexte/2007/990/index.html [25.02.2008].

Lamnek, S. (2005). *Qualitative Sozialforschung. Lehrbuch* (4., vollst. überarb. Auflage). Weinheim & Basel: Beltz.

Latscha, F. (1966). Der Einfluss des Primarlehrers. In F. L. Heß, F. Latscha & W. Schneider (Hrsg.), *Die Ungleichheit der Bildungschancen. Soziale Schranken im Zugang zur höheren Schule* (S. 185-258). Olten & Freiburg: Walter Verlag.
Laucken, U. (1974). *Naive Verhaltenstheorie. Ein Ansatz zur Analyse des Konzeptrepertoires, mit dem im alltäglichen Lebensvollzug das Verhalten der Mitmenschen erklärt und vorhergesagt wird.* Stuttgart: Klett.
Laucken, U. (1982). Aspekte der Auffassung und Untersuchung von Umgangswissen. *Schweizer Zeitschrift für Psychologie und ihre Anwendungen, 41* (2), 87-113.
Lehmann, R. H., Gänsfuß, R. & Peek, R. (1999). *Aspekte der Lernausgangslage und der Lernentwicklung von Schülerinnen und Schülern an Hamburger Schulen. Klassenstufe 7. Bericht über die Untersuchung im September 1998.* Hamburg: Behörde für Schule, Jugend und Berufsbildung, Amt für Schule.
Lehmann, R. H., Peek, R. & Gänsfuß, R. (1997). *Aspekte der Lernausgangslage und der Lernentwicklung von Schülerinnen und Schülern der fünften Klassen an Hamburger Schulen. Bericht über die Untersuchung im September 1996.* Hamburg: Behörde für Schule, Jugend und Berufsbildung, Amt für Schule.
Leinhardt, G. & Greeno, J. G. (1986). The cognitive skill of teaching. *Journal of Educational Psychology, 78* (2), 75-95.
Leinhardt, G. & Smith, D. (1985). Expertise in mathematics instruction. Subject matter knowledge. *Journal of Educational Psychology, 77* (3), 241-271.
Ludwig, P. (1995). Pygmalion im Notenbuch: Die Auswirkung von Erwartungen bei Leistungsbeurteilung und -rückmeldung. *Pädagogische Welt, 49* (3), 115-120.
Ludwig, P. (2001). Pygmalioneffekt. In D. Rost (Hrsg.), *Handwörterbuch Pädagogische Psychologie* (2., überarb. und erw. Aufl., S. 567-573). Weinheim: Beltz.
Maaz, K., Hausen, C., McElvany, N. & Baumert, J. (2006). Stichwort: Übergänge im Bildungssystem. Theoretische Konzepte und ihre Anwendung in der empirischen Forschung beim Übergang in die Sekundarstufe. *Zeitschrift für Erziehungswissenschaft, 9* (3), 299-327.
Mahr-George, H. (1999). *Determinanten der Schulwahl beim Übergang in die Sekundarstufe I.* Opladen: Leske & Budrich.
Maier, U. (2007). Leistungserwartungen von Grundschullehrkräften an zukünftige Sekundarschüler. *Empirische Pädagogik, 21* (1), 38-57.
Martin, E. (1982). *Information use and learning style. A study of sixth from pupils.* University of Lancaster.
Mauthe, A. & Rösner, E. (1998). Schulstruktur und Durchlässigkeit: Quantitative Entwicklungen im allgemein bildenden weiterführenden Schulwesen und Mobilität zwischen den Bildungsgängen. In H.-G. Rolff, K.-O. Bauer & K. Klemm (Hrsg.), *Jahrbuch der Schulentwicklung. Daten, Beispiele und Perspektiven* (Bd. 10, S. 87-126). Weinheim & München: Juventa.
Mayring, P. (2003). *Qualitative Inhaltsanalyse. Grundlagen und Techniken* (8. Aufl.). Weinheim & Basel: Beltz.

Mayring, P. (2004). Qualitative Inhaltsanalyse. In U. Flick, E. von Kardorff & I. Steinke (Hrsg.), *Qualitative Forschung. Ein Handbuch* (3. Aufl.) (S. 468-474). Hamburg: Rowohlt.
Mayring, P. (2007). Generalisierung in qualitativer Forschung. *Forum Qualitative Sozialforschung, 8* (3), Art. 26. Online verfügbar unter http://www.qualitative-research.net/fqs-texte/3-07/07-3-26-d.htm [15.05.2008].
Meijnen, G. W. (1991). Cultural Capital and Learning Progress. *International Journal of Educational Research, 15*, 7-19.
Merkens, H. & Wessel, A. (2002). *Zur Genese von Bildungsentscheidungen. Eine empirische Studie in Berlin und Brandenburg.* Hohengehren: Schneider Verlag.
Merton, R. & Kendall, P. (1984). Das fokussierte Interview. In C. Hopf & E. Weingarten (Hrsg.), *Qualitative Sozialforschung* (2. Aufl., S. 171-204). Stuttgart: Klett-Cotta.
Meuser, M. & Nagel, U. (1991). ExpertInneninterviews – vielfach erprobt, wenig bedacht. Ein Beitrag zur qualitativen Methodendiskussion. In D. Garz & K. Kraimer (Hrsg.), *Qualitativ-empirische Sozialforschung. Konzepte, Methoden, Analysen* (S. 441-471). Opladen: Westdeutscher Verlag.
Meuser, M. & Nagel, U. (2003). Das Expertinneninterview – Wissenssoziologische Voraussetzungen und methodische Durchführung. In B. Friebertshäuser & A. Prengel (Hrsg.), *Handbuch Qualitative Forschungsmethoden in der Erziehungswissenschaft. Studienausgabe* (S. 481-491). Weinheim & München: Juventa.
Miebach, B. (2006). *Soziologische Handlungstheorie: Eine Einführung* (2., überarb. und aktualisierte Aufl.). Wiesbaden: VS Verlag.
Mischo, C. & Rheinberg, F. (1995). Erziehungsziele von Lehrern und individuelle Bezugsnormen der Leistungsbewertung. *Zeitschrift für Pädagogische Psychologie, 9* (3-4), 139-151.
Müller, W. & Haun, D. (1994). Bildungsungleichheit im sozialen Wandel. *Kölner Zeitschrift für Soziologie und Sozialpsychologie, 46* (1), 1-42.
Nave, K.-H (1980). *Die allgemeine deutsche Grundschule. Ideengeschichtliche Grundlegung und Verwirklichung in der Weimarer Republik* (Reprint der ersten Aufl. 1961). Frankfurt a.M.: Grundschulverband – Arbeitskreis Grundschule.
Nickel, H. (1982). Das Beratungsgespräch mit Eltern und Schülern. In K. A. Heller & H. Nickel (Hrsg.), *Modelle und Fallstudien zur Erziehungs- und Schulberatung* (S. 15-25). Bern: Huber.
Oswald, M. & Gadenne, V. (1984). Wissen, Können und künstliche Intelligenz. Eine Analyse der Konzeption des deklarativen und prozeduralen Wissens. *Sprache und Kognition, 3* (3), 173-184.
Paulus, W. & Blossfeld, H.-P. (2007). Schichtspezifische Präferenzen oder sozioökonomisches Entscheidungskalkül? Zur Rolle elterlicher Bildungsaspirationen im Entscheidungsprozess beim Übergang von der Grundschule in die Sekundarstufe. *Zeitschrift für Pädagogik, 53* (4), 491-508.
Peterson, P. & Clark, C. (1978). Teachers reports of their cognitive processes during teaching. *American Educational Research Journal, 15*, 555-565.

Petillon, H. (1982). *Soziale Beziehungen zwischen Lehrern, Schülern und Schülergruppen. Überlegungen und Untersuchungen zu Aspekten der sozialen Interaktion in vierten Grundschulklassen.* Weinheim & Basel: Beltz.

Pettinger, R. (1985). Elternhaus und Schule – ein distanziertes Verhältnis. In R. Fauser, J. Marbach, R. Pettinger & N. Schreiber (Hrsg.), *Schulbildung, Familie und Arbeitswelt* (S. 117-141). München: DJI-Verlag.

Pohlmann, S. (2008). Der Übergang von der Primar- in die Sekundarstufe aus der Sicht bayerischer und hessischer Lehrer. *Diskurs Kindheits- und Jugendforschung, 3* (2), 123-140.

Preuß, O. (1970). *Soziale Herkunft und die Ungleichheit der Bildungschancen. Eine Untersuchung über das Eignungsurteil des Grundschullehrers.* Weinheim: Beltz.

Putnam, R. T. (1987). Structuring and adjusting content for students. A study of live and simulated tutoring of addition. *American Educational Research Journal, 24* (1), 13-48.

Rambow, R. & Bromme, R. (2000). Was Schöns „Reflective Practioner" durch die Kommunikation mit Laien lernen könnte. In G. H. Neuweg (Hrsg.), *Wissen – Können – Reflexion. Ausgewählte Verhältnisbestimmungen* (S. 201-219). Wien: Studienverlag.

Rheinberg, F. (1975). Zeitstabilität und Steuerbarkeit von Ursachen schulischer Leistung in der Sicht des Lehrers. *Zeitschrift für Entwicklungspsychologie und Pädagogische Psychologie, 7* (3), 180-194.

Rheinberg, F. (1980). *Leistungsbewertung und Lernmotivation.* Göttingen: Hogrefe.

Rheinberg, F. (1997). *Motivation* (2., überarb. und erw. Aufl.). Stuttgart: Kohlhammer.

Rheinberg, F. (2001). Bezugsnormen und schulische Leistungsbeurteilung. In F. E. Weinert (Hrsg.), *Leistungsmessung in Schulen* (S. 59-71). Weinheim & Basel: Beltz.

Rheinberg, F. (2006). Bezugsnormorientierung. In K.-H. Arnold, U. Sandfuchs & J. Wiechmann (Hrsg.), *Handbuch Unterricht* (S. 643-648). Bad Heilbrunn: Klinkhardt.

Riege, J. (1995). *Die sechsjährige Grundschule. Geschichtliche Entwicklung und gegenwärtige Gestalt aus pädagogischer und politischer Perspektive.* Frankfurt a.M.: Lang.

Roeder, P. (1997). Literaturüberblick über den Einfluss der Grundschulzeit auf die Entwicklung in der Sekundarschule. In F. E. Weinert & A. Helmke (Hrsg.), *Entwicklung im Grundschulalter* (S. 405-421). Weinheim: Beltz.

Rolff, H.-G. (1997). *Sozialisation und Auslese durch die Schule.* Weinheim & München: Beltz.

Rolff, H.-G., Klemm, K., Pfeiffer, H. & Rösner, E. (Hrsg.) (1988). *Jahrbuch der Schulentwicklung. Daten, Beispiele und Perspektiven* (Bd. 5). Weinheim & München: Juventa.

Rosenthal, R. (1993). Interpersonal expectations. Some antecedents and some consequences. In P. Blanck (Ed.), *Interpersonal expectations. Theory, research and applications* (S. 3–24). Cambridge, UK: University Press.

Rosenthal, R. & Jacobson, L. (1971). *Pygmalion im Unterricht. Lehrererwartungen und Intelligenzentwicklung der Schüler.* Weinheim & Basel: Beltz.

Rösner, E. (2007). *Hauptschule am Ende: Ein Nachruf.* Münster: Waxmann.

Rüther, W. (1975). *Abweichendes Verhalten und labeling approach.* Köln: Heymanns.

Sauer, J. & Gamsjäger, E. (1996). *Ist Schulerfolg vorhersagbar? Die Determinanten der Grundschulleistung und ihr prognostischer Wert für den Sekundarschulerfolg.* Göttingen: Hogrefe.

Schaarschmidt, U. & Fischer, A. W. (2001). *Bewältigungsmuster im Beruf. Persönlichkeitsunterschiede in der Auseinandersetzung mit der Arbeitsbelastung.* Göttingen: Vandenhoeck & Ruprecht.

Schaarschmidt, U., Kieschke, U. & Fischer, A. W. (1999). Beanspruchungsmuster im Lehrerberuf. *Psychologie in Erziehung und Unterricht, 46* (4), 244-268.

Schank, R. & Abelson, R. (1977). *Scripts, plans, goals and understanding. An inquiry into human knowledge structures.* Hillsdale: Erlbaum.

Schauenberg, M. (2007). *Übertrittsentscheidungen nach der Grundschule. Empirische Analysen zu familialen Lebensbedingungen und Rational Choice.* München: Herbert Utz.

Scheele, B. (Hrsg.) (1992). *Struktur-Lege-Verfahren als Dialog-Konsens-Methodik. Ein Zwischenfazit zur Forschungsentwicklung bei der rekonstruktiven Erhebung Subjektiver Theorien.* Münster: Aschendorff.

Scheele, B. & Groeben, N. (1988). *Dialog-Konsens-Methoden zur Rekonstruktion Subjektiver Theorien.* Tübingen: Francke.

Schelsky, H. (1957). *Schule und Erziehung in der industriellen Gesellschaft.* Würzburg: Werkbund-Verlag.

Schimpl-Neimanns, B. (2000). Soziale Herkunft und Bildungsbeteiligung. Empirische Analysen zu herkunftsspezifischen Bildungsungleichheiten zwischen 1950 und 1989. *Kölner Zeitschrift für Soziologie und Sozialpsychologie, 52* (4), 636-669.

Schmitt, R. (Hrsg.) (2001). *Grundlegende Bildung in Europa. Beiträge zur Reform der Grundschule, Bd. 112.* Frankfurt a.M.: Grundschulverband – Arbeitskreis Grundschule.

Schrader, F.-W. (2001). Diagnostische Kompetenz von Eltern und Lehrern. In D. Rost (Hrsg.), *Handwörterbuch Pädagogische Psychologie* (2., überarb. und erw. Aufl., S. 91-96). Weinheim: Beltz.

Schrader, F.-W. & Helmke, A. (1987). Diagnostische Kompetenz von Lehrern. Komponenten und Wirkungen. *Empirische Pädagogik, 1* (1), 27-52.

Schreckling, J. (1985). *Routine und Problembewältigung beim Unterrichten: Explorative Analysen handlungsbegleitender Kognitionen und Emotionen von Lehrern.* München: Profil.

Schuchart, C. & Weishaupt, H. (2004). Die prognostische Qualität der Übergangsempfehlungen der niedersächsischen Orientierungsstufe. *Zeitschrift für Pädagogik, 50* (6), 882-902.

Schümer, G., Tillmann, K.-J. & Weiß, M. (2002). Institutionelle und soziale Bedingungen schulischen Lernens. In Deutsches PISA-Konsortium (Hrsg.), *PISA 2000. Die Länder der Bundesrepublik Deutschland im Vergleich* (S. 203-218). Opladen: Leske & Budrich.

Schürer, S., Harazd, B. & van Ophuysen, S. (2006). Übergangsgestaltung durch schulstufenübergreifende Lehrerkooperation. In R. Hinz & T. Pütz (Hrsg.), *Professionelles Handeln in der Grundschule. Entwicklungslinien und Forschungsbefunde* (S. 90-96). Hohengehren: Schneider Verlag.

Schweer, M. & Thies, B. (2000). Situationswahrnehmung und interpersonales Verhalten im Klassenzimmer. In M. Schweer (Hrsg.), *Lehrer-Schüler-Interaktion. Pädagogisch-psychologische Aspekte des Lehrens und Lernens in der Schule* (S. 59-78). Opladen: Leske & Budrich.

Schwippert, K., Bos, W. & Lankes, E.-M. (2003). Heterogenität und Chancengleichheit am Ende der vierten Jahrgangsstufe im internationalen Vergleich. In W. Bos, E.-M. Lankes, M. Prenzel, K. Schwippert, G. Walther & R. Valtin (Hrsg.), *Erste Ergebnisse aus IGLU. Schülerleistungen am Ende der vierten Jahrgangsstufe im internationalen Vergleich* (S. 265-302). Münster: Waxmann.

Shavelson, R. (1976). Teacher's decision making. In N. Gage (Ed.), *The psychology of teaching methods. Yearbook of the national society for the study of education* (S. 372-414). Chicago: University Press.

Shulman, L. S. (1986). Those who understand: Knowledge growth in teaching. *Educational Researcher, 15* (2), 4-14.

Shulman, L. S. (1987). Knowledge and teaching. Foundations of the new reform. *Harvard Educational Review, 57* (1), 1-22.

Silberman, M. (1969). Behavioral expression of teachers' attitudes toward elementary school students. *Journal of Educational Psychology, 60*, 402-407.

Spangenberg, H. & Weishaupt, H. (1999). Der Übergang auf weiterführende Schulen in ausgewählten Ländern der Bundesrepublik Deutschland: Auswertung schulstatistischer Daten. In H. Weishaupt (Hrsg.), *Zum Übergang auf weiterführende Schulen. Statistische Analysen und Fallstudien* (S. 7-112). Erfurt: Pädagogische Hochschule.

Speck-Hamdan, A. (2003). Der Übergang nach Klasse 4 und die Verantwortung der Schule. *Schulverwaltung. Ausgabe Niedersachsen und Schleswig-Holstein, 13* (11), 296-300.

Stahl, N. (2007). Schülerwahrnehmung und -beurteilung durch Lehrkräfte. In H. Ditton (Hrsg.), *Kompetenzaufbau und Laufbahnen im Schulsystem. Ergebnisse einer Längsschnittuntersuchung an Grundschulen* (S. 171-198). Münster: Waxmann.

Steinkamp, G. (1967). Die Rolle des Volksschullehrers im schulischen Selektionsprozess. In H. Ortlieb & B. Monlitor (Hrsg.), *Hamburger Jahrbuch für Wirtschafts- und Gesellschaftspolitik* (S. 302-325). Tübingen: Mohr.

Steinke, I. (1999). *Kriterien qualitativer Forschung. Ansätze zur Bewertung qualitativ-empirischer Sozialforschung*. Weinheim & München: Juventa.

Tent, L. (2001). Zensuren. In D. Rost (Hrsg.), *Handwörterbuch Pädagogische Psychologie* (2., überarb. und erw. Aufl., S. 805-811). Weinheim: Beltz.

Terhart, E. (Hrsg.) (2000). *Perspektiven der Lehrerbildung in Deutschland. Abschlussbericht der von der Kultusministerkonferenz eingesetzten Kommission*. Weinheim: Beltz.

Thelen, H. A. (1967). *Classroom grouping for teachability*. New York: Wiley.

Thiel, O. (2005). *Modellierung der Bildungsgangempfehlung in Berlin.* Verfügbar unter http://edoc.hu-berlin.de/dissertationen/thiel-oliver-2005-12-16/PDF/thiel.pdf [10.03.2008].
Tiedemann, J. & Billmann-Mahecha, E. (2007). Zum Einfluss von Migration und Schulklassenzugehörigkeit auf die Übergangsempfehlung für die Sekundarstufe I. *Zeitschrift für Erziehungswissenschaft, 11* (1), 108-120.
Tillmann, K.-J. & Meier, U. (2001). Schule, Familie und Freunde – Erfahrungen von Schülerinnen und Schülern in Deutschland. In Deutsches PISA-Konsortium (Hrsg.), *PISA 2000. Basiskompetenzen von Schülerinnen und Schülern im internationalen Vergleich* (S. 468-509). Opladen: Leske & Budrich.
Ulich, K. (1993). *Schule als Familienproblem. Konfliktfelder zwischen Schülern, Eltern und Lehrern* (2., erw. und verb. Aufl.). Frankfurt a.M.: Fischer.
Ulich, K. (1996). *Beruf Lehrer/-in. Arbeitsbelastungen, Beziehungskonflikte, Zufriedenheit.* Weinheim: Beltz.
von Cranach, M. (1992). The multi-level organization of knowledge and action – an integration of complexity. In M. von Cranach, W. Doise & G. Mugny (Eds.), *Social representations and the social bases of knowledge* (S. 10-22). Lewiston: Hogrefe & Huber.
von Cranach, M. (1994). Die Unterscheidung von Handlungstypen: Ein Vorschlag zur Weiterentwicklung von Handlungspsychologie. In B. Bergmann & P. Richter (Hrsg.), *Die Handlungsregulationstheorie. Von der Praxis einer Theorie* (S. 69-88). Göttingen: Hogrefe.
von Zerssen, D. (1973). Methoden der Konstitutions- und Typenforschung. In M. Thiel (Hrsg.), *Enzyklopädie der geisteswissenschaftlichen Arbeitsmethoden. 9. Lieferung: Methoden der Anthropologie, Anthropogeographie, Völkerkunde und Religionswissenschaft* (S. 35-143). München & Wien: Oldenbourg.
Wahl, D. (1991). *Handeln unter Druck. Der weite Weg vom Wissen zum Handeln bei Lehrern, Hochschullehrern und Erwachsenenbildnern.* Weinheim: Deutscher Studien Verlag.
Wahl, D., Schlee, J., Krauth, J. & Murek, J. (1983). *Naive Verhaltenstheorie von Lehrern. Abschlussbericht eines Forschungsvorhabens zur Rekonstruktion und Validierung subjektiver psychologischer Theorien.* Oldenburg: Littmann.
Watermann, R. & Baumert, J. (2000). Mathematische und naturwissenschaftliche Grundbildung beim Übergang von der Schule in den Beruf. In J. Baumert, W. Bos & R. Lehmann (Hrsg.), *TIMSS/III: Dritte Internationale Mathematik- und Naturwissenschaftsstudie. Mathematische und naturwissenschaftliche Bildung am Ende der Schullaufbahn. Bd. 1: Mathematische und naturwissenschaftliche Grundbildung am Ende der Pflichtschulzeit* (S. 199-259). Opladen: Leske & Budrich.
Weber, M. (1922). *Grundriss der Sozialökonomik. III. Abteilung. Wirtschaft und Gesellschaft.* Tübingen: J.C.B. Mohr (Paul Siebeck).
Weiner, B. (1986). *An attributional theory of motivation and emotion.* New York: Springer.

Weinert, F. E., Knopf, M. & Storch, C. (1981). Erwartungsbildung bei Lehrern. In M. Hofer (Hrsg.), *Informationsverarbeitung und Entscheidungsverhalten von Lehrern. Beiträge zu einer Handlungstheorie des Unterrichtens* (S. 157-191). München: Urban & Schwarzenberg.

Weinert, F. E., Schrader, F.-W. & Helmke, A. (1990). Unterrichtsexpertise – Ein Konzept zur Verringerung der Kluft zwischen zwei theoretischen Paradigmen. In L.-M. Alisch, J. Baumert & K. Beck (Hrsg.), *Professionswissen und Professionalisierung* (S. 173-206). Braunschweig.

Weiss, R. (1965). *Zensur und Zeugnis*. Linz: Haslinger.

Wiese, W. (1982). Elternstatus, Lehrerempfehlung und Schullaufbahn. Eine empirische Analyse des Einflusses des Grundschullehrers auf die Bildungslaufbahn des Schülers. *Zeitschrift für Soziologie, 11* (1), 49-63.

Wild, E. (2003). Einbeziehung des Elternhauses durch Lehrer. *Zeitschrift für Pädagogik, 49* (4), 513-533.

Wilson, T. (1973). Theorien der Interaktion und Modelle soziologischer Erklärung. In Arbeitsgruppe Bielefelder Soziologen (Hrsg.), *Alltagswissen, Interaktion und gesellschaftliche Wirklichkeit*. (Bd. 1, S. 54-79). Reinbek: Rowohlt.

Wilson, T. (1982). Qualitative „oder" quantitative Methoden in der Sozialforschung. *Kölner Zeitschrift für Soziologie und Sozialpsychologie, 34* (3), 487-508.

Wilson, S. M., Shulman, L. S. & Richert, A. (1987). 150 different ways of knowing. Representations of knowledge in teaching. In J. Calderhead (Ed.), *Exploring teachers' thinking* (S. 104-124). London: Cassell.

Witzel, A. (1982). *Verfahren der qualitativen Sozialforschung. Überblick und Alternativen*. Frankfurt a.M.: Campus.

Witzel, A. (1985). Das problemzentrierte Interview. In G. Jüttemann (Hrsg.), *Qualitative Forschung in der Psychologie* (S. 227-255). Weinheim & Basel: Beltz.

Zeinz, H. & Köller, O. (2006). Noten, soziale Vergleiche und Selbstkonzepte in der Grundschule. In A. Schründer-Lenzen (Hrsg.), *Risikofaktoren kindlicher Entwicklung. Migration, Leistungsangst und Schulübergang* (S. 177-190). Wiesbaden: VS Verlag.

Zillig, M. (1928). Einstellung und Aussage. *Zeitschrift für Psychologie, 106*, 58-106.

9.2 Tabellenverzeichnis

Tab. 1: Entscheidungsstrukturen für die Wahl der Sekundarschulformen 28
Tab. 2: Rechtliche Vorgaben zum Übergang in Bayern und Hessen 29
Tab. 3: Ausmaß der Übereinstimmung der Schullaufbahnpräferenzen
von Lehrkräften und Eltern (in Zeilenprozenten) 33
Tab. 4: Erhebungsregionen der BiKS-Studie 89
Tab. 5: Verteilung der Stichprobe nach Bundesland und Geschlecht 89
Tab. 6: Überblick über die Themenbereiche der Leitfäden 90
Tab. 7: Überblick über die verwendeten Kategorien und ihre Ausprägungen 99
Tab. 8: Erster Schritt zur Konstruktion des Merkmalsraums 148
Tab. 9: Zweiter Schritt zur Konstruktion des Merkmalsraums 149
Tab. 10: Dritter Schritt zur Konstruktion des Merkmalsraums 149
Tab. 11: Übersicht über die gebildeten Lehrertypen 150
Tab. 12: Zuordnung der Lehrkräfte zu den Typen unterschiedlichen
Empfehlungsverhaltens 151

9.3 Abbildungsverzeichnis

Abb. 1: Resigniert-konfliktmeidender und kritisch-konfliktoffener
Typ im Vergleich 180
Abb. 2: Empfehlungsverhalten des resigniert-konfliktmeidenden Typs 180
Abb. 3: Empfehlungsverhalten des *kritisch-konfliktoffenen Typs* 181
Abb. 4: Empfehlungsverhalten des *zugewandt-kooperativen Typs* 182
Abb. 5: Empfehlungsverhalten des *formal-distanzierten Typs* 183
Abb. 6: Formal-distanzierter und kritisch-konfliktoffener Typ
im Vergleich 184
Abb. 7: Entscheidungsraum der Lehrkräfte für eine
Übergangsempfehlung 191

Anhang: Interviewleitfäden

Leitfaden zum ersten Erhebungszeitpunkt

Einstiegsfrage

Am Ende der vierten Klasse steht die Übergangsempfehlung an. Was fällt Ihnen spontan zu diesem Thema ein?

A) Formale Rahmenbedingungen

1. Hinsichtlich des Übergangs von der Grundschule in die Sekundarstufe sind in jedem Bundesland bestimmte formale und rechtliche Rahmenbedingungen vorgegeben. So hat in Bayern die Lehrerempfehlung einen relativ hohen Stellenwert, während z.B. in Hessen die Eltern unabhängig von der Lehrerempfehlung über die Schulwahl ihres Kindes bestimmen können. Wie ist Ihre Einschätzung dieser Regelungen?

2. Am Ende der vierten Klasse wird in der Regel für alle Kinder eine Schulwahl getroffen. Halten Sie diesen Zeitpunkt für geeignet?

   [INT.: Bitte die Antwort erläutern und begründen lassen.]

3. Wie würde für Sie eine ideale Regelung hinsichtlich des Schulübergangs aussehen?

   - Welche Bedeutung sollte dabei dem Elternwillen, und welche der Lehrerempfehlung zukommen?

B) Gestaltung des Übergangs

1. Hinsichtlich des Übergangs sind bestimmte formale und rechtliche Strukturen vorgegeben. Die praktische Umsetzung und Gestaltung des Übergangs liegt aber in der Hand der einzelnen Schulen und Lehrkräfte. Beschreiben Sie mir bitte, welche Vorgehensweise an Ihrer Grundschule im Zusammenhang mit der Übertrittsempfehlung üblich ist.

- Werden bestimmte Erwartungen, Absprachen oder Traditionen berücksichtigt (z.B. Quotenvorgaben, Rolle einer angegliederten Hauptschule, Schultraditionen)?

2.	Wie wird der Übergang an Ihrer Schule konkret gestaltet?

- Gibt es zu diesem Thema Veranstaltungen oder Aktivitäten **für die Eltern**? Wenn ja, beschreiben Sie diese bitte (Organisationsform, Beteiligte).
- Gibt es zu diesem Thema Veranstaltungen oder Aktivitäten **für die Schüler/-innen**? Wenn ja, beschreiben Sie diese bitte (Organisationsform, Beteiligte).
- Gibt es zu diesem Thema Veranstaltungen oder Aktivitäten **für die Lehrkräfte**? Wenn ja, beschreiben Sie diese bitte (Organisationsform, Beteiligte).

3.	Bestehen Kooperationen mit Sekundarschulen?

[INT.: Wenn ja, bitte nachfragen:]

- Wie sehen diese aus?
- Wie kam es dazu?
- Ist die Kooperation erwünscht?
- Ist sie hilfreich?

[INT.: Wenn nein, bitte nachfragen:]

- Würden Sie sich Kooperationen mit Sekundarschulen wünschen?
- Mit wem/ welcher Schulart?
- In welcher Form?

4.	Wann wird der Übergang normalerweise zum Thema

- ... für Sie als Lehrkraft?
- ... für die Eltern?
- ... bei den Kindern? Und in welcher Weise wird das Thema unter den Kindern diskutiert?

Anhang

5. Bitte beschreiben Sie mir, was sich verändert, wenn der Übergang zum Thema wird. Was ändert sich

   a) ... hinsichtlich Ihres Unterrichts?

   - Umstellung der Unterrichtsmethoden
   - Änderung der Leistungsanforderungen

   b) ... in Bezug auf die Eltern?

   - Zu- oder Abnahme der Elternkontakte
   - Erwartungen der Eltern
   - Beziehung zu den Eltern

   c) ... in Bezug auf die Schüler und Schülerinnen?

   - ... hinsichtlich der Leistungen?
   - ... hinsichtlich der Lernmotivation?
   - ... hinsichtlich der Freundschaften?
   - Gibt es bestimmte Veränderungen, die weiter zunehmen, je näher der Übergang rückt?

6. Wie sähe aus Ihrer Sicht eine optimale Vorbereitung der Kinder für den Übergang aus?

   - Und wer sollte dabei welchen Beitrag leisten?

C) Interaktion mit den Eltern

1. Bitte berichten Sie mir nun etwas darüber, welche Erfahrungen Sie im Zusammenhang mit dem Übergang mit den Eltern machen. Wie erleben Sie die Eltern?

   - Wie verhalten sich die Eltern Ihnen gegenüber?
   - Fühlen Sie sich manchmal von Eltern unter Druck gesetzt?
   - In welcher Rolle sehen Sie sich (z.B. als Partner, Autorität, Konkurrenz)?
   - Welche Erwartungen haben Sie selbst an die Eltern?

2. Wie sind Ihre zeitlichen Möglichkeiten für die Elternarbeit?

- Wird der Kontakt in der Regel eher von Ihnen initiiert oder von den Eltern gewünscht?

3. Eltern und Lehrkräfte haben manchmal unterschiedliche Meinungen hinsichtlich der Übergangsempfehlung für ein Kind. Kennen Sie solche Situationen?

[INT.: Wenn ja, bitte nachfragen:] [Wenn nein: Warum nicht?]

- Bitte berichten Sie von solchen Situationen.
- Welche Konflikte tauchen hinsichtlich des Übergangs immer wieder auf?
- Beschreiben Sie bitte die Eltern, mit denen es häufiger Konflikte gibt.
- Wie groß ist der Anteil von Eltern, mit denen es Konflikte gibt?
- Wie erleben Sie solche Konfliktsituationen?
- Bekommen Sie bei Konflikten Unterstützung? Durch wen (z.B. Schulleiter, Kollegium)?
- Wie werden solche Konflikte üblicherweise gelöst?
- Wer setzt sich in der Regel durch?

4. Was, glauben Sie, kommt bei dem anstehenden Übergang in der Zusammenarbeit mit den Eltern auf Sie zu?

5. Wie würde eine ideale Zusammenarbeit mit den Eltern im Hinblick auf den Übergang für Sie aussehen?

D) Kriterien für die Leistungsbewertung

1. Zeugnisnoten spielen für die Übergangsempfehlung eine wichtige Rolle. Bitte erzählen Sie mir zunächst, wie bei Ihnen die Zeugnisnoten in den Hauptfächern zustande kommen.

2. Welche Kriterien legen Sie bei der Notengebung zugrunde?

- **mündliche und schriftliche Leistungen** (Gewichtung, Anzahl, Maßstab (z.B. allgemeine Norm, Vergleich mit anderen Kindern in der Klasse, Vergleich mit Parallelklassen, individuelle Lernentwicklung))
- **entwicklungsbezogene Kriterien** (individuelle Lernentwicklung)
- **motivationsbezogene Kriterien** (z.B. Arbeitshaltung)

- **familiärer Hintergrund** (differenziert nach materiellem (finanzielle Situation) und kulturellem Hintergrund (Bildung der Eltern; Fördermöglichkeiten etc.))
- **Charaktereigenschaften** (z.B. welche Rolle spielen verantwortungsbewusstes, zuverlässiges oder egoistisches, nachlässiges Verhalten?)
- **Sozialverhalten**

3.	Verändern sich Ihre Kriterien im Verlauf der Grundschulzeit? Verändert sich dabei auch die Gewichtung Ihrer Kriterien?

E) Kriterien für die Übergangsempfehlung

1.	Und wie kommen Sie von den Zeugnisnoten zu Ihrer Übergangsempfehlung?

2.	Welche Kriterien ziehen Sie für die Übergangsempfehlung heran?

3.	Welche Rolle spielt/ spielen dabei:

[INT.: Bitte alle Punkte einzeln abfragen!]

- **mündliche und schriftliche Leistungen** (Gewichtung, Maßstab (z.B. allgemeine Norm, Vergleich mit anderen Kindern in der Klasse, Vergleich mit Parallelklassen, individuelle Lernentwicklung))
- **entwicklungsbezogene Kriterien** (individuelle Lernentwicklung)
- **motivationsbezogene Kriterien** (z.B. Arbeitshaltung)
- **familiärer Hintergrund** (differenziert nach materiellem (finanzielle Situation) und kulturellem Hintergrund (Bildung der Eltern; Fördermöglichkeiten etc.))
- **Charaktereigenschaften** (z.B. welche Rolle spielen verantwortungsbewusstes, zuverlässiges oder egoistisches, nachlässiges Verhalten?)
- **Sozialverhalten**

4.	Ich möchte nun gerne von Ihnen wissen, wie Sie vorgehen, wenn ein Kind mit seinen schulischen Leistungen genau zwischen zwei Schulformen steht.

5.	Stellen Sie sich dazu bitte ein Kind vor, das zwischen Hauptschule und Realschule steht. Woran orientieren Sie sich für Ihre Empfehlung?

6.	Stellen Sie sich bitte nun ein Kind vor, das zwischen Realschule und Gymnasium steht. Woran orientieren Sie sich für Ihre Empfehlung?
7.	Machen Sie Ihre Kriterien hinsichtlich der Übergangsempfehlung für die Kinder und Eltern transparent?
8.	Welche Merkmale (Eigenschaften und Rahmenbedingungen) muss ein Kind haben, damit es von Ihnen eine Gymnasialempfehlung bekommt?
9.	Und wie sieht für Sie ein typisches Realschulkind aus?
10.	Und welche Eigenschaften und Rahmenbedingungen hat ein Kind typischerweise, das eine Hauptschulempfehlung von Ihnen bekommt?

Abschluss

1.	Ich habe gehört, dass gelegentlich die Möglichkeit genutzt wird, ein Kind die vierte Klasse wiederholen zu lassen, um danach vielleicht eine andere Schulwahl zu ermöglichen. Was halten Sie davon?
2.	Gibt es noch andere Aspekte zum Thema Übergang, die Ihnen wichtig sind und noch nicht angesprochen wurden?

[INT.: Nur für Lehrkräfte in Hessen:]

3.	Wenn Sie bei einem Kind mit weniger guten Leistungen (im 3er und 4er Bereich) die Möglichkeit haben, es entweder für die integrierte Gesamtschule oder für die Hauptschule zu empfehlen, was tun Sie? Bitte erläutern Sie, was für Sie bei Ihrer Entscheidung ausschlaggebend ist.

Anhang 237

Leitfaden zum zweiten Erhebungszeitpunkt

Einstiegsfrage

Zunächst möchte ich gern etwas über Ihre aktuellen Erfahrungen in der Schule wissen. Wenn Sie an die letzten Wochen und Monate denken, was kommt Ihnen spontan in den Sinn?

A) Einschätzung des Klassenkontextes

1. Können Sie uns ungefähr sagen, wie viel Prozent der Kinder in Ihrer Klasse eine Gymnasial-, Realschul- oder eine Hauptschulempfehlung *[INT.: in Hessen]*: (Gesamtschulempfehlung) erhalten haben?

2. Wie hoch ist der Anteil der „problematischen Fälle" bezüglich der Übergangsentscheidung in Ihrer Klasse?

[INT.: „problematisch" meint hier unklare Empfehlungen]

3. Bitte beschreiben Sie mir, was an diesen Fällen schwierig ist (z.B. erbrachte Leistung, Einschätzung der Leistung, elterliche Vorstellungen/ Diskrepanzen etc.).

[INT.: Nur für Lehrkräfte in Bayern:] 4. Was halten Sie von Probeunterricht und Aufnahmeprüfung?

[INT.: Nur für Lehrkräfte in Bayern:] 5. Welchen Eindruck haben Sie von den Kindern und Eltern nach Probeunterricht oder Aufnahmeprüfung (z.B. verängstigt, motiviert, erleichtert etc.)?

- Wie viele Kinder aus Ihrer Klasse haben am Probeunterricht/ einer Aufnahmeprüfung teilgenommen?
- Waren auch Kinder dabei, mit deren Eltern es Probleme gab?
- Wissen Sie, ob die Kinder den Probeunterricht/ die Aufnahmeprüfung bestanden haben?
- Wie erleben Sie als Lehrkraft diese Situation rund um den Probeunterricht und die Aufnahmeprüfung?

B) Interaktion mit den Eltern	
1.	Was sind Ihre Erfahrungen mit den Eltern im Zusammenhang mit dem Übergang?
	• Mit wie vielen Eltern hatten Sie in diesem Zusammenhang Kontakt? • Warum? • Von wem ging der Kontakt aus? • Wie haben Sie die Eltern erlebt? • Wie haben sich die Eltern Ihnen gegenüber verhalten? • Was hätten Sie sich von den Eltern gewünscht?
2.	Es kommt manchmal vor, dass die Erwartungen der Eltern und die Vorstellungen der Lehrkraft nicht übereinstimmen. Können Sie mir eine solche Situation beschreiben?
	• Wie kam es dazu? • Wie haben Sie sich verhalten? • Haben Sie dem Wunsch der Eltern nachgegeben? • Haben Sie versucht, die Eltern zu überzeugen? • Wie haben sich die Eltern Ihnen gegenüber verhalten? • Wie haben Sie diese Situation erlebt? • Wurde von irgendeiner Seite Druck ausgeübt? • Wie wurde die Situation gelöst? • Wer hat sich letztlich durchgesetzt? • Hat Sie jemand unterstützt? Wenn ja, wer (z.B. Schulleiter, Kollegium)?
3.	Wie oft kommen derartige Situationen vor?
4.	Gibt es bestimmte Elterngruppen, mit denen es besonders häufig zu Meinungsverschiedenheiten kommt?
	• Können Sie diese Gruppen näher beschreiben?
5.	Haben Sie den Eindruck, dass Eltern mit Migrationshintergrund mit dem Schulübergang anders umgehen als Eltern ohne Migrationshintergrund?
	• Wo sehen Sie Unterschiede?

Anhang 239

| **C) Kriterien für die Übergangsempfehlung** |

| 1. | Sehen Sie Gemeinsamkeiten bei den Kindern, die Sie für |

- die Hauptschule,
- die Realschule oder
- das Gymnasium empfohlen haben?

| 2. | Wie schwierig ist es für Sie, zu einer Empfehlung zu gelangen? |

- Bei wie vielen Kindern sind Sie bei Ihrer Empfehlung unsicher?
- Welche Rolle spielen dabei Ihre grundlegenden pädagogischen Orientierungen für Ihre Übergangsempfehlung (z.B. Ziele der pädagogischen Arbeit, Leitbilder)?

| 3. | Wenn für ein Kind zunächst keine klare Empfehlung gegeben werden konnte, was war letztendlich ausschlaggebend für Ihre Übergangsempfehlung? |

[INT.: Bitte ggf. alle Punkte einzeln abfragen!]

- Welche Rolle spielten dabei:
  - Gewichtung der mündlichen und schriftlichen Leistungen
  - Maßstab:
    - allgemeine Norm (fester Notenschlüssel)
    - Vergleich mit anderen Kindern in der Klasse
    - individuelle Lernentwicklung
  - entwicklungsbezogene Kriterien
  - motivationsbezogene Kriterien (Arbeitshaltung des einzelnen Schülers)
  - familiärer Hintergrund (differenziert nach materiellem (finanzielle Situation) und kulturellem Hintergrund (Bildung der Eltern; Fördermöglichkeiten etc.))
  - Charaktereigenschaften
  - Sozialverhalten
  - Wunsch des Kindes
  - Wunsch der Eltern
- Haben Sie noch andere Aspekte herangezogen?

| 4. | Hat sich an der Art und Weise, wie Sie zu Ihren Empfehlungen gelangen, über die Zeit ihrer Tätigkeit hinweg etwas geändert? |

D) Gestaltung des Übergangs

1. Wir haben beim letzten Mal darüber gesprochen, wie der Übergang an Ihrer Schule normalerweise vorbereitet wird. Jetzt interessiert uns, welche Aktivitäten an Ihrer Schule tatsächlich stattgefunden haben. Gab es Veranstaltungen oder Aktivitäten

   - …für die Eltern?
   - …für die Schüler/-innen?
   - …für die Lehrkräfte?

2. Wann wurde der Übergang zum Thema

   - …für Sie als Lehrkraft?
   - …für die Eltern?
   - …bei den Kindern?
     - In welcher Weise wurde das Thema unter den Kindern diskutiert?
   - Welchen Stellenwert hat das Thema für Sie?

3. Was hat sich in den letzten Monaten verändert

   - …hinsichtlich Ihres Unterrichts?
     - Umstellung der Unterrichtsmethoden
     - Änderung der Leistungsanforderungen
   - …in Bezug auf die Schülerinnen und Schüler?
     - Veränderung der Leistungen
     - Veränderung der Lernmotivation
     - Veränderung der Freundschaften
   - …in Bezug auf die Eltern?
     - Zu-/Abnahme der Elternkontakte
     - Erwartungen der Eltern
     - Beziehung zu den Eltern
   - Gibt es bestimmte Veränderungen, die weiter zunehmen, je näher der Übergang rückt?

4. Gab/ gibt es eine „heiße Phase" im Zusammenhang mit dem Übergang?

   - Wenn ja, woran lässt sie sich festmachen?

Anhang

E) Einschätzung der „Bewährung" der Entscheidung

1. Was glauben Sie, wie es den Kindern an den aufnehmenden Schulen gehen wird?

2. Erfahren Sie in der Regel, wie es den Kindern weiterhin ergeht?

Abschluss

1. Gibt es Dinge, die Sie im Zusammenhang mit dem Übergang von der Grundschule in die Sekundarstufe gern anders gestalten würden?

2. Gibt es noch andere Aspekte oder Themenbereiche, die Ihnen in diesem Zusammenhang wichtig sind und über die wir noch nicht gesprochen haben?

Band 5

Holger Gärtner

Unterrichtsmonitoring

Evaluation eines videobasierten Qualitätszirkels zur Unterrichtsentwicklung

2007, 258 Seiten, br., 24,90 €
ISBN 978-3-8309-1787-8

Ein neues Konzept der Unterrichtsentwicklung, das so genannte Unterrichtsmonitoring umzusetzen und zu evaluieren, ist Gegenstand dieser Studie. Beim Unterrichtsmonitoring handelt es sich um einen fachspezifischen videobasierten Qualitätszirkel, in dem Lehrkräfte über ein Schuljahr hinweg regelmäßig zusammenarbeiten und eigene Unterrichtsaufzeichnungen diskutieren. Die Videos sollen im Rahmen des Gruppensettings Reflexionsprozesse anstoßen und alternative Handlungsweisen im Unterricht aufzeigen.

Band 6

Frank Sprütten

Rahmenbedingungen naturwissenschaftlichen Lernens in der Sekundarstufe I

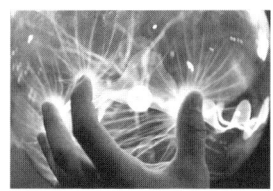

Eine empirische Studie auf schulsystemischer und einzelschulischer Ebene

2007, 390 Seiten, br., 29,90 €
ISBN 978-3-8309-1880-6

Naturwissenschaftliches Lernen wird sowohl durch Rahmenbedingungen des Schulsystems als auch solche der Einzelschule geprägt. Im Rahmen dieses Buches werden beide Ebenen näher betrachtet, um auf dieser Basis Hypothesen für günstige Bedingungen naturwissenschaftlichen Lernens zu entwickeln.

■ Band 7

Bea Harazd

Die Bildungsentscheidung

Zur Ablehnung der Schulformempfehlung am Ende der Grundschulzeit

2007, 208 Seiten, br., 24,90 €
ISBN 978-3-8309-1905-6

Warum lehnen manche Eltern die Schulformempfehlung der Grundschule ab und melden ihr Kind in einem höheren Bildungsgang an? Diese Arbeit behandelt unter Einbezug soziologischer und psychologischer Theorien ein Modell zur Erklärung der elterlichen Bildungsentscheidung am Ende der Grundschule.
Anhand einer Elternbefragung wurden qualitative und quantitative Daten gewonnen. Zum einen konnten relevante soziodemografische Merkmale wie der Bildungsstatus der Familie und das Geschlecht des Kindes identifiziert werden. Zum anderen erwiesen sich die Einstellungen gegenüber dem Schulsystem und der schulischen Bildung sowie Merkmale der Beratungssituation als bedeutsam.

■ Band 8

Kerstin Göbel

Qualität im interkulturellen Englischunterricht

Eine Videostudie

2007, 224 Seiten, br., 29,90 €, ISBN 978-3-8309-1920-9

Das zentrale Anliegen dieser Studie ist die Analyse von Qualitätsmerkmalen interkulturellen Englischunterrichts zur Förderung des Interesses und der Sensibilität für kulturelle Unterschiede. Die empirische Untersuchung erfolgte im Rahmen der Voruntersuchungen der DESI-Studie (Deutsch-Englisch-Schülerleistungen International). Bei der Auswertung der Video- und Fragebogendaten zeigte sich ein direkter Zusammenhang zwischen dem subjektiv wahrgenommenen Interesse am interkulturellen Thema und verschiedenen Dimensionen des Unterrichts.

■ Band 9

Andrea G. Eckhardt

Sprache als Barriere für den schulischen Erfolg

Potentielle Schwierigkeiten beim Erwerb schulbezogener Sprache für Kinder mit Migrationshintergrund

2008, 263 Seiten, br., 24,90 €, ISBN 978-3-8309-2038-0

Gegenstand dieser Studie sind Aspekte der deutschen Sprache, die Kindern mit Migrationshintergrund beim Erwerb der schulbezogenen Sprache besondere Schwierigkeiten bereiten könnten. Untersucht werden Sprachleistungen von Kindern deutscher und nichtdeutscher Herkunftssprache. In quasi-experimentellen Studien widmet sich die Arbeit zunächst Leistungsunterschieden in der mündlichen bzw. schriftlichen Sprachproduktion. Anschließend wird der Einfluss von Aspekten schulbezogener Sprache, insbesondere von Unterschieden in der Wortschatzschwierigkeit bzw. Grammatikkomplexität sowie in der kontextuellen Einbettung von Sprache auf Hörverstehen analysiert.

■ Band 10

Katharina Schwindt

Lehrpersonen betrachten Unterricht

Kriterien für die kompetente Unterrichtswahrnehmung

2008, 196 Seiten, br., 24,90 €, ISBN 978-3-8309-2052-6

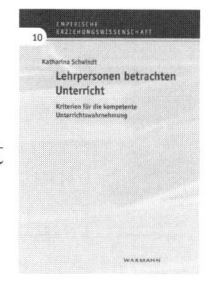

Erfolgreiches Handeln im Unterricht setzt voraus, dass Lehrpersonen Ereignisse erkennen, die für Lehr-Lernprozesse von besonderer Bedeutung sind. Dieses Buch untersucht deshalb Kompetenzen von Lehrpersonen in der Wahrnehmung solcher Ereignisse in Unterrichtsaufzeichnungen. Die Ergebnisse der Inhaltsanalyse lassen einen Einsatz von Videoaufzeichnungen in der Aus- und Weiterbildung von Lehrpersonen empfehlenswert erscheinen, da diese eine Anknüpfung von theoretischem Wissen an typische Unterrichtssituationen ermöglichen. Gleichzeitig liefert das Vorgehen Hinweise für ein mögliches Diagnoseinstrument in Bezug auf die Professionalisierung von Lehrpersonen.

■ Band 11

Martina Diedrich

Demokratische Schulkultur
Messung und Effekte

2008, 372 Seiten, br., 29,90 €,
ISBN 978-3-8309-2071-7

Die Schule hat nicht nur die Aufgabe der Wissensvermittlung, sondern auch den Auftrag zur umfassenden Persönlichkeitsbildung. Deshalb untersucht diese empirische Arbeit nicht Leistungsmerkmale von Schülerinnen und Schülern, sondern einen besonderen Aspekt ihrer Persönlichkeitsentwicklung: die Fähigkeit zur mündigen Teilhabe an der Demokratie. Die Analysen zeigen, dass eine demokratische Schulkultur bedeutsame Effekte auf das Niveau der demokratischen Handlungskompetenzen von Schülerinnen und Schülern ausübt. Damit leistet die Studie einen Beitrag dazu, die herausgehobene Bedeutung der Schule für die Entwicklung von Demokratiefähigkeit sowohl theoretisch als auch empirisch zu fundieren.

■ Band 12

Mareike Kobarg

Unterstützung unterrichtlicher Lernprozesse aus zwei Perspektiven
Eine Gegenüberstellung

2009, 234 Seiten, br., 24,90 €, ISBN 978-3-8309-2114-1

Unterrichtsvideos werden derzeit häufig zur Weiterbildung von Lehrpersonen eingesetzt. Wie sich die Beobachtung von Unterricht auf das unterrichtliche Handeln von Lehrpersonen auswirkt, bleibt meist unklar. Aufgrund dessen untersucht diese Studie durch die Gegenüberstellung von zwei Perspektiven auf den Unterricht, ob die Perspektive von Lehrpersonen bei der Beobachtung von Unterricht mit ihrem unterrichtlichen Handeln in Zusammenhang steht.

■ Band 13

Miriam Leuchter

Die Rolle der Lehrperson bei der Aufgabenbearbeitung

Unterrichtsbezogene Kognitionen von Lehrpersonen

2009, 312 Seiten, br., 29,90 €, ISBN 978-3-8309-2115-8

Inwieweit ist das konstruktivistische Lehr-Lernkonzept von den Lehrpersonen rezipiert worden, spiegelt es sich in ihrem professionellen Wissen sowie den Unterrichtshandlungen? Mit dieser Arbeit wird ein theoretischer, forschungsmethodischer sowie inhaltlicher Beitrag zu aktuellen Fragen der professionellen Kompetenz von Lehrkräften geleistet. Mit der empirischen Untersuchung wird Unterrichtsqualität mehrperspektivisch ausgeleuchtet, indem Lehrpersonen-Kognitionen multimethodisch erfasst und in Beziehung zu Indikatoren des beobachtbaren Handelns der Lehrpersonen sowie zu Selbstwahrnehmungen der Schülerinnen und Schüler und ihrer Leistung gesetzt werden.

■ Band 14

Tobias Stubbe

Bildungsentscheidungen und sekundäre Herkunftseffekte

Soziale Disparitäten bei Hamburger Schülerinnen und Schülern der Sekundarstufe I

2009, 208 Seiten, br., 24,90 €, ISBN 978-3-8309-2145-5

Diese Arbeit untersucht, welcher Zusammenhang zwischen den Hintergrundmerkmalen der Schülerinnen und Schüler – insbesondere deren sozialer Herkunft – und der Wahl einer bestimmten Schulform bzw. dem Wechsel der besuchten Schulform besteht. Die empirischen Analysen machen deutlich, dass soziale Disparitäten, die für den Grundschulübergang nachgewiesen wurden, durch nachträgliche Korrekturen der Schullaufbahn (z. B. Abgang vom Gymnasium) noch verstärkt werden.

■ Band 15

Kathrin Krammer

Individuelle Lernunterstützung in Schülerarbeitsphasen

Eine videobasierte Analyse des Unterstützungsverhaltens von Lehrpersonen im Mathematikunterricht

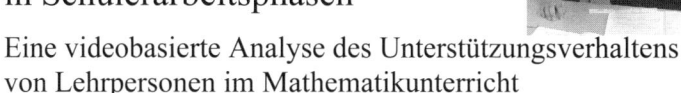

2009, 352 Seiten, br., 29,90 €, ISBN 978-3-8309-2156-1

Die individuelle Lernunterstützung in Schülerarbeitsphasen als eine Komponente der didaktischen Kommunikation wird in diesem Buch untersucht. Im theoretischen Teil werden Bedeutung und Potenzial der individuellen Lernunterstützung unter Einbezug der klassischen didaktischen Literatur sowie der internationalen pädagogisch-psychologischen Lehr-Lernforschung dargestellt und begründet. Im empirischen Teil wird die Form der individuellen Lernunterstützung in 145 gefilmten Mathematiklektionen analysiert. Das Buch leistet einen Beitrag zur videobasierten Unterrichtsforschung und gibt Anregungen für die pädagogische Praxis und die (videobasierte) Aus- und Weiterbildung von Lehrpersonen.

■ Band 16

Maren Heise

Informelles Lernen von Lehrkräften

Ein Angebots-Nutzungs-Ansatz

2009, 236 Seiten, br., 24,90 €, ISBN 978-3-8309-2209-4

Diese Studie thematisiert die Relevanz berufsbegleitender, informeller Lernformen für die professionelle Entwicklung im Lehrerberuf. Es wird untersucht, in welchem Maß und in welcher Form Lehrkräfte informelle Lerngelegenheiten nutzen, um berufsrelevante Kompetenzen weiterzuentwickeln. Darüber hinaus werden auch die Angebotsstrukturen am schulischen Arbeitsplatz der Lehrkräfte betrachtet.
Die Studie kommt zum Teil zu überraschenden Befunden: So sind Lehrkräfte eine vergleichsweise lernaktive Berufsgruppe, obwohl die Bedingungen an der Mehrzahl der Schulen hierfür alles andere als unterstützend sind.